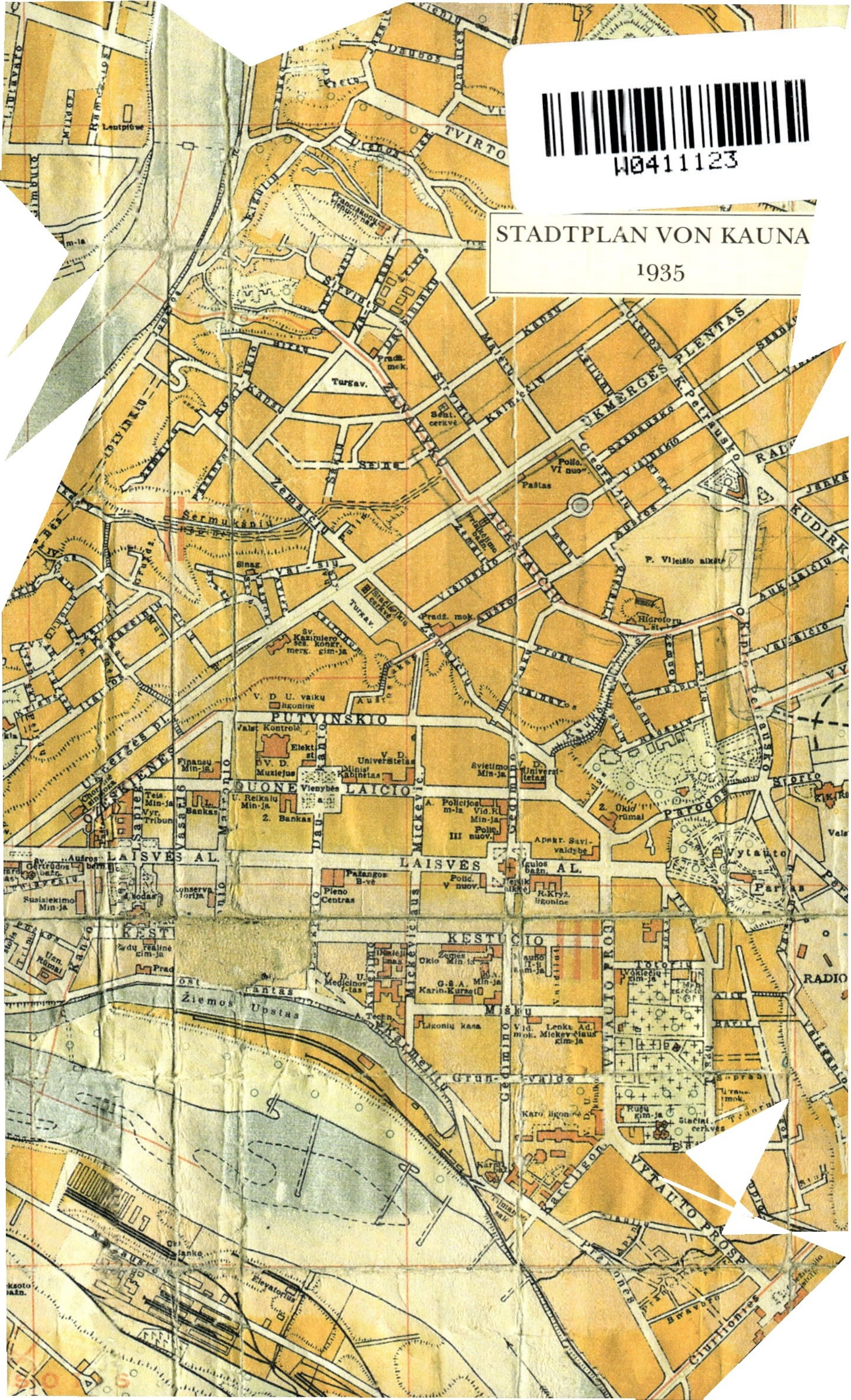


# STADTPLAN VON KAUNA

1935

S

Helene Holzman, um 1950.

# »Dies Kind soll leben«

*Die Aufzeichnungen der Helene Holzman*

*1941 – 1944*

*Herausgegeben von Reinhard Kaiser*

*und Margarete Holzman*

Schöffling & Co.

Der Stadtplan von Kaunas, von dem auf den Vorsatzpapieren unterschiedliche Ausschnitte wiedergegeben sind, stammt aus dem Jahre 1935. Der im Text mehrfach erwähnte, am Beginn der Laisves Aleja in nordöstlicher Richtung abzweigende Savanoriu Prospekt hieß zu dieser Zeit noch Ukmerges Plentas.

Als Doppel-CD erschien in Schöfflings HörBar:
Reinhard Kaiser, »Dies Kind soll leben«
Die Aufzeichnungen der Helene Holzman 1941–1944 und die Stimmen der Überlebenden (Eine Hörfunkproduktion des Hessischen Rundfunks 2000, Sprecher: Hildburg Schmid, Edgar M. Boehlke, Janina Sachau).
ISBN 3-89561-063-1

Fünftes bis neuntes Tausend 2000

Satz: Reinhard Amann, Aichstetten
Druck & Bindung: Pustet, Regensburg
Umschlagfoto von Rudolf Kaufmann, 1940
ISBN 3-89561-062-3

## Inhalt

# Erstes Heft

Vitam non mortem recognita

Dreimal schlug das Wasser Wellen,
Dreimal tauchtest du empor,
Dreimal hätt' ich retten können,
Doch ich habe blind versagt.

Lautlos zogest du von hinnen,
Lautlos folg ich deiner Spur,
Lautlos glätten sich die Kreise,
Du und ich verrinnen beid.

Edwin Geist: Requiem

19. Juni 1941. Wir hatten nach langem Suchen endlich eine Wohnung [in Wilna] gefunden und schließlich auch ein Fuhrwerk, mit dem wir unsere Koffer und unsere anderen Habseligkeiten dorthin geschafft hatten, und fuhren mit dem Abendzuge [zurück] nach Kaunas.

Die neue Wohnung bestand aus einem einzigen Zimmer in einem altmodischen Hause unweit vom Bahnhof und war ein schlechter Tausch gegen unsere schöne, blanke Kaunaer Wohnung. Wir hatten uns aber schon damit abgefunden und uns ausgedacht, wie wir den großen Raum einteilen würden, so daß jeder seinen Platz darin haben würde. Im Sommer könnte man sich auf dem weiten, großen steinernen Altan aufhalten, der zu dem Zimmer gehörte, von dem man in die stille Straße und einen weiten Garten mit mächtigen Bäumen sah. Im Winter würden wir uns alle vier um den großen Kachelofen drängen, und die Abende würden warm und gemütlich sein.

Wir waren auf dieser zweistündigen Fahrt von Wilna nach Kaunas sehr vergnügt und voller Pläne. Wir hatten, nachdem unsere Buchhandlung »Pribačis« in Kaunas, die wir in fast zwanzig Jahre langer Arbeit aufgebaut hatten, nationalisiert worden war[1], beide Arbeit in Wilna gefunden – mein Mann als Leiter eines großen staatlichen Antiquariats, ich als Lehrerin für Deutsch am Pädagogischen Institut. Einige Monate lang waren wir mehrmals in der Woche zwischen Kaunas und Wilna hin und her gefahren. Jetzt sollte das unbequeme Leben aufhören. Die beiden Mädchen hatten ihr Schuljahr beendet, und wir wollten alle zusammen in Wilna leben.

Im Abteil mit uns fuhr ein hoher Polizeifunktionär. Wir fragten ihn, ob er den Gerüchten über Truppenansammlungen des deutschen Heeres an der litauischen Grenze Wert beilege. Er lachte uns aus. Weder die Deutschen noch die Russen seien für einen gegenseitigen Krieg vorbereitet. Er selbst habe gerade Ferien bekommen und wolle auf die Kurische Nehrung fahren. Diese Nachricht beruhigte uns völlig. Wir wandten unsere Gedanken wieder unseren eigenen Angelegenheiten zu.

Zu Hause wurden wir mit großem Jubel empfangen.[2] Marie hatte ihr Abitur gut bestanden – keine Kleinigkeit in der

1 Die Buchhandlung, die Max Holzman 1923 als Filiale der Breslauer Buch- und Lehrmittelhandlung Priebatsch in Kaunas gegründet hatte, wurde nach der Besetzung Litauens durch die Rote Armee im Sommer 1940 enteignet (»nationalisiert«) und geschlossen. Vgl. Nachwort, S. 358 ff.

2 Die Holzmans wohnten zu dieser Zeit in Kaunas auf dem »Grünen Berg«, einem vorwiegend von wohlhabenderen Leuten bewohnten Viertel mit vielen Neubauten oberhalb des Zentrums – in der Višinskio-Straße, Nr. 22. Das Haus steht noch.

Abendschule neben der Tagesarbeit im Büro. Gretchen hatte auch gute Zensuren. Beide Mädchen freuten sich auf den Umzug in die neue Hauptstadt[3], und wir alle [waren froh], daß wir wieder zu viert zusammen wohnen würden. Bevor wir unsere Möbel packten, wollten wir noch ein Abschiedsfest geben und alle Kaunaer Freunde dazu einladen. Keinem von uns kam eine Ahnung, daß dies die letzte fröhliche Stunde war, die wir zusammen verlebten.

Am nächsten Morgen schwirrten schon die Straßen von der Kriegserklärung Deutschlands an die Sowjetunion. Unsere Freunde, Doktor Zinghaus mit seiner Frau, kamen zu uns. Wir waren zunächst alle ganz fassungslos und in keiner Hinsicht darauf vorbereitet. Doktor Zinghaus, der mit seinen Eltern drei Jahre vorher aus Berlin geflüchtet war, sprach gleich von der Notwendigkeit, nach dem Innern der Sowjetunion zu flüchten. Die Sowjets seien nicht auf den Krieg vorbereitet und wahrscheinlich nicht imstande, die Front in Litauen zu halten.

Die ersten Bomben fielen. Die Bevölkerung beklebte ihre Fenster mit Papierstreifen. Unsere Freunde gingen nach Hause, um ihre Eltern zu holen, da sie sich in ihrer Wohnung nahe der Funkstation zu gefährdet glaubten.

Ich ging aus, um zum Mittagessen einzukaufen. Vor den

3 Wilna (Vilnius), die größte Stadt Litauens, war nach dem Ersten Weltkrieg für kurze Zeit Regierungssitz der neuen, aus dem Russischen Reich hervorgegangenen Republik Litauen, wurde dann jedoch 1920 mit seinem Umland von Polen besetzt. Bis 1940 war Kaunas Hauptstadt Litauens. Mitte September 1939, nach dem Beginn des deutschen Überfalls auf Polen, marschierte die sowjetische Rote Armee in Ostpolen ein und gab Wilna und das Wilna-Gebiet an Litauen zurück, erhielt im Gegenzug dafür das Recht, Truppen auf litauischem Gebiet zu stationieren, und besetzte dann im Sommer 1940 ganz Litauen. Danach wurde wieder Wilna Hauptstadt der Litauischen Sowjetrepublik.

Läden standen die Menschen in langen Schlangen. Jeder wollte noch schnell etwas erraffen. Sie standen dicht an die Häuser gedrückt, denn überall krachten die Bombeneinschläge, stiegen Rauchwolken auf, und mancher Straßengänger wurde von Splittern verletzt. Auf der Heeresstraße zogen die Soldaten westwärts nach der Front, immer neue, zu Fuß, mit Geschützen, zu Pferde.[4] Mein Blick fiel zufällig auf einen kindlich jungen Reiter, der mit hellem Blick geradeaus sah. Werdet ihr der Wucht des Feindes widerstehen? Wißt ihr, ahnt ihr es, welche Gewalten gegen euch aufgestanden sind?

Die verschiedensten Gerüchte wurden laut. Memel sei bereits in den Händen der Sowjets. Nein, im Gegenteil, die Deutschen seien schon in Marijampole. Zu Hause waren alle sehr aufgeregt. Doktor Zinghaus war unterdessen im Nachrichtenbüro gewesen: Ja, der Feind rücke heran.

Er war nun da, der bange Augenblick, den wir schon seit vielen Jahren für möglich gehalten, den wir hundertmal mit den Freunden erwogen hatten, ohne an sein Herannahen ernstlich zu glauben. Während acht Jahren hatte sich der Nationalsozialismus gespenstisch immer mehr aufgebläht. Wir sahen bei unseren Reisen nach Deutschland, wie er die Menschen verdarb, verdummte, durch einen verlogenen Scheinsozialismus die Menschen betrog und [wie] der irre Antisemitismus immer erbarmungsloser Tausende von Deutschen, so gute Deutsche wie alle andern, hinwegmähte, nur weil sie nach der neuen Wahnidee keine »Arier« waren.

Die Volksdeutschen[5] aller Länder waren von dem Wahn infiziert worden. Ich erlebte, wie meine Kollegen im Kau-

4 Gemeint sind hier natürlich die Soldaten der Roten Armee.

5 Außerhalb des Deutschen Reiches lebende Angehörige deutscher Volksgruppen, die nicht die deutsche, sondern eine andere Staatsangehörigkeit hatten, z.B. die Wolga-Deutschen in Rußland, die Banater Schwaben in

naer Deutschen Gymnasium, die sich bis jetzt munter Demokraten genannt hatten, dem Massenwahn verfielen. Während der zehn Jahre, die ich dort Lehrerin gewesen war, hatten deutsche, jüdische, litauische, russische, polnische Knaben und Mädchen in fröhlicher Gemeinschaft die Schule besucht. Auch die Lehrer waren ein buntes Volksgemisch, und keinem war es je eingefallen, es sich anders zu wünschen.

Was geschah nun im Jahre 33? Die Deutschen, die bis jetzt im litauischen Staat blühten und gediehen, waren auf einmal unzufrieden. Sie fanden auf einmal, daß man sie unterdrücke. Man erkenne sie nicht an, man müsse sich neue Rechte verschaffen. Nach den ersten Pogromen in Berlin[6] traten die jüdischen Schüler aus dem Gymnasium aus. Das war erst recht ein Grund für die Deutschen, ihren erwachten Antisemitismus zu nähren. Aus unserer Buchhandlung, die von Litauern, Juden, Deutschen gleichmäßig besucht wurde, zogen sich die deutschen Kunden zurück. Mein Mann, der bis jetzt für jeden ein Deutscher gewesen war, war auf einmal für die Deutschen keiner mehr – er war Jude.[7]

Die litauische Intelligenz kümmerte sich im allgemeinen nicht viel um diese Probleme. Unsere litauischen Freunde und Kunden blieben dieselben, und es gelang uns, die li-

Rumänien – im Unterschied zu den »Reichsdeutschen«, die über einen deutschen Paß verfügten.

6 Die von den Nationalsozialisten in ganz Deutschland inszenierten, gegen Juden und jüdische Einrichtungen gerichteten Pogrome vom 9. und 10. November 1938.

7 Nach der Nazi-Nomenklatur war Max Holzman als Kind zweier jüdischer Eltern ein »Volljude«. Helene Holzman war als Kind eines jüdischen Vaters und einer nicht-jüdischen Mutter »halbjüdisch« – wurde aber von den deutschen und litauischen Behörden nicht als »jüdisch«, sondern als »deutsch« wahrgenommen, zumal sie, ebenso wie ihre beiden Töchter, evangelisch getauft war.

tauische Staatsangehörigkeit zu erwerben, die uns auch bei unseren Reisen durch Deutschland schützte.[8] Als 1940 der litauische Staat eine Republik der Sowjetunion geworden war und die Deutschen in ihrer Gesamtheit »heim ins Reich«[9] gewandert waren, hatten die Anfechtungen, unter denen wir und die Kinder gelitten hatten, aufgehört. Wir waren Menschen unter Menschen.[10]

Wir saßen, wie gestern abend, in unserer schönen Stube, vor uns Marie und Gretchen, schwesterlich einander ähnelnd. Die gestrigen Pläne waren zerflogen. Was tun? Ins Innere Rußlands flüchten? Wir konnten kein Russisch. Nein, wir wollten hier bleiben, vor allem zusammenbleiben, sich keinesfalls trennen. So würden wir auch schwere Zeiten überwinden.

Am Nachmittag begannen wir, zusammen mit unserem Wirt vor dem Haus einen Schützengraben zu graben. Max als erfahrener Weltkriegssoldat gab die Direktiven.

Freund Edwin Geist[11], der Komponist, kam mit seiner

8 Die Holzmans erwarben die litauische Staatsangehörigkeit im Jahre 1936.

9 Helene Holzman greift hier ironisch eine Parole auf, die ursprünglich von dem sudetendeutschen Politiker Konrad Henlein während der Sudetenkrise 1938 geprägt und dann als geflügeltes Wort auch auf ähnliche Zusammenhänge (z.B. den Konflikt um Danzig) übertragen wurde.

10 Eine vermutlich aus Rücksicht auf potentielle sowjetische Mitleser allzu freundliche Formulierung: Nach der Besetzung Litauens durch die Rote Armee am 15. Juni 1940 wurde die Buchhandlung Max Holzmans geschlossen. Die Holzmans standen als »Bourgeois« auf den sowjetischen Listen für die Deportationen nach Sibirien, die noch wenige Tage vor dem Einmarsch der Deutschen begannen.

11 Edwin Geist und seine Frau Lyda waren mit den Holzmans gut befreundet. Ihrer Geschichte ist, wie man lesen wird, ein wesentlicher Teil der Aufzeichnungen Helene Holzmans gewidmet. Der einschlägige Eintrag im »Lexikon der Juden in der Musik« von Theo Stengel in Verbindung

Frau: Ob sie bei uns übernachten könnten? Leider nein, denn schon alle vier Zinghaus waren bei uns.

Am nächsten Mittag entschlossen sich Zinghausens, mit einem Zug, der auf dem Bahnhof bereit stand, in Richtung Minsk zu flüchten. Sie wollten nach Hause laufen, um in Eile kleine Köfferchen mit dem Nötigsten zu packen, und dann sofort zum Bahnhof eilen. Sollten wir nicht doch mitkommen? Wir sagten nein. Eiliger Abschied.

Nach einigen Stunden kamen die Eltern Zinghaus zurück. Sie seien zusammen in den überfüllten Zug eingestiegen. Immer neue Menschen hätten sich hineingedrängt, sich auf die Waggons gesetzt, an die Tür gehängt. Da habe sie, die Alten, eine solche Furcht vor dieser Fahrt ins Ungewisse überkommen, daß sie sich von ihren Kindern, die keinesfalls von ihrem Fluchtplan ablassen wollten, getrennt hätten und wieder ausgestiegen seien. Da saßen sie wieder bei uns. Der alte Herr, schon siebzig Jahre und gebrechlich, mit den dichten, borstigen weißen Haaren, weinend wie ein Kind, und seine Frau war besorgt um ihn und weinte auch, und wir trösteten sie.

Unsere Alten hatten aber keine Ruhe. Nach einigen Stunden beschlossen sie, noch einmal zum Bahnhof zu gehen. Vielleicht war der Zug noch nicht abgefahren, und sie könnten ihre Kinder noch einmal sehen und ihnen noch etwas Geld mitgeben. Sie kamen am Abend nicht zurück. So sind die Alten also doch mitgefahren, dachten wir und gelobten uns zum wiederholten Mal, auf jeden Fall zusammenzubleiben, komme, was wolle.

mit Herbert Gerigk (Berlin 1943, Sp. 88) lautet: »Geist, Edwin Ernst Moritz. (H), *Berlin 31.7.1902, Komp, MSchr, KM – Berlin.« Die Abkürzungen bedeuten: H = Halbjude, Komp = Komponist, MSchr = Musikschriftsteller, KM = Kapellmeister.

Dann kam der Dienstag.[12] Auf den Straßen vollzog sich die Revolution. Ein bewaffnetes Heer, Zivilkleider, eine Binde am Arm, war aus dem Boden gewachsen, die Partisanen.[13] Wir hatten keine Vorräte im Haus, und ich ging einholen. Wieder standen lange Schlangen vor den Läden. Überall knallte, dröhnte es. Das Heer der Rotarmisten füllte die Straße, diesmal als Rückzügler. Unter den schnell reitenden Kavalleristen glaubte ich wieder den jungen Reiter zu erkennen, der vor zwei Tagen westwärts geritten war. Der deutsche Einfall war gelungen. Drei entsetzliche Jahre mußten vergehen, ehe die Rote Armee durch diese Straße wieder hergezogen kam – als Sieger.

Ganz in der Nähe platzte eine Bombe. Ich stand in der Menge an eine Hauswand gedrückt. Da sah ich Max kommen. Er fand es zu gefährlich, auf der Straße zu stehen, und holte mich ab.

Dem deutschen Heer war der schreckliche Geier, der Judenhaß, mit schwarzen Schwingen vorangeflogen. Schon bevor die deutschen Soldaten einrückten, hatten die Partisanen ihre antisemitischen Befehle bekommen. Viele von den Juden, die in diesen Tagen noch zu fliehen versuchten, [wurden] von den Partisanen aufgehalten, festgenommen oder zur Rückkehr gezwungen. Ein furchtbarer Anblick: die Züge von Juden, die aus der Stadt flüchteten. Die Kühneren, auf Fahrrädern, wollten ins Innere Rußlands. Viele gedachten, nun in die Provinz zu ziehen. Vielleicht hofften sie dort auf mehr Schutz durch die litauische

12 Der 24. Juni 1941. Am Abend dieses Tages wurde Kaunas von der deutschen Wehrmacht eingenommen.

13 Diese litauischen Partisanen kämpften gegen die Rotarmisten und bildeten zugleich die wichtigste Hilfstruppe der deutschen Besatzungsmacht bei den Mordaktionen gegen die jüdische Bevölkerung. Schon vor dem Einmarsch der deutschen Wehrmacht organisierten die Partisanen erste Pogrome.

Bevölkerung, denn gerade auf dem Lande waren die Beziehungen zwischen Litauern und Juden oft sehr freundlich gewesen.

Marie wollte am Nachmittag durchaus zur Mutter eines Freundes gehen, der geflüchtet war und ihr Grüße für die Mutter aufgetragen hatte.[14] Ich wollte sie begleiten, damit sie nicht allein geht. Unsere Straße war menschenleer. Von allen Seiten tönten Schüsse. Als wir in die breite Straße einbogen, die vom Grünen Berge[15] in die Stadt führt, rief uns ein Partisan an: »Was habt ihr auf der Straße zu suchen?« – Wir hätten einen wichtigen Gang. Er solle uns vorbeilassen.

Da erkannte er Marie. »Bist du nicht die Kommunistin? Warte, dir wird es jetzt schlecht ergehen.«[16] Aber er ließ uns weitergehen. Wir stiegen einen kleinen Treppenpfad direkt zur Stadt hinunter. Unten wieder ein Partisan. Er ließ uns nicht durch, und wir mußten umkehren.

Mein Mann hatte sich schon Sorgen um uns gemacht. Noch einmal freuten wir uns, wieder vereinigt zu sein, und wir nahmen uns vor, ein paar Tage gar nicht auszugehen und erst einmal abzuwarten. Am Abend ließen die Deutschen eine große weiße Leuchtkugel aufsteigen zum Zeichen, daß die Stadt eingenommen war.

Mittwoch (25. Juni).[17] Mein Mann hielt es nicht zu Hause aus. Er wollte in den Staatsverlag, dessen Angestellter er war, gehen und sich besprechen. Wir hatten von privilegierten Mischehen in Deutschland gehört. Mein Mann war im Leip-

14 Zu dem Kreis der »Tolstoianer«, dem dieser Freund wie auch Maries Freund Viktor, der Sohn der Augenärztin Elena Kutorga, angehörte, vgl. auch S. 30.

15 Vgl. Anm. 2.

16 Marie Holzman hatte sich während des »Sowjetjahrs« (Juni 1940 bis Juni 1941) beim »Komsomol«, der kommunistischen Jugendorganisation, engagiert.

17 Im Manuskript irrtümlich: »23. Juni«. Siehe Anm. 12.

ziger Buchhändlerbörsenverein bis zuletzt ein hochangesehenes Mitglied. Aus Holland wußten wir, daß Juden zum Teil in Stellungen belassen waren, und wenn nicht, so würde ich doch wahrscheinlich weiter Lehrerin sein können.

Er und Marie gingen zusammen fort. Ich sollte unterdessen etwas zu Mittag kochen. Ich ging in den Garten, sammelte Brennesseln und Ackermelde für Spinat. Im Keller waren Kartoffeln. Als ich vom Garten heraufkam, standen die beiden alten Zinghausens vor der Tür.

Sie waren völlig erschöpft und verzweifelt. Als sie am Montag auf den Bahnhof gekommen sind, war der Zug schon abgefahren. Im Augenblick, wie sie zurückgehen wollten, wurde der Bahnhof bombardiert. Sie flüchteten mit vielen andern Menschen in einen Hauskeller, wo sie die Nacht und auch den folgenden Tag und die Nacht unbequem sitzend verbrachten. Die Straßen um den Bahnhof wurden gesperrt. Für Zivilisten war kein Durchkommen möglich. Sie konnten in ihrem Versteck Wasser bekommen und auch ein paar Semmeln kaufen. Am Morgen wollten sie dann in ihre Wohnung gehen.

Der Hausmeister wollte sie nicht hereinlassen. Man hätte geglaubt, daß sie geflohen seien, und die Wohnung sei bereits von deutschen Offizieren beschlagnahmt. Nach vielem Bitten und einem großen Trinkgeld erklärte er sich schließlich bereit, sie einzulassen. Sie fanden ihre Wohnung vollständig ausgeplündert. Alle Schränke waren ausgeräumt, alle Wäsche, Kleider, Schuhe, Betten, Decken, alles Geschirr und Küchengerät verschwunden. Im eingebauten Küchenschrank fanden sie ein paar einzelne Teller und Messer und Gabeln. Der Hausmeister vertrieb sie bald mit groben antisemitischen Beschimpfungen, und so waren sie wieder zu uns gekommen. »Wir waren wohlhabende Leute, jetzt sind wir von einem Tag zum andern Bettler geworden.«

Während sie sich wuschen und ausruhten, kochte ich

schnell Mittagessen. Wo blieben nur mein Mann und Marie so lange? Ich lief vor Ungeduld auf die Straße, bis zur Hauptstraße. Dort stand ich und wartete, wartete – anfangs nur ärgerlich, daß sie so säumten, aber allmählich mit immer wachsender Angst. Ich sah die ersten deutschen Soldaten. Um einen hatten sich Leute versammelt. Er erzählte laut, wie er versteckte Russen aufgefunden und umgebracht hätte. »Und die Juden? Ich sehe ja gar keine. Sie haben sich wohl alle davongemacht oder in ihren Schlupfwinkeln versteckt.« Alle lachten laut und roh. Der Soldat trug den Hals weit ausgeschnitten und ein buntes Halstüchlein. Ich sah das zum ersten Mal.

Es war drei Uhr. Ich lief nach Hause, bewirtete die beiden alten Gäste, zwang mich, auch zu essen, um sie nicht mit meiner Angst aufzuregen. Vor Gretchen konnte ich sie nicht verbergen. Noch immer kommen unsere beiden nicht. Ich lief in die Stadt herunter. Schon vom Berg sah ich die Hakenkreuzfahne auf dem Kriegsmuseum wehen. Die Laisves Allee[18] voller Menschen. Die deutschen Soldaten wurden enthusiastisch als »Befreier« begrüßt. Alle Menschen waren erregt und die meisten vergnügt.

Ich traf den Rechtsanwalt Stankevičius mit seiner Tochter. »Haben Sie meinen Mann gesehen?« Er wurde sofort bedenklich. Es seien viele Juden auf der Straße verhaftet.

Ich jagte durch alle Straßen, fragte alle Bekannten, keiner hatte die beiden Unseren gesehen. Dann hetzte ich wieder nach Hause. Vielleicht sind sie unterdessen gekommen? Nichts. Den Gästen Abendbrot gemacht, ein wenig gesprochen, wieder auf die Straße, bis es dunkel wurde.

18 Die Laisves Aleja (Freiheits-Allee) war die Haupt- und Flanierstraße von Kaunas. Im Haus Nr. 48 hatte sich zuletzt Max Holzmans Buchhandlung »Pribačis« befunden.

Am nächsten Tag hörte man von allen Seiten von großen Judenverfolgungen. Aufrufe: Juden hätten auf deutsche Soldaten geschossen. Für jeden getöteten Soldaten werde man 100 Juden töten. Die Zeitungen, Flugblätter enthielten fast nichts anderes als die furchtbarsten antisemitischen Exzesse.

Ich lief zur litauischen Polizei, traf vor der Tür einen litauischen Kriminalbeamten, der meinen Mann gut kannte. Er versprach, sich zu erkundigen, wo die Meinen seien, und mir Nachricht zu geben. Er hat nichts von sich hören lassen. Ich traf ihn später noch oft. Er vermied [es], mit mir zu sprechen.

Drei Tage lief ich so umher, zu Hause die beiden alten Freunde, die auch getröstet werden wollten. Gretchen half mir überall. Wir verstanden uns ohne Worte. Am dritten Tag ging mittags das Telefon. Marie! »Mutti? Ich bin da. Ist Vater bei euch? Ich komme gleich nach Hause.«

Unsere alten Freunde umarmten mich. Ich sagte aber gleich, es ist ein schlechtes Zeichen, daß Marie allein da ist. Da war sie schon, die gute Marie, erhitzt, verschmutzt und mit leuchtenden Augen. Erst einmal sich waschen, duschen, sich umziehen und dann ordentlich essen. Aber beim Essen kann man schon erzählen.

»Als wir auf der Laisves Allee gingen, rief ein Partisan, der mein Kollege in ›Sodyba‹[19] gewesen war: ›Du bist die Kommunistin, jetzt bekommst du deine Strafe dafür. Wer ist der Herr? Dein Vater? Er soll auch gleich mitkommen.‹ Man führte uns beide in das Polizeirevier. Dort wurden wir getrennt. Vater rief mir zu: ›Wer zuerst von uns freikommt, wird sich anstrengen, den andern freizubekommen!‹ Dann sah ich den Vater nicht

19 Wörtlich: »Der litauische Hof«, eine halbstaatliche Handelsgenossenschaft für Lebensmittel wie Obst, Gemüse und Honig, in deren Büro Marie eine Zeitlang gearbeitet hatte.

mehr. Ich wurde mit vielen andern Frauen ins Gefängnis gebracht. Wir wurden alle zusammen in einen großen Raum gesperrt. Eine ältere Frau, die man als Kommunistin verhaftet hatte, gefiel mir besonders. Sie tröstete die andern und war so heiter und sicher, daß [sie] sich beruhigten. Auf der Erde lag Stroh als Lager. Man bekam mittags Suppe, früh Kaffee und Brot. Ich konnte nicht essen, dachte nur immer an euch und die Sorgen, die ihr euch um uns macht. Am zweiten Tag sagte ich zu dem Beamten, der zur Inspektion hereinkam: ›Ich bin Deutsche. Man hat mich aus Versehen verhaftet. Laßt mich sofort frei.‹ Man rief einen deutschen Polizeibeamten, auf den ich so lebhaft auf deutsch einsprach, daß er sich überzeugen ließ. Er sagte: ›Morgen kommen Sie frei.‹ Heute gegen zehn rief man mich und fragte noch mal, ob ich wirklich Deutsche sei. Dann ließ man mich frei.«

Da war es nun wieder, mein Sorgenkind, saß vor meinen Augen in der Küche und aß mit großem Appetit ihre Butterbrote. »Nun müssen wir den Vater erlösen.«

Ich lief noch am selben Tag in die deutsche Sicherheitspolizei. »Tritt nur recht sicher auf als Deutsche«, hatte mich Marie gelehrt. In einem Anmeldezimmer mußte ich lange warten, dann kam ein Beamter und fragte mich genau aus. Eine Deutsche im Ostgebiet ist verdächtig, denn die Deutschen waren alle ins Reich repatriiert. »Aha. Also wegen des jüdischen Mannes sind Sie hiergeblieben. Bringen Sie morgen ein schriftliches Gesuch um Befreiung Ihres Mannes.«

Am nächsten Tag ein neuer Beamter. Wieder alle Fragen von neuem. »Lassen Sie das Gesuch hier, wir werden uns erkundigen, ob Ihr Mann im Gefängnis ist. Kommen Sie übermorgen wieder.«

Übermorgen – da wußte kein Mensch etwas von meinem Gesuch. Wieder lauter andere SS-Beamte. Wieder alle Fragen von neuem.

Ich hatte die Stammrolle meines Mannes mitgebracht, aus der hervorging, daß er im Weltkrieg von August 1914 bis zum Kriegsende deutscher Soldat gewesen war und welche Ehrenzeichen er damals bekommen hatte. Der SS-Beamte warf einen Blick darauf, schob es mir hin und schnarrte: »Das können Sie sich wieder einstecken. Interessiert uns nicht. Jude bleibt Jude. Kommen Sie in ein paar Tagen wieder.« So ging es nicht.

Der Rechtsanwalt Stankevičius, der meinen Mann gut kannte und sehr schätzte, versprach, seinerseits einen Versuch zu machen. Er reichte zusammen mit Prof. P. [?] und dem Rechtsanwalt T. [?], alle drei bekannte Männer, eine offizielle Bitte um Befreiung meines Mannes ein, der eine sehr angesehene, politisch einwandfreie und von allen geschätzte Persönlichkeit sei, so daß seine Verhaftung nur auf einem Irrtum beruhen könne. Dieses Gesuch brachte er selber auf die Sicherheitspolizei. Es ist nie beantwortet worden.

Das nächste Mal traf ich in der Polizei einen Beamten, der mein Schüler im Deutschen Gymnasium gewesen war. Er gab mir die Hand. Das war ungewöhnlich, denn diese Beamten vermeiden das sonst. Er schickte mich zu einem andern Beamten. Man wußte weder etwas von meinem Gesuch noch von dem Gesuch der drei litauischen Koryphäen. »Kommen Sie nach einer Woche. Wenn Ihr Mann da ist, werden wir ihn nach Hause schicken.«

Ich jagte von einer Stelle zur andern. Auf den Straßen wurde regelrechte Jagd auf Juden gemacht. Partisanen drangen in jüdische Wohnungen ein, gaben einen Schuß zum Fenster hinaus und verhafteten oder erschossen die ganze Familie unter dem Vorwand, daß die Juden selbst auf deutsche Soldaten geschossen hätten. Die jüdischen Wohnungen wurden geplündert. Litauische Partisanen und deutsche Soldaten forderten Abgabe von Geld, Uhren, Schmuck, steckten sich ein, was ihnen gefiel.

Durch die Straßen wurden größere und kleinere Trupps von Juden zum Gefängnis geführt, von dort oder oft auch direkt zum VII. Fort. Auf dem Savanoriu-Prospekt, der breiten Landstraße, die ostwärts führt, auf der sich die russische Armee zurückgezogen hatte, auf der die unvorbereiteten Familien der russischen Armee, der russischen Beamten geflohen waren, auf der Hunderte von Juden sich noch bis in die letzten Stunden vor [dem] Einmarsch der Deutschen – sogar viele auch später noch – gerettet hatten, auf dieser Straße wurden immer neue Trupps von Juden, Männer, Frauen, nach dem VII. Fort getrieben. Sie gingen sprachlos, wie entgeistert über das unfaßbare Dunkle, das über sie hereingebrochen. Die Frauen manchmal in leichten Sommerkleidern, ohne Mantel. Die Männer ohne Kopfbedeckung. Andere trugen [einen] Mantel und in der Hand ein Bündel. Hinter und neben ihnen Partisanen, das Gewehr in der Hand, mit harten, grausamen Gesichtern und überzeugtem Schritt, wie die Schächer auf einer mittelalterlichen Kreuzigung von Multscher.[20] Ach, solche Leidenswege sollten hier jetzt tausendmal wahr werden. Kein Bild kann diese tierische Grausamkeit, diese abgründigen Leiden darstellen.

Ich stand am Straßenrand und suchte in den traurigen Zügen, sah darunter Bekannte. Manche grüßten verstohlen. Den ich suchte, sah ich nicht. Wir gingen zu dritt. Auch Maries und Gretchens Augen prüften die Vorbeigehenden. Keiner von uns sprach aus, was er dachte.

Ich lief in die neu geschaffenen Behörden, bis zum Ge-

20 Hans Multscher (ca. 1400–1467), Maler und Bildhauer. Sein malerisches Hauptwerk ist der Wurzacher »Passionsaltar« (1447) mit der Kreuztragung Christi, heute in Berlin.

neral Raštikis[21], wartete lange im Vorzimmer. Dort umarmten sich angesehene Litauer und beglückwünschten sich zu den neuen Stellungen, in die sie das neue Regime gesetzt hat. Ich stand starr daneben und sah mir ihre hohle Freude an. Einige dieser neuen Koryphäen sollten sehr schnell zur Einsicht kommen, von welcher Art diese »Befreiung« war.

Zu Raštikis selbst wurde ich nicht gelassen. Sein Stellvertreter. Ich merkte gleich, diese Leute haben nichts zu sagen. Sie handeln nach den Befehlen der Eroberer. Der Mann notierte sich auf, und ich fühlte, daß nichts geschehen werde. Aber auch Juden kamen doch heraus auf Empfehlung. Ich hörte von verschiedenen Fällen.

Da traf ich auf der Laisves Allee den jungen Architekten Moschinskis, erzählte ihm in Eile, und er war sofort bereit, mir zu helfen. Wir gingen zusammen in das Gefängnis. Er kannte den Direktor persönlich. »Ja«, sagte der, »das Gefängnis ist seit zwei Tagen in den Händen der Gestapo. Wir haben nichts mehr zu sagen.«

Wir gingen zusammen in die Kriminalpolizei. Auch dort wurde Moschinskis als bekannte litauische Persönlichkeit begrüßt. Er schilderte meinen Mann als Menschen hoher Kultur, unpolitisch usw. »Seit einer Woche im Gefängnis?« sagte der Beamte bedenklich. »Von denen sind wenig übriggeblieben.« Er nahm den Hörer und rief das Gefängnis an. Max Holzman? Ja. Der ist noch da. »Seien Sie beruhigt, Frauchen. Morgen mittag um zwölf ist Ihr Mann wieder zu Hause.«

Ich schüttelte dem Beamten die Hand und verabredete mit Freund Moschinskis, der außerhalb der Stadt wohnte,

21 General Statys Raštikis, vor dem Krieg Generalstabschef der litauischen Armee, war in der im Juli 1941 gebildeten, von der deutschen Besatzungsmacht allerdings weitgehend ignorierten litauischen Regierung Verteidigungsminister.

daß er in einer Stunde zu uns zum Mittagessen kommen soll, und lief nach Hause zu den Kindern, um ihnen die frohe Nachricht zu bringen. Wir saßen auf dem Balkon. Nur erst wieder vereint sein, dann wollten wir schon gemeinsam überlegen, wie wir dem Schicksal trotzen könnten. In Deutschland, hatten wir gehört, gab es Ausnahmegesetze für Mischehen.[22]

Am nächsten Morgen ging ich früh auf den Markt. Es gab kein Gemüse, kein Obst. Schließlich bekam ich am Rande der Stadt von Bauern, die mit ihren Wagen hereinfuhren, frische Walderdbeeren. Ich eilte zurück. Vielleicht ist mein Mann schon gekommen. Nein, niemand ist gekommen. Ich ging mit den Kindern auf die Straße. Wie immer seit dem Einzug der Deutschen waren fern und nah Schüsse zu hören: Jagd auf verstreute russische Soldaten, auf Juden. Wir gingen die Straße auf und ab, auf und ab, standen lange an der Straßenkreuzung, wo ich schon einmal stundenlang gewartet hatte.

Dort speit alle fünf Minuten der elektrische Aufzug, der die Stadt mit dem Grünen Berg verbindet, einen Strom von Menschen aus. Manchmal glaubten wir, den Vater zu erkennen. Kam dort nicht eilig ein Herr mit einem weißen Panama? Aber nein, ein wildfremder. Wir standen und standen, bis wir endlich stumm, todmüde nach Hause gingen.

So warteten wir noch den ganzen nächsten Tag. Dann ging ich wieder auf die litauische Polizei. Man war nicht mehr freundlich, tat so, als wüßte man von nichts, und gab

22 Am Rand der Seite ein wohl nachträglicher Zusatz, der sich nicht zuordnen läßt, möglicherweise etwas, das Moschinskis Helene Holzman damals erzählt hat: *In Wilna habe auf deutschen Befehl die Stadtverwaltung verordnet, daß alle Juden einen gelben Stern auf der Brust tragen müssen. Die Kaunaer Stadtverwaltung habe sich gesträubt, eine solche Verordnung zu erlassen.* In Wilna wurde dieser Befehl erstmals am 3. Juli 1941 herausgegeben, in Kaunas durch den Stadtkommissar Cramer am 31. Juli 1941.

unklare Antworten, die nichts versprachen. Ob Moschinskis vielleicht mehr erreicht? Man kennt ihn überall, und er hat eine so überzeugende Art zu sprechen. Algis wohnte in Panemune, gute anderthalb Stunden von der Stadt entfernt. Ich ging die staubige Landstraße in der glühend heißen Sonne, ging und ging. Trupps deutscher Soldaten laut singend, nein, grölend von der »kleinen Ursula«. Sind diese Horden wirklich meine Landsleute?

Algis war nicht zu Hause. Seine schöne Frau saß groß und ruhig vor dem Hause mit ihren blühenden Kindern. Was wißt ihr von meinen Sorgen? dachte ich. Aber das friedliche Bild war eine Täuschung. Frau Moschinskis erzählte, daß ihr jüngster Bruder als Mitglied der kommunistischen Jugendvereinigung von Partisanen gemordet wurde. Ihre Eltern hielten sich bei ihnen versteckt. Ihr Vater, Arzt in einer Provinzstadt, war als Freund der Sowjets bekannt und wagte es vorläufig nicht, in seine Praxis zurückzukehren.

Da kam Algis mit nacktem Oberkörper, sonnenverbrannt, von seiner Wiese, die er gemäht hatte. Er versprach, am nächsten Morgen mit dem Rade in die Stadt zu kommen, um mit mir noch einmal in die Behörde zu gehen. »Nichts unversucht lassen, bis wir Erfolg haben«, tröstete er mich.

Ich lehnte ihre Einladung, zu bleiben und mit ihnen zu essen, ab, wollte so schnell wie möglich wieder bei den Kindern sein. Der Rückweg noch ermüdender, glühende Sonne, Staub und viele Soldaten. Am Straßenrand eine Pumpe. Ich trank das kalte Wasser. Mir schwindelte, ich hielt mich an einem Zaun, sah die Soldaten durch einen weißen Schleier, hörte deutsche Worte, sah deutsche Gesichter, so fremd, so fremd ...

Am nächsten Tage trafen wir uns, liefen, sprachen, baten, ohne eine klare Auskunft zu erhalten. In der Stadt hatten sich schreckliche Szenen abgespielt. Auf der Bahnhofstraße war es auf dem Hof einer Autogarage zu einer regelrechten Schlacht der Partisanen gegen etwa ... Juden gekommen, wobei die Juden, die ohne Waffen waren, sämtlich umgebracht wurden.[23] Eine riesige Menschenmenge hatte sich versammelt, um dem entsetzlichen Schauspiel zuzusehen und die blinde Wut der Mörder mit ermunternden Zurufen zu schüren. Es gab auch Stimmen, die ihrer Empörung über diese Bestialität Luft machten. »Eine Schande für Litauen!« wagten Mutige zu sagen, wurden aber sofort zum Schweigen gebracht. Von allen Seiten drangen die Schrekkensnachrichten zu uns.

Die Kinder und ich wagten nicht, miteinander davon zu sprechen. Da stand die Glasschale mit den Erdbeeren, die wir zu Vaters Empfang bereitet hatten. Sie waren längst verfault, keiner räumte sie fort.

Ich ging wieder einmal in die Sicherheitspolizei. Man erinnerte sich meines vorigen Besuchs und gab mir eine Liste der jüdischen Insassen des Gefängnisses zur Durchsicht. »Wenn Sie ihn darunter finden, werden wir ihn sofort entlassen.« Sein Name war nicht darunter.

Ich ging langsam in der heißen Mittagssonne nach Hause. Er ist nicht mehr da, sagte ich immer wieder vor mich hin. Wie soll ich das den Kindern sagen? – Ich brauchte ihnen nichts zu sagen. Sie verstanden und schwiegen. Ich warf die alten Erdbeeren fort, kochte etwas zu Mittag wie alle Tage ...

23 Helene Holzman hat die Stelle für die Zahl der Opfer freigelassen, wohl um sie später nachzutragen. Diesem Massaker, bei dem zahlreiche deutsche Uniformierte zugegen waren und fotografierten, fielen am 27. Juni 1941 etwa sechzig Juden zum Opfer. Der Garagenhof der »Lietukis«-Genossenschaft lag nicht an der Bahnhofstraße, wie Helene Holzman schreibt, sondern am Vytautas-Prospekt, der zum Bahnhof führt. In der Zeit vor der sowjetischen Besetzung Litauens hatte sich hier die Shell-Tankstelle befunden.

Vielleicht ist er auf dem VII. Fort? Dort hatte sich das Archiv wertvoller historischer Dokumente und Bücher befunden. Andern soll es gelungen sein, ihre Angehörigen dort zu sprechen. Gegen Abend stand ich vor dem Gitter des VII. Fort. Ich sprach mit der Wache, versprach hohe Bestechung. Gut, er wird suchen. Ich wartete, wartete. Schließlich erschien er wieder. »Nein, einen Max Holzman gibt es hier nicht.«

Ganz nahe beim Fort gab es einen kleinen Laden. Die Inhaberin, Wanda, ein wunderhübsches junges Mädchen, war im ganzen Stadtviertel eine populäre Erscheinung. Ihre kleine Bude war immer voller Menschen. Sie war nicht nur sehr geschäftstüchtig und verstand, mit jedem umzugehen, sondern hatte auch ein warmes Herz und einen klaren Verstand.

Dorthin kamen auch die Partisanen vom VII. Fort, um Zigaretten zu kaufen und mit Wanda zu scherzen. Wanda erfaßte sofort meine Lage und vermittelte mit ihnen. Die Partisanen versprachen, meinen Mann [zu] suchen und ihn frei[zu]lassen. Aber man fand ihn nicht. »Das hättet ihr uns früher sagen müssen«, meinte einer, »jetzt sind schon viele nicht mehr da.« – »Nicht mehr da?« fragte ich. »Wo sind sie denn jetzt?« Er gab keine Antwort.

Ich ging noch oft die breite Pappelallee zu Wanda, auf der man Hunderte von Juden getrieben hatte, von denen die meisten »nicht mehr da« waren. Darunter war einer, das war Max Holzman, das war mein Mann.

Oder war er vielleicht gar nicht hierher gekommen? Viele Juden waren irgendwohin in die Provinz zur Arbeit geschickt worden. Vielleicht lebt er und kommt wieder. Wenn er nur erst wieder bei uns ist. Wenn wir nur erst wieder vereint sind, dann sollen uns alle Leiden leicht werden …

Jeden Tag neue Schrecken, neues Entsetzen. Ein Anschlag mit riesengroßen Lettern in der ganzen Stadt. Alle Juden müssen auf der linken Brust einen gelben Stern tragen. Sie dürfen nicht auf dem Fußsteig gehen, sondern daneben, auf der rechten Seite der Straße, und zwar einzeln hintereinander. Es werden besondere Lebensmittelkarten für Juden ausgegeben und besondere Geschäfte eingerichtet. Sie bekommen weniger Brot, keinen Zucker, weniger Fett und Fleisch als die andern.

Die beiden alten Zinghausens, die nun ganz ohne Wohnung und Sachen waren, hatten einige Tage bei uns gewohnt. »Wir sind von einem Tag zum andern zu Bettlern geworden«, sagte die alte Dame. Sie sagte es mit Ruhe und sanfter Ergebenheit in das Schicksal, das auf so unbegreifliche Weise über sie hereingebrochen, einer Ergebenheit, die die Juden so unendlich leidensfähig machte. Und diese Stärke war den anderen wieder so unverständlich, daß sie ihr mit neuem Mißtrauen begegneten.

Sie waren dann, die beiden würdigen Freunde, zu ihren Verwandten in die Altstadt gezogen. Wir besuchten sie oft und brachten ihnen Brot oder Gemüse aus dem Garten. Sie hatten noch einige Versuche gemacht, wenigstens etwas von ihren Kleidungsstücken zurückzubekommen. In einer von einer Militärperson verwalteten Sammelstelle von jüdischem Besitztum erblickten sie einen Teil ihrer früheren Habe. Man war dort, wie man es zum Teil auch in Deutschland gewesen war, von eisig korrekter Höflichkeit und ließ sich schließlich herbei, den beiden je einen alten Mantel und etwas Bettzeug zu geben – schadhaftes, beileibe nichts von dem besseren. Leibwäsche wurde verweigert.

Mitte Juli wieder große Anschläge: Alle Juden der Stadt sollen binnen einem Monat nach Vilijampole ziehen, wo sie in einem Ghetto, abgetrennt von der übrigen Bevölkerung, konzentriert werden sollen.[24] Vilijampole liegt nördlich der Stadt, jenseits der Vilija, eine arme Vorstadt, vorwiegend mit alten Holzhäusern ohne Kanalisation und Wasserleitung. Die Juden können ihre Häuser und Wohnungen gegen solche in Vilijampole tauschen. Verkauf von Häusern, Möbeln, Wertsachen ist ihnen verboten.

In Kaunas hatten sich ungefähr 45000 Juden befunden. Etwa 7000 mögen vor dem Einbruch der Deutschen geflohen sein. 38000, etwa ein Viertel der Bevölkerung der Stadt, sollten in einem Monat umgesiedelt werden.[25] Das zur Verfügung gestellte Areal war so klein, daß auf eine Person nur zwei Quadratmeter Wohnraum kamen. Die meisten Juden ließen den größten Teil ihrer Habe in ihren Wohnungen zurück. Viele versuchten noch möglichst viel zu verkaufen, von den Käufern, die sich die Notlage zunutze machten und die Preise drückten, weidlich ausgenutzt. Viele vermachten alles ihren Dienstboten, die dafür für Lebensmittel zu sorgen versprachen.

Das Stadtbild stand die folgenden Wochen unter dem Zeichen der Umzugswagen, die die Straßen füllten. Die Preise der Fuhren stiegen horrend. Sie fuhren hochbepackt mit dem nötigsten Hausrat, mit Brennholz und oft mit der ganzen Familie. Man sah Kranke, Mütter mit Säuglingen zwischen ihre Habe gepfercht. Die Gesunden gingen zu Fuß daneben. Das Wetter war herrlich. Seit dem deutschen

24 Am 10. Juli 1941 gaben der litauische Militärkommandeur von Kaunas, Jurgis Bobelis, und der Bürgermeister von Kaunas, Kazys Palčiauskas, den Erlaß heraus, daß alle Juden spätestens bis zum 15. August in das Ghetto Vilijampole umzuziehen hätten.

25 In Kaunas lebten zum Zeitpunkt des deutschen Einmarschs etwa 40000 Juden. Etwa 15 Prozent der ca. 30000 Personen, die noch im Juni 1941 von den Sowjets aus Litauen nach Sibirien deportiert wurden, waren Juden. Anfangs lebten im Ghetto Vilijampole etwa 30000 Menschen.

Einzug ein sonniger Tag nach dem andern. Es war wie ein Hohn auf das Leid, das die Sonne beschien.

Man hatte eine Wohnungskommission gebildet, die für gerechte Verteilung sorgen sollte. Es gab nämlich neben den vielen ärmlichen Hütten einige große Häuserblocks mit neuen, modernen Wohnungen, auf die ein großer Ansturm war und deren Inhaber von den andern beneidet wurden. Bald sollte sich zeigen, daß es kein Gewinn war, eine solche Wohnung zu besitzen, und [daß] diejenigen, die sich mit möglichst bescheidenen begnügten, besser dran waren. Die Umzüge waren noch im Gange, und schon drangen deutsche Soldaten und litauische Partisanen in die neubezogenen Häuser, ganz besonders in die schönen, ein und nahmen sich dort, was sie nur wollten.

Am Sonntag gingen wir in den Wald, um für Tante Fischel Beeren zu suchen. »Geht nicht tief hinein in den Wald«, warnten uns die Anwohner, »dort gibt es noch versteckte Russen, die jeden erschießen, dem sie begegnen.« Wir fürchteten keine Russen. Schon an den Wegrändern wimmelte es von Erdbeeren, und unter den Fichten war es blau von Heidelbeeren. Hier schien noch niemand gesucht zu haben. Ob aus Furcht vor den versteckten Russen? Gretchen hielt sich dicht an mich, aber Marie verlor sich weiter. Ich mußte sie immer wieder rufen und suchen.

Sie hat auf einer moorigen Waldwiese ein Himbeergestrüpp entdeckt. Wir lassen uns Arme und Beine zerkratzen und pflücken, sitzen dann am Wegrand unter einer großen Kiefer, sitzen, wie wir hundertmal im Wald gesessen haben. Um uns summt und zwitschert es. Das Gras blüht und duftet, schöner, schöner Julisommer. Jetzt werden wir nach Hause gehen, und dort wird nicht, wie sonst, der Vater sein. Wir wissen nichts von ihm, nichts. Das Gefängnis ist voll von

Juden. Ist er darunter, warum findet er keine Möglichkeit, uns eine Nachricht zu geben?

Am nächsten Tag hörte ich, wie bei Wanda ein Partisan erzählte, daß von den Juden auf dem VII. Fort fast keiner mehr da sei. »Wir haben sie totgeschossen«, sagte er ganz ruhig und gab sein Gewehr zum Spaß einem kleinen Kind in die Hand. »Willst du auch Juden schießen?« Aber das Kind stieß das Gewehr von sich und sagte: »Nein.« – »Das Kind ist besser als ihr«, sagte Wanda, »das weiß, daß es sündhaft ist, Menschen zu morden.« – »Juden sind keine Menschen«, antwortete der Partisan ruhig.

Marie hatte eine Stellung in einem Trust als Übersetzerin angenommen.[26] Deutsche Kräfte wurden sehr gesucht, und der Direktor war sehr zufrieden mit ihr. »Macht nichts, daß sie in der kommunistischen Jugend war, sie ist ein tüchtiges und liebes Mädel.«

Sie arbeitete täglich bis vier Uhr, dann aßen wir zu Mittag und waren froh, miteinander zu sein. Aber Marie hielt es nicht lange zu Hause. Sie hatte einen früheren Freund, einen jungen Arzt, wiedergetroffen, der, ein ernster und hochbegabter Mensch, erfüllt von den Ideen Tolstois, auf Marie tiefen Eindruck machte.[27] Nicht mit der Waffe siegen, sondern durch Liebe. Ein kleiner Kreis junger Menschen hatte sich zur Aufgabe gemacht, die Ideen Tolstois zu verbreiten. Marie war ganz erfüllt von der neuen Mission. Alle Menschen, vor allem die Soldaten, müssen davon überzeugt werden, daß die Waffen nur Unglück bringen. Sie müssen so weit kommen, daß sie den Kriegsdienst verweigern.

26 Vgl. Anm. 19.
27 Viktor Kutorga.

Maries begeisterungsfähiges Herz war tief unter dem neuen Einfluß: Friede, Versöhnung, Liebe. Abends saßen wir auf der Veranda, und Marie erklärte glühend die neuen Ideen. Sie hatte schon mit verschiedenen deutschen Soldaten Bekanntschaft gemacht und nicht gezögert, sich ihnen mitzuteilen. Haben die Worte des heldenhaften jungen Mädchens so unmittelbaren Eindruck gemacht, oder war es ihre blühende Frische, der sie erlagen? – jedenfalls fand sich sofort eine Anzahl von Zuhörern, die ihr aus tiefem Herzen zustimmten.

»Sei vorsichtig, solche Reden werden mißverstanden, sind gefährlich«, warnte ich. Aber Marie nannte mich einen traurigen Realisten, der zu keiner Begeisterung fähig sei, und ich zweifelte manchmal, ob ich das Recht habe, diesen kühnen Schwung zu hemmen.

Ich war ständig um sie besorgt. Kam sie einmal abends nicht zur Zeit nach Hause, war ich in Angst um sie, ging auf die Straße. Auf und ab in Ungeduld. Da kommt sie endlich, bittet um Verzeihung. Sie wird mich nicht wieder warten lassen und fortan immer pünktlich kommen. »Geh nicht so viel aus, bleib mehr zu Hause.« Aber nein, es treibt sie ein junger Tatendrang, Idealismus, Lebenslust. Sie besucht ihre jüdischen Freundinnen, verspricht, auch weiter für sie zu sorgen, möchte überall helfen, zu allen gut sein. Sie [be]schafft Brot, Gemüse, Kartoffeln.

Eine neue Freundschaft, in Eile geknüpft, ein Soldat aus Berlin, Musiker. Ihn interessieren die litauischen Volkslieder, die oft abends in mehrstimmigen Melodien trotz Krieg aus den Gärten der Litauer schallen. Marie verbringt einige Nachmittage mit ihm, übersetzt dem jungen Mann die Texte ins Deutsche. Sie improvisiert geformte Nachdichtungen, denn sie kennt und liebt die litauische Dichtung und ist seit Jahren bemüht, litauische Gedichte und Novellen ins

Deutsche zu übertragen und sie mit eignen originellen Zeichnungen zu illustrieren.

Er ist ganz bezaubert von der vermeintlichen Litauerin, denn Marie hält ihre Abstammung verborgen. Nach einer Woche muß er weiter zur Front und schreibt einen Abschiedsbrief, wie unendlich viele geschrieben worden sind, voll Sehnsucht nach Liebe und bleibendem Glück.

Es war ihr gegeben, die Herzen der Menschen zu gewinnen. Es ist ihre Art, in allem, was sie ergreift, produktiv zu sein. Immer arbeitet ihre Phantasie, drängt, zu formen, zu gestalten. Das Leben ist ihr eine Reihe herrlicher Sensationen, sie ist jeden Tag gespannt, was er ihr bescheren wird. Sie ist gläubig, gläubig an den Sieg des Guten, kühn, tapfer, opferbereit.

»Sei vorsichtig«, warnte ich sie damals oft. »Sprich nicht offen mit jedem Fremden. Sei vorsichtig, vor allem mit den deutschen Soldaten.« Marie versprach es. Ich solle mir keine Sorgen machen. Sie wollte mir keine Sorgen machen. »Seufze nicht. Sei nicht traurig«, sagte sie mir oft, und wir lächelten einander an und verbargen uns gegenseitig den Schmerz über das dunkle, unfaßbare Verschwundensein des lieben Vaters.

Mit Gretchen war sie offener als mit mir. In ihr hatte sie eine vollkommene Vertraute, denn unsere Kleine mit ihrem tiefen, frühreifen Verständnis für alles Menschliche war mit ihrem kritischen Verstand der älteren Schwester überlegen. Ihre Schüchternheit, ihr Mißtrauen gegen Fremde, ihre klare Beobachtungsgabe waren eine vollendete Ergänzung zur intuitiven, gläubigen Schwester. Die langen, hellen Abende füllten sie mit ihren vertrauensvollen, innigen Gesprächen, bis Gretchen kindlich und schroff abbrach: »Jetzt schlafe ich ein.«

Aber Marie war zu erfüllt, zu bewegt von allem Geschehen und von der großen Idee, die zu verbreiten ihre Mission war. Während die Kleine schon schlief, kam sie mit ihrem Kopfkissen in mein Zimmer und machte sich auf dem Sofa ein Lager, und nachdem Gretchen die Vertraute ihrer persönlichen Angelegenheiten war, philosophierte sie mit mir über das große Gebot der Nächstenliebe und des wehrlosen Duldens[28]: die Soldaten aller Länder so überzeugen, daß sie den Krieg verweigern – dann wird kein beutegieriger Tyrann mehr Krieg führen können.

Sie war nicht zufrieden mit der Warnung ihrer Mutter, vorsichtig zu sein. So werde man nie etwas Großes erreichen. Der resistente Kampf der Sanften, Waffenlosen, der Liebenden, Verstehenden – müssen nicht Haß und völkischer Dünkel schmelzen, wenn der ewige Erlösergedanke sie anweht?

»Ich habe durch Viktor ein paar Soldaten im Lazarett kennengelernt. Wir haben sie besucht und mit ihnen gesprochen. Sie sind ganz einverstanden mit uns. Es ist so leicht, sie zu überzeugen.« Und alle diese Gespräche verschleierten nur den wilden Schmerz um unseren liebsten Menschen.

Um uns starrte die Welt in Grausamkeit, Haß und Mord. Man fühlte, wie das deutsche Regime nach einem genau ausgearbeiteten, bereits bewährten System arbeitete. Die Beschlagnahme der reichen Lebensmittel des Landes, die knappen Zuteilungen an die Bevölkerung, die Einstellung der Zivilisten in deutsche Dienste – alles vollzog sich lückenlos schnell, musterhaft ordentlich. Den Litauern imponierte diese Schneidigkeit. Sie beugten sich willig den har-

28 »Wehrlos« im Sinne von »waffenlos«, »unbewaffnet«.

ten Gesetzen, durch die sie jeder Freiheit und Selbständigkeit beraubt wurden. »Der Deutsche schafft Ordnung« – und sie spürten nicht, daß die gelobte Ordnung ihre Versklavung schaffte.

Man mußte stundenlang vor den Läden anstehen, um die Ration auf die Lebensmittelkarte zu bekommen. In Deutschland hatte man sich durch jahrelange Entwöhnung längst an einen bescheidenen Ernährungsstand gewöhnt. Hier kam der Umschwung ganz plötzlich. Die Märkte, die mit billigen, vorzüglichen Landwirtschaftsprodukten überfüllt gewesen waren, standen leer. Der freie Verkauf wurde verboten. Die Bauernwagen, die mit ihren Produkten in die Stadt gefahren kamen, wurden von Soldaten angehalten und beschlagnahmt.

Das Geld war gleich in den ersten Tagen entwertet worden, 10 Rubel = 1 Mark. Die Soldaten stürzten sich wie Heuschreckenschwärme in die Läden und kauften alles, was nicht rationiert war. Schokoladengeschäfte, Parfümerien waren in wenigen Tagen ratzekahl gekauft. Stoff- und Schuhgeschäfte, Haushalts- und Eisenwaren[läden] wurden geschlossen. Das Wort »Beschlagnahmt« prangte überall an den verschlossenen Ladentüren, während sich die neuen Herren bereits an die reichen Lager machten.

Von den Litauern hatten viele die Situation auch schon erfaßt und rafften noch vor Torschluß, was sie nur ergattern konnten. Sie waren so in Anspruch genommen, der neuen Situation möglichst viele Vorteile abzuringen, daß sie kaum gewahr wurden, was unterdessen mit einem Drittel der städtischen Bevölkerung, den 45000 Juden, geschah.

Die Umzugswagen fuhren von der Stadt über die Vilijabrücke nach dem Ghetto. Den Armen wurden von Reicheren Mittel für eine Fuhre zur Verfügung gestellt. Viele gingen mehrmals am Tage hin und zurück, um ihren Kram herüberzubringen. Aber jeder Brückenübergang war eine Gefahr. Man fing dort täglich Juden, um sie für verschiedene Arbeiten zu brauchen, zum Räumen von Schutt von bombenzerstörten Gebäuden, zum Reinigen von Kloaken, zum Verscharren gefallener Tiere und anderen unsauberen und schweren Arbeiten. Die Ostjuden entsprachen absolut nicht der allgemeinen Vorstellung der Deutschen. Sie waren ein gesundes, kräftiges und fröhliches Volk. Die Jugend war sportlich geschult, kannte keine Ausschweifung und Trunksucht. Die Deutschen staunten häufig über körperliche Kräfte und Ausdauer, die ihren Vorurteilen über die Juden nicht entsprachen.

Die Juden waren entrechtet, vogelfrei. In den Umzugswochen wurden Hunderte ohne jeden Grund ins Gefängnis geschleppt, in ihren alten oder neuen Wohnungen ausgeraubt und ermordet, geschlagen und gepeinigt. Den deutschen Soldaten wurde von ihren Vorgesetzten eingeschärft, daß sie mit ihnen nicht wie mit Mitmenschen zu verkehren hätten, sondern sie nur wie Sklaven zur Arbeit zu treiben hätten. Trotzdem gab es unter den Offizieren und den einfachen Soldaten manche, die sich den Verordnungen widersetzten, sie abmilderten und das Ihre taten, um den Juden ihr entsetzliches Los zu erleichtern.

Ein deutscher Offizier nahm sich einmal einer schwangeren Jüdin an, die in einem Laden in der Reihe stand und vom Pöbel verdrängt wurde, indem er vom Verkäufer verlangte, daß man sie vor den andern bediene. Als die junge Frau ihm danken wollte, verschwand er mit kurzem Gruß. Die Menge gaffte verwirrt.

Die Frage der Halbjuden und der Juden fremder Staatsangehörigkeit war vorläufig ungeklärt. Wir waren in besonderer Sorge um ein junges Musikerehepaar, im Alter zwischen uns und den Kindern stehend und mit uns allen vier seit Jahren gleichermaßen befreundet. Edwin Geist war Berliner: Komponist, Dirigent und Pianist. In den ersten Jahren des nationalsozialistischen Regimes hatte er sich als Halbjude halten können. Er hatte als Mitglied des deutschen Musikerverbandes die besten Empfehlungen, und eine Oper von ihm erlebte 1934 ihre Erstaufführung in Berlin. Als sich die antisemitischen Gesetze mit den Jahren verschärften, wurde er allmählich überall verdrängt. Bei einem Besuch bei seinen Freunden in Kaunas lernte er seine Frau kennen. Nach einem Jahr kam er wieder, heiratete sie und blieb hier. Der wohlhabende Schwiegervater war sehr unzufrieden über die Ehe seiner Tochter mit einem armen Künstler, wollte nichts geben, und da ein litauisches Gesetz Ausländern jeden Broterwerb verbot, mußten sie sich durch Musikstunden ein sehr kärgliches Brot verdienen.

Der Nationalsozialismus warf seine Schatten auf die kleinen Nachbarländer. Es wimmelte von Agenten, und man verschärfte die Maßnahmen gegen die Ausländer. Sie durften nicht mehr in Kaunas wohnen, und so wurde auch unser unschuldiger Edwin gezwungen, sich ein Zimmer in einem kleinen Städtchen zu nehmen. Es war ein mühsames Leben, das die beiden führten, ein schwerer Kampf um das tägliche Brot. Die hiesigen Musiker verkannten den originellen Künstler. Sie sahen in ihm nur den Ausländer und Sonderling. Dazu kam noch die Angst vor der Polizei, denn meistens blieb Edwin illegal in der Stadt bei seiner Frau oder auch bei uns.

Die Einreihung Litauens in die Sowjetrepublik 1940 machte den Sondergesetzen für die Ausländer ein Ende. Man wertete die Menschen nicht mehr nach ihrer Nationalität, sondern nach ihrer Leistung. Edwin Geists Kompositionen wurden im Radio aufgeführt, eine begabte Sängerin sang seine Lieder, er dirigierte ein Konzert in Wilna, und man hätte ihm dort oder in Kaunas gern eine feste Stellung als Dirigent gegeben, wenn er imstande gewesen wäre, eine der Landessprachen, Litauisch, Russisch oder Polnisch, zu erlernen. Er sprach aber nur sein kräftiges Berlinisch, gespickt mit derben und skurrilen Ausdrücken. Als echte Künstlernatur war er Genießer, freute sich mächtig, wenn man ihn gut bewirtete, und wurde bei Wein und gutem Essen so witzig und unterhaltend, daß er die ganze Gesellschaft ansteckte. Aber wehe, wenn ihm die Gesellschaft nicht gefiel, wenn irgend etwas sein subtiles ästhetisches Gefühl störte. Dann konnte er einen ganzen Abend trübe vor sich hinstarren und der liebenswürdigen Wirtin, die ihn zum Tanzen aufforderte, brüsk den Rücken kehren.

Er wohnte mit seiner Frau Lyda in einem unschönen, einfenstrigen Zimmer, das ganz vom Klavier ausgefüllt zu sein schien. War er bei Stimmung, so spielte er aus seiner Oper vor, sang alle Rollen, erklärte und mimte dazwischen, und seine junge, schöne Lyda mußte mitspielen. Sie war auch Pianistin und war, wie es Gott von der ersten Frau, die er geschaffen, verlangt hatte, eine wahre Gehilfin ihres Mannes.

Dieses eine glückliche Jahr, das zwar wenig Erfüllung gebracht hatte, aber voll blühender Ansätze und hoffnungsvoller Träume gewesen war, [ging] zu Ende. Lydas Vater war in den ersten Tagen der Okkupation von den Häschern ergriffen worden und seitdem verschwunden. Lyda wollte die verzweifelte Mutter nicht allein lassen, verbrachte den halben Tag bei ihr. Was sollte aus ihnen werden? Edwin als Reichsdeutscher[29] und Halbjude würde vielleicht nicht dem Ghettogesetz unterstehen. Lyda redete ihm zu, hierzu-

29 Vgl. Anm. 5 über den Begriff »Volksdeutsche«.

bleiben. Es werde ihr leichter, allein, als mit ihm zusammen, das schreckliche Los auf sich zu nehmen. Sie kam zum erstenmal mit dem gelben Stern zu uns. Marie umarmte sie zärtlich, tröstete sie, sie solle ihren Edwin nur unserer Fürsorge überlassen. Wir besuchten sie oft.

Am 3. August war Sonntag. Wir beschlossen, noch einmal zu dritt in unsern Wald zu gehen. Wir wollten Beeren für Edwin und Lyda suchen. Das Wetter war dunstig, als ob es regnen würde, ganz windstill, schwül. So hielt es sich den ganzen Tag. Wir suchten wieder mehrere Körbchen voll. Mittags fielen ein paar Tropfen, dann hellte es sich auf. »Das ist eine gute Vorbedeutung«, sagte Marie, und auf dem Nachhauseweg führten wir wieder unser Lieblingsgespräch: Wir dachten uns die Welt aus, die vom »Gesetz des Guten« regiert würde, und wie jeder Mensch darin seinen richtigen Platz finden würde, ohne daß Zwang und Strafe nötig sei.

Marie ging noch gegen Abend zu Geists und brachte ihnen ein Körbchen Erdbeeren, Himbeeren und Heidelbeeren gemischt. Es duftete herrlich. Als sie nach Hause kam, schalt ich sie, daß sie so spät gekommen. Marie versprach, keinesfalls wieder nach neun Uhr zu kommen. Ich solle ihretwegen keine Sorgen haben.

»Der Dienst im Büro ist langweilig«, erklärte sie immer nach Kontorschluß. Wenn sie doch eine andere Arbeit finden könnte. Sie wollte so gern Krankenschwester werden oder studieren. Ich vertröstete sie auf später. »Jetzt müssen wir uns möglichst unscheinbar machen. Ihr seid beide jung und werdet noch bessere Zeiten erleben.« Wir saßen an diesem Abend noch lange zu dritt auf dem Balkon und sprachen vertraut und innig miteinander.

Am nächsten Tag ging Marie am Nachmittag wieder fort. Sie habe eine Verabredung mit ihrer Kollegin Nina, der sie deutsche Stunden gebe. Es wurde Abend. Marie war noch nicht zurück. Schon nach neun. Ich stand am Pfosten des Gartentors, sah nach rechts und links, lief die Straße herauf und herunter. Gretchen kam dazu. Das Warten wurde immer angstvoller. Sie hatte so fest versprochen, nicht spät zu kommen. Es wurde allmählich dunkel. Von fern kam eine eilige, helle Gestalt die Straße herauf – nein, sie ist es nicht. Immer weniger Menschen gingen. Wir sahen schon nicht mehr viel, hörten nur gespannt auf sich nahende Schritte. Es schlug zehn. Nach zehn Uhr war strenge Polizeistunde. Noch eine Viertelstunde warteten wir, dann gingen wir schweigend ins Haus.

Qualvolle Nacht, qualvoller Tag. Ich ging am nächsten Morgen in ihre Dienststelle. Niemand wußte etwas. Marie sei am gestrigen Nachmittag nicht bei ihr gewesen, sagte Nina. Ich bat den Direktor, die Polizei anzurufen. Er lehnte kühl ab. Er wolle damit nichts zu tun haben. Ich lief zu Maries Freunden. Keiner hatte sie gesehen.

Am nächsten Morgen ging ich in das litauische Polizeipräsidium. Mußte lange in einem Vorzimmer warten, bis ich vorgelassen wurde. Ein junger Beamter blätterte in einer Liste. Ja, vorgestern, am 4. August, sei Marie Holzman verhaftet und ins Gefängnis eingeliefert worden. Er versuchte mich zu beruhigen. Es würden jetzt viele verhaftet und, falls nichts vorläge, wieder freigelassen. Allerdings, wenn sie dem Komsomol angehört habe, so sei das schon schlimmer. Ich solle ihr aber jedenfalls morgen, Donnerstag, etwas zu essen bringen.

So schrecklich die Tatsache war, so war ich doch etwas durch den freundlichen Beamten beruhigt. Nun wußte ich doch wenigstens, wo sie meine Gedanken finden konnten. Ich eilte, um auch Gretchen die Qual der Ungewißheit zu nehmen. Am nächsten Morgen packten wir ein Körbchen mit Eßwaren: Butter, vier hartgekochte Eier, Wurst, Zucker, Johannisbeeren, Brot. Gegenüber vom Gefängnis war ein großer Hof. Dort stand schon eine große Menschenmenge, meist Frauen mit ihren Gaben für die Gefangenen. Wir stellten uns in die Reihe.

Viele kannten sich schon untereinander. Sie trafen sich jeden Donnerstag hier, und da man stundenlang anstehen mußte, war Zeit, sich gegenseitig das Herz auszuschütten. Wir wurden auch gleich gefragt, wen wir im Gefängnis hätten. Alle waren hier Leidensgefährten und hatten Verständnis für die Sorgen des Nächsten. Aber wir hatten unsere besondere Sorge, die wir verschwiegen.

Die meisten brachten ihren Männern, manche den Söhnen, den Vätern. Viele waren vom Lande, manche waren bis vierzig Kilometer weit mit ihren Fuhren gekommen. Die Pferde standen auch im Hof unter einem großen Baum. Es war sehr heiß. Für die Wartenden gab es kein Schattendach. Endlich rückten wir an den Schuppen heran, wo die Gaben registriert und in Empfang genommen wurden. Holzman? Das ist doch ein jüdischer Name. Juden werden [an] einem anderen Tag behandelt. – Nein, ein deutscher! sagte ich. Der Beamte suchte in seinem großen Buch, fand, notierte, gab eine Nummer. Mit dieser mußte man in einem anderen Schuppen anstehen. Unser Mitgebrachtes wurde gewogen. Es wurde nicht mehr als zwei Kilo angenommen. Brot, Butter wurden zerschnitten und untersucht, ob sich nichts Unerlaubtes darin befände. Dann mußten wir mit einem Träger, einem jungen Menschen, über die Straße bis zum Gefängnistor mitgehen. Dort sollten wir warten.

Viele andere warteten mit. Die meisten hatten schon Erfahrung. Es schien endlos lange zu dauern. Wenn man sie nur nicht als jüdischer Abstammung gerechnet hat! Dann wird man es nicht annehmen. Gretchen und ich standen und preßten uns gegenseitig die Hände. Die Angst, diese entsetzliche Angst, immer wieder wegen dieser einen Sache, unserem schrecklichen Geheimnis. Da kam der Bote, gab uns unsere leere Tasche und ein Zettelchen, auf dem Marie ihren Namen geschrieben. »Sie hat sich so gefreut«, sagte er, »wollte mehr schreiben, aber das ist streng verboten.« Dieser unmittelbare Gruß bewegte uns sehr. Wir gingen beruhigt nach Hause.

Von dieser Zeit an lebten wir nur von einem Donnerstag zum andern. Die ganze Woche sammelten wir Nahrhaftes und Leckeres in unsere bastene Einkaufstasche. Am schwersten war, Butter oder Speck zu bekommen, aber es gelang doch jedesmal, und auch Süßigkeiten erstanden wir. Und jedes Mal das stundenlange Anstehen auf dem großen, sonnigen Hof, die rauhen Beamten, die die Bangenden duzten und halb wie Sträflinge behandelten. Das bange Warten auf das tröstende, lebendige Zeichen. Auf litauisch: »Maryte Holcmanaite«. Ich studierte es jedesmal, um ihre Stimmung daraus zu ersehen. Wird meine Kleine ihren Mut, ihre Zähigkeit behalten? Wird sie die Qual des Kerkers tapfer tragen?

Unterdessen hatte ihr Freund Viktor erfahren, daß sie an jenem verhängnisvollen Tage im Lazarett gewesen war, um die ihr schon bekannten deutschen Soldaten zu besuchen. Das Gespräch sei wieder auf das alte Thema gekommen: Friede um jeden Preis. Ein deutscher Stabsarzt habe das gehört, sich selbst ins Gespräch gemischt. Er verdächtigte die junge Friedensapostelin als Agentin des Feindes und ließ sie verhaften.

Ich lief wieder zur Polizei. Man sei hier nicht zuständig, ich solle mich an die deutsche wenden. Dort war man unfreundlich. Man erinnerte sich, daß ich schon oft wegen meines Mannes gekommen war. Man werde untersuchen, ob meine Tochter wirklich so unschuldig sei, wie [sie] behauptete. Ich brauche nicht wiederzukommen, das werde nichts helfen. Ich hatte ein böses Gefühl, als ich von dort kam, diese harten, fanatischen Gesichter, der kalte, schneidige Ton, die verhaßten Parteiuniformen mit dem scheußlichen Hakenkreuz. Diese Menschen reden unsere Muttersprache, und dennoch ist es ganz hoffnungslos, sich mit ihnen zu verständigen. Man kann sie nur meiden, fliehen, davonlaufen. In ihren Händen ist meine Marie.

Unterdessen hatte die deutsche Zivilverwaltung mit ihrem großen Troß von Angestellten von der Stadt Besitz ergriffen. Sie nahmen sich die Wohnungen der Juden. Viele jüdische Familien, die noch nicht umgezogen waren, wurden aus ihren Wohnungen herausgejagt. Alles, was den neuen Bewohnern gefiel, mußten sie darin zurücklassen, so daß vielen Juden kein oder nur ganz wenig Hausrat blieb. Für alle jüdischen Angelegenheiten wurde eine Persönlichkeit eingesetzt, die die Ironie des Schicksals nach dem Fluß des Gelobten Landes benannt hatte: er hieß Jordan.[30] Zu ihm kamen alle, deren Zugehörigkeit zum jüdischen Volke nicht geklärt war, die zum Teil bisher keinen gelben Stern getragen hatten und nicht ins Ghetto gezogen waren, die Halbjuden, die Mischehen, die Angehörigen neutraler Länder. Jordan empfing sie persönlich, ließ sich den Fall kurz vortragen und schrie sie dann an: Sofort ins Ghetto!

Ich suchte nach Menschen, die uns helfen könnten. Aber zu wem ich auch kam, alle hatten Angst, bei der Gestapo auch nur den Versuch einer Vermittlung zu machen. Den

30 Fritz Jordan, Hauptsturmführer der SA, Referent für Judenfragen bei der Zivilverwaltung in Kaunas.

Litauern gefiel zwar das Auftreten der Deutschen nicht, aber es imponierte ihnen und schüchterte sie zugleich ein. Ich wurde überall teilnahmsvoll angehört und mit bedauernden Worten abgewiesen. Mein Mann war allen gebildeten Litauern bekannt gewesen und überall hoch geachtet. Auch Marie hatte viele Bekannte, und alle hatten sie gern. Aber jetzt wollte keiner etwas riskieren. Auch ihre Dienststelle lehnte jede Vermittlung ab.

Als ich Edwin und Lyda von unserer Marie erzählte, antwortete Lyda mit gleicher Schreckensnachricht: ihre Mutter war ausgegangen und hatte vergessen, den gelben Stern anzustecken. Sofort wurde sie verhaftet und ins Gefängnis geführt. Lyda brachte ihr einmal Essen. Die zweite Woche nahm man für Juden nichts mehr an.

[Bei] Edwins deutschem Paß war der Gültigkeitstermin abgelaufen. Er wagte nicht, auf die Straße zu gehen, wagte auch nicht um eine Verlängerung anzugehen. Schließlich machte er sich zu Jordan auf. Der war gerade nicht zu sprechen. Eine freundliche Sekretärin versprach, den Fall so vorzutragen, daß er möglichst günstig aussehe. Er solle in ein paar Tagen wiederkommen. Wir machten uns schon Hoffnungen. Das nächste Mal wurde Edwin von Jordan selbst empfangen. »Sie sind Mischling ersten Grades? Verheiratet mit einer Jüdin, also Jude. Marsch ins Ghetto! Und daß Sie nicht wagen, ohne Stern auf die Straße zu gehen.«

Damit waren die Hoffnungen zu Ende. Lyda suchte eine Wohnung im Ghetto. Die besseren waren unterdessen besetzt. Sie hoffte, daß auch die Mutter mit ihnen wohnen würde. Schließlich fand sie ein Stübchen. Ich war fast jeden Tag bei ihnen, half ihnen, einen kleinen Vorrat an Lebensmitteln zu sammeln, besorgte Kerzen, Zigaretten, einen elektrischen Kocher. Einen Teil ihrer Sachen ließen sie bei Bekannten, bei der Dienstmagd ihrer Hauswirte.

Der Weg zum Ghetto war weit. Sie wohnten am andern Ende der Stadt. Es war unendlich ermüdend, auf dem holprigen Kopfsteinpflaster zu gehen.[31] Einmal kam sie ganz gebrochen nach Hause. Ihr schönes, beseeltes Gesicht von tiefstem Leid gestempelt. Sie hatte, da ihre Kräfte in der heißen Sonne versagten, einen Fuhrmann gebeten, sie mitfahren zu lassen. Der Weg führte am Gefängnis vorbei. Dort hielt sie ein Wächter an: »Herunter vom Wagen, du Judschke. Ihr Juden habt Jesus ans Kreuz geschlagen, dafür muß man euch bestrafen.« Wir weinten zusammen über die hoffnungslose Grausamkeit und Verblendung der Menschen.

Der Umzug der Juden näherte sich seinem Abschluß. Einige Straßen, die schon bezogen waren, mußten wieder geräumt werden, da man [das] Ghetto verkleinerte. Die Juden mußten es selbst mit Stacheldraht einzäunen. Der Plan einer Mauer, den man anfangs hatte, wurde wieder aufgegeben.

Einige Tage vor Schluß[32] gingen Gretchen und ich dorthin, um unsere alten Zinghaus zu besuchen. Seit dem Tage des Einzugs der Deutschen war jeden Tag strahlendes Wetter. Es war wie ein Hohn auf das Leid, das die Sonne beschien. Die Ufer der Vilija lagen in mildem Licht. Viele Menschen gingen über die Brücke, ruhig, gleichgültig, un-

31 Noch vor der Verordnung vom 31. Juli 1941, der zufolge alle Juden vorn und auf dem Rücken einen gelben Stern tragen mußten, hatte der deutsche Stadtkommissar von Kaunas, Hans Cramer, am 28. Juli 1941 bestimmt: »Der jüdischen Bevölkerung wird das Betreten der Gehsteige untersagt. Die Juden haben den rechtsseitigen Rand der Fahrstraße einzuhalten und hintereinander zu gehen.« (»Hidden History of the Kovno Ghetto«, S. 49)

32 Als letzter Termin für den Umzug ins Ghetto war der 15. August 1941 festgesetzt worden.

berührt vom Schicksal der hinter den Stacheldrahtzaun Verbannten.

Der Zaun war damals noch nicht überall geschlossen. Wir gingen außerhalb des Zauns am Ufer entlang. Dort arbeiteten Straßenarbeiter, kräftige, fröhliche Gesellen, unbekümmert um die Schicksale jenseits des Zaunes. Wir gingen beklommenen Herzens hinein. Dort in einem kleinen Holzhäuschen wohnte ein Geiger mit seiner Familie.[33] Er stand vor dem Haus. Wir begrüßten ihn, traten in das Gärtchen. Rote Rüben, Kohl, Tomaten, Blumen wuchsen dort. »Nicht für uns«, erklärte er. »Der frühere Bewohner holt sich das Gemüse.«

Er wohnte zusammen mit einer zweiten Familie in dem winzigen Häuschen. Der Großvater schlief auf einer Pritsche in der Küche. Die Kleinheit der Stuben hatte wenigstens den Vorteil, daß jede Familie einen Raum für sich hatte. Es kamen noch andere Bekannte dazu. Was wird werden? Was wird werden? Auf diese bange Frage wußte keiner eine Antwort.

Wir suchten Zinghaus' Wohnung. Sie lag in einer Siedlung von Arbeiterhäusern, kleinen Steinhäusern ohne Kanalisation und Wasserleitung, aber ziemlich neu und sauber. Wir trafen unsere Freunde nicht zu Hause. Frau Zinghaus' Schwester führte uns herein. Es war nur für einen winzigen Tisch Platz. Man saß auf den Koffern. Wenn man uns nur in Ruhe läßt, sagte die alte Dame, dann werden wir uns an dieses ärmliche Leben gewöhnen. In allen war ein böses Vorgefühl.

Auf dem Rückweg trafen wir Zinghausens. »Nach den neuen Verordnungen müßten Sie auch ins Ghetto. Lesen

33 Robert Stender, erster Geiger an der Kaunaer Oper. Er wurde bei der sogenannten »Intellektuellen-Aktion« (vgl. S. 66f.) ermordet.

Sie den Anschlag am Tor des großen Häuserblocks.« Wir lasen: »Nichtjuden, die mit Juden verheiratet sind, und Halbjuden unterstehen den Judengesetzen und müssen ins Ghetto ziehen. Die Nichtbefolgung dieses Gesetzes zieht die schärfsten Strafen nach sich.«

Wir hatten nicht mehr die Kraft, uns mit unseren Freunden aufzuhalten. Das Herz klopfte uns bis zum Halse. Es war auf einmal dämmrig und kühl geworden. Wir eilten fort. Grüße von einigen Vorübergehenden beachteten wir kaum. Wir liefen über den großen Platz, der in der Mitte des Ghettos liegt. Krähen flatterten hoch und setzten sich auf die hohen Bäume, die den Platz begrenzten.

Also auch wir, auch wir gehören zu den Ausgestoßenen. Jetzt wissen wir es. Es gibt kein Entweichen. Wahrscheinlich wird dieses neue Gesetz schon heute auf Extrablättern in der Stadt bekanntgemacht werden. Wir hielten uns an den Händen, spähten nach neuen Anschlägen. In einem Gäßchen in der Altstadt trafen wir einen Bekannten.[34] »Sie müssen auch ins Ghetto«, sagte er. »Ich habe meine Frau und Kinder schon dorthin gebracht. Ich selbst unterstehe dem Gesetz nicht, denn ich habe mich schon in Vorahnung künftiger Konflikte vor Jahresfrist pro forma von meiner jüdischen Frau scheiden lassen.« Die Verordnung scheint also schon stadtbekannt zu sein.

Als wir zu Hause ankamen, war es schon dunkel. Wir machten Licht und gingen durch unsere schöne Wohnung, die wir nun in wenigen Tagen verlassen sollten. Unsere kleinen Vorräte hatten wir schon verteilt. Wo sollten wir anfangen, was mitnehmen? Und vor allem: wer würde für Marie sorgen?

34 Wahrscheinlich Franz Vocelka, von dem noch die Rede sein wird. Er hat seine Frau später wieder aus dem Ghetto geholt.

Wir konnten uns auch am nächsten Tag nicht entschließen, etwas zu packen, für eine Wohnung zu sorgen. Geists, die bis zum letzten Tag in der Stadt bleiben wollten, konnten bei allem Mitgefühl ihre Freude nicht verhehlen. »Mit euch zusammen wird uns dort alles leichter sein.« In der Zeitung oder durch Anschläge war die verhängnisvolle Verordnung noch nicht bekanntgegeben. Wir ließen die Stunden ungenutzt, waren wie gelähmt.

Am 14., einen Tag vor dem Schlußtermin, ging ich in die Stadtverwaltung zu einem mir bekannten höheren Beamten. Auf meine Frage, was tun, schwieg er. Ich werde es bei Jordan selbst versuchen. Im neu errichteten Stadtkommissariat saßen deutsche und litauische Beamte. Ich fragte mich durch die vielen Gänge, wollte auch hier erst noch mit einem Litauer sprechen. Niemand wisse genau in solchen Zweifelsfällen Bescheid, nur Jordan selbst könne sie entscheiden.

Vor Jordans Zimmer stieß ich auf den Rechtsanwalt Stankevičius. Er warnte mich dringend, hereinzugehen. Eine Frage sei dort gleichbedeutend mit einer negativen Antwort. Bevor in der Stadt keine öffentliche Bekanntmachung erfolgt sei, solle ich nichts unternehmen. Ich solle nach Hause gehen und abwarten.

In diesem Augenblick öffnete sich die Tür. Ein zierlicher Mensch mit auffallend kleinem Kopf, bleich, mit wäßrigen Augen, verkniffenem Munde kam heraus, ging, ohne uns zu beachten, vorbei. Es war Jordan.

Ich fühlte mich einer großen Gefahr entronnen. Gretchen und ich beschlossen, wir werden auf jeden Fall hierbleiben, mag kommen, was will. Wir müssen in der Nähe von unserer Marie bleiben.

Viktor kannte eine der Gefängniswärterinnen und vermittelte durch sie eine illegale Verbindung mit unserer Gefangenen.

Wir schickten ein paar Äpfel, ein Butterbrot, Süßigkeiten und schickten und erhielten vor allem kleine Briefchen. Da auch die Beamten streng kontrolliert wurden, konnte das alles nur selten und mit großer Vorsicht geschehen. Diese spärlichen Nachrichten bildeten den Mittelpunkt unseres Lebens. Zwei dieser Zettelchen in winziger Schrift sind erhalten geblieben.[35]

*Ihr Lieben!*
*Ich will ja gerne geduldig sein, wenn ich nur wüßte, ob und wann das ein Ende nehmen soll und wie dieses Ende wohl aussehen mag. Die Gefängnisadministration weiß nicht, wozu ich hier bin, ich auch nicht, und mein Untersuchungsrichter, der sich übrigens seit vier Wochen nicht mehr um mich gekümmert hat, weiß es sicher auch nicht. Ihm kommt es gar nicht darauf an, ob ich schuldig bin oder nicht, sondern daß ich schuldig bin. Mir ist keine Schuld gesagt worden, kein Urteil gefällt. Wenn es irgend geht, rüttele die Leute etwas auf, aber wenn Ihr nicht helfen könnt, so grämt Euch nicht zu sehr darüber, ich halte es schon aus hier, habe aber sehr Angst vor dem Winter. Wenn nicht die Donnerstage wären! Aber die wöchentlichen Zeichen, wie sehr Ihr an mich denkt, helfen mir, wenigstens äußerlich geduldig und stark zu sein. Daß auch Ihr es sehr schwer habt, beunruhigt mich sehr. Ich würde furchtbar gerne wissen, welcher Art diese Schwierigkeiten sind, ob Ihr mir nicht zu heldenhaft seid, ob Ihr Arbeit habt, satt seid. Hungert nur nicht, um mir schicken zu können: ich arbeite ja nicht. Über Brot, Butter und Äpfel freue ich mich am meisten. Über die Wurst und dergleichen auch, aber ich denke, Ihr solltet sie selber essen. Nach den Brotrationen zu urteilen, die immer kleiner, nasser und kartoffeldurchmengter werden, ist alles auch bei Euch knapp.*

35 Helene Holzman hat die folgenden beiden Briefe Maries in ihren Aufzeichnungen abgeschrieben. Die Originale sind nicht erhalten.

*Zucker sollt Ihr nie schicken. Die laue, graue Brühe, die wir am Morgen bekommen, ist keinen Zucker wert. Die Suppen zu Mittag und Abendbrot sind aber gut warm und durchaus eßbar, vor allem, wenn Kartoffeln drin sind. Ich freue mich sehr, eine Handarbeit von Euch zu bekommen. Ich glaube, ich werde in der nächsten Woche Gretel eine Schürze schicken können. Der Gedanke daran erfüllt mich mit großer Freude, denn es ist sehr schwer, und Stoff- und Fadenbeschaffung dauerte Wochen. Da ich ohne Kenntnisse der Zuschneide- und Nähkunst bin, müßt Ihr über die Mängel eben hinwegsehen. Das Sticken macht mir besonders Freude und der Gedanke, Euch ein Zeichen meiner großen Liebe und Sehnsucht zu schicken. Versucht doch öfters mal, wenigstens mit einem Gruß den Weg durch Viktor zu benutzen. Im Laufe dieses Monats oder Anfang des nächsten wird meine Kammergenossin wohl frei und besucht Euch. Wenn Ihr den Zettel gefunden habt, näht ein rotes Kreuzchen auf irgendein Kleidungsstück und schickt Donnerstag. Ich liebe Euch unsäglich.*

*Marie*

*Schickt ein Spiegelchen.*

Der zweite Zettel ist auf der einen Seite litauisch an Viktor geschrieben.

*Lieber Viktor,*
*bitte seien Sie so gut und geben Sie meiner Schwester das Geburtstagsgeschenk. Sagen Sie ihr und Mama, daß ich große Sehnsucht nach ihnen habe, aber ich verspreche, stark und geduldig zu sein. Trösten Sie sie, daß sie meinetwegen nicht zu sehr leiden. Ihre wöchentliche Donnerstagssendung ist jedesmal für mich wie Weihnachten. Es würde schön sein, wenn ich durch die Gefängnisverwaltung zehn Mark geschickt bekommen könnte, damit ich mir wenigstens das Nötigste kaufen könnte. Ich denke oft an Sie. Es ist doch gut, Freunde jenseits des Gitters zu haben.*

*Ihre Maryte.*

*Der Brief auf der andern Seite ist für mein Schwesterchen.*

*Liebes, liebes Gretelchen,*
*das Hemdchen und Leibchen mußt Du schon als eine Art vorzeitiges Weihnachts- und Geburtstagsgeschenk ansehen. Wenn Du wüßtest, mit welchen Schwierigkeiten und Gefahren es zustande gekommen ist, würdest Du über ihre vielen Mängel etwas hinwegsehen. Dafür mußt Du mir versprechen, aufzupassen, daß Mutter keine Weintrauben und keinen Zucker schickt, und von allem andern nur so viel, daß Ihr vorher wirklich satt seid. Ich muß ja heulen, wenn ich esse und denke, Ihr Pelikane*[36] *zu Hause arbeitet Euch hungrig für mich ab, und ich esse und arbeite nichts. Dafür würde ich mich sehr über Stoff (eventuell schon zugeschnitten als Nachthemd, Schürze oder Blüschen für Dich) freuen, und wenn Ihr, falls Ihr habt, bunte Garne zum Sticken schicktet oder irgendeine Handarbeit. Wenn die Patiencekarten die Sperre passierten, dürfte ich sie sicher behalten. Sage Mutter, daß ich die siebente Woche seit dem letzten auch völlig ergebnislosen Verhör bin, ohne Urteil und ohne daß sich seitdem jemand um mich gekümmert hat. Vielleicht kann sie die Leute etwas aufrütteln. Untersucht immer alle Strümpfe, die ich schicken werde, und die grauen Socken, die ich schickte. Ich liebe Euch unsäglich.*
*Marie*

Sie schrieb uns, daß sie gebeten habe, sie zu verhören. Sie wurde in die Gestapo geführt. Dort legte man ihr Fotos irgendwelcher der kommunistischen Konspiration verdächtigter Personen vor. Marie beteuerte, keinen zu kennen. Sie habe sich in dem Jahr der Sowjetregierung nicht politisch betätigt. Sie habe neben ihrer Bürostellung die Abend-

36 Über den Pelikan hieß es schon in der Antike, er würde sich die Brust aufreißen, um mit dem eigenen Blut seine Kinder zu ernähren.

schule besucht und ihr Abitur gemacht. Als Komsomol habe sie sich einmal wöchentlich abends mit einer Kindergruppe beschäftigt. Dort habe man gehandarbeitet, vorgelesen, gesungen, Theater gespielt. Spionage habe sie nie getrieben. Die Wärterin berichtete Viktor, daß sie sehr deprimiert zurückgekommen sei. Sie fühle, daß man ihr nicht glaube, daß man ihre Worte mißverstehe, daß man sie für raffiniert und verstellt halte.

Ich suchte verzweiflungsvoll nach einem Menschen, der mit seiner Fürsprache die Mißverständnisse aufklärte. Ich ging zu verschiedenen deutschen und litauischen Leuten, die mit der deutschen Polizei in guten Beziehungen standen, aber keiner wollte es riskieren, sich ihrer Sache anzunehmen.

Da hörte ich, daß der Rechtsanwalt Baumgärtel, der früher in Kaunas gelebt hatte, zurückgekommen sei und in der Zivilverwaltung beim Generalkommissariat arbeite. Ich kannte ihn als warmherzigen Menschen, aber großen Antisemiten. Ich hatte Bedenken, zu ihm zu gehen. Wie wird er sich jetzt als nationalsozialistisches Parteimitglied und Beamter des Dritten Reiches zu mir stellen?

Beim Eintritt in das Verwaltungsgebäude mußte ich meinen Paß vorzeigen, wurde eingehend gefragt, was ich bei Baumgärtel wolle, bekam dann einen Zettel, auf dem die genaue Zeitangabe stand, und eine bewaffnete Begleitung bis zu Baumgärtels Tür. Ich zögerte bangen Herzens, ehe ich klopfte. Baumgärtel sprang auf, begrüßte mich äußerst herzlich, war voll Teilnahme für mich, überlegte, wie er mir helfen könne. Er versprach, selbst in die Gestapo zu gehen, zu sagen, daß er unsere Familie persönlich kenne und der Verdacht politischer Konspiration hinfällig sei. Er wolle bitten, den Fall möglichst schnell zu behandeln und eine eventuelle Strafe gering zu bemessen.

Wir sprachen lange miteinander. Er äußerte sich sehr kritisch über »das nationalsozialistische Regime«. »Wir Älteren«, sagte er, »sind uns alle einig, aber es herrscht der größte Terror, und niemand wagt, den Mund aufzutun. Wir Deutschen sind ja leider ein feiges Volk.«

An dieses letzte Wort mußte ich später noch oft denken. Wir verabschiedeten uns sehr freundlich. In zwei bis drei Tagen solle ich wiederkommen und erfahren, was er ausgerichtet. Als ich dem Türposten meinen Begleitzettel abgab, bemerkte er mißfällig, daß ich mich fast eine Stunde aufgehalten habe.

Ich ging ganz verändert nach Hause. Ich malte [mir] schon das Wiedersehen mit unserer Liebsten aus, wie wir drei dann noch viel inniger, einander ganz, ganz nah sein würden, uns einig in unserer Trauer um den Vater und unserer gegenseitigen Liebe. Ich wartete mit Ungeduld auf Gretchens Heimkehr, um ihr die gute Nachricht mitzuteilen.

Inzwischen hatte sie eine Stelle in einem Übersetzungsbüro angenommen. In die Schule würde sie nicht mehr gehen, und sie wollte auch zur Erhaltung unseres kleinen Haushalts und der Sorge um die Schwester beitragen. Sie hatte sich in den letzten Wochen sehr verändert. Sie war kein fünfzehnjähriger kindlicher Backfisch mehr, [sondern] ein ernster Mensch, ein Kamerad.

Da sie noch jünger aussah, als sie war, hatte man nicht viel von ihr erwartet und sie erst nur probeweise angestellt. Sie arbeitete sich aber sehr schnell ein, lernte abends noch Maschineschreiben, und da sie beide Sprachen, Deutsch und Litauisch, sehr gut kannte, galt sie bald als beste Übersetzerin.

Nach drei Tagen passierte ich wieder den Türposten des Generalkommissariats. Auf dem Gang begegnete mir Baron von Grotthus in brauner Uniform mit der Hakenkreuzbinde. Er grüßte mich nicht. Baumgärtel empfing mich vollständig verändert. Er war hastig, aufgeregt.

»Ich hatte schon Angst, daß man Sie verhaftet hat, weil Sie gestern nicht gekommen sind. Ich habe mich indirekt erkundigt und erfahren, daß Sie auf der Schwarzen Liste stehen. Leider ist es unmöglich, jetzt für Ihre Tochter das geringste zu tun. Sie selbst sind in größter Gefahr. Sie müssen sofort mit Ihrer jüngeren Tochter fliehen. Ich rate Ihnen, nach Deutschland zu gehen. Dort wird man Sie nicht suchen, und Ihre zahlreiche Familie wird Ihnen helfen. Versuchen Sie, von einem Postauto illegal über die Grenze genommen zu werden, oder zu Fuß als Bäuerin. Hier haben Sie für die weitere Reise etwas Geld. Ich mahne Sie ganz dringend, sofort aus Kaunas zu verschwinden.«

Er drückte mir achtzig Reichsmark in die Hand und verabschiedete mich. Ich fühlte, daß er [sich] fürchtete, länger mit mir zu sprechen. Ich ging langsam die Treppe herunter. Der Türposten konnte sich diesmal nicht über meinen zu langen Aufenthalt beschweren.

Man sucht mich. Vor dem Eingang hielt ein Auto. Der Uniformierte, der heraussprang, kam auf mich zu. Jetzt verhaften sie mich, dachte ich. »Verstehen Sie deutsch? Können Sie mir sagen, wie ich zur Feldkommandantur komme?«

Ich holte Gretchen aus dem Büro ab und nahm sie mit mir nach Hause. Ich war nicht aufgeregt und bemühte mich, meine Kleine nicht zu sehr zu erregen. Trotz der Warnung blieben wir die Nacht in unserer Wohnung. Am nächsten Tag sprach ich kurz mit unserer Hauswirtin, die von Beginn unseres Unglücks teilnahmsvoll und hilfsbereit gewesen war. Wir wollten uns vorläufig in der Stadt verstecken. Ich gab ihr einige wertvolle Sachen zur Aufbewahrung. Wenn man nach uns frage, solle sie nicht wissen, wo wir sind. Grete ging in den Dienst. Dort wird man sie bestimmt nicht suchen. »Finde ein Versteck«, bat sie beim Weggehen. Ich stand auf der Straße und wußte nicht, was tun.

Sie zerstören uns, zerstören uns ganz und gar. Nach der Verordnung, die im Ghetto angeschlagen war, hätten wir dorthin umziehen müssen. Jetzt erwartete uns für Nichtbefolgung die angedrohte »härteste Strafe«.

Wo finde ich einen Menschen, der nicht Angst hat, mit mir zu sprechen, der uns berät und hilft? Ich kannte so viele angesehene Litauer, viele der wieder angekommenen Deutschen, und doch gab es keinen, an den man sich wenden konnte. Algirdas fiel mir ein. Anderthalb Stunden Wegs zu seiner Wohnung. Er war nicht zu Hause. Seine Frau versprach, daß er am nächsten Tag in die Stadt kommen würde. Wieder, wie schon einmal, mit Angst und Sorgen beladen den weiten, ermüdenden Weg zurück. Eine zweite schlaflose Nacht.

Ich hatte mich mit Algirdas bei Natalia Iwanowna verabredet, einer Russin, deren Mann kürzlich gestorben war. Sie bedauerte, daß sie andere Leute bei sich wohnen habe, sie hätte uns sonst gern aufgenommen. Algirdas schlug eine andere Russin vor. Man telefonierte, und nach einer Stunde kam eine zierliche Dame, die sofort bereit war, mich mit zu ihrer Freundin zu nehmen, in deren Haus sie mit noch einer dritten Russin wohne. Sie sprach weder deutsch noch litauisch. Auf dem Weg versuchte ich mich auf englisch zu verständigen, denn man hatte mir gesagt, daß sie in der Mandschurei aufgewachsen sei und dort englisch gesprochen habe. Sie antwortete aber fast nichts, war sehr scheu und kühl. Sie sieht mit den dunklen Augen und dem gelblichen Teint wie eine allerliebste Chinesin aus, dachte ich. Sie war mir fremd, und die ganze Stadt, die so oft gegangenen Straßen, waren mir fremd.

Das altmodische Holzhäuschen, in das sie mich führte, lag nicht weit von unserer Wohnung, aber abseits der Straße, hinter großen Bäumen mit noch einigen ähnlichen Häuschen, die wie vergessen aus der zaristischen Zeit schienen. Innen war ein großer Raum, in dem mit halbhohen Bretterwänden einzelne Stuben angedeutet waren. Sie gingen nach Süden und Westen und waren trotz zerbrochener Fensterscheiben und notdürftiger Möblierung freundlich und hell.

Die chinesische Natascha besprach sich mit ihrer Freundin, der das Häuschen gehörte. Sie war sogleich bereit, uns aufzunehmen. Sie hieß ebenfalls Natascha, und trotzdem sie etwas besser als die andere litauisch sprach, konnten wir uns nur schlecht verständigen. Ich fühlte mich wie ein unliebsamer Fremdkörper in dieser intimen Welt, gerade weil die Hilfsbereitschaft so ohne Ansehn der Person gewährt wurde. Es wurde verabredet, daß wir uns schnell unsere nötigsten Sachen holen und unsere Wohnung vorläufig nicht mehr aufsuchen sollten. Als ich Gretchen abholte und ihr unser Quartier beschrieb, erinnerte sie sich, dieses Häuschen bereits zu kennen. Dort wohne unsere alte Bekannte Ludmilla.

Mit Ludmilla hatten wir vor Jahren Datsche an Datsche einen Sommer in einem einsamen russischen Walddorf verbracht, wo sie das ganze Jahr lebte, die Bauern kurierte und beriet, die Kinder lehrte und mit ihnen Theater spielte. Sie war seit Jahren schwer leidend und hatte, da die Ärzte sie bereits aufgaben, ihren eignen Weg gefunden, sich zu erhalten. Zu Kriegsbeginn war sie in die Stadt zu ihren Freundinnen gezogen und jetzt von neuem erkrankt und bettlägerig geworden. Sie bewohnte ein besonderes Zimmer, das ich vorher nicht bemerkt hatte.

Zwischen Gretchen und ihr wurde das frühere herzliche Verhältnis sogleich wieder hergestellt. Sie trafen sich in gemeinsamer Sorge um eine gute Freundin, die mit ihrer Familie nach dem Innern Rußlands umgesiedelt worden war.[37] Welches Glück, sagten sich beide, daß Beka nicht hier ist. Dort wird sie als freier Mensch leben und muß nicht die Leiden des Ghettos ertragen.

Für die Nacht bot man uns ein Sofa. Gretchen schlief sofort ein. Sie fühlte sich durch das überraschende Wiedersehen mit Ludmilla in der Abseitigkeit unseres Unterschlupfes geborgen und atmete warm und ruhig an meiner Seite. Ich grübelte lange, was wir nun weiter tun sollen. Am besten erst mal ein paar Tage vergehen lassen. Hier wird man uns nicht finden.

Es vergingen viele Tage des Wartens, ohne daß wir zu einem Entschluß kamen. Die beiden Nataschas waren gütig und hilfsbereit, aber sehr verschlossen. Erst allmählich bekam ich heraus, daß die eine Schneiderin war und in einem Trust arbeitete. Die andere besorgte den Haushalt und die kranke Ludmilla. Sie hielten ganz unregelmäßige Mahlzeiten, standen einmal ganz früh, ein andermal spät auf und gingen ebenso unregelmäßig schlafen. Der Zuschnitt ihres Lebens war in jeder Beziehung verschieden von unserem.

Wir hatten unseren elektrischen Kocher und Lebensmittel mitgebracht und kochten für uns. Wir wollten so wenig wie möglich stören. Gretchen ging nach wie vor in ihr Büro. Dort ahnte keiner etwas von ihrem Doppelleben. Sie ging mit ihren Arbeitskollegen nach Hause, verabschiedete sich an der Straße unserer Wohnung, wartete dort ein wenig in

37 Gretes und Ludmillas Freundin Bella Feigelowitsch, genannt »Beka«, war mit ihrer Familie am Ende des Sowjetjahres nach Sibirien deportiert worden.

einem Treppenhaus, bis die andern außer Sicht waren, und eilte dann in unser Versteck.

Ich hatte mit unserer Hauswirtin ausgemacht, daß ich jedesmal erst anrufen würde, bevor ich in unsere Wohnung käme. Wir verabredeten einen Code, nach dem sie mir mitteilen sollte, ob man nach uns gesucht habe. Ich rief jeden Tag von einer Postfiliale auf dem Berge an. Da sich nichts ereignete, beruhigten wir uns allmählich, gingen öfter in unsere Wohnung, vor allem um unsere Donnerstagssendungen vorzubereiten. Während wir für unsere Marie einen kleinen Kuchen buken, schauten wir ständig aus dem Fenster. Wenn es klingelte, hielten wir uns mäuschenstill.

Algirdas mahnte uns dringend, die Stadt zu verlassen. Er bot sich an, bei einer Flucht behilflich zu sein. Er kannte Leute, die öfter nach Deutschland hereinfuhren und uns mit falschen Papieren mitnehmen könnten. Oder wir sollten nach Wilna gehen. In der größeren Stadt, in der wir nicht so bekannt waren, könnten wir uns leichter verbergen. Ich sagte zu jedem Vorschlag ja, traf alle Vorbereitungen und konnte mich doch nicht entschließen. Solange wir unsere Marie nicht bei uns haben, können wir nicht von hier fort.[38]

Vielleicht war es besser, in der Nähe der Stadt auf dem Lande eine Wohnung zu suchen. Wir erinnerten uns an den holländischen Gärtner Stoffel, der sieben Kilometer vor der Stadt seine Gärtnerei hatte. Wir kannten ihn nicht sehr gut, aber seine vornehme Erscheinung und seine ruhige, reservierte Art gaben uns solches Vertrauen, daß wir ihm gleich unsere Nöte unterbreite-

38 Zusatz am Seitenrand: *Zur Flucht brauchten wir vor allem Geld. Wir verkauften Bettwäsche, Bücher, Kleidungsstücke, Eßgeschirr sehr billig. Es hatte sowieso keinen Wert mehr für uns.*

ten und um Rat und Hilfe baten. Er selbst könne uns nicht aufnehmen, er wollte aber mit seinen Nachbarn sprechen.

Nach einigen Tagen kamen wir wieder heraus, gingen zusammen zu einigen Gehöften der Umgegend. Die Bauern waren bereit, uns gegen einen annehmbaren Mietpreis aufzunehmen. Holz und Lebensmittel waren hier leichter zu bekommen als in der Stadt. Ein neugebautes Haus gefiel uns besonders. Der Bauer versprach, unsere Möbel mit seinen Pferden abzuholen. Seine Frau erwarte bald ein Kind, da sei es auch ihm angenehmer, wenn noch jemand im Hause sei. So vernünftig alles aussah – auch dieser Plan blieb unausgeführt.

Einige Tage später kam Herr Stoffel, dem wir unser Versteck bei den Nataschas verraten hatten, zu uns. Der Rechtsanwalt Baumgärtel, den er gesprochen habe, sei außer sich, daß wir uns noch in der Stadt befänden. Es bestehe hohe Gefahr für uns. Wir sollten uns schnell zur Flucht entschließen.

Je mehr die Umstände zu einer Entscheidung drängten, desto unmöglicher erschien sie mir. Aber auch länger bei den holden Nataschas zu bleiben ging nicht an. Den Nachbarn fiel bereits unser langer Aufenthalt dort auf. Wenn Besuch kam, schlossen wir uns in einem Zimmer ein und regten uns nicht. Wir zeigten uns nie in den Verkehrsstraßen der Stadt, blieben meistens auf dem Grünen Berge. Aber auch hier oben war es unruhig. Täglich wurden auf der Straße und in den Häusern Verhaftungen vorgenommen. Man fing Menschen zu irgendwelchen Arbeiten, verhaftete Kommunisten, bestrafte Spekulanten.

Die Lebensmittelnormen, die auf Karten gewährt wurden, waren ungenügend. Der freie Verkauf war verboten. Aber die Litauer ließen sich nicht so leicht einschrecken.[39] Der Handel auf dem Schwarzmarkt blühte, die Preise stiegen. Wenn die Polizei auf dem Markte eine Razzia gemacht hatte, die Händler teils verhaftet, teils vertrieben hatte, so erschienen sie fünf Minuten hinterher wieder, und der Handel ging vergnügt weiter.

Es zeigte sich, daß die litauische Bevölkerung für dunkle Geschäfte, Umgehung der Gesetze, erbarmungslosen Wucher mit lebenswichtigen Waren ganz vorzüglich begabt war. Ganz mit Unrecht hatte sie behauptet, daß nur die Juden diese Fähigkeiten hätten, denn auch die geriebensten jüdischen Geschäftemacher halten sich im Prinzip an die Regel »Leben und leben lassen« und sind immer bemüht, einen Mittelweg zu finden, der beide Teile befriedigt. Aber auch jetzt noch, wo die Juden aus dem Wirtschaftsleben ausgeschaltet waren, wollte man ihnen ganz unlogischerweise an allen Mängeln die Schuld geben. Das Volk war nur zu gern bereit, auf die Propaganda der Deutschen hereinzufallen, die mit der antisemitischen Hetze die Aufmerksamkeit von ihrer eignen barbarischen Ausbeutung von Land und Leuten ablenkten.

Diese Ausbeutung, die gleich nach dem deutschen Einmarsch eingesetzt hatte, mußte von langer Hand vorbereitet gewesen sein. Das reiche, wohlbestellte Bauernland war ein fetter Bissen, von dem man sich nichts abgehen lassen wollte. Die hohen Abgaben der Landprodukte wurden teils nach Deutschland geschickt, teils zur Heeresversorgung verwendet. »Für unsere Erhaltung müssen die von uns eroberten Länder sorgen«, rühmten[40] stolz die Soldaten. Sie befanden sich damals alle im Taumel der unentwegt Sie-

39 Im Sinne von »einschüchtern«.
40 Im Sinne von »prahlten«.

genden, die es nicht nötig hatten und keinen Wert darauf legten, beliebt zu sein. Unter den älteren Offizieren gab es allerdings damals schon manche, die dieses rücksichtslose Vorgehen gegen die Zivilbevölkerung bedenklich fanden. Sie sahen schon voraus, daß es schlecht enden muß, sich überall Feinde zu machen.

Auf dem Savanoriu-Prospekt kamen lange Züge von Gefangenen. Sie wurden vor Wagen gespannt, um Pferde zu sparen. Sie trugen Holzbalken, mußten zu Fuß von einer Stadt zur anderen ohne Schuhwerk gehen. Die Stiefel hatte man ihnen abgenommen. Sie waren matt und abgezehrt. Obgleich es streng verboten war, den Gefangenen irgend etwas zu geben, wurde es allgemein üblich, ihnen Lebensmittel und Zigaretten zuzustecken. Besonders die russischen Bürger waren bemüht, soviel sie konnten zu helfen. Wir trugen in unserer Handtasche immer Äpfel, getrocknetes Brot, Zigaretten mit uns, um keine Gelegenheit ungenützt zu lassen. Die deutschen Wachen waren oft so perplex über die Dreistigkeit, mit der hier ein strenges Verbot überschritten wurde, daß sie nicht die Geistesgegenwart hatten, es zu verhindern. Andere taten bewußt, als ob sie es nicht bemerkten. Aber es gab auch oft Raufereien und Verhaftungen.

Ich sah einmal einen langsam schreitenden Zug Gefangener. Einer von ihnen fiel vor Erschöpfung zur Erde. Der Wachtposten, ein derber, roher Bursche, schrie ihn an, er solle aufstehen. Der Gefallene rührte sich nicht. Anscheinend war er ohnmächtig. Da überfiel den Deutschen eine solche Wut, daß er auf den Ärmsten heraufsprang, mit seinen schweren Stiefeln auf ihm herumtrampelte und dabei brüllte: »Auf, du Schwein! Wer gewinnt hier den Krieg? Nicht ihr, sondern wir! Wer gewinnt hier den Krieg, wer gewinnt den Krieg?«

Der Anblick solcher Roheit war entsetzlich. Es bildete

sich sofort eine Menschenmenge. Eine Frau versuchte, den Soldaten fortzustoßen. Polizei mischte sich darunter. Man fragte [die Frau] nach ihrem Ausweis. Sie steckte ihnen mit einer kühnen Bewegung ihren Paß unter die Nase. Die und die bin ich, verhaftet mich, wenn ihr wollt, aber nie werde ich solche Niedertracht dulden. Sie ging mit den Polizisten. Ich sah, wie man sie dann freiließ. Wahrscheinlich waren auch die litauischen Polizeibeamten mit der Frau einer Meinung über diese Schandtat. Die russischen Gefangenen nahmen schweigend ihren mißhandelten Kameraden auf und trugen ihn mit sich.

Damals wurde es üblich, sich russische Gefangene aus den Lagern als Hilfskräfte für die Landwirtschaft zu holen. Meistens wurden sie dort gut herausgefüttert und fühlten sich sehr wohl. Aber es kam auch oft vor, daß einer davonlief. Deshalb wurde es später viel schwerer, die Bewilligung zur Haltung von Gefangenen zu bekommen.

Zu jener Zeit bekamen manchmal auch Städter die Erlaubnis zur Haltung eines Gefangenen. Unsere Nataschas wollten gleichfalls einen als Hauswächter und Pfleger des Gartens bekommen. Sie hatten sich bereits mit einem bekannt gemacht, der noch im Lazarett lag. Da man in der Administration deutsch sprechen mußte, ging ich als Vermittlerin mit.

Während wir im Vorhof warteten, kamen verwundete und kranke Gefangene heran. Wir verteilten unser Mitgebrachtes. Die Russen bedankten sich sehr. Sie steckten sich sofort die Papirossen[41] an, bissen in das geröstete Brot. Da [es] ihnen aber unpassend erschien, das rösche Brot so laut krachen zu lassen, bemühten [sie] sich, vorsichtig zu kauen,

41 Russische Zigaretten mit einem langen Mundstück aus Pappe.

um nicht zu laut zu knuspern. Natascha fing ein Gespräch mit ihnen an. Wir schauten [uns] dabei ununterbrochen ängstlich nach allen Seiten um, im Bewußtsein, hier ein strenges Verbot zu übertreten. Aber hier im Lazarett schien ein angenehmes Milieu zu sein. Ärzte und Pfleger duldeten stillschweigend das Unerlaubte, und die Kranken versicherten, daß sie gut behandelt würden.

In der Kanzleistube sprachen wir mit einer sehr liebenswürdigen Dame, die – jung, blondlockig, schön und elegant – der Atmosphäre einen unerwarteten Glanz gab. Personal und Patienten strahlten, wenn diese Sonne ihr Licht auf sie scheinen ließ, und auch wir wurden davon betroffen. Die Strahlende versprach, für die Zuteilung des erbetenen Gefangenen Sorge zu tragen. Wir könnten ihn, wenn wir wollten, jetzt gleich sehen und alles mit ihm besprechen.

Man schickte einen Boten, und bald kam der Verlangte langsam über den Lazaretthof angezockelt. Natascha setzte sich mit ihm auf ein Bänkchen am Toreingang. Ihr strenges Profil kam mir, von der Sonne beschienen, nicht mehr chinesisch vor, sondern ganz slawisch, eine echte, kleine Russin im Gespräch mit dem großen, etwas schwerfälligen Mann, der einen Arm gegipst und mit Gaze verbunden hoch auf ein unbequemes Gestell gebunden trug.

Wir gingen vergnügt und mit unserm Erfolg zufrieden nach Hause. »Wie kann der Mann, der anscheinend lange schwer verletzt ist, schon in wenigen Tagen zur Arbeit entlassen werden?« fragte ich Natascha. »Darüber brauchen Sie sich keine Sorgen zu machen. Iwan ist überhaupt nicht verletzt, sondern wegen kranker Augen in ärztlicher Behandlung. Den pompösen Verband mit dem Gestell trägt er, wie noch viele andere Lazarettinsassen, nur als Attrappe für die deutsche Kontrolle. Das machen ihnen die litauischen Ärzte und Pfleger aus Mitleid, damit die armen

Schlucker noch ein Weilchen im Lazarett bleiben können.«

Ich hörte hier zum ersten Mal von so wohlorganisierter Sabotage. Später lernte ich sie noch an vielen Stellen kennen und bewundern.

Iwan kam nicht am verabredeten Tag, und Natascha und ich gingen wieder ins Lazarett. Das Bild hatte sich völlig verändert. Schon der Torposten wollte uns den Eintritt verwehren. In der Kanzlei neue Menschen. Die Strahlende, die ihr Amt so virtuos verwaltet hatte, war verschwunden. Später hörte ich von einem Arzt, daß die Deutschen entdeckt hätten, daß sie eine Polin sei, und sie deshalb sofort entlassen und nach Deutschland zurückgeschickt hätten. An ihrer Stelle saß ein derber Gefreiter und sagte uns klipp und klar, daß an private Stadtbewohner keine Gefangenen mehr gegeben werden dürften. Während Natascha den vergeblichen Versuch machte, Iwan noch einmal zu sprechen, und ich im Hof wartend stand, wurden aus dem gegenüberliegenden Gebäude zwei Tote herausgetragen. Die wächsernen Füße ragten aus dem Leintuch. Sie wurden auf einen Karren geladen und fortgeführt.

»Wie bei meinen Besuchen beim Rechtsanwalt Baumgärtel«, dachte ich auf dem Heimweg, »das erste Mal so hoffnungsvoll, und nach wenigen Tagen hat sich alles gewandelt.«

Das Ghetto war am 15. August geschlossen worden. Am Tor standen Wachtposten, die den Eintritt verwehrten. Die Juden durften es nur in Begleitung von Wachen verlassen. Täglich kamen größere und kleinere geschlossene Gruppen – »Brigaden« – über die Vilijabrücke in die Stadt, um bei den deutschen Militär- und Zivilbehörden zur arbeiten.

Die Stellen forderten am Vortage von der Ghettoverwaltung die benötigte Zahl von Arbeitskräften.

Die Militärstellen waren beliebter, trotzdem die Arbeit dort häufig physisch schwerer war. Aber unter Offizieren und Soldaten gab es viele, deren Gefühl sich gegen die offenbare Verletzung der Menschenwürde empörte und [die] sie persönlich auszugleichen versuchten. Die jiddische Sprache ist der deutschen so verwandt, daß eine Verständigung ohne weiteres möglich ist. Die deutschen Soldaten, die hier häufig zum erstenmal in ihrem Leben mit Juden in engere Berührung kamen, erlebten zu ihrem größten Erstaunen, daß das von der deutschen Propaganda geschaffene Zerrbild in keiner Weise auf die Wirklichkeit paßte. Sie fanden anstellige, tüchtige Handwerker, die ihr Fach ausgezeichnet verstanden, sie fanden Lastträger von ungewöhnlichen körperlichen Kräften, intelligente Ingenieure. So entwickelten sich oft sehr freundliche Beziehungen zwischen den Soldaten und den Juden. Sie schütteten sich gegenseitig ihr Herz aus, und manchmal entwickelten sich richtige Freundschaften.

Unter den jüdischen Mädchen und Frauen fanden sie die lieblichsten, anziehendsten Erscheinungen, und auch da entstanden rasch menschliche Beziehungen, oft solche mit der Hoffnung auf Dauer »nach dem Kriege«, die sich freilich nicht verwirklichen konnte. Offiziere nahmen jüdische Mädchen zur Instandhaltung ihrer Wohnung. Aus den Aufwartungen wurden Hausfrauen, und die intimen Beziehungen sprachen der propagierten natürlichen rassischen Abneigung Hohn. Wurden diese Verhältnisse von den Vorgesetzten entdeckt, so schickte man die Offiziere schleunigst an die Front.

Natürlich gab es auch viele, die den Juden von vornherein mit dem ihnen eingeprägten Vorurteil begegneten und sich durch keine Einsicht davon abbringen ließen. Aber solche waren unter den Soldaten viel seltener als bei der Zivilverwaltung. Vielleicht hatte auch das Beispiel, die würdige Erscheinung der obersten militärischen Person, des Generalmajors Just[42], seine Wirkung, während die Häupter der Zivilverwaltung wahre Untiere waren, die in ihrer Überheblichkeit im Laufe der drei Okkupationsjahre nicht nur gegen die Juden, sondern auch gegen die Litauer die schwersten Verbrechen begingen.

Eine Brigade von Frauen wurde beordert, in den Verwaltungsgebäuden die verwahrlosten Klosetts zu reinigen. Auf die Forderung von Bürsten und Lappen antwortete man ihnen: »Nehmt eure Kleider!« Auch zum Dielenscheuern, zum Fensterputzen wurde ihnen das nötige Putzzeug verweigert. Man sah gebildete Juden als Straßenkehrer, beim Räumen vom Schutt, Ausbessern der Straßen.

Sie sollten eigentlich nur Schwerarbeit leisten. Da aber überall Arbeitskräfte fehlten und es sich zeigte, daß die Juden auf allen Gebieten tüchtige Kräfte stellen konnten, wurden einzelne auch als Übersetzer in den Schreibstuben, als Drucker, Ingenieure, Buchhalter, anfangs sogar auch als Ärzte verwendet.

Man holte jüdische Fachärzte, wenn in schweren Fällen die anderen keinen Rat mehr wußten. Man sah gelegent-

42 Es gab einen relativ humanen deutschen Offizier, Oberst Erich Just, der als Beauftragter des Wehrmachtbefehlshabers Ostland im Baltikum war. Möglicherweise ist aber doch Heinz Jost gemeint, ein allerdings nicht durch seine Milde bekannt gewordener Generalmajor der Polizei. Er war ab März 1942 mit der Wahrung der Geschäfte des Befehlshabers der Sicherheitspolizei und des SD und des Chefs der Einsatzgruppe A beauftragt. Avraham Tory (S. 251) berichtet, der Ältestenrat des Kaunaer Ghettos habe sich bemüht, mit Jost in Kontakt zu kommen, da er vor dem Krieg mit einigen Juden, die nun im Ghetto lebten, befreundet gewesen sei. Offenbar hoffte man, in ihm einen Fürsprecher zu finden.

lich, wie einer der bekannten Chirurgen oder Internisten von einem Partisanen mit dem Gewehr in der Hand durch die Stadt geführt wurde. Der Partisan auf dem Fußsteig, der Arzt daneben im Rinnstein mit dem gelben Stern.[43] Die Frau eines hohen Zivilbeamten, eines schweren Antisemiten, ließ sich von einem jüdischen Gynäkologen von einer Zwillingsgeburt entbinden.

Die Beschäftigung der Ärzte wurde bald verboten. Die Deutschen verzichteten lieber auf die rettende medizinische Hilfe, als ihre Notwendigkeit einzugestehen. Eine Ausnahme bildete der Zahnarzt Dr. Quitzner, der bis zuletzt mit seiner Frau als Assistentin in der Gestapo als Zahnarzt arbeitete. Er hatte sein vollständig eingerichtetes Kabinett, und die Mörder von Tausenden von Juden ließen sich von seiner geschickten Hand die Plomben, Kronen und Gebisse machen. Er wurde täglich mit einem Auto vom Ghetto abgeholt und wieder zurückgebracht.

Am 18. August wurden circa 500 intelligente, gutgekleidete Juden zur Sonderverwendung in einem Archiv gefordert. Sie sollten etwas Gepäck mitnehmen, da man sie längere Zeit außerhalb der Stadt beschäftigen werde. Es meldeten sich viele freiwillig. Sie waren erfreut, zu so angenehmer Arbeit gebraucht zu werden, und verabschiedeten sich wohlgemut von ihren Angehörigen. Die zur geforderten Zahl Fehlenden wählte der Ältestenrat aus. Am Morgen verließen 534 gut angezogene, meist jüngere Männer mit ihren Koffern oder Bündeln in der Hand das Ghetto. Sie wurden weggeführt, und niemand hat wieder etwas von ihnen gehört. Später gestanden angetrunkene Gestapisten, daß man sie auf einem Fort erschossen hat. Sie

43 Vgl. Anm. 31, S. 44.

brauchten Anzüge und Wäsche, war die zynische Begründung. Das war die erste große Vernichtungsaktion.[44] Im Ghetto glaubte man noch lange, daß sie zurückkommen würden, bis man allmählich begriff, daß keine Hoffnung mehr war.

Der Terror hielt an. Ende August erging der Befehl, alles Geld bis auf 10 Reichsmark, die pro Kopf erlaubt wurden, abzugeben, außerdem alle Wertgegenstände, Gold, Silber und Juwelen, alle elektrischen Geräte, alle Pelze. Viele machten den Versuch, einen Teil ihrer Schätze zu verstecken. Die meisten wurden dadurch eingeschreckt, daß man circa 20 Personen sofort erschoß, weil sie Sachen versteckt hatten. Deutsche Polizei und litauische Partisanen durchsuchten Haus für Haus, Höfe und Schuppen. In jedes Haus kamen sie mehrere Male, durchwühlten alles und plünderten dabei nach Herzenslust. Manchen war es dennoch gelungen, etwas in Eile zu vergraben oder anderswie vor den Räubern zu verbergen, aber viele gaben vorbehaltlos alles, was gefordert wurde, und verblieben völlig mittellos.

Die Verteilung von Lebensmitteln erfolgte in staatlichen Läden, wie für die Stadtbevölkerung, nur daß die Rationen viel geringer waren. Um täglich 200 Gramm Brot zu bekommen, mußte man lange anstehen. Butter, Fett und Fleisch gab es überhaupt nicht. Wer in der Stadt arbeitete, brachte Gemüse, Kartoffeln mit. Auf dem Wege von und zu den Arbeitsstätten kaufte man auf den Märkten. Auch auf den Arbeitsstätten, den Höfen der Fabriken, Baustellen, Behörden entwickelte sich schnell ein schwunghafter Tauschhan-

44 Die sogenannte »Intellektuellen-Aktion«. Die Erschießungen wurden im IV. Fort ausgeführt. Die Zahl 534 wird in vielen Berichten genannt. Nach dem sog. »Jäger-Bericht« vom 1. Dezember 1941 fielen dieser Aktion sogar 711 Juden zum Opfer.

del. Da man in der Stadt alle wertvolleren Waren beschlagnahmt hatte, war große Nachfrage, besonders nach Kleidungsstücken. Manche Juden hatten noch viel. Die nichts hatten verdienten am Zwischenhandel. Diese Geschäfte und jegliche andere Beziehung zu den Juden waren natürlich verboten. Es gab aber viele Posten, besonders unter den deutschen Soldaten, die durch die Finger sahen. Trotzdem war dieser Handel eine ernste Gefahr für beide Teile. Viele Litauer wurden dabei verhaftet, manche saßen wochenlang im Gefängnis. Ein Bürger, der sich erdreistet hatte, einem Juden auf der Straße die Hand zu geben, wurde dafür mit einer Woche Gefängnis bestraft, sein Name als abschrekkendes Beispiel in der Zeitung genannt.

Jordan ertappte auf dem Markte der Altstadt einen Juden, der vier Bauernwagen voll Gemüse eingekauft hatte, um sie ans Ghetto fahren zu lassen, wo man die Ware durch den Drahtzaun hineinschmuggeln wollte. Jordan zog seinen Revolver und erschoß den Käufer vor den Augen aller Umstehenden. Das Gemüse wurde an die umstehenden Weiber verteilt, die sich, anstatt sich über die Missetat zu empören, zufrieden mit den ihnen unerwartet zuteil gewordenen Kohlköpfen und Möhren davonmachten. Noch Wochen später hörte ich eine sich rühmen, wieviel sie damals von der Beute abbekommen habe.

Auch am Drahtzaun wurden Geschäfte gemacht. Die Bauern kamen mit ihren Fuhren über die Landstraße, die am Ghetto vorbeiführte. Die Posten wurden bestochen, häufig beteiligten sie sich mit an den Geschäften. Große Möbelstücke, Sofas, Nähmaschinen wurden so direkt gegen Fett, Butter, Fleisch eingetauscht. Auf den anliegenden Friedhof kam ein Weiblein mit einem Kinderwagen. Sie verneigte sich murmelnd, als ob sie den Rosenkranz spräche, aber statt frommer Gebete ertönte die Anpreisung ihrer

Waren: »Habe Butter, habe Speck, Gänse, Hühner.« Die Juden brachten Stoffe, Wäsche, und hurtig wurden die Produkte aus dem Kinderwagen durch den Stacheldraht lanciert.

Die litauischen Spekulanten nützten die Notlage der Juden weidlich aus und schlugen zu den Schwarzmarktpreisen immer noch auf. Sie mischten sich oft mit großer Dreistigkeit und ohne den geringsten Respekt vor den deutschen Gesetzen in die Brigaden, wo sie ihre Produkte mit Sicherheit zu guten Preisen umsetzen konnten. Wurde einer gelegentlich gefaßt und abgeurteilt, so fand er das auch »halb so schlimm«, saß seine paar Wochen ab und spekulierte hinterher munter weiter. Für die Juden dagegen bedeutete jede Gesetzesübertretung Todesgefahr. Der Kauf einer Zeitung an einem Kiosk, ein Händedruck auf der Straße mit einem vorübergehenden Bekannten, das Überhören des Anrufs eines Postens kostete viele das Leben. Dennoch war auch bei ihnen der Optimismus, der Glaube an das Leben so groß, daß sie auch in ihrer verzweiflungsvollen Lage um die kleinen Freuden des Genusses kämpften und unermüdlich und erfindungsreich die Wege dazu fanden. In den ersten Monaten dachten sie allerdings noch nicht daran, diese Wege einzufahren. Es war mühsam und bitter genug, sich in die neue Lage zu finden und sich Tag für Tag notdürftig zu erhalten.

Wir hielten uns schon die zweite Woche bei den Nataschas versteckt, ohne daß sich unsere Lage klärte. Wir gingen fast täglich in unsere Wohnung – nie ohne uns vorher telefonisch bei unseren Hauswirten zu versichern, daß alles in Ordnung sei. Die ganze Woche bereiteten wir unsere Donnerstagssendung vor, buken Weißbrot, kochten Marmelade, gingen aufs Land, um Eier und Milch zu erstehen. Und jedesmal das bange Warten und schließlich Erleichterung, wenn endlich alles abgegeben war und wir ihre Unterschrift in der Hand hielten.

Wir schickten jedesmal auch Leibwäsche, ein Handtuch und andere Kleinigkeiten mit: Bleistifte, ein Spiel, eine Handarbeit. Aber die Kontrolle wies vieles als »überflüssig« zurück. So angstvoll wir sonst auf der Straße gingen, in der Furcht vor plötzlicher Verhaftung – auf dem Gefängnishof fühlte ich mich unter den vielen Leidensgenossen sicher. Gerade hier, schien mir, würde mir nichts geschehen. Eine junge Frau sorgte für ihre Schwester, die mit Marie zusammen in einer Zelle saß. Wir wußten, daß die beiden Leidensgefährtinnen schwesterlich teilten, was wir ihnen brachten.

Als wir einmal in unserer Wohnung waren, wurde heftig geklingelt. Wir öffneten nicht, hielten uns mäuschenstill. Nach einer Viertelstunde kam unser Wirt.[45] Soeben sei ein Polizeibeamter bei ihnen gewesen, um sich nach uns zu erkundigen. Er habe sich unsere Personalien aus dem Hausbuch und nach den Aussagen des Wirtes eingehend notiert und dem Wirt strenges Schweigen uns gegenüber über seine Erkundigungen auferlegt. Mein Hauswirt hatte nichts Eiligeres zu tun, als das Verbot zu brechen. Er riet uns, unsere Wohnung einige Tage zu meiden. Wir schlichen in unser Versteck zurück.

Der Savanoriu-Prospekt lag so weit, so breit vor uns. Die Menschen gingen ruhig, gleichgültig. Wir schauten uns ängstlich um. Niemand ging uns nach. Trupps von Soldaten zogen in der Mitte der Straße. Sie sangen laut mit blechernen Stimmen von der kleinen Ursula und neue ausdruckslose Marschlieder. Es war keine Freude, kein Gefühl in ihrem Gesang.

45 Marijonas Senkus

Die lieblichen Nataschas beruhigten uns. Wir könnten bei ihnen bleiben, solange wir wollten. Sie wollten uns nicht merken lassen, welche Opfer sie mit unserer Beherbergung brachten. Sie hatten Besuch bekommen, und es fehlte an Raum und Lagern. Wir gaben unser Sofa ab und schliefen auf einem Schafpelz auf der Erde. Gretchen, die müde war von der ungewohnten Arbeit im Büro, schlief fest die ganze Nacht. Ich lag neben ihr wach und grübelte nach einem Ausweg für uns. Wenn wir nur erst unsere Marie bei uns hätten, würden wir zu dritt irgendwohin fliehen.

In unsere Wohnung war kein verdächtiger Besuch mehr gekommen. Wir gingen wieder hin und blieben dort. Nur manchmal, wenn uns abends Angst überfiel, daß man uns diese Nacht suchen werde, flüchteten wir zu unseren Wohltäterinnen, die uns immer freundlich aufnahmen. Ludmilla lag immer noch krank im Bett. Die klinischen Untersuchungen waren nicht gut ausgefallen. Zur nötigen Kur fehlten die Mittel. Sie selbst und die beiden Freundinnen trugen diese schwerste Sorge wie ihre vielen kleinen mit der heiteren Geduld frommer Menschen. Wir hatten uns allmählich über die Schwierigkeit der fremden Sprache hinweg angefreundet, und ihre immer gleich bleibende Hilfsbereitschaft und Sanftheit beruhigte uns tief. Als wir gingen, hatten wir das beruhigende Gefühl, jederzeit wiederkommen zu können, wenn es nötig werden sollte.

Es wurde Herbst. Wird unsere Arme, unsere Liebste nicht frieren in den kalten Gefängnismauern? Ich schickte ihr eine wattierte Jacke, warme Strümpfe und Schuhe. In den Strumpfspitzen schickten wir ihr kleine Briefchen. Nach einer Woche bekamen wir die getragenen Strümpfe mit gefüllten Spitzen zurück. Trostworte, Zärtlichkeiten, vorsichtige Andeutungen, nichts Verfängliches für den Fall, daß die geheime Post einmal entdeckt werden sollte. Wir schickten graues Leinen und viel buntes Stickgarn, damit sie sich mit einer Handarbeit zerstreut.

An den Donnerstagen stand man nicht mehr in dem weiten Hof, sondern in einer geordneten Reihe vor dem Gefängnistor. Es wurde schon kalt und die Abende lang. Einmal kam eine Frau. Sie sei soeben aus dem Gefängnis entlassen worden und habe Marie versprochen, daß ihr erster Weg zu uns sei, um ihre Grüße zu bringen. Die Zellen seien geheizt, das Essen mit den wöchentlichen Zugaben von draußen erträglich, aber die Sehnsucht nach Freiheit unerträglich. Auf einem Handtuch hatte Marie mit dünnem schwarzen Zwirn gestickt: »Könnt ihr mir denn nicht helfen, ich vergehe vor Sehnsucht und Qual.« Auch wir weinten heiß vor Sehnsucht und Qual.

Ich ging ins Generalkommissariat, um noch einmal mit dem Rechtsanwalt Baumgärtel zu sprechen. Er arbeite nicht mehr hier und werde bald nach Deutschland versetzt werden. Ich bat ihn durch einen gemeinsamen Bekannten, ihn in seiner Privatwohnung aufsuchen zu dürfen. Er lehnte ab, mich zu empfangen. Ich hatte kurz vorher den früheren Direktor des Kaunaer Deutschen Gymnasiums um eine Unterredung bitten lassen und ebenfalls eine abschlägige Antwort erhalten. Ein feiges Volk, die Deutschen.

Ich ging in die Privatwohnung des mir bekannten litauischen Kriminalbeamten. Ich wollte ihn ohne vorherige Anmeldung aufsuchen und um seine Vermittlung bei der Gestapo bitten. Sein Haus war verschlossen. »Da können Sie lange klingeln und klopfen«, sagten die Nachbarn, »er ist nämlich seit einigen Wochen verhaftet.«

Da ließ ich alle Vorsicht und ging selbst in das Schrekkenshaus der deutschen Polizei, in das ich schon in den ersten Kriegswochen so oft und so vergeblich gegangen war. Im Gang saß der frühere Schüler. Er nahm diesmal nicht die Hand, die ich ihm reichen wollte, sondern sagte nur halblaut und sehr schnell: »Wir wissen Bescheid. Sie können nichts bessern, gehen Sie schnell wieder fort!« Ich ging.

Ich hatte jetzt mehr Privatschüler und gab meine Stunden korrekt und gewissenhaft. Keiner merkte mir die Sorgen an. Manche Tage vergingen mit der Besorgung von Holz und Kartoffeln. Weit draußen in einem Vorort sollten Kartoffeln in einem Waggon angekommen sein. Als ich hinkam war es schon dämmerig geworden. Die Waggons standen offen. Leute luden gefüllte Säcke auf Kinderwagen und Fuhrwerke. Ich vereinbarte mit einem Fuhrmann, meinen Sack mit zur Stadt zu nehmen. Doch als ich mich daran machen wollte, ihn zu füllen, verwehrte es der Bahnbeamte. Es sei zu spät. Er zog den Waggon zu. Man gab nichts mehr ab.

Ein Trupp grauer Gefangener zog langsamen Schrittes hinter den Bahnschienen vorbei. Sie trugen einen toten Genossen zu Grabe. Es fing an zu regnen. Die Tränen strömten mir aus den Augen. Ich weinte über den toten fremden Russen, die Bosheit der Menschen, aus wilder Sehnsucht und Verzweiflung.

Ende Oktober. Wir saßen abends in unserer Stube und taten nichts, waren traurig und unruhig. [Da] kamen zwei junge Mädchen zu uns, mit einem Gruß von Marie! Sie seien einige Tage wegen Übertretung des Tanzverbotes verhaftet und mit Marie in einer Zelle gewesen. Sie hätten sich schnell miteinander angefreundet, hätten zusammen gespielt und gespaßt und seien sehr lustig gewesen. Marie hoffe, auch bald entlassen zu werden. Dann wollten sie ihre neue Freundschaft weiter pflegen. Sie sei gesund und fröhlich gewesen. Der Besuch dieser strahlenden, hübschen Mädchen belebte und tröstete uns.

Als sie fortgegangen waren, holte Gretchen das Büchschen mit dem chinesischen »Zitterspiel«. Sie warf die elfenbeinernen dünnen Stäbchen zu einem Häufchen auf den Tisch, und wir versuchten mit einem zierlichen Häkchen eins nach dem andern herauszuziehen, ohne die übrigen dabei zu berühren. Wir spielten und sprachen von unserer Liebsten, unserer Marie, die sich nach uns sehnte, wie wir uns nach ihr.

Am folgenden Donnerstag stand ich ruhiger als sonst in der Schlange der Wartenden vor dem Gefängnis. Die Mädchen hatten viele Einzelheiten erzählt, von den verschiedenen Wärterinnen, den guten, die die Vertrauten der Gefangenen waren, und den bösen, vor denen man seine heimlichen Beschäftigungen versteckte. Ich hatte auf dem Weg zum Gefängnis noch Äpfel gekauft und in die Strumpfspitzen wieder ein tröstendes, zärtliches Briefchen geknäult. Endlich kam ich an die Reihe zur Registration.

»Maryte Holcmanaite – H, H, so eine ist bei uns nicht.« – »Vielleicht falsch registriert. Sehen Sie mal bei Ch nach oder bei G.«[46] – »Nein, ist nicht da.« Er sah sich mit einem andern Beamten bedeutungsvoll an. »Gehen Sie zur Inspektion, fragen Sie dort.« Der Inspektor war mürrisch: »Gehen Sie zur deutschen Polizei.«

Wieder in das verhaßte, weitläufige Gebäude. Ich ließ mich bei Stütz melden, wurde sofort eingelassen. Ein junger brünetter Mann in schwarzer Uniform. Das Hakenkreuz der Armbinde mit einem schwarzen Seidenband sauber

46 Da es im kyrillischen Alphabet kein »H« gibt, würde man den Namen »Holzman« in russischer Umschrift mit »G« oder »Ch« (kyrillisch Γ oder X) beginnen lassen.

aufgenäht. Er saß am Schreibtisch. Ich stand. »Ihre Tochter, ja, die ist fort.« – »Fort? Wo ist sie? Verschleppt? Ist sie tot?« – »Ich werde mal telefonieren.«

Er ließ sich verbinden und sprach mit einer anderen Stelle, sprach von ganz anderen Dingen, mit vielen unverständlichen Ausdrücken. Ich rüttelte den Mann am Arm, flehte. »Sagen Sie doch schneller, wo sie ist. Martern Sie mich nicht länger.« Er ließ sich nicht stören, sprach noch lange weiter, dann hängte er ab, sah mich an.

»Ihre Tochter ist tot. – Das war doch eine gefährliche Kommunistin, und ihr Vater ein Jude. Jetzt wird mit allen Juden hier aufgeräumt. Wir selbst beschmutzen uns nicht damit, dazu haben wir die Litauer. Im Reich haben wir das bis jetzt versäumt. Auch dort wird keiner übrigbleiben. Die Halbjuden werden nicht gleich behandelt, aber die gefährlichen, die müssen weg.«

Es kamen noch einige in das Zimmer. Ein dicker Bote in brauner Uniform schüttelte den Kopf und sagte: »Ja, ja, arme deutsche Frau.« Ich sah die Männer vor mir, sah sie an: »Mörder! Ihr seid die Mörder.« Stütz nahm den Revolver, der auf dem Schreibtisch gelegen hatte und steckte ihn in das Futteral an seinem Gürtel. »Ich rate Ihnen, das nicht noch einmal zu sagen. Wie ist Ihre Adresse? Ich werde in den nächsten Tagen mal zu Ihnen kommen, vormittags gegen halb zehn Uhr.«

Ich ging nach Hause, das volle Körbchen mit den Donnerstagsgaben am Arm, trockenen Auges, stellte mein Körbchen in die Küche und stand. Nach einer Stunde kam Gretchen aus dem Dienst. Wir weinten nicht, sprachen nicht.

Der Tag ging zu Ende, und ein neuer [kam]. Gretchen ging wie immer in ihren Dienst, ich ging zu meinen Schülern. Wir sprachen mit niemandem von dem Entsetzlichen, nur Ludmilla und [die] Nataschas wußten es. Wir standen auf, aßen unser Stück Brot, stellten mittags Kartoffeln auf den elektrischen Kocher, legten uns abends in unsere Betten im gemeinsamen Zimmer. Soll er nur kommen, der Stütz. Wir werden uns nicht mehr verstecken. Mag er uns holen. Sie ist fort – fort. Wir wollen auch fort sein. – Er kam nicht.

Die Tage wurden kürzer und dunkler. Im November ging ich ins Stadtkommissariat. Cramer hatte den Frauen jüdischer Männer gedroht, wenn sie sich nicht sofort scheiden ließen, werde er sie ins Ghetto stecken. Es war dabei gleichgültig, ob die Männer geflohen waren oder im Ghetto lebten oder tot waren. Ich hatte mich bis jetzt nicht zu dieser schändlichen Komödie entschließen können, ging nun aber doch. Eine Beamtin notierte die Daten. Am nächsten Tage bekam ich ein Zettelchen mit Schreibmaschinenvordruck, bekam einen Stempel mit Vermerk in meinen Paß und zahlte fünf Mark. Damit war die »Scheidung« vollzogen.

In das Übersetzungsbüro war eine frühere Mitschülerin Gretchens [namens] Robaschenski gekommen, um ein Gesuch an Jordan schreiben zu lassen, in dem der Vater Robaschenski mit seinen beiden Töchtern bat, in der Stadt wohnen bleiben zu dürfen. Frau Robaschenski, Protestantin, aber jüdischer Abstammung, war nicht ins Ghetto umgezogen. Auf eine Anzeige war ihr Fall bekannt geworden. Eines Tages erschien die Polizei und verlangte, daß nicht nur die Frau, sondern auch der »arische« Mann, weil er sich nicht habe scheiden lassen, und die Mischlingstöchter binnen drei Tagen ins Ghetto zu ziehen hätten. Das Gesuch wurde von Jordan abschlägig beschieden.

»Auf, ins Ghetto«, rief die ältere Tochter mit bitterem

Hohn. Sie packten in Eile ihre Sachen, rüsteten [für] den Umzug, aber in der letzten Nacht trafen sie eine andere Entscheidung. Am Morgen fand man die vier Menschen tot in ihrer Wohnung. Sie hatten sich mit zwei Revolvern erschossen. Der Vater die jüngere Tochter und dann sich selbst. Die ältere, ein selten ernstes charaktervolles Mädchen vor dem Selbstmord die Mutter. Die Tragödie dieser Familie – Mischehe mit halbwüchsigen, deutsch erzogenen Töchtern – die in ihrer großen Verbundenheit manche Ähnlichkeit mit uns hatte, machte nicht nur uns tiefen Eindruck. Auch in der Stadt wurde sie erregt besprochen und die Härte und Willkür Jordans gemißbilligt.

Ich lag die langen Nächte hellwach. Jeden Augenblick konnten sie kommen und uns holen. Wir kannten nun schon ihre rohen Gestalten, brutal und weichlich zugleich, ihre harten, lauten Stimmen. Sie würden kommen, uns holen, quälen und Schluß machen, ein Ende unserem Leid. Fort. – Neben mir hörte ich Gretchen tief und sanft atmen. Jeder Atemzug ist Leben. Hier schläft meine Kleine lebendig, unversehrt.

Natascha Feodosewna ließ mir einmal durch Ludmilla sagen, ich solle nicht vergessen, wie reich ich doch noch mit meinem Gretchen sei. Sie hatte, ohne daß wir davon gesprochen, meine nächtlichen Qualen mitgefühlt und mitgelitten.

Am Tage war alles einfacher. Wir beschlossen, daß Gretchen allein nach Deutschland flieht. Es war nicht schwer, einen Soldaten zu finden, der bereit war, sie in seinem Lastwagen über die schwach kontrollierte Grenze zu nehmen. Wir trafen Vorbereitungen, aber es war uns nicht ernst. Schließlich sprachen wir nicht mehr darüber.

Die deutsche Armee ging mit Siegesschritten tief nach

Rußland hinein. Noch einige Tage, und sie werden Leningrad eingenommen haben oder vielleicht vorher Moskau. Sie sind die ewig siegenden Eroberer. Die Welt sah es mit Staunen und Bewunderung. Die deutschen Soldaten brüsteten sich. Die Länder, in die sie schreiten, legen sich ihnen zu Füßen. Sie beschlagnahmen die Ernten, plündern die Warenlager der Städte, schlagen die Wälder, versklaven die Bevölkerung. Sie überraschen die Völker mit einem fertigen, bis ins kleinste ausgeklügelten Verwaltungssystem, das sofort in Kraft gesetzt wird. Sie sind unwiderstehlich, und dennoch, dennoch – von Anfang an war zu fühlen, daß dieser blendende Aufbau einen Konstruktionsfehler hatte. Es fehlte etwas in seinen Maßen. Dem Fundament war nicht zu trauen. Der hörige Glaube an die Unfehlbarkeit des Regimes, die maßlose Überheblichkeit gegenüber allen anderen Völkern und nicht zuletzt ihr wahnwitziger Antisemitismus – aus dem allen konnte und konnte am Ende nichts Gutes hervorgehen.

So warteten wir nur auf die Zeit, in der das offenbar werden würde. Die Oberschwester eines Lazaretts, die mir meine Pelzjacke abkaufen wollte, zog sich schließlich vom Kauf mit der Begründung zurück, daß Deutschland noch im Herbst den Krieg gewinnen würde und sie den Pelz in ihrer süddeutschen Heimat nicht nötig haben werde. Damals konnte sich noch niemand vorstellen, daß schon der Winter die ersten großen deutschen Niederlagen bringen würde, von denen Deutschland sich nicht wieder erholen konnte. Und doch war uns schon gewiß, daß der Zusammenbruch kommen würde. Wir wußten uns in dieser Hoffnung einig mit den Freunden und Geschwistern in der Heimat. Wir bekamen von dort spärliche, verängstigte Nachrichten, Todesanzeigen im Felde gefallener Freunde. Ein Sohn meiner Schwester war vor Leningrad gefallen, der andere hatte sich die Füße erfroren. Er lag monatelang schwerkrank im Lazarett.

Der Winter hatte schon so früh mit eisiger Kälte eingesetzt, daß die Bauern Kartoffeln und Gemüse noch nicht geerntet und eingemietet hatten. Ein großer Teil erfror und verfaulte auf dem Felde. Wir standen stundenlang vor den offiziellen Geschäften, wo es Kohl und rote Rüben zu den festgesetzten, niedrigen Preisen gab. Wir standen abwechselnd, weil es für einen zu kalt auf dem zugigen Savanoriu-Prospekt war. Man stand und stand geduldig in der langen Reihe und hörte das Geschwätz der Weibchen an, die mit derselben Ergebenheit warteten, wie sie den Freitod der Familie Robaschenski als unfromm verurteilten und über die schrecklichen Geschehnisse sprachen, die sich im Ghetto ereignet hatten.

Anfang September begann die vollständige Ausrottung der Juden in der litauischen Provinz. Es wurde dabei nach einem bis ins kleinste ausgearbeiteten Plan vorgegangen, so daß in allen Landstädten dieser grauenvolle Vernichtungsprozeß auf die gleiche Weise abrollte.

Deutsche Polizei warb unter der litauischen Land- und Kleinstadtbevölkerung um Partisanen, Henkersknechte ihrer harmlosen Mitbürger, mit denen sie ihr Leben lang zusammengelebt hatten. In den Landstädtchen hatten Litauer und Juden trotz vieler kleiner Spannungen im besten Einvernehmen gelebt. Die Juden waren Handwerker, Kaufleute, Unternehmer, Gastwirte, Ärzte und bildeten einen wichtigen Bestandteil des wirtschaftlichen Lebens. Die litauischen Beamten pflegten gute Beziehungen zu den tüchtigen jüdischen Landärzten, Advokaten, Ingenieuren, und die Litauer rühmten sich, daß es in ihrem Lande niemals Pogrome wie in Rußland und Polen gegeben habe.

Jahrelange systematische Wühlarbeit seitens des nationalsozialistischen Regimes hatte den Boden bereitet. Alles, was sich im Zeichen des sich vorbereitenden Krieges an Unebenheiten, Schwierigkeiten des Lebens, Teuerung und Arbeitsnot entwickelte, alles wurde den Juden als Ursache zugesprochen. Jetzt sei der Tag der Rache gekommen, peitschte die Propaganda die dunklen Gemüter auf, der Augenblick, da man sich am Besitz der Juden, der bei vielen ein Anlaß des Neides gewesen war, schadlos halten konnte. Es meldeten sich die Schlechtesten der Bevölkerung, die Faulen, die Tunichtgute, die Beutegierigen. Die Deutschen versprachen den Partisanen reichen Anteil an der bevorstehenden Beute und gaben ihnen zur Ermunterung Schnaps in großen Mengen. Der Akt konnte beginnen.

Man drang in die Wohnungen der Juden ein und trieb alle Bewohner aus den Häusern auf den Marktplatz oder in die Synagoge. Kranke, Säuglinge wurden getragen. Man sagte ihnen, daß sie anderwärts zur Arbeit benötigt und zeitweilig umgesiedelt würden, und hieß sie, die notwendigen Kleidungsstücke mitzunehmen. Auf den Straßen, Plätzen [und in den] Synagogen spielten sich bereits die schrecklichsten Szenen ab. Man schlug die Juden mit Knüppeln und Gewehrkolben, entriß ihnen die herbeigeschleppten Sachen, [trennte] Kinder von Müttern, bespie und verhöhnte sie. Dann wurden sie geschlossen aus der Stadt getrieben.

An vielen Orten hatte man einige Tage vorher jüdische Ingenieure mit Hilfspersonal geholt und sie unter dem Vorwand, Brunnen graben zu müssen, im Walde oder auf freiem Felde breite Gruben ausstechen lassen. Nachdem sie die Arbeit ausgeführt hatten, wurden sie an Ort und Stelle erschossen.

Zu diesen Gruben wurden die Juden geführt. Ihre Bündel mußten sie auf einen Haufen legen und ihre Oberkleidung ausziehen. So wurden sie halbnackt in Partien an den Rand der Gruben getrieben und mit Maschinengewehren erschossen. Zuerst die Kranken, Alten, dann die Kinder und Frauen, zuletzt die Männer. Die Erschossenen fielen in die etwa zwei Meter tiefen Gruben. Verwundete wurden erstochen oder erschlagen.

Das Gemetzel währte an vielen Orten den ganzen Tag. Bevor die Reihe an sie kam, waren die Unglücklichen Zeugen, wie man die anderen abschlachtete. Wenn die Gruben, in denen die Toten in vielen Schichten übereinanderlagen, voll waren, wurden die Juden gezwungen, sie zuzuschütten, nachdem man die Leichen aus »hygienischen Gründen« mit calcium chloratum bestreut hatte. Kleine Kinder wurden lebendig in die Gruben geworfen und verschüttet. Manche Männer setzten sich zur Wehr, sprangen den Exekuteuren an die Gurgel und zogen sie mit in das grauenvolle Massengrab.

Die Exekuteure waren überall litauische »freiwillige« Partisanen. Deutsche Polizei und Wehrmacht leitete und überwachte die Handlung. Wo die Litauer schlappmachten, wurden sie mit Alkohol aufgemuntert. An vielen Orten wurden die Szenen von deutschen Filmakteuren aufgenommen. Bei den Aufnahmen wurde darauf geachtet, daß nur litauische Exekuteure auf die Platte kamen. Die Deutschen bemühten sich später, den Tatbestand zu fälschen, als ob litauische Initiative in »gerechter Volkswut gegen die jüdischen Ausbeuter« die Gemetzel veranstaltet habe.

Alles geschah am hellichten Tage. Tausende von Litauern waren Augenzeugen. Litauische Geistliche, höhere Beamte, frühere Offiziere versuchten einzuschreiten. Einige Beherzte, die das Schreckliche zu verhindern suchten, büßten mit ihrem Leben. Der Blutrausch führte zu entsetzlichen Exzessen. Jüdische Mädchen wurden von den Henkern in den Busch gezerrt und geschändet, bevor sie getötet wurden. Einer dieser Mörder wurde wahnsinnig, beschrieb hinterher immer wieder, wie sein Opfer still seine Schuhe ausgezogen und nebeneinander gestellt habe, wie unschuldig und lieblich sie gewesen sei – er konnte das Bild nicht ertragen und beging Selbstmord.

Als die ersten Berichte zu uns nach Kaunas drangen, wollte man sie nicht glauben. Ich habe später viele Augenzeugen aus verschiedenen Städten gesprochen. Man hat mir noch viele Einzelheiten genau berichtet. Die Exekutionen hatten eine schauerliche Ähnlichkeit untereinander und endeten überall mit der vollständigen Vernichtung der Juden. Nur in vier Städten, Wilna, Kaunas, Schaulen und Semeliškes[47], wurden Ghettos errichtet, nicht etwa um das Leben der Juden zu schonen. Nein, schon damals wurde auch [über] diesen der Stab gebrochen, aber man brauchte Arbeitskräfte, die man vor ihrer Vernichtung noch ausnutzen wollte.

Von unseren Freunden aus dem Ghetto bekamen wir auf Umwegen Briefe – Briefe des Jammers, der Sehnsucht, der Verzweiflung. Von »namenlosem Leid« schrieb Lyda. Sie hatten nichts zu essen, keine Heizung, aber das waren ihre geringsten Sorgen.

Wir schickten Päckchen durch Lydas Bruder, der in einer Brigade in der Stadt arbeitete. Durch diese und andere Brigaden waren wir in ständiger Verbindung mit den Juden im Ghetto und litten mit ihnen die entsetzlichen

47 Ghettos, die länger Bestand hatten, gab es nach den verfügbaren historischen Untersuchungen auf litauischem Gebiet nur in drei Städten, Kaunas, Wilna und Schaulen (Šiauliai). Zu Beginn der deutschen Besetzung wurden allerdings für kurze Zeit auch in zahlreichen kleineren Orten Ghettos errichtet.

Verbrechen, deren unschuldige Opfer sie waren. So teuflisch, so unbeschreiblich entsetzlich war diese Folge von Untaten, daß die Sprache sich sträubt, sie festzuhalten. Sie wird vielen unglaubhaft erscheinen, und doch ist es jeden Deutschen Pflicht, sich nicht zu verschließen und die Kraft zu haben, die Schuld auf sich zu nehmen, damit sie gesühnt werde.

Der Verkehr der deutschen Stellen mit dem Ghetto vollzog sich über den von den Juden gewählten Ältestenrat.[48] Zu Verhandlungen ließ man den Vorsitzenden Dr. Elkes oder einen Stellvertreter in die Stadt kommen. Bei diesen Aussprachen wurden die Vertreter der Juden mit korrekter Höflichkeit behandelt. Bitten, Einwände, Fürsprachen wurden gewissenhaft angehört, und man ließ sich oft herbei, sich von Maßnahmen betreffs des Ghettos etwas abhandeln zu lassen. Sie verhielten sich menschlich zu den unmenschlichen Anordnungen, und gerade in diesem Zynismus enthüllte sich ihre teuflische Gesinnung.

Mitte September wurden circa 5000 »Handwerkerausweise«[49] ausgegeben, die durch das Komitee verteilt wurden. Sie wurden in erster Linie Spezialisten, Männern und Frauen, aber auch andern arbeitskräftigen Personen, darunter auch einige Ärzte, gegeben, aus denen die Arbeitsbrigaden formiert wurden. Aus den Städten der Provinz waren einzelne den Massenmorden entgangen und hatten sich in

48 Der Ältestenrat wurde auf deutschen Befehl als Instrument der inneren Selbstverwaltung am 4. August 1941 gebildet. Zum Vorsitzenden wählten die Vertreter der jüdischen Gemeinde von Kaunas den angesehenen Arzt Elchanan Elkes. Dem Ältestenrat gehörte auch Avraham Tory (Golub) an, dessen Tagebuch, »Surviving the Holocaust. The Kovno Ghetto Diary«, eine besonders aufschlußreiche Quelle für die Geschichte des Kaunaer Ghettos ist.

49 Sie wurden auch »Jordan-Scheine« genannt, nach dem deutschen Referenten für Judenfragen in Kaunas, Fritz Jordan, der sie einführte.

das Kaunaer Ghetto geflüchtet. Durch diese wurden die Greueltaten in allen Einzelheiten bekannt, und man erwartete täglich ein gleiches Schicksal. Die Handwerkerausweise wurden als eine gewisse Sicherung angesehen. Die Deutschen ließen durchblicken, daß man die Inhaber und ihre Familien verschonen werde. Jeder bemühte sich deshalb, eine solche Ausweiskarte zu bekommen.

Am 17. September, wenige Tage nach der Verteilung der Handwerkerausweise, wurde früh um sechs Uhr das sogenannte »Kleine Ghetto« von litauischen Partisanen umzingelt und mit Maschinengewehren umstellt. Das Kleine Ghetto war der Teil jenseits der Paneriu-Straße, einer Hauptverbindungsstraße in die Provinz, auf die man im öffentlichen Verkehr nicht verzichten wollte und die man deshalb mit einem Viadukt überbrückt hatte, der die Verbindung zwischen den beiden Ghettos herstellte. Im Kleinen Ghetto wohnten ungefähr 3000 Einwohner. Dort befanden sich das Waisenhaus, das Krankenhaus und andere soziale Institutionen.

Die Partisanen gingen von Haus zu Haus, holten die Leute aus den Betten und befahlen allen, sich auf dem großen Platz zu versammeln. Man ließ vielen nicht einmal Zeit, sich anzukleiden. Nicht einer durfte zurückbleiben; Kranke wurden getragen. Auf dem Platz wurden sie von deutschen Soldaten unter Leitung von Thornbaum in Gruppen eingeteilt, und man begann sie zum IX. Fort, das circa eine halbe Stunde hinter dem Ghetto liegt, zu treiben. Einen Tag vorher hatte sich schon herumgesprochen, daß russische Kriegsgefangene auf dem Fort lange Gruben geschaufelt hatten, deren Bedeutung nach den Ereignissen in der Provinz eindeutig war. Allen war klar, daß sie von diesem Weg nicht zurückkehren würden, und diesmal bemühten sich die Henker nicht, Illusionen zu wecken. Auf dem Platz waren Filmapparate aufgestellt, die unaufhörlich arbeiteten.

Da erschien plötzlich ein Auto auf dem Platz. Es entstieg ihm ein höherer Offizier mit einem Zettel in der Hand. Nach kurzer Verhandlung mit dem Leiter der Aktion, Thornbaum, wandte sich der Offizier an die Versammelten mit den Worten: »Die Aktion ist abgeblasen. Ihr könnt der deutschen Wehrmacht danken, daß sie euch das Leben schenkt.« Das Wort »abgeblasen« ging von Mund zu Mund. Da es ein solches Wort auf jiddisch nicht gibt, verstanden es viele nicht gleich. Aber allen wurde sofort offenbar, daß es eine gewaltige Zauberkraft hatte. Die Gruppen, die sich schon auf dem Wege befanden, wurden zurückgeholt, die Filmtechniker stellten die Kurbeln ab, und alle wurden mit einem Gleichmut, als wenn es sich um einen verregneten Spaziergang handelte, beordert, nach Hause zu gehen.

Jordan versicherte nach diesem Ereignis dem Komitee, daß keine »Aktionen« mehr vorkommen würden, und die Juden waren naiv genug, es ihm zu glauben. Gerade, daß die Aktion »abgeblasen« wurde, nahmen sie für ein Zeichen, daß die deutsche Wehrmacht sich für sie eingesetzt und aus Gründen der Menschlichkeit eine prinzipielle Änderung erwirkt hatte. In Wirklichkeit wird der Grund wahrscheinlich rein praktischer Art gewesen sein: Man brauchte Arbeitskräfte und wollte der jüdischen Sklaven nicht entraten.

Der größte Teil der jüdischen Arbeitenden wurde auf dem Aerodrom beschäftigt, damals etwa 1200 Männer und 500 Frauen. Sie hatten zur Arbeitsstätte einen weiten Weg zurückzulegen. Früh war gegen halb sechs Uhr Appell. Sie mußten oft über eine Stunde in Dunkelheit und Morgenkälte stehen, ehe sich der Zug in Bewegung setzte. Der Weg ging über die Vilijabrücke durch die belebtesten Straßen der Altstadt, an den beiden Marktplätzen vorbei, über die große Njemenbrücke und dann den Berg zum Flugplatz hinauf. Jüdische Polizei, durch eine Armbinde gekennzeichnet, war für die Ordnung verantwortlich. Jede der dunklen Gestalten war auf Brust und Rücken mit einem gelben Stern gezeichnet, die im spätherbstlichen Dämmer aus den Zügen herausleuchteten.

Es war bitter, zu sehen, wie schnell sich die städtische Bevölkerung an das ergreifende Bild gewöhnte und völlig gleichgültig an den Gezeichneten vorüberging. Warum empörten sie sich nicht gegen diese hohnvolle Mißachtung jeder Menschenwürde? Warum duldeten sie nur diese Schande, diese Niedertracht? Im Gegenteil, die Deutschen hatten ganz richtig spekuliert. Auch der erbärmlichste Litauer war ein gehobener Mensch im Vergleich zu den Juden, und die deutsche Verwaltung konnte sich manche Härten gegen die Litauer erlauben, weil sie milde erschienen gegen die Grausamkeiten, die sie den Juden antat.

Und dennoch gab es viele, nicht nur unter der Intelligenz, die ihr Teil dazu beitrugen, den Unglücklichen ihr Los zu erleichtern. Wenn wir am späten Nachmittag an der Njemenbrücke die Heimkehrenden abpaßten, standen dort jedesmal schon einige Frauchen mit Handtaschen und lauerten wie wir, sich ängstlich umsehend, bis die Erwarteten endlich herankamen. Viele von ihnen kannten uns. Sie grüßten unauffällig. Endlich kamen auch unsere Freunde. Vor den jüdischen Posten hatten wir keine Angst, aber unter den deutschen Soldaten, die den Zug flankierten, gab es gefährliche. Die meisten allerdings duldeten diese verbotenen Beziehungen, und fast immer gelang es, schnell unsere Päckchen und Briefchen abzugeben. Zum Miteinandersprechen war niemals Zeit. Erst viel später erfuhren wir Einzelheiten über das Leben auf dem Flugplatz.

Es wurde dort in drei Schichten gearbeitet, Tag und Nacht, ohne Unterbrechung. Zwei deutsche Baufirmen waren die Unternehmer des Flughafenbaus. Die Juden wurden zu allen untergeordneten physischen Arbeiten verwendet. Sie mußten Steine tragen, den Boden planieren, Wäsche waschen, Waggons ausladen. Die Meister der Baufirmen waren harte, herzlose Leute, die die Arbeit zur Sklavenfron herabdrückten. Die Tagesleistung wurde mit 50 Pfennig entlohnt, ein Hohn bei den damals herrschenden Lebensmittelpreisen (Butter und Speck 20 bis 25 Reichsmark pro Kilo). Während der ersten Monate bekamen sie dort nichts zu essen, im Winter wurden Küchen eingerichtet. Die Produkte wurden geliefert.

In so einer Küche arbeitete auch meine Lyda und hatte so wenigstens einige Stunden täglich einen warmen Platz. Edwin war auch auf dem Flugplatz, als Sanitäter. Die »Küche« war ein Schuppen mit einem eisernen Herd. Dort waren etwa dreißig Frauen mit den Vorbereitungen der Mahlzeit beschäftigt. Das Essen wurde in großen Kesseln dreimal täglich für circa je 1500 Personen gekocht. Die Kessel standen außerhalb der Küche im Freien, mit einem Bretterdach überdeckt. Der Lehmboden um Schuppen und Kessel war vom Regen aufgeweicht. Nach Arbeitsschluß mußten alle in Brigaden geordnet den Modder durchwaten, um am Kessel in ihrem mitgebrachten Eßnapf einen Schlag Suppe zu empfangen.

Sie waren erfroren und todmüde, dennoch gab es jedesmal Krawall. Einer wollte zu wenig bekommen haben, andere waren unzufrieden, daß man ihnen nur Brühe, aber kein Fleisch und Kartoffeln eingeschöpft hätte. Die deutschen Posten, die selber müde und mißgestimmt waren, trieben zur Eile, schlugen mit dem Gewehrkolben und hetzten: Schneller, schneller! Manchmal war ihre Rauheit nur äußerlich. Oft riefen sie die Arbeitenden an die Schuppenwand, um beim Essen gegen den Wind geschützt zu sein, [oder] zum Feuer, damit sie sich erwärmten, und hatten tiefes Verständnis dafür, daß man so wenig als irgend möglich arbeitete. Die Meister der Baufirmen dagegen waren hinterher, daß möglichst viel geleistet wurde. Sie schlugen die Säumigen erbarmungslos und zwangen [sie] zu ägyptischer Fron und Knechtschaft.

Auch russische Gefangene arbeiteten auf dem Aerodrom, schweigend und schwach vor Hunger. Gelegentlich mußten Juden, die fast alle Deutsch und Russisch verstehen, Dolmetscher spielen. So arm und elend sie waren, sahen sie in den Russen die noch Bedürftigeren, und manches mitgebrachte Stück Brot ließen sie heimlich in die Hände der Gefangenen gleiten.

Zog die Nachtschicht im trüben Morgendämmer den Berg herunter nach Hause, war die neue Schicht schon da, übernahm die Spaten, Schippen und Körbe und setzte das verhaßte Werk widerwillig und mühsam fort. Wie lange? fragten sie sich täglich. Täglich schwirrten neue Gerüchte. Auf den Forts gräbt man wieder Gruben. Nachts schießen die Posten sinnlos in die Luft, um die Eingeschreckten noch mehr einzuschrecken. Es werden neue Zählungen, Einteilungen gemacht. Verhandlungen mit dem Ältestenrat, über deren Ergebnis die verschiedensten Auslegungen kursieren. Die Soldaten beruhigten die Flugplatzarbeiter: Wenn ihre Arbeit auch schwerer als die der andern sei, so gewähre sie doch auch die größte Sicherheit. Vor drei bis vier Jahren sei der Flughafen nicht beendet, so lange brauche man die Arbeiter.

Es blieb den Ghettobewohnern nicht lange Zeit, sich von der »abgeblasenen« Aktion zu beruhigen. In der Nacht zum 26. September wurden sie durch besonders häufig abgegebene Schüsse auf neue Mordtaten vorbereitet. Morgens von vier Uhr ab wiederholten sich die Szenen des 17. September. Deutsche Polizei, SA-Männer und litauische Partisanen drangen in die Häuser eines Quartals[50] des Ghettos ein und jagten die Schlafenden heraus auf einen Platz, wieder mit Kindern, Alten, Kranken. Maschinengewehre mit Bemannung waren auf den Dächern der umliegenden Häuser aufgestellt. Die Inhaber eines Handwerkerausweises wurden mit ihren Familien nach Hause entlassen. Die andern ordnete man in Trupps und führte sie unter schwerer Bewachung aus dem Ghetto heraus nach dem IX. Fort. Die nicht gehen konnten, wurden in Lastautos verladen. Man sagte ihnen, daß sie in ein anderes Ghetto gebracht würden.

Dort [im IX. Fort] vollzog sich dieselbe entsetzliche Prozedur wie an den Juden der Provinzstädte. Etwa 3000 wurden mit Maschinengewehren erschossen und verscharrt.[51] Ihre Kleider, die sie vorher ablegen mußten, wurden in Lastautos in die Desinfektionsanstalt gebracht. Die Ghettobewohner, die sich ansehen mußten, wie man ihre Brüder abführte, ohne daß es eine Möglichkeit gab, sich zur Wehr zu setzen, zu fliehen, einander zu helfen, waren in panikartiger Verzweiflung. Jordan, der die Aktion geleitet hatte, versprach ihnen, daß dies die letzte gewesen sei und keine Exekutionen mehr vorkommen würden. Man klammerte sich an seine Worte, ohne ihnen zu trauen.

Am 2. Oktober erschien Jordan mit seiner Karawane wie-

50 Quartier, Stadtviertel.

51 Wahrscheinlich wurden an diesem Tag, dem 26. September 1941, 1200 Menschen ermordet. (Vgl. »Hidden History«, S. 243). Möglich, daß Helene Holzman diese Aktion und die von ihr anschließend geschilderte Liquidierung des Kleinen Ghettos am 4. Oktober, bei der etwa 1800 Menschen (Helene Holzman nennt auf S. 91 die Zahl 2000) ermordet wurden, zusammengenommen hat. Der »Jäger-Bericht« beziffert die Zahl der Opfer bei diesen beiden Aktionen mit 1608 und 1845.

der beim Komitee. Sie besichtigten die sozialen Einrichtungen, die im Kleinen Ghetto waren, insbesondere das Krankenhaus. Sie ordneten an, neben dem Krankenhaus Gruben zu graben.

In der Nacht zum 4. Oktober wurden wieder besonders viele Schreckschüsse abgegeben, die die Ghettobewohner auf neues Unheil vorbereiteten. Als die Aerodrombrigaden, die im Kleinen Ghetto wohnten, von der Nachtschicht heimkehren wollten, fanden sie den Viadukt, der die beiden Ghettos miteinander verband, gesperrt. Ein Maschinengewehr drohte nach der Richtung zum Kleinen Ghetto, das von allen Seiten von Militär umzingelt wurde. Die Menschen wurden aus den Häusern geholt, versammelt, eingeteilt, die Arbeitskräftigen ausgesucht, alle übrigen zum IX. Fort getrieben. Darunter das gesamte Waisenhaus, circa 150 Kinder, mit allen Lehrern und anderem Personal. Allen war klar, welche Absichten man mit ihnen hatte. Die Kinder schrien und weigerten sich zu gehen. Auch Erwachsene versuchten, auf dem Weg zu ihrer Richtstätte zu entlaufen. Sie wurden mit Kolben und Gummiknüppeln geschlagen. Einige brachen tot zusammen.

Gegen Mittag wurde das Krankenhaus mit Brennstoff begossen und von allen Seiten in Brand gesteckt. Als das Personal versuchte, die Kranken zu retten – man trug sie in Bahren auf den Hof –, wurden sie daran verhindert. Die Flammen griffen schnell um sich. Das ganze Haus verbrannte mit allen Kranken. Zwei Schwestern und ein Arzt (Dr. Davidovich) wurden bei dem Versuch, Kranke zu retten, auf dem Hof erschossen. Alle Insassen der Infektionsabteilung, 45 Kranke, verbrannten bei lebendigem Leibe. Das Kommando führte SA-Sturmbannführer[52] Thorn-

52 Im Text: SA-Bannerführer.

baum. Der Stadtkommissar Cramer erschien zu dem grausigen Schauspiel und sagte, die Verbrennung des Krankenhauses sei eine »hygienische Vorsichtsmaßnahme«, um die Ausbreitung von Lepra zu verhüten. In Wirklichkeit gab es dort keinen Leprakranken. Die Infektionskranken hatten Scharlach, Typhus, Tbc, Diphtherie. Mit dem Krankenhaus verbrannten wertvolle medizinische Apparate, ein X-Strahlenapparat, zehn Elektrokardiographen.

Die Menschen sahen vom Großen Ghetto, was auf der andern Seite der Paneriu-Straße geschah. Sie versuchten, den Zugang über den Viadukt zu erzwingen. Die Posten schlugen sie zurück und drohten, man würde jeden, der sich nicht ruhig verhielt, mit zum IX. Fort bringen. Vom Großen Ghetto konnte man sehen, wie sich der traurige Zug der zum Tode verurteilten ca. 2000 Menschen den Berg heraufbewegte, flankiert von deutschen und litauischen Posten, die sie mit Schlägen vorwärtstrieben. Viele, die vom Flugplatz gekommen waren, wußten ihre Eltern, Frauen und Kinder darunter. Die Henker höhnten über ihre Verzweiflung.

Diejenigen vom Kleinen Ghetto, die man vorläufig aufgespart hatte, um sie noch zur Fronarbeit auszubeuten, mußten nun das Kleine Ghetto verlassen. Sie durften nichts mitnehmen. Die Häuser jenseits der Paneriu-Straße standen leer. Partisanen und deutsche Soldaten plünderten nach Herzenslust. Auch Zivilbevölkerung kroch durch den Drahtzaun und räuberte. Nach zwei Tagen erlaubte man den früheren Bewohnern, sich aus ihren alten Wohnungen zu holen, wieviel ihre Hände tragen konnten. Unter ihnen waren unsere Freunde. Edwin hatte als Sanitäter den Brand des Krankenhauses miterlebt. Lyda schleppte aus der unterdessen ausgeräuberten Wohnung noch einiges mit auf die andere Seite. Sie zogen zu ihrem Bruder.

Als die Juden klagten, man habe ihnen doch versprochen, daß keine Exekutionen mehr vorkommen würden, erwiderte Jordan, diesmal sei es eine »Sondermaßnahme« gewesen, aber das sei nun wirklich die letzte, und die Überlebenden hätten nichts mehr zu fürchten, vorausgesetzt, daß sie sich gut verhielten. Wieder klammerten sich die Unglücklichen, die keine andere Möglichkeit einer Rettung sahen, an dieses verlogene Versprechen.

Die feinen deutschen Herren erfanden bald genug einen neuen Vorwand für ihre teuflischen Verbrechen. In der Nähe des Tores ertönte eines Tages ein Schuß. Es wurde behauptet, daß ein junger Mann ein Attentat auf den Chef der Ghettowache Koslowski beabsichtigt hätte. Das Quartal wurde abgesperrt und etwa 1000 Menschen als des Mordanschlags oder der Beihilfe verdächtig festgenommen und zum IX. Fort abgeführt.[53]

Die Ghettoleute erwarteten mit jedem neuen Tag den Tod. Der Herbst war gekommen. Es wurde kalt und regnete viel. Am 26. Oktober wurde der Ältestenrat von Jordan zu einer Besprechung aufgesucht. Nach langen Verhandlungen gab der Ältestenrat durch ausgehängte Zettel bekannt, daß sich am 28. Oktober, sechs Uhr früh alle Einwohner ohne Ausnahme auf dem großen Platz einzufinden hätten. Für warme Kleidung und Nahrung für den ganzen Tag sei zu sorgen. Es handele sich, so wurde wieder ausdrücklich versichert, um eine friedliche Maßnahme, und zu Aufregung sei kein Grund vorhanden. Man munkelte, daß man die Arbeitsunfähigen in das »Kleine Ghetto«, das seit dem

53 Hier verwirrt sich die Chronologie der Ereignisse. Das vorgetäuschte Attentat auf den deutschen Ghetto-Kommandanten Willy Koslowski diente als Vorwand für die Mordaktion vom 26. September 1941, von der Helene Holzman weiter oben (S. 88f.) schon berichtet hat. Vgl. dazu Tory, S. 60.

Krankenhausbrand und der Evakuation leer stand, umsiedeln würde. Sie würden dort geringere Lebensmittelkarten als die Arbeitenden bekommen.

Ein großes Aufgebot von Wachtposten füllte die Straßen, sorgte dafür, daß keiner zu Hause blieb. Ein paar Kranke, die man doch fand, erschossen die Posten an Ort und Stelle. Pünktlich um sechs Uhr waren alle Häuser und Straßen leer. Etwa 28000 Menschen waren auf dem kahlen Gelände versammelt. Die jüdische Ghettopolizei, durch Armbinden kenntlich, sorgte für Ordnung.

Es wurden einzelne Kolonnen gebildet, die sich eine neben der andern, mit der Front nach Nordwesten aufstellen mußten. In der ersten Kolonne standen die Mitglieder des Ältestenrates, jeder mit seiner Familie. In der zweiten die Polizei, dann die Angestellten der Administration und schließlich alle Brigaden, nach ihren Arbeitsplätzen geordnet, alle mit ihren Familien. So warteten sie fröstelnd am trüben, kalten Morgen zwei Stunden, bis gegen acht Uhr die deutsche Kommission anrückte. Jordan, der Beauftragte für jüdische Angelegenheiten der Zivilverwaltung, Thornbaum, Stütz, Rauca, Vertreter der Gestapo, mehrere andere Deutsche, ein litauischer Fliegeroffizier. Sie pflanzten sich vor den Kolonnen auf und ließen eine Kolonne nach der andern langsam vorbeiziehen.

Aus den beiden ersten wurden nur wenige ausgesucht und nach rechts befördert. Die übrigen ließ man nach links gehen. Aber schon aus den nächsten wurden mehr herausgepickt. Anfangs verstand keiner den Sinn dieser Teilung in Schafe und Böcke. Aber allmählich trat das Prinzip klar hervor: nach links kamen die Kräftigen, Arbeitsfähigen, gut Gekleideten, nach rechts die Alten, Kranken, Armen, besonders auch die mit ausgeprägt jüdischer Physiognomie.

Am eifrigsten war Rauca. Er überprüfte jede Kolonne mit scharfem Blick, trennte besonders gern große Familien, ließ sein Kommando unermüdlich erschallen. Zwischendurch biß er in sein Butterbrot, rief seinen Hund, der nach fallengelassenen Frühstücksbroten der Juden schnappte. Diese Arbeit der Teilung versetzte ihn in behagliche Stimmung. Auch den anderen Herren bereitete sie größtes Vergnügen. Die Juden begriffen, daß »rechts« etwas Böses bedeutete. Einige benutzten einen unbeobachteten Augenblick, um schon vor der Prüfung nach den »Linken« überzulaufen. Andere protestierten, wenn man sie nach rechts verurteilen wollte, zeigten ihre Handwerkerausweise oder nahmen die Protektion der jüdischen Polizeibeamten, die einen gewissen Einfluß hatten, in Anspruch.

Gerüchte schwirrten. Die Kommission beruhigte wie immer: man brauche einen Teil für auswärtige Arbeit, Straßenbau. Es klang nicht überzeugend, denn die Ausgewählten taugten offenbar nicht zu schwerer Arbeit. Bei den nach links »Geretteten« umarmten sich Verwandte und Freunde. Man jammerte und weinte, wenn ein Teil der Familie abgetrennt wurde. So verging der ganze Tag. Allmählich bekam auch die Kommission ihre düstere Tätigkeit satt. Zuletzt wurden ganze Kolonnen geschlossen nach der einen oder der andern Seite geschickt. »Ihr werdet mir noch dankbar sein, daß ich euch von diesem Mistzeug befreie«, tröstete Rauca die Linken.

Die Rechten wurden streng bewacht über den Viadukt ins Kleine Ghetto geführt. In der Nacht gelang es trotzdem noch manchen, überzulaufen. Auch die Wache ließ sich bestechen. »Lauft blonde Mädels!« verhalfen deutsche Wachtposten, die erstaunt waren, nicht Stürmertypen[54], sondern sehr liebliche Erscheinungen zu treffen, einigen nach der anderen Seite.

54 Gemeint ist das Stereotyp des knollennasigen, unter dicken Augenbrauen und schwarzem Kraushaar verschlagen hervorblickenden »Juden«,

Am nächsten Morgen führte man alle aus dem Kleinen Ghetto nach dem IX. Fort. Russische Gefangene hatten einige Zeit vorher Gruben gegraben, die sich vom Herbstregen mit Wasser halb angefüllt hatten. Man entriß den Müttern ihre Kinder und warf sie vor ihren Augen in die Gruben. Die Frauen folgten nach. Man erschoß sie mit Maschinengewehren. Sie fielen über die Kinder. Zuletzt die Männer. Wieder war für Hygiene gesorgt. Bevor die Gruben zugeschüttet wurden, bestreute man die Leichen reichlich mit calcium chloratum.

So wurden an einem Tage 10000 unschuldige Menschen teuflisch niedergemetzelt. Mit ihnen viele andere Gefangene [und] alle Juden, die sich damals im Gefängnis befanden, darunter war auch mein eigenes Kind, meine Marie.[55]

Die Nachricht von dieser Untat drang bald in die Stadt. Versuche der Geistlichkeit und Intelligenz, bei den deutschen Stellen vorstellig zu werden, scheiterten. Jedem Vermittler legte man »kommunistische« Absichten unter und drohte mit Bestrafung. Durch Soldaten und Partisanen, die beordert waren, bei dem grauenhaften Werk zu helfen, wurden alle Einzelheiten auch im Ghetto bekannt. Das Entsetzen, die Verzweiflung war grenzenlos, und wenn die Mörder ihnen wieder versicherten, daß es nun ganz gewiß die letzte »Aktion« gewesen sei und den Übriggebliebenen nichts geschehen werde, so gab es viele, die sich nicht mehr beruhi-

das vor allem vom »Stürmer«, dem von Julius Streicher herausgegebenen antisemitischen »Deutschen Wochenblatt zum Kampfe um die Wahrheit«, aber auch von anderen Zeitungen der Nazizeit in unzähligen Karikaturen verbreitet wurde.

55 Vgl. hierzu die im Anhang, S. 348, zitierte Tagebucheintragung Elena Kutorgas vom 31. Oktober 1941.

gen ließen. Damals begannen manche, ihre Flucht aus dem Ghetto vorzubereiten.

Es gab in Kauen[56] nicht wenig Menschen, die in tiefer Empörung über die Verbrechen waren. Aber nur wenige waren bereit, einen der Unglücklichen aufzunehmen und zu retten. Die Gestapo hatte es verstanden, die Bevölkerung einzuschüchtern. Ein Dorf mit vorwiegend russischen Bauern, bei denen sich Juden versteckt hielten, wurde niedergebrannt, die Bauern mit Familien teils erschossen, teils zur Zwangsarbeit verschickt. Man verhaftete Leute, die in die Brigaden gingen, hängte ihnen Schilder mit der ehrenvollen Aufschrift »Judenknecht« um und führte sie durch die Straßen. Wenn man einen Juden in der Stadt fand, wurde er zusammen mit dem, der ihn versteckt hielt, erschossen.

Trotz alledem gab es Unerschrockene, die es darauf ankommen ließen. Bei Frau Dr. Kutorga, der Augenärztin, der Mutter von Viktor, lebte eine Jüdin wochenlang in der Küche, bis es mit Hilfe ihres deutschen Mannes und eines Eisenbahnbeamten, der Patient der Ärztin war, gelang, sie mit falschen Papieren nach Berlin zu expedieren, wo sie unerkannt als Deutsche weiterlebte. Frau Dr. Kutorga hielt die Beziehungen zu ihren jüdischen Kollegen ununterbrochen aufrecht. Sie trug fast täglich Lebensmittel, die ihr bäuerliche Patienten vom Lande brachten, in die Brigaden, bewahrte ihnen Wertgegenstände und half ihnen, sie zu verkaufen. Jedes Wort, das sie mit ihren Patienten, mit Bekannten sprach, war Aufklärung, gegen die Verbrecher gerichtet. Reine Menschlichkeit war jede ihrer Taten und [jedes] ihrer Worte.

Das konnte nicht lange unverborgen bleiben. Mißgün-

56 Helene Holzman benutzt hier ausnahmsweise einmal den von der deutschen Besatzungsmacht verwendeten Namen für Kaunas.

stige Hausgenossen verklagten sie. Nachts gab es Haussuchungen, man beorderte sie zu Verhören auf die Polizei. Da sie sehr gut deutsch sprach und sie die Rolle der zu Unrecht Angeschuldigten glaubhaft spielte, ließ man sie wieder frei, nachdem sie schriftlich erklären mußte, daß sie sich künftig von jeder antideutschen Aktivität, vor allem von jeder Beziehung zu den Juden fernhalten würde. Sie unterschrieb und pflegte ihre verbotenen Beziehungen unerschrocken weiter. Wenn ich zu ihr kam, hörten wir zusammen die ausländischen Sender. Damals ging die deutsche Wehrmacht noch im Sturmschritt vorwärts. Aber wir ließen uns den Glauben nicht nehmen, daß es ein Ende haben würde mit diesen Siegen, diesen unermüdlichen Verbrechen an anderen Völkern, der Überheblichkeit, Grausamkeit, Bestialität.

# Zweites Heft

Noch nie war der Herbst so kalt, so dunkel, so trostlos gewesen wie in diesem Jahr. Wir verrichteten mechanisch unsere Tagesarbeit. In Gretchens Dienststelle ahnte keiner, was das junge Kind mit sich trug. Ihr Verhalten, ihre Gesten waren ebenso verschwiegen wie ihr Mund. Ich sah die Zeichen, die das Leid auf ihr junges Gesicht setzte, wie sie mit jedem Tag blasser wurde. Ich wartete täglich mit Ungeduld auf ihr Kommen nach dem Dienst. War sie einmal nicht ganz pünktlich, lief ich auf die Straße, ihr entgegen. Entsetzliche Befürchtungen schnürten mir die Kehle. Dieselben Ängste überfielen sie, wenn ich einmal nicht ganz pünktlich zu Hause war. Diese Sorge umeinander, die immerwährende Furcht, daß wir auseinandergerissen werden könnten, verließ uns keine Stunde. Sie blieb. Sie hielt uns ständig in Atem, bestimmte unser Denken und Tun.

So glaubten wir, daß es für Grete besser wäre, statt in einem privaten Übersetzungsbüro lieber in einer öffentlichen Dienststelle zu arbeiten. Ich vertraute mich einem der Generalräte an, von dem ich wußte, daß er trotz seiner hohen Stellung ein leidenschaftlicher Feind der Nazis war.[1] Er nahm Grete als Privatsekretärin in seine Behörde auf und versprach, sie unter seinen besonderen Schutz zu stellen.

Ein paar Tage waren wir beruhigt, aber da fingen ihre

1 Das im August 1941 gegründete Kollegium der Generalräte war das oberste Organ der litauischen »Selbstverwaltung« während der deutschen Besetzung. Vorsitzender war Petras Kubiliunas. Der Generalrat, dem sich Helene Holzman anvertraute, war Vladas Jurgutis.

Kollegen zu tuscheln an. Sie fragten herausfordernd, wer und wo ihr Vater sei. »Etwa im Ghetto?« rätselte ein platinblondes, impertinentes Fräulein, und der Übersetzer Bukauskas erging sich in allgemeinen Antisemitismen. Der Generalrat, der in der letzten Zeit ständig in schwerem Alkoholrausch stand, hatte das Geheimnis verraten.

Nach einer Woche kam Gretchen noch bleicher als sonst nach Hause. »Es ist aus mit uns. Alle wissen über mich Bescheid. Alle sprechen darüber. Der Generalrat will mit dir sprechen.« Sie war so erregt, so schwach, daß sie nicht essen konnte. Wir ließen unsere Suppe stehen und suchten den Generalrat in seiner Privatwohnung [auf], die sich im Hause seiner Behörde befand. Er zog uns in seine Stube.

»Es steht schlecht mit euch. Die Polizei sucht euch. Ihr könnt hier nicht bleiben, ihr müßt fliehen. Bleibt vorläufig bei mir, hier wird euch niemand suchen.« Der Rat schrieb einen Brief an seine Geschwister, die im Memelgebiet[2] in einem einsamen Walde ein Gut hätten. Dort sollten wir uns versteckt halten. Seine Geschwister seien einfache Bauern. Aber, sagte er gleich, sie würden uns nur gegen gute Bezahlung aufnehmen. Ich sagte ihm, daß ich kein Geld hätte, nur die goldene Uhr meines Mannes und einige Schmuckgegenstände. Ich solle ihm alles bringen, er werde uns dafür Geld schicken. Wir blieben die Nacht bei ihm, lagen angekleidet zusammen auf dem großen Bett,

2 Der nördlich der Memel (russisch: Njemen – litauisch: Nemunas) und des Rus gelegene Teil Ostpreußens kam mit der größten Stadt Memel (litauisch: Klaipeda) nach dem Ersten Weltkrieg unter französische Mandatsverwaltung und wurde 1923 von Litauen annektiert. Im März 1939 erzwang das Deutsche Reich die Rückgabe. Nach dem Zweiten Weltkrieg wurde das Memelgebiet der Litauischen Sowjetrepublik angegliedert und gehört heute zu Litauen.

und Gretchen schlief an meiner Seite sofort ihren tiefen Kinderschlaf. Der Rat schlummerte auf dem Lehnstuhl.

In der Nacht stand er leise auf, schlüsselte an einem Schränkchen. Gretchen schreckte auf. Vielleicht will er uns vergiften, damit wir von unserer Qual befreit werden? Aber nein, im Schränkchen standen verschiedene Flaschen, Cognac, Rum. Er trank, trank und trank wieder. Er bot jedesmal auch mir an. Ich begoß mit meinem Gläschen unbemerkt den verkümmerten Blumentopf auf dem Schreibtisch. Er erzählte von seinem Leben, wie er früher Priester gewesen sei und später geheiratet habe. Und dann beschrieb er alle Einzelheiten der Bestialitäten der Deutschen, wie sie die Juden in den Provinzstädten umgebracht haben. Dabei sah er immer wieder auf das schlafende Gretchen. »Dies Kind soll leben!« Schließlich war er ganz verwirrt, fragte wiederholt, welche Sprache ich eigentlich spräche, sprach englisch mit mir und wiederholte: »Dies Kind soll leben!« Er hing ihr ein Amulett an silbernem Kettchen um und mahnte, wenn sie gerettet werde, katholisch zu werden.

Am Morgen schlief er auf seinem Lehnstuhl ein. Ich lief nach Hause, holte die besprochenen Wertsachen. Als ich zurückkam, traf ich schon die Angestellten des Generalrats, die sorglos und ausgeschlafen in den Dienst kamen. Wir besprachen die Einzelheiten der Flucht. Der Rat telefonierte mit dem Direktor des Lebensmitteltrusts. Am nächsten Tage sollte uns ein Lastauto mit nach Krottingen nehmen. Er gab uns eine Fahrbescheinigung, daß wir »dienstlich« nach Krottingen reisen müßten. Von dort müßten wir uns selbst weitere Fahrgelegenheit suchen.

Wieder rüsteten wir zur Flucht. Unsere Köfferchen standen noch von früher gepackt. Aber in der hellen Mittagsstunde erschien mir auf einmal alles in anderem Lichte.

Vielleicht hat der Rat in seinem Rausche alles schwärzer gesehen, als es ist. Und wozu fliehen? Was sollen wir den langen Winter bei den fremden Bauern? Womöglich wollen sie uns gar nicht aufnehmen. Und schon waren wir beide entschlossen, hier zu bleiben. Wir waren jetzt ganz ruhig. Die blasse Novembersonne beleuchtete für kurze Zeit die Küche. Wir hatten seit gestern früh nichts gegessen. Wir machten Feuer im Herd, wärmten unsere Suppe und aßen. Der vergangene Tag erschien wie ein böser Spuk. Wir waren zu schwach zur Flucht, aber von einem unbegreiflichen Irgendwoher kam uns auf einmal tiefer Trost und Ruhe.

Am andern Morgen ging ich allein zum Rat, erklärte ihm unseren Entschluß, erbat die Wertsachen zurück. Er war diesmal nüchtern, und auch ihm erschien jetzt die geplante Flucht zu phantastisch, so daß er zufrieden war mit unserem Entschluß. Aber Gretchen solle nicht mehr in den Dienst kommen. Er fürchte die bösen Zungen der Mitarbeiter. Aus meinem Schmuck habe er sich erlaubt, ein Stück zu nehmen, um es einer Schauspielerin zu schenken, der Frau eines Angestellten. »Als Schweigegeld«, erklärte er. Es war eine Brosche, die ich gern getragen hatte, eine kleine Blume aus Gold und Perlen, ein altmodisches Erbstück aus der Familie meines Mannes. Wenn wir in Gefahr seien, könnten wir jederzeit auf ein paar Tage zu ihm kommen, wenn nötig, auch später noch zu seinen Verwandten fahren. Einige Zeit später wurde er seines Amtes entsetzt, verhaftet und in ein Konzentrationslager nach Deutschland verschleppt. Man hat nicht wieder von ihm gehört.

Ein Angestellter des Staatsverlages war schon einige Male bei mir gewesen. Man brauchte dort dringend einen erfahrenen Buchhändler zum Ordnen der großen Antiquariatslager. Ich hatte anfangs abgelehnt, ließ mich nun aber doch bereden, eine solche Arbeit zu übernehmen. Es bedurfte nur der Zustimmung des deutschen Treuhänders, des Verfassers eines fürchterlichen Romans, der hier gedruckt worden war und in jedem Kiosk und Papierladen vertrieben wurde. Herr Herbert Eisentraut, ein sauber genähtes Hakenkreuz am Arm, begrüßte mich herablassend. Sprechen Sie deutsch? Die übliche erste Frage, die ich schon von der Gestapo so gut kannte. So, so, mein Mann sei Jude gewesen. Da müsse er erst im Generalkommissariat anfragen, ob man mich für vertrauenswürdig halte. Die Antwort kam schnell, ein glatte Absage.

Die Sorge um unsere Freunde im Ghetto war unsere Hauptbeschäftigung. In den Brigaden trafen wir viele Bekannte von früher und machten neue Bekanntschaften. Viele baten uns, für sie Besorgungen in der Stadt zu machen oder litauische Familien aufzusuchen, bei denen sie ihre Sachen versteckt hielten.

Bei der Ausführung solcher Aufträge erlebten wir oft unangenehme Überraschungen. Manche behaupteten, niemals Sachen erhalten zu haben, andere, daß man sie ihnen weggestohlen hätte oder auf die offizielle Aufforderung der Deutschen abgegeben hätte. Es kam vor, daß man drohte, uns als Judenfreunde anzuzeigen, wenn wir uns nicht schleunigst entfernten. Viele, mit denen die Juden früher die freundschaftlichsten Beziehungen unterhalten hatten, hielten es jetzt für ihr moralisches Recht, die Ausgestoßenen auch noch um ihr Letztes zu berauben. Der Schwarze Markt war voll solcher gestohlenen Kleidungsstücke, Hausrat und Schmucksachen.

Zum Glück gab es auch solche, die das anvertraute Gut treulich bewahrt hatten und sich bemühten, zu helfen, wo sie nur konnten. Sie übergaben uns Speck, Mehl und Brot und gingen selber in die Brigaden. Es kam vor, daß man uns anfangs mißtraute und für deutsche Provokateure hielt. Offizielle Aufrufe verboten immer wieder aufs strengste jeden Verkehr mit den Juden. Alle Sachen von Juden, auch die käuflich erworbenen, mußten polizeilich angemeldet werden und wurden durch Haussuchungen beschlagnahmt. Mißgünstige Nachbarn verklagten einander. Die Habgier der litauischen Bevölkerung war nicht geringer als die der deutschen offiziellen Stellen. Diese Räuber bestahlen und mißtrauten sich gegenseitig. Viele Haussuchungen im Ghetto hatten dort alles genommen, was ihnen wertvoll schien.

Ganze Waggons mit Kleidungsstücken, vor allem Männeranzüge, gingen nach Deutschland. Die Juden mußten die ihnen weggenommenen Sachen selber in der Entlausungsanstalt desinfizieren, reinigen und in den Werkstätten ausbessern. Ebenso wurden alle Kleidungsstücke behandelt, die von den Gemordeten geblieben waren. Mütter bekamen die Kleider ihrer Kinder in die Hände, die sie für die Mörder herrichten mußten.

Die Angestellten der Zivilverwaltung hatten die zweifelhafte Vergünstigung, Pelzwerk und Anzüge zu billigen Preisen kaufen zu können. Manche dieser feinen Damen kauften sich mehrere elegante Pelze und schämten sich nicht im geringsten, damit auf der Laisves Allee spazierenzugehen. Ich hörte einmal, wie deutsche Frauen, die nicht das Glück hatten, Angestellte der Verwaltung zu sein, diese um die zweifelhafte Vergünstigung schwer beneideten und gar kein Verständnis für das Niederträchtige dieser Räubereien hatten. In ihrem Siegerrausch beanspruchten sie das moralische Recht für jede Schurkerei.

Jordan hatte eine besondere Brigade, die zu seinen Diensten stand und für seine persönlichen Zwecke gründlich ausgenutzt wurde. Es war bekannt, daß er sich Wertgegenstände, Uhren, Edelmetalle und Brillanten beiseite gebracht hatte. Er ließ sich in den Ghettowerkstätten viele neue Anzüge aus den besten englischen Stoffen nähen, Dutzende von Oberhemden und Pyjamas. Auch die andern Bonzen, besonders der Stadtkommandant Cramer[3], ließen die jüdischen Handwerker in ihr Haus rufen, ließen sich dort Maß nehmen, kamen auch gelegentlich mit ihren eleganten Autos ins Ghetto gefahren, um anzuprobieren, und ihre Frauen bestellten sich dort ihre Kleider und Hüte, denn die jüdischen Pelzmacherinnen und Schneiderinnen waren wegen ihrer Geschicklichkeit und ihres guten Geschmacks sehr beliebt. Manchmal ließ sich so eine Dame herbei, der Jüdin, die ihr häufig an Bildung, Kultur und Geschmack weit überlegen war, für ihre Dienste ein Brot oder ein paar Äpfel für ihre Kinder zu schenken, die ihnen dann oft am Tor wieder von der Wache abgenommen wurden.

Außer diesen kümmerlichen Almosen nie ein Zeichen fraulichen Mitgefühls, nie ein ernster Versuch, zu lindern, und, was das Schrecklichste, das Unbegreiflichste war, überhaupt kein Gefühl für das Ungeheuerliche der Situation, für die Niedertracht, mit der völlig unschuldige Menschen auf bestialische Weise moralisch und leiblich vernichtet wurden. Sie ließen sich auch Friseusen aus dem Ghetto kommen, ließen sich maniküren und massieren und gingen so zurechtgemacht zu ihren Festlichkeiten, während sie ihre stillen Sklavinnen den weiten Weg ins graue Ghetto zurückschickten. Warum überkommt nicht eine von ihnen das natürliche Gefühl, das sich von Frau zu Frau doch sonst so leicht einstellt?

3 Hans Cramers korrekte Amtsbezeichnung war »Stadtkommissar«.

Noch nie sind Menschenrechte so verspottet, in den Schmutz getreten worden. Man war versucht zu schreien, wenn man den traurigen Trupps der Gelbbesternten auf dem holprigen Pflaster des Fahrdamms auf ihrem mühsamen Heimwege begegnete. Schreien, schreien – es war zu qualvoll, das mit anzusehen. Es war unerträglich. Aber die meisten Passanten hatten sich schon an das Ungeheuerliche gewöhnt. Sie verwendeten keinen Blick, keinen Gedanken an ihre elenden Mitmenschen, die hier vor ihren Augen von bewaffneten Wachtposten wie eine Viehherde durch die Stadt getrieben wurden.

Obwohl die Juden keinerlei Interesse hatten, auf ihren Arbeitsstellen viel zu leisten, waren ihre Überlegenheit als Handwerker, ihre Anstelligkeit bei jeder praktischen Arbeit und ihre Intelligenz im besten Ruf. Man schätzte alle ihre Eigenschaften, beutete sie aus und behandelte sie menschlich schlechter, als jemals in der Welt Menschen behandelt worden sind.

Hinter dem Rathause befanden sich große Lagerräume mit Möbeln und Hausrat, die von der Jordan-Brigade betreut wurden. Ich geriet einmal zufällig dorthin, als ich die Behörde zur Verteilung von Heizmaterial suchte, die ihr Büro in der Nähe hatte. Die Tür stand offen, und im ersten Augenblick verstand ich nicht, was diese großen Reihen von frisch aufpolierten Büffets, Schränken, Sofas, Betten bedeuteten. Hohe Wandspiegel, Tische und Bücherregale, alles in gutem Zustande, aber doch gebraucht. Ich sah mich um. Da lagen auf einer Matratze Berge von Vorhängen und Gardinen, alles sauber zusammengelegt, und in den Küchenschränken stand Geschirr. Service aus schönem Porzellan, Weingläser, Kannen und Vasen. Was bedeutete nur dieses große Lager schönen Hausrats?

Aus [dem] Nebenraum hörte ich sprechen und sah durch die halboffene Tür einen hohen Parteimann, einen Goldfasan, und mit ihm eine junge Dame. Sie suchten sich anscheinend ihre Aussteuer aus. Ein weiterer Deutscher in Uniform machte sich die entsprechenden Notizen. Ich zog mich unbemerkt zurück. Beim Hinausgehen sahen wir besternte Männer und Frauen auf dem Hof, die unsere Vermutung über das unerwartete Warenlager bestätigten.

Ein halbes Jahr später wurde Jordan, der die Juden für die kleinsten Vergehen mit eigener Hand peitschte, viele Hinrichtungen veranlaßt hat und sich dabei persönlich von ihnen wie ein Pascha bedienen ließ, plötzlich seines Amtes entsetzt und ins Heer eingezogen. Man sagte, daß seine hochstaplerischen Räubereien das Mißfallen der Parteigenossen erregt hätten und die militärische Einziehung eine Art Strafversetzung bedeutete. Wieder einige Monate später stand seine Todesanzeige in der Zeitung. Er war in Rußland gefallen. Schade, sagten die Litauer, dieser Schuft hätte besser am Galgen geendet.

Als wir aus dem Hof heraustraten, sahen wir ein junges jüdisches Mädchen, etwas Schweres schleppend, sich eilig an der Seite des Rathausplatzes entlangdrücken. Plötzlich ging ihr Bündel auf, und Kartoffeln und Möhren sprangen uns vor die Füße auf das Pflaster. Wir halfen ihr in aller Hast, aufzuraffen, ängstliche Blicke nach allen Seiten werfend. Was für eine entsetzliche Zeit, dachten wir: Hier stapelt man ihren gestohlenen Besitz, und wenn man ihnen ein paar Kartoffeln aufliest, muß man die schwersten Strafen befürchten.

Wir waren nun beide ohne Anstellung. Wir machten litauisch-deutsche Übersetzungen. Ich gab deutsche Stunden. Abends lernten wir zusammen Französisch, Daudet, Maupassant.

Aber wir waren beide so kraftlos, so erschöpft, daß wir oft um sechs Uhr zusammen auf dem Sofa einschliefen – schliefen, schliefen und dann ins Bett gingen und weiterschliefen.

Seitdem Gretchen keinen Dienst mehr hatte, war sie noch bedrückter als vorher. Ich meldete sie in einem Gymnastikkurs an. Sie ging nur einmal hin. Es war ihr unmöglich, mit den gedankenlos unbeschwerten Mädchen zusammenzusein. Nur bei Ludmilla und den beiden Nataschas fühlten wir uns gut, und je mehr wir sie kennenlernten, desto lieber hatten wir sie. Sie waren alle drei so arm, daß ihnen das Nötigste an Kleidern, an Wäsche und Hausrat fehlte. Aber sie selber merkten diesen Mangel kaum. Sie dachten nur daran, andern zu helfen. Sie sorgten für ihre jüdischen Freunde, und es gelang ihnen immer, mit den russischen Gefangenen in Verbindung zu kommen. Wir nannten sie »die Engel« und wärmten uns an ihrer Güte und Selbstlosigkeit.

Wir lernten zum ersten Mal die verdunkelten Straßen kennen, an die man sich in Deutschland schon seit Jahren gewöhnt hatte.[4] Uns waren sie nur recht. Je dunkler es war, desto sicherer fühlten wir uns. Die dunstige Finsternis war schwer wie Wasser. Sie hüllte uns ein, und wir waren darin geborgen. Auch die Juden nutzten diesen Schutz. Die Wachtposten bemerkten nicht, wenn sie abends, anstatt mit ihren Brigaden heimzukehren, ihren Stern ablösten und bei irgendwelchen Freunden über Nacht blieben. Wenn es doch nie wieder hell würde, sagte Gretchen oft. Wir fürchteten uns vor dem Sommer, seinem Licht und den Erinnerungen an den vergangenen. Soll es immer kalt und dunkel

4 Während des Krieges wurde die obligatorische Verdunkelung der Städte zum Schutz vor Bombenangriffen scharf überwacht. Die Straßenbeleuchtung war abgeschaltet, die Fenster der Häuser mit lichtundurchlässigen Verdunkelungsvorhängen versehen.

bleiben, ein grauer Tag sich an den andern hängen und nichts an unser Weh rühren.

Ich lag nachts nicht mehr wach, mit gespannten Sinnen auf jedes Geräusch horchend, malte mir nicht mehr aus, daß sie polternd hereinkommen würden und uns abführen. Die Sinne waren ermüdet, immer wieder dieselben dunklen Pfade zu verfolgen. Ich schlief wie Blei, gleichgültig gegen alles, was war und sein würde. Und gerade in dieser Zeit kamen sie.

Nachts um eins hörte ich, wie unten die Haustür geschlagen wurde, wie der Wirt aufmachte, wie unten laut gesprochen wurde. Ich sprang auf, zog mich im Dunklen an. Da kamen sie schon herauf und trommelten gegen die Tür. Keine Gestapisten – ein litauischer Polizist, kantig und schwer wie ein Balken, und einer in Zivil. Wer ich wäre, welcher Nation, welcher Religion, wo mein Mann wäre, meine Tochter. Sie kamen in die Stube. Gretchen lag im Bett und rührte sich nicht. Sie verlangten meine Papiere, Paß, Taufschein. Sie öffneten die Tischladen, den Schrank. Der Zivilist schrieb umständlich und langsam: Mann Jude, Tochter Kommunistin. Nach der Kleinen, die da lag und schlief, guckten sie gar nicht. Fragten weiter kreuz und quer, schrieben, schrieben, standen auf und gingen fort.

Was bedeutet das? Der Hauswirt gestand, daß schon mehrmals am Tage Kriminalisten bei ihm gewesen seien. Immer wieder dieselben Fragen. Warum mitternachts? Wir verstanden es nicht, aber ich war nicht aufgeregt. Gretchen lag zur Wand gekehrt. Sie schlief nicht und hatte jedes Wort mit angehört.

Einmal kam eine Frau zu uns. Ob ich die Mutter der Marie Holzman sei. Ich bat sie in die Stube. Sie sei so erregt, ob ich nicht eine Zigarette hätte. Dann fing sie an zu sprechen. Sie war mit Marie zusammen im Gefängnis gewesen. Sie saß dort, weil sie ihren deutschen Mann verlassen hatte und einem Juden nach Kaunas gefolgt war, mit dem sie sehr glücklich gelebt hatte. Sie hatte im Gefängnis eine Zelle neben Marie. Bei den täglichen Ausgängen hätten sie sich schnell angefreundet. Sie hätten sich gegenseitig alles Leid anvertraut und sich von Zelle zu Zelle Briefchen geschrieben.

Am 28. Oktober wurden sie beide zusammen in eine besondere Zelle gesperrt, dazu noch eine jüdische Frau. Sie ahnten nichts Gutes. Die Wächterin hatte zu ihnen gesagt: »Ihr Armen, ich kann euch doch nicht helfen.« Sie schliefen nicht, versuchten sich gegenseitig zu beruhigen. Am Morgen holte man sie auf den Hof. Dort waren schon viele, hauptsächlich Juden, versammelt. Alle verstanden, daß das ihr letzter Gang sein wird.

Da erkannte die Erzählerin den Dolmetscher, der zwischen den Deutschen und Litauern vermittelte, als einen guten Bekannten. Er setzte sich bei den anwesenden Gestapisten für sie ein, und man brachte sie in ihre Gefängniszelle zurück. Für Marie habe er nichts tun können. »Grüßen Sie meine Mutter und meine kleine Schwester, ich liebe sie so sehr.«[5]

Sie sei nach einer weiteren Woche entlassen worden und fahre jetzt nach Deutschland zurück. Sie habe sich erst jetzt zu dem schweren Gang zu mir entschließen können.

Das Leben war eine unerträgliche Qual. Wir weinten tagelang, nächtelang bitterlich. Es gab keinen Trost, keine Linderung. Nur der Tod kann unseren Schmerz stillen. Ich wurde krank, bekam hohes Fieber. Ich kämpfte mit sich immer wie-

5 An diesem 28. Oktober 1941 fand im Kaunaer Ghetto die S. 92f. beschriebene Selektion, die sogenannte »Große Aktion«, statt.

derholenden schrecklichen Phantasien. Immer wenn das Fieber stieg, wurde mir wohl – noch, noch, noch stärker, und mir wird ganz wohl sein. Aber es stieg nicht mehr. Das Fieber sank, und ich sank in eine jämmerliche Mattigkeit, ein schales Übelbefinden. Die Bettdecke lastete wie Blei auf mir, und jede Falte störte, quälte.

Einmal träumte ich von einer dunklen Quelle in einer Grotte, die sprudelnd über Steine rauschte. Ich beugte mich tief herunter und suchte einen Schuh. Den einen hatte ich bei mir, aber den zweiten, den konnte ich nicht finden. Die Wellen haben ihn weggeschwemmt, dachte ich. Ich bückte mich noch mehr und war auf einmal in einem tiefen Graben, wie ein Schützengraben, und zu beiden Seiten lagen geschichtete Menschen. Ohne Ende tote Menschen. Ich wachte auf, und sofort kam mir die düstere Bedeutung. Ich war so erschüttert, daß ich mich lange Zeit hütete, mich auf dieselbe Seite zu legen wie damals, damit ich nicht noch einmal dasselbe träumte.

Die Toten begegneten mir oft im Traume, und dieses Traumleben durchdrang auch die Tage. Ich lernte begreifen, daß in den Menschen der Glaube an eine Wiedervereinigung nach dem Tode erwachen konnte. Ein paar Tage oder ein paar Jahre, dann wird die Qual ein Ende haben.

Dann stand ich wieder auf, ging herum wie ein Gespenst und sah, daß Gretchen noch bleicher geworden war und blaue Ränder um ihre Augen lagen. Eine bakteriologische Untersuchung zeigte, daß sie sehr blutarm war. Sie nahm Eisen, aber es wurde nicht besser. Der Arzt verschrieb Milch, Butter und Grieß. Ich ging mit dem Rezept zur Kassenverwaltung, um es bestätigen zu lassen. Milch und Butter wurden gestrichen. So viel sei nicht da, daß man Blutarmen das gäbe, es sei nur für Tuberkulöse. Viermal ein Viertel Kilogramm Grieß wurden genehmigt.

Gretchen, meine Kleine, du wirst jetzt siebzehn Jahre alt. »Das Kind soll leben«, hatte der alte Rat gesagt, und ich gelobte mir, ihr mehr zu helfen, besser für sie zu sorgen, sie vorsichtig zu führen, bis einmal eine neue Zeit kommen wird. Wir zweifelten nicht, daß sie kommen wird. Wir ließen uns durch das herrliche Auftreten der Eroberer nicht blenden. Gerade dieses selbstherrliche Auftreten war verdächtig. Ich sah auf der Straße in die rohen Gesichter der Braunen und fand, daß etwas Weichliches, Unfähiges darin lag. Ihr brutaler Schritt in den schweren Stiefeln verdeckte ihre Schlappheit. Die starken Nacken waren unbeweglich, der feste Blick unsicher. Fast alle sind Trinker. Wir fürchteten uns vor ihrem bösen Fanatismus. »Mörder«, dachte ich jedesmal, wenn ich an ihnen vorbeiging.

Das Jahr ging zu Ende. Wir hatten Edwin und Lyda ein Weihnachtspaket mit guten Sachen ins Ghetto geschickt, dazu vier dicke rote Kerzen. »Der dunkelste Tag ist überstanden, verzagt nicht, hofft auf das neue Jahr, haltet durch.«

In den ersten Januartagen kam eines Abends zu uns ein Angestellter vom Generalrat mit einem Kameraden, den er als Vizedirektor der Metallfabrik »Neris« vorstellte. In der Fabrik brauche man eine Stenotypistin und Übersetzerin, und man wolle »Margarita« dafür anstellen. Man wisse, welche Schwierigkeiten in diesem Falle bestünden, aber man werde sie überwinden. Direktor und Vizedirektor würden sie nach ihren Kräften schützen.

Am nächsten Tag trat Grete die Stellung an und blieb dort, solange die Deutschen da waren – zweieinhalb Jahre. Die für alle Angestellten geforderte Erklärung der vollen Arischkeit warf der Direktor einfach in den Papierkorb und schwieg auch bis zuletzt gegenüber den andern Angestellten. Sie war nun täglich acht bis neun Stunden in dem kleinen Holzkontor, das vor den Fabrikhallen auf dem weitläufigen Hof stand. Die Mitarbeiter waren kleinbürgerliche Leute und deshalb natürlich auch Antisemiten. Die Kleine litt, aber sie ließ sich nichts anmerken. Zweieinhalb Jahre hielt sie dort aus.

Es war in den letzten Dezembertagen wieder sehr kalt geworden. Die Fron kam die Juden noch härter an als in der Regenzeit. Edwin schrieb, daß er seine Füße erfroren habe. Wir schickten ihm wollene Strümpfe, und der litauische zarte Poet Benediktas Rutkunas, der uns treulich half, die gemeinsamen Freunde zu unterstützen, brachte ein paar derbe Schuhe, die er auf dem Markt gekauft hatte. Wir trafen in letzter Zeit öfter Lydas Bruder in der Stadt und hatten durch ihn eine ständige Verbindung ins Ghetto. Wir schrieben uns kleine Briefe, so innig, so zärtlich, wie man sich nur in Zeiten des Elends schreibt, wo man die Scheu verliert, mit der man sonst seine Zuneigung verbirgt. Wir sammelten und sparten die ganze Woche und teilten brüderlich, was wir hatten.

Zu Weihnachten kam Nataschoks Schwester, Frau Lyda Golubova, mit einem Schlitten von ihrem Gute aus Kulautuva. Sie brachte große runde Landbrote, weiße Käse und einen großen Korb mit Äpfeln. Bei den Engeln wurden in der Küche Berge von Butterbroten bereitet und in einen zweiten Korb gepackt. Dann gingen die beiden Schwestern schwer beladen unverzüglich zum russischen Gefangenenlager in der Maironis-Straße.

Dort war nicht nur der Eintritt streng verboten, man durfte nicht einmal auf der Straßenseite des Lagers gehen. Die Torwache war so erstaunt über die Dreistigkeit, mit der die beiden Frauen Einlaß begehrten, daß er sie nicht wegtrieb, sondern den ungewöhnlichen Fall einem Offizier meldete, der herbeikam, um selbst mit ihnen zu sprechen. Ein Dolmetscher vermittelte ihm, daß sie hier Butterbrote und Äpfel als Weihnachtsgabe für die Gefangenen brächten und bäten, zur Feier des Heiligen Festes der Liebe eine Ausnahme zu machen und ihre Gaben anzunehmen.

Der Offizier ließ sich rühren, rief einige Gefangene herbei, die die Gaben in Empfang nahmen. Sie waren glücklich über das unerwartete Geschenk und zu Tränen bewegt, mit den Frauen ein paar russische Worte wechseln zu können. Schließlich wollten sich die Geberinnen auch dem Offizier dankbar zeigen. Aber der lehnte Äpfel und Zigaretten ab und ließ auch das ihm Angebotene an die Gefangenen verteilen, und ebenso verhielt sich die Torwache.

Die Schwestern waren so erfreut über das unerwartete Gelingen ihres ungewöhnlichen Unternehmens und über das menschliche Verhalten der Gefangenenwächter, daß sie nach Hause eilten, um einen weiteren Korb mit Äpfeln zu holen, den sie in das deutsche Lazarett brachten.

Wieder Erstaunen, daß Frauen, die kaum ein paar Worte deutsch sprachen, den Soldaten Weihnachtsgaben brachten. Man ließ sie von Bett zu Bett zu gehen, um sie selbst zu verteilen. Da kam zufällig derselbe deutsche Offizier, der den Besuch bei den russischen Gefangenen erlaubt hatte, in das Lazarett. Er traf hier die Wohltäterinnen, die ihre Liebesgaben so ohne Unterschied der Nation verteilten. Er war tief gerührt und schüttelte ihnen mit großer Herzlichkeit die Hände, um auszudrücken, was die Sprache hier versagte.

Bald nach Weihnachten bekamen die Engel einen neuen Gast. Der Bruder unserer Lyda war mit seiner Frau und ihrer Freundin aus dem Ghetto geflohen. Die Flucht war lange sorgfältig vorbereitet. Sie hatten sich von einem geschickten Graphiker ihre Pässe im Ghetto fälschen lassen und kamen nun mit neuen Namen als Katholiken, [der] »erlaubten« Religion. Sie hatten ihr Joch abgeworfen, um ein gefährliches, abenteuerliches Leben zu riskieren.

Bruder Paul, den zu viele in Kaunas kannten, wollte nach Wilna gehen. Seine Frau hieß nun Gabrielle, war in eine Französin verwandelt, die einen Litauer geheiratet hat, und wollte eine Stellung als Hauslehrerin annehmen. Regina, die eine frühere Arbeitskollegin von Pawlascha gewesen war, sollte bei den Engeln bleiben. Wie man das arrangieren würde, davon hatte man noch keine rechte Vorstellung, aber man war entschlossen, es zu wagen. Wir hatten schon vorher öfter bei den Engeln Juden getroffen, die auf ein paar Stunden ihrer Arbeitsfron entflohen waren und sich bei den liebevollen sanften Frauen ausruhten. Darum erschien es uns nicht ungewöhnlich, als wir eines Tages dort Regina am Ofen sitzend fanden. Wir alle hätten uns damals allerdings nicht vorstellen können, daß sie zweieinhalb Jahre dort sitzen würde, ehe die Stunde der Befreiung kam.

Der große Schritt war getan. Die Flammen des offenen Ofens beleuchteten ihr herbes Gesicht, und sogleich wurde die brennende Frage, die jedesmal die erste war, gestellt: Sieht sie sehr jüdisch aus? Wird man sie gleich erkennen? »Durchaus nicht, ich habe es bis jetzt nicht einmal gewußt. Ich habe gedacht, Sie seien Russin.«

Aber Regina ist eine auffallende Erscheinung. Sie ist, so weit es nur möglich ist, vom Mondänen entfernt. Sie sieht aus wie eine Michelangelosche Sybille, frauenhaft und männlich zugleich, und sie unterscheidet sich so von den Dämchen, die wie dutzendweise aus dem Konfektionshaus kommend einander gleichen. Keine Verkleidung, kein bäuerliches Kopftüchlein wird sie davor schützen, daß man sie auf der Straße erkennt. Die Engel strahlen vor Güte, Hingabe, Opferbereitschaft. Das Häuschen ist Nataschas, aber jenseits der dünnen Stubenwand grenzt das Besitztum ihrer Schwester[6] [an], die dort mit Mann und Kindern wohnt und solchen Experimenten ganz abhold ist. »Mit Liebe kann man alles überwinden«, sagt Natascha mit solchem Ernst, daß dieses Wort nicht, wie bei andern, banal wirkt.

Erste Sorge: wie verschafft man ihr eine Lebensmittelkarte? Nicht wegen der kümmerlichen Rationen, sondern als Ausweis für Wohnberechtigung. Irgendein guter Bekannter hat einen guten Bekannten, der in der Kartenausgabe arbeitet, dem man aber nicht verraten kann, für wen man die Karte braucht. Es dauert Wochen, ehe es gelingt, eine zu bekommen. Jetzt kann man sie getrost polizeilich anmelden.

Bald kommen neue Sorgen, der Arbeitszwang. Jeder Mensch muß sich auf dem Arbeitsamt melden. Wer keine Arbeit hat, wird nach dem Reich verschickt. Es gelingt Natascha, Regina als Lehrling ihrer Schneiderei anzumelden. Ein andermal muß man persönlich auf irgendeinem Amt erscheinen. Wieder neue Finten. Ein ärztlicher Krankenschein wird beschafft, der das Fernbleiben entschuldigt. Dann kamen polizeiliche und arbeitsamtliche Hauskontrollen, und jedesmal zitterten wir und bangten. Allmählich bekamen wir Erfahrung. Regina war nur ein Fall unter vielen, und ein verschworener kleiner Kreis beriet und half sich gegenseitig.

In Ludmillas Zimmer saß eines Tages ein etwa sechsjähriges Mädchen mit langen hellbraunen Haaren, einem kecken, spitzen Näschen und dunklen Augen. Es sprach russisch,

6 Olga Fugalevičiute.

aber man fühlte einen fremden Akzent. Ich sprach es litauisch an – es antwortete nur holprig. Deutsch, das ging wie geschmiert. Aber auf: Wer bist du? Wie heißt du? Woher kommst du? hatte es keine Antwort.

Ich kam gleich auf die richtige Fährte, hatte sie doch Ähnlichkeit mit meiner Lyda. Das ist das Kind ihres Bruders. Die kleine Rosian heißt erst seit heute Ira. Die tapfere Bronia hat sie durch den Stacheldrahtzaun bugsiert, und jetzt ist sie da, und man weiß noch nicht, wo man sie unterbringen soll. »Das Kind soll leben« – ich übertrug die Worte des alten Rates auf das kleine Wesen vor mir. Das aber wollte gar nichts von der wildfremden Frau wissen, und Regina mit den Engeln mußten ihm lange zureden, bis es mir ihr Händchen gab und mitging.

Vor jedem harmlosen deutschen Soldaten zitterte es und machte ihre rohen Stimmen täuschend nach: »Los, Mensch, vorwärts, schneller, schneller, oder ich geb dir eins in die Fresse.« Klein-Ira sah nicht jüdisch aus und sprach ein reines, schönes Deutsch. Aber merkwürdig, wenn ich mit ihr in ein Geschäft ging, tuschelten die Leute und fragten herausfordernd, seit wann ich eine so kleine Tochter hätte. Nach einer Woche kam Frau Lyda mit dem Schlitten angefahren und nahm das Kind mit sich auf ihr Gut. Bei mir hatte es keinen sicheren Platz.

Den Eltern gelang es nicht so schnell, einen Platz zu finden. Paul war in Wilna sofort als Jude erkannt worden. Es blieb ihm nichts anderes übrig, als vorläufig dort im Ghetto Zuflucht zu suchen. Gabrielle fand auf eine Zeitungsannonce eine Stelle als Hausdame und Erzieherin auf einem größeren Gute in der Provinz. Sie gab dort zwei halbwüchsigen Kindern Musikunterricht, Gymnastik, Deutsch, Französisch, und da sie außerdem den Garten besorgte, nannte man sie allgemein »die schöne Gärtnerin«. Sie spielte ihre

Rolle so frei und überzeugend, daß niemand ahnte, wer sie in Wirklichkeit war. Sie flirtete mit den Nachbarn und den Soldaten, die dort Quartier hatten. Im Herzen aber trug sie ein wildes Verlangen nach ihrem Kinde, nach dem eigenen, natürlichen Leben, und ihre vorsichtig abgefaßten Briefe – man konnte nie wissen, in welche Hände sie fallen – waren ein Gemisch von Abenteuerlust und brennender Sehnsucht.

Lyda und Edwin waren nun noch einsamer zurückgeblieben. Unsere regelmäßige Verbindung mit ihnen war unterbrochen, seitdem Bruder Paul nicht mehr da war. Wir wußten, es geht ihnen schlechter denn je. Die Kontrolle am Ghettotor war schärfer geworden. Jeder war froh, wenn er für sich etwas hineinschmuggeln konnte, und niemand bereit, für unsere Freunde etwas mitzunehmen.

Im Herbst hatte mich einmal vor dem Gefängnis eine blondlockige junge Frau angesprochen: »Erkennen Sie mich nicht? Ich war doch Ihre Schülerin im Deutschen Gymnasium? Emmi Wagner. Meine Familie hat sich von mir losgesagt, weil ich den Lifschitz geheiratet habe. Aber in der Familie meines Mannes wurde ich wie eine Tochter aufgenommen.«

Nun lebte sie ganz allein, aber es verging kaum ein Tag, an dem sie nicht mit ihrem Mann in Verbindung war. Er arbeitete oft in der Stadt. Sie bestach die Brigadenführer und brachte ihm Essen. Oft gelang es ihm, im Abenddunkel seiner Brigade zu entrinnen und bis zum nächsten Tag zu ihr in die Wohnung zu kommen. Sie kannte alle Ghettowachen und die Polizei.

Einmal kam sie zu mir gerannt, ich solle ihr schnell einen Davidstern auf den Mantel nähen, sie wolle mit einer Fuhre Holz ins Ghetto fahren. Sie nahm Kartoffeln, Gemüse, Fett,

Medikamente mit. Die kleinen Wünsche der Schwiegereltern wurden berücksichtigt, Tabak, Stopfgarn eingepackt. Wir trugen alles gemeinsam zum Njemen-Hafen. Dort wartete die Fuhre, und wir verstauten alles in Eile unter das Holz.

Sie blieb tagelang im Ghetto und entschuldigte sich hinterher bei ihrer Dienststelle mit einer unvorhergesehenen Reise in die Provinz. In der Organisation Todt[7], wo sie als Stenotypistin angestellt war, ahnte niemand etwas von dem Doppelleben, das »Fräulein« Emmi führte. Es machte ihr gar nichts aus, hundertmal am Tag Heil Hitler zu sagen und die bösesten Antisemitismen ihrer Kollegen anzuhören, ohne mit der Wimper zu zucken. Aber wenn ich sie gelegentlich in ihrer Dienststelle besuchte, zeigte sie mir mit verschmitztem Lächeln in ihrer Schreibtischlade die Schätze, die sie für die nächste Ghettoreise gesammelt hatte, und erzählte mir im Flüsterton, wie groß die Freude ihres Mannes und ihrer Schwiegereltern gewesen war, als sie sie überraschte.

Sie hatte ein Zimmer ihrer großen Wohnung an einen litauischen Polizisten vermietet, der oft als Ghettowache beordert wurde und der als Mitverschworener zu jedem Dienst bereit war. Er brachte Briefe und Päckchen hin und herüber, und unter seinem Schutz konnte Emmi unerkannt durchs Tor gelangen. Im Ghetto war sie schon bekannt, und alle hatten sie gern. Andere sahen die »Jecke« mit Mißtrauen. Man hielt sie für eine Spionin und warnte den Mann. Sie bedachte jedesmal auch die Nachbarn, brachte ihnen Zigaretten oder den Kindern Äpfel mit.

7 Die 1938 im Zusammenhang mit der Errichtung des Westwalls von dem Ingenieur Fritz Todt (1891–1942) aufgebaute »Organisation Todt« erfüllte während des Krieges wichtige Aufgaben im militärischen Bauwesen.

Einmal wurde sie von einem deutschen Polizisten ertappt, wie sie gerade den Stacheldraht hob, um herauszuschlüpfen. Sie tat ganz dumm. Sie sei aus der Provinz, sie habe sich in der Dunkelheit verlaufen und könne den Weg zur Stadt nicht finden. Ob man ihr glaubte, blieb zweifelhaft. Wahrscheinlich rührte ihre liebliche Erscheinung, und man ließ sie laufen. In manchen Zeiten war sie fast täglich bei uns, übernachtete auch bei uns. Dann kam sie wieder wochenlang überhaupt nicht, meldete sich bei uns an und erschien nicht, und jedesmal hatte ich die größte Angst, daß man sie geschnappt hätte.

Sie war wie eine Besessene. Ununterbrochen arbeiteten ihre Gedanken neue Pläne aus, um die Kluft, die zwischen ihr und ihrem Mann gerissen war, zu überbrücken. Sie ging zu den höchsten Persönlichkeiten, um zu erwirken, daß man mit ihr eine Ausnahme mache und ihn in der Stadt wohnen lasse. Man drohte ihr, für einen Juden zu bitten, sei nicht nur eine Schande für eine deutsche Frau, sondern schwer strafbar. Sie ließ sich nicht einschüchtern. Sie bewertete die Menschen einzig nach ihrer Einstellung zur Judenfrage. Jeder Antisemit war ihr verhaßt, jeder Freund der Juden war auch ihr Freund.

Sie machte immerzu neue Bekanntschaften von Menschen, die sie zu ihrem Werk gebrauchen konnte – eine Nonne, ihr früheres Dienstmädchen, Partisanen, deutsche Soldaten mußten ihr helfen, vor allem auch bei der Beschaffung von Lebensmitteln, die in der Stadt rar und teuer waren. Viele nutzten sie aus, ließen sie ihre Dienste gut bezahlen und verschwanden dann. Sie verkaufte ihren schönen Pelzmantel, und in ihrer Stube sah es bald ganz kahl aus. Ein Stück nach dem andern ging weg. Sie selbst aß oft lange Zeit nichts Warmes, weil sie um die Zeit des dienstlichen Mittagstischs gerade ihren Mann treffen konnte.

Zu Beginn des neuen Jahres fand sie eine Kameradin, die ihr an Hilfsbereitschaft ebenbürtig war und [sie] an Abenteuerlust noch übertraf. Ich kannte Dora Kaplan schon von früher, eine auffallende deutsche Frau, hochblond, schön gewachsen, immer von zwei Hunden und einer Schar Männer umgeben, fast immer Juden.

Ihr Mann gehörte zu den Vielen, die gleich am Anfang des Krieges verschwunden waren. Sie hatte die Hoffnung, ihn wiederzufinden, nicht aufgegeben, und war freiwillig ganz allein ins Ghetto gezogen, um ihn dort zu erwarten. Zu einer formellen Scheidung wollte sie sich nicht verstehen. Sie protestierte ausdrücklich gegen ein solches Ansinnen. Im Ghetto identifizierte sie sich vollständig mit den Juden. Anderseits war sie eine so auffallende, von ihrer Umgebung abstechende Erscheinung, daß sie sofort als Deutsche erkannt wurde. Sie war gegen jedermann hilfsbereit und hatte viele Freunde. Man bewunderte sie, und anderseits mißtraute man ihr noch mehr als der sanften Emmi.

Im Januar traf ich sie in der Stadt. Sie sei im Begriff, das Ghetto zu verlassen. Sie hatte sich von ihrer Mutter aus Königsberg einen vollendeten Ariernachweis schicken lassen und die Erlaubnis erhalten, in die Stadt zu ziehen. Mit Emmi hatte sie sich schon im Ghetto angefreundet. Beide so betont deutsch aussehenden Frauen, die nur für die Juden lebten und sie immer als »unsere Leute« bezeichneten, paßten großartig zueinander.

Emmi half Dolly beim Umzug. Sie mieteten einen Schlitten, zeigten der Torwache einen beliebigen Ausweis, behaupteten, das sei die offizielle Erlaubnis für den Umzug und kamen so zum Staunen der Juden ins Ghetto hineingeklingelt, luden auf und fuhren noch einmal hin und wieder zurück, um Dollys ganze Habe, vor allem das verwöhnte Hundevieh, mitzunehmen.

Dieser Handstreich erregte Aufsehen. Es schien nun ganz klar, daß beide Geschöpfe der Polizei waren. Dolly hatte in einem alten Holzhäuschen ein Hinterstübchen gemietet. Es war kalt und sonnenlos, aber sie erfüllte es mit ihrer sprühenden Lebendigkeit und ihren vielen Sachen. Sie hatte noch eine Menge fremde Sachen mitgebracht, um sie in der Stadt gegen Produkte[8] einzutauschen. Ihr einziger Gedanke war, draußen mehr für die Juden tun zu können als »im Dorfe«. Das war die Vokabel unserer Geheimsprache, so wie die Dorfbewohner von uns nur »Helden« genannt wurden.

Dolly war noch keine zwei Wochen in der Stadt, da sagte mir ihre Wirtin geheimnisvoll: »Ihnen als ihrer Freundin will ich's nur anvertrauen – heute in aller Frühe fuhr ein Polizeiauto vor. Frau Kaplan mußte sich ankleiden und wurde fortgebracht. Den Hund wollte sie durchaus mitnehmen. Man hat es ihr aber nicht erlaubt. Sie hat mir noch aufgetragen, daß Sie zum Major X[9] gehen möchten. Der würde etwas für sie tun können.«

Die Knie wurden mir weich, aber ich glaubte, keinen Augenblick säumen zu dürfen. Ich wußte nicht, wo ich den Major X finden sollte, und rannte erstmal zu Emmi ins Büro, um ihr das Schreckliche mitzuteilen. Als ich atemlos die Treppe heraufgestürzt kam, fand ich Dolly und Emmi strahlend zusammen auf der Bank des Vorzimmers sitzend. Nach enthusiastischer Begrüßung erzählte Dolly, daß sie den Herren der Gestapo sehr gefallen habe, daß man ihr den illegalen Umzug verziehen habe und Rauca »die Frau, die freiwillig ins Ghetto gezogen sei«, näher kennenlernen wolle und sie für den nächsten Tag zu sich eingeladen habe. Darauf

8 Landwirtschaftliche Erzeugnisse, Lebensmittel.
9 Nicht identifiziert.

habe man sie entlassen, nicht ohne sie streng vor jeder Verbindung mit denen jenseits der Vilijabrücke zu warnen.

»Was können sie mir schon machen!« – dieses Lieblingswort von Dolly paßte hier wieder einmal herrlich. Aus ihrer Verbindung mit Rauca machte sie keinen Hehl, und in den nächsten Wochen erzählte sie allen ihren Freunden, daß man ihr unter dem Siegel tiefster Verschwiegenheit angetragen habe, Geheimdienste für die Polizei zu leisten.

Ob diese Beziehungen nicht für meine Geists ausgenützt werden können? Vielleicht konnte sie Rauca nahelegen, daß Edwin Geist in deutschen Musikkreisen einen sehr guten Namen habe, daß seine Werke verschiedentlich aufgeführt worden seien und man ihn für einen der bedeutendsten modernen Komponisten halte.

Erstaunlicherweise bekam Dora keine abschlägige Antwort. Man werde in Berlin über ihn Erkundigungen einziehen. Nach einer Woche wurde Geist in die Gestapo gerufen und gründlich ausgefragt. Man habe die Möglichkeit, ihn als Halbarier eventuell aus dem Ghetto herauszulassen, wenn er sich von seiner Frau scheiden lasse und natürlich jede Verbindung mit ihr abbreche. Er versprach ohne Besinnen alles. Er wollte nur erst frei sein. Er litt mehr als alle unter dem Leben im Ghetto. Er fühlte sich als echter Berliner, dessen jüdischer Vater früh gestorben war und der mit Mutter und Tante in typisch deutschem, gutbürgerlichem Milieu aufgewachsen war, hier völlig verloren. Als echte Künstlernatur fand er nur in produktiven Stunden sein seelisches Gleichgewicht und verlangte mit naivem Egoismus, daß seine Umwelt darauf Rücksicht nimmt. Natürlich hatte man unter diesen Umständen kein Verständnis dafür, trotzdem man ihn gern hatte und fühlte, daß er kein Alltagsmensch war.

Da er zu Spekulationen ganz unfähig war, ging es ihm schlecht. Er lebte mit Frau und »Tante Emma«, einer Schwester von Lydas Mutter, in einer Zimmerhälfte. Die andere bewohnte der Psychiater Prof. Dr. Lazerson mit seiner Familie. Lazerson ging es auch sehr schlecht. Seine früheren Kollegen von der Universität sammelten gelegentlich etwas Geld für ihn. Es war ein Zeichen ihrer Kollegialität, aber zu wenig, um ihm das Leben zu erleichtern.

Weder Geist noch Lazerson konnten Holz kaufen. Sie lebten den ganzen harten Winter im ungeheizten Zimmer. Von den Wänden triefte die Feuchtigkeit, kein Lüften verbesserte die verbrauchte, modrige Luft. Im Vorraum als Küche brannte man sparsam ein paar Späne für's Mittagessen. Es kam vor, daß sie nichts anderes als Kartoffelschalen in Malzkaffee geröstet zu essen hatten. Wir schickten in letzter Zeit unregelmäßig. Es fehlte die alte Verbindung, und manchmal hatten wir selber nichts. Wir konnten wenigstens für warme Kleidung sorgen, schickten Unterwäsche, Strümpfe, Handschuhe, denn für solche Sachen fand sich leichter jemand, der sie mitnahm.

Nach Geists Vorladung erfolgte einige Wochen gar nichts. Ich glaubte nicht, daß etwas herauskommen wird, aber Dolly war ganz überzeugt. »Mit dem Rauca mache ich, was ich will. Er muß sich selbst nur durch einige Formalitäten den Rücken decken.«

Lydas Briefe in jener Zeit waren ergreifend. Sie wollte glühend, daß Edwin freikäme, und anderseits war ihr eigenes Leben undenkbar ohne ihren Mann. Sie war entschlossen, sich zu opfern, und nur darauf bedacht, ihm die Trennung leicht zu machen.

Unterdessen hatten noch einige andere das Ghetto verlassen. Anfang Januar kamen eines Abends zu uns zwei junge

Frauen. Weniger an den Zügen als an der Unsicherheit, mit der sie hereinkamen, erkannten wir sofort, woher sie kamen. Sie brachten Grüße von den alten Zinghausens, die ihnen unsere Adresse gegeben hatten und die sich trotz ihrer Not im Ghetto erstaunlich gut hielten.

Ein Litauerin, Frau Binkis[10], die allein mit ihren Töchtern lebte, hatte sie [die beiden jungen Frauen] vorläufig aufgenommen, und nun bemühten sie sich, falsche Dokumente und einen Platz in der Provinz zu bekommen. Die erste, ach so brennende Frage: Ob sie sehr jüdisch aussähen? Ob man sie sofort erkennen würde?

Im allgemeinen achtet man hier viel mehr auf den Akzent der Sprache als auf die Physiognomie, und in der Beziehung waren sie gut daran. Frau Beba war aus Riga und sprach ein reines, gebildetes Russisch. Frau Sonja hatte ein litauisches Gymnasium besucht, und ihre Aussprache unterschied sich in nichts von der des »echten« Litauers. Ausdruck und Profil verrieten allerdings ihre Rasse, aber ihre vollen blonden Haare und die veilchenblauen Augen verwischten den Eindruck, und wir fanden, daß sie, besonders wenn sie sich, wie heute, mit einem dicken Wolltuch kostümiert, sehr gut als Litauerin passieren kann.

Frau Beba war dunkel, hatte aber nichts typisch Jüdisches. Trotz ihrer Vermummung sah man ihre natürliche Eleganz. Es hätte nicht getaugt, sie als Bäuerin zu verkleiden. Jetzt, wo sie ihr Kopftuch aufgeknüpft hatte, sah sie mit den tragischen, hellgrauen Augen wie eine Grecosche Mater Dolorosa aus.

Das Examen war bestanden. Vorläufig hatten wir ihnen allerdings nichts vorzuschlagen. Wir verabredeten uns für

10 Helene Holzman schreibt den Namen von Sofija Binkiene in deutscher Form.

einen der nächsten Abende. Das nächste Mal kamen sie schon wie alte Freunde, und sie erzählten den ganzen Abend von dem unfaßbaren Unheil, das sie ertragen hatten und aus dem sie sich jetzt retten wollten.

Beide waren jung verheiratet gewesen und hatten jetzt ihre Männer verloren. Sie hatten sich in den Stunden tiefsten Unglücks aneinandergeklammert. Sie stützten und trösteten sich gegenseitig und hatten nun gemeinsam den Sprung gewagt, ohne vorgetastet zu haben, ob sie festen Boden finden werden. Beba erzählt:

*Wir waren erst einige Monate vor Beginn des Krieges von Jonischkis nach Kaunas gekommen, und ich wohnte mit meinem Mann in einem Zimmer im Hotel Noblesse auf der Laisves Allee. Die erste Nacht des Krieges hatten alle Insassen des Hotels gemeinsam im Luftschutzkeller verbracht. In der zweiten war die Haltung der »Arier« bereits so drohend gegen die Juden geworden, daß wir Dienstag früh beschlossen, das Hotel zu verlassen und zu unseren Freunden Wulff-Lurje in der Kestucio-Straße zu gehen. Wir packten jeder ein kleines Köfferchen, nahmen Geld und Wertsachen mit uns.*

*Dort mußten wir die nach der Straße gelegenen Wohnräume bald verlassen, weil ununterbrochen in die Fenster geschossen wurde. Wir glaubten an Straßenkämpfe. Es kam uns damals noch nicht in den Sinn, daß es sich hier um antisemitische Ausschreitungen handelte. Bald wurde auch vom Hof in die Hinterzimmer geschossen. Der Hauswart kam und sagte, daß alle jüdischen Bewohner des Hauses festgenommen seien. Mit Wulff-Lurje, der bei den Litauern sehr angesehen war – er war der einzige jüdische Untersuchungsrichter des Landes –, habe man eine Ausnahme gemacht. Wir lagen die ganze Nacht unter den Fenstern, um uns gegen die Schüsse zu schützen.*

*Am Morgen hörten wir im Radio, daß Juden verboten wurde, ihre Hotelzimmer zu verlassen. Zugleich kam die berühmte Ankündigung »Hundert Juden für einen Deutschen!«. Mir fiel ein, daß ich in einem Koffer ein antifaschistisches Manuskript hatte, und beschloß, ins Hotel zurückzugehen, um es zu vernichten. Mein Mann wollte mich nicht gehen lassen. Ich sehe ihn noch vor mir, wie er in dem kleinen Mädchenzimmer auf einem Lehnstuhl saß und mich lange, lange schweigend ansah. Ich ahnte damals nicht, daß sein Blick zum letzten Mal auf mir ruhte.*

*Auf der Straße wurden Juden einzeln und in Trupps abgeführt. Ich sah, wie man in die Fenster der Juden schoß, dann die Wohnungen stürmte und behauptete, es seien Schüsse von Juden auf deutsche Soldaten abgegeben worden. Um vorzubeugen, daß man mich nach meinem Paß fragt, ging ich an jeden Partisan heran und fragte auf russisch: »Darf ich nach Hause gehen?« – »Gehen Sie nur.« So erreichte ich das Hotel. Ich fragte auch den Posten, der davor stand. In diesem Augenblick kam ein Lastauto mit Bewaffneten vorbei, und ich zuckte zusammen. Das mag der Posten bemerkt haben. Er forderte meinen Ausweis. »Aha, Jüdin, kommen Sie mit!« Ich bat, flehte, bot ihm hohe Summen Geld – er ließ sich nicht erweichen. »Wir müssen erst untersuchen, ob Sie keine Kommunistin sind.« Ich wurde in den Hof des Polizeigebäudes geführt. Dort standen Hunderte von Juden, alle mit den Gesichtern nach der Wand. So standen sie den ganzen Tag, bis zum Abend.*

Beba schwieg, aber meine Gedanken blieben bei diesem schreckensvollen Bild haften. So hat man auch meinen Mann und meine Marie hingestellt. Genauso war auch der Auftakt unseres Trauerspiels. So vernichtete die teuflische Wahnidee des deutschen »Führers«, die der Pöbel mit solcher Lust aufgegriffen hat, in jenem verhängnisvollen Augenblick Tausende von Familien – gute, böse, edle und gewöhnliche, jedenfalls aber absolut unschuldige. Und immer wieder würgt man an der Frage: Wie konnte das nur sein? Das sind Deutsche, unsere eigenen Leute, wir selbst. Wir vernichten uns selbst, zermalmen uns in wütender Selbstzerfleischung. Noch nie hat die Welt solchen Wahnsinn gesehen. Beba sprach weiter.

*Ich ließ dem Mann, der mich abgeführt hatte, keine Ruhe, verlangte, sofort verhört zu werden. »Gut, kommen Sie mit«, und er führte mich eine tiefe Treppe hinunter in ein Verlies im Keller des Polizeigebäudes. Es war so dunkel, daß ich nichts erkennen konnte. Ich glaubte anfangs, allein zu sein. Aber bald vernahm ich Stöhnen und Klagen. In diesem Verlies waren außer mir noch sechs andere Frauen. Sie hockten fast regungslos, ich aber wollte mich nicht ergeben. Ich schrie, schlug gegen die Tür, aber ohne jeden Erfolg.*

*Abends gegen zehn Uhr wurden wir alle in ein angrenzendes Zimmer geführt. Dort fragte uns ein Polizeibeamter, wieviel Geld wir hätten. Ich hatte eine ziemlich große Summe bei mir. Er ließ mir einen kleinen Teil, das übrige wurde abgenommen. Dann wurden wir mit vielen anderen in ein Lastauto verladen und zum Gefängnis geführt. Ich war so erschöpft, daß ich sofort einschlief.*

*Aber [als] ich im Morgendämmer die Augen öffnete, wurde ich von einem schrecklichen Bild überwältigt. Alles war grauschmutzig. Graue Säcke, darauf lagen etwa fünfzig Frauen, alle in trostloser Verzweiflung. Der Morgen kam, und man brachte uns laues Wasser, in dem Brotkrusten schwammen. Dazu ein Stück Brot. Keine Möglichkeit, sich zu waschen oder zu kämmen. Auf den Abort wurden alle zusammen nur einmal am Tage geführt. Es herrschte die denkbar größte Unsauberkeit. Mittags und abends gab es eine dünne Suppe aus vorjährigem, halb verfaultem Sauerkohl. Viele aßen in den ersten Tagen nichts. Allmählich begnügte sich der Hunger mit jeder Kost.*

*Mehrmals täglich kamen deutsche Soldaten in unsere Zelle, um sich die »Judenweiber« anzusehen. Wie wir da so völlig verschmutzt, zerzaust in unserem Jammer hockten, dienten wir ihnen zur höchsten Belustigung. Sie hielten sich die Bäuche vor Lachen. »So also sieht das Gesindel aus. Feine Weiber, brr, son Dreck!« Man-*

*che allerdings verstummten über dem ergreifenden Anblick. Das waren aber nur Vereinzelte.*

*Wir wurden nach einigen Tagen in andere Zellen verteilt, immer ungefähr zehn Frauen in eine Zelle, so daß wir immer wieder mit anderen zusammen waren. Aber gleich am ersten Tag lernte ich Sonja kennen. Sie war stärker als ich und richtete mich in meiner Verzweiflung auf.*

*Am nächsten Tag kam ich in eine Zelle, da war ein junges Mädchen, das im Gegensatz zu uns Verzweifelten heiter und sogar witzig war und alle anderen mit ihrem guten Mut aufrichtete. Das war Nunia Rein. Als ich ihr von Sonja erzählte, die in eine andere Zelle geraten war, sagte sie, das sei ihre liebste Freundin. Es gelang uns in den nächsten Tagen, zu dritt in eine Zelle zu kommen, und von dieser Zeit an ertrugen wir in enger Gemeinschaft die lange Kette der Leiden, an deren Anfang wir damals erst standen.*

*Wir waren sieben Tage im Gefängnis. Während dieser Zeit kamen wir nicht nur nicht aus unseren Kleidern – wir hatten keinerlei Möglichkeit, uns zu säubern. Die Luft in den engen Räumen war entsetzlich. Es war drückend heiß, und alle waren verschwitzt. Und täglich diente unser Anblick zur Belustigung der Soldaten, denen wir wie garstige, aber doch sehenswerte Tiere vorgeführt wurden. Sie kamen in unseren Käfig, äußerten ihren Abscheu und gingen befriedigt wieder fort.*

*Anfangs waren auch viele Litauerinnen unter uns. In der letzten Zeit trennte man die »Katholiken« von uns ab. Mir fiel auf einmal ein, daß ich am vorigen Freitag mit meinem Mann hier vorbeigekommen war und ihn gefragt hatte, was für ein Gebäude das sei. Ich war erstaunt, daß sich das Gefängnis mitten in der Stadt befindet. Eigentlich müßte jeder Mensch mal ins Gefängnis kommen, sagte ich leichtsinnig. Vier Tage waren seitdem vergangen.*

*Nachts hörten wir Stöhnen, Schreien und rauhe, befehlende Stimmen. Viele Frauen glaubten, die Stimmen ihrer Männer, Brüder, Söhne zu erkennen. Man hörte, wie die Männer unter Schlägen fort-*

*geführt wurden, und hier rangen wir die Hände in ohnmächtiger Verzweiflung*

*In der ersten Zeit vergingen Tage und Nächte in gleichmäßiger Qual. Am dritten Tag wurde uns gesagt, daß sich wer wolle zur Arbeit melden könne. Wir meldeten uns sofort. In der Küche schälten wir Kartoffeln, trugen die Kessel mit Essen in die Männerabteilung und bekamen gelegentlich einen Bissen extra von den mitleidigen Beamten. Wir fanden keine Gelegenheit, mit den Männern zu sprechen, aber doch drangen einige Nachrichten von dort zu uns, keine guten. Täglich wurden Hunderte weggebracht, und die ungeheuerlichsten Gerüchte schwirrten. Wir konnten damals noch nicht glauben, daß die Wirklichkeit sie noch übertraf.*

*Einmal, als wir den Gefängnishof fegten, drückte Nunia plötzlich meine Hand. Sie hatte in dem Partisanen auf dem Wachturm einen guten Freund erkannt, und auch er hatte sie schon bemerkt und warf ihr ein Päckchen Zigaretten herunter. Sie verständigten sich vorsichtig durch Zeichen, damit kein Beamter es bemerkt. Er deutete ihr einen Platz an, wo sie einen Brief hinlegen solle. Nunia schrieb in Hast ein paar Zeilen an ihre Mutter. Wie sie später erfuhr, sind sie ihr wirklich überbracht worden.*

*Dieser Partisan war, wie so viele andere, von dem unseligen Wahn befangen, daß alle Juden Schädlinge der Menschheit seien, die man mit Stumpf und Stiel ausrotten müsse – mit Ausnahme der wenigen, die er persönlich kannte, die allerdings vortreffliche Menschen seien.*

Gretchen und ich fragten, wo Nunia jetzt sei. Sie sei noch im Ghetto. Aber sie hofften, daß sie auch bald von dort fliehen werde. Beba und Sonja erzählten abwechselnd, ergänzten sich, riefen sich gegenseitig Einzelheiten ins Gedächtnis. Sonja hatte sich anfangs zurückgehalten, weil sie nicht gut deutsch sprach. Wir baten sie, litauisch zu sprechen. Sie hatte ein sehr ausdrucksvolles Gesicht und eine sehr anschauliche Sprache, aber beide litten so, sich die schreckensvollen Bilder wieder ins Gedächtnis zu rufen, daß sie ganz erschöpft waren. Wir verabredeten [uns] auf einen anderen Abend. Seitdem kamen sie oft, und jedesmal sprachen wir von unseren unfaßbar schrecklichen Erlebnissen.

Sie waren damals zehn Tage im Gefängnis gehalten worden. Zuletzt waren sie zu zwölft in einer winzigen Einzelkammer, lagen zusammengepfercht wie die Heringe auf ihren schmutzigen Säcken und waren schon gleichgültig geworden gegen den Hohn der Soldaten. Am elften Tage wurden alle Frauen partienweise in Autobusse verladen und weggefahren. Die Autobusse kamen jedesmal nach etwa zwanzig Minuten zurück, und ein neuer Schub wurde hineingepreßt. Die Zurückgebliebenen wußten nicht, wohin die unheimliche Reise ging, bis die Reihe an sie kam. Sonja:

*Wir fuhren den Grünen Berg herauf bis zum VII. Fort. Im Hof sahen wir schon Tausende von Frauen, und auf den Hügeln hinter den Kasernen sahen wir etwas regungslos in der prallen Sonne liegen. Wir erkannten nicht sofort, was das bedeutete, bis wir erkannten, das sind die Männer – unsere Männer.*

*Immerzu kamen neue zu uns. Man brachte ganze Fuhrwerke. Juden von der Landstraße, die versucht hatten, aus der Stadt zu fliehen. Die Männer wurden jedesmal sofort abgesondert. Kinder, Knaben bis zu zwölf Jahren, ließ man bei den Frauen. Wir standen Stunden um Stunden in der glühenden Sonne. Abends ertönte ein Kommando: Alle Frauen sollen in die Kasernen gehen.*

*Die Kasernen waren viel zu eng, um alle zu fassen. Es gab ein erbärmliches Gedränge und Geschrei. Von den Fuhrwerken hatte sich jeder geholt, was er erraffen konnte. Man riß sich Decken, Kissen, Kleidungsstücke aus den Händen. Der Boden in den Kasernen war unbeschreiblich schmutzig. Es gab keine Säcke, kein Stroh, nur die harte Diele und längs den Wänden schmale Bänke. Jeder versuchte sich so gut es ging unterzubringen, und man beruhigte sich schon ein wenig, als das Entsetzlichste von allem geschah.*

*Partisanen, vom Trunk viehisch entstellt, tappten herein. Sie leuchteten mit Taschenlampen die Liegenden ab und suchten sich die aus, die ihnen gefielen. Die Mädchen sträubten sich, weinten und baten. Es half nichts. Sie wurden herausgezerrt, und dann hörten wir aus dem Nebenraum die Schreie der Verzweiflung und Pein. Wir waren von panischem Entsetzen erfaßt. Die Mädchen versteckten sich unter den älteren Frauen, aber die viehischen Gestalten kamen wieder und noch einmal. Die Taschenlampen schnüffelten die vor Angst Bebenden ab, und neue Opfer wurden erbarmungslos ausgesucht, sich wehrend, klagend, um Erbarmen flehend, aus den Armen der in unmächtigem Jammer wimmernden Mütter.*

*Etwa fünfundzwanzig Frauen und Mädchen, darunter die junge Ärztin Ka., haben die Unmenschen nach der Missetat umgebracht, und andere kamen zurückgetaumelt. Darunter waren die lieblichen beiden jungen Mädchen Garfunkel. Eine junge Frau sagte mir am nächsten Tage: »Drei dieser Teufel haben mich viehisch mißbraucht, und doch muß ich weiterleben, denn dieser hier braucht mich noch.« Sie zeigte dabei auf ihren dreijährigen Knaben. In der nächsten Nacht wiederholte sich dasselbe. Die Tore waren fest geschlossen, keine Möglichkeit, zu entfliehen.*

*Am Tage wurden wir auf den Hof gelassen. Wir waren ununterbrochen unter strengster Bewachung. Trotzdem maßen wir die umliegenden Hügel mit den schönen, hohen Bäumen mit unserem Blick ab, ob sie nicht eine Möglichkeit zur Flucht gaben. Einigen ist es wirklich gelungen, die Posten zu bestechen und zu entwischen.*

*Es wurden Kessel gebracht, und man kochte eine Suppe. Wasser gab es nur zum Kochen, keine Möglichkeit, sich zu waschen, keine Latrine für die natürlichen Bedürfnisse. Dazu mußte man hinter die Kasernen in ein Gebüsch gehen, was bei ein paar tausend Menschen, darunter viele Kinder jeden Alters, natürlich ein ununterbrochenes Gelaufe gab. Dort standen deutsche Soldaten und machten sich das widerwärtige Vergnügen, diesen Verrichtungen zuzusehen und ihre höhnischen Bemerkungen zu machen. Ich erinnere mich gut eines Offiziers in weißen Handschuhen, der mit verschränkten Armen und zugekniffenem Mund ununterbrochen dastand und sich von diesem Schauspiel nicht trennen konnte. Sein großer Hund stand neben ihm, wie von dem gleichen perversen Vergnügen gebannt.*

*Auch in die Kasernen kamen Soldaten und machten genau wie im Gefängnis ihre Glossen über die dreckigen, garstigen Judenweiber. Hier wie auch im Gefängnis wurden wir als erstes nach Geld und Schmuck gefragt. »Wer etwas verhehlt«, wurde gedroht, »wird erschossen, und alle, die danebenstehen, mit.« Sie machten hier auf eigene Faust Trophäen. Wir gaben alles ab, aber andere riskierten, ihre Wertsachen, Uhren, Ringe zu verstecken und zu behalten.*

*Zu den Verhandlungen mit dem Kommandanten des Forts wurde Frau Dr. Eppel gewählt. Dieser Ärztin, die viele Sprachen spricht und sehr gewandt und klug intervenierte, gelang es, bei dem Kommandanten zu erreichen, daß in den nächsten Nächten die grauenhaften Besuche der Betrunkenen aufhörten. Dafür leisteten sich die Deutschen am Tage andere rohe Späße.*

*Einmal wurde kommandiert: »Kommt ganz schnell auf die andere Seite des Hofes. Dort wird man weiße Semmeln [und] Bonbons für die Kinder verteilen. Aber schnell. Nur wer sich sputet, wird etwas bekommen.« Alle rannten gutgläubig, wie sie waren, ungewaschen, ungekämmt, von Hunger und Leiden entstellt, über den Hof. Dort waren Filmapparate aufgestellt, die das groteske Bild festhielten. Von gutem Essen keine Spur. Man schickte alle hohnlachend wieder zurück, und auch diesen traurigen Abzug der Geprellten verewigten die eifrigen Filmakteure.*

*Am dritten Tage sahen wir von fern, wie eine Gruppe Männer am Brunnen Wasser holte, und plötzlich erkannte ich meinen Mann. Ich versuchte, ihm Zeichen zu machen, aber er sah mich nicht. Ich bat den Posten so leidenschaftlich, mich zu ihm zu lassen, daß er sich erweichen ließ, mit mir dorthin zu gehen. Dieses Wiedersehen, das einzige und letzte, war so ergreifend, daß sogar die rohen Posten mit uns schluchzten.*

Sonja weinte bitterlich, als sie erzählte, und wir weinten mit ihr und über unser eigenes Leid. Sie war am zweiten Kriegstage von einem ihrer früheren Mitarbeiter an einem Trust verhaftet worden. Podžius war ihr unterstellt, und der unbedeutende und eitle Mensch litt schwer darunter, daß eine Frau und dazu eine Jüdin seine Vorgesetzte war. Nun war seine große Stunde gekommen. Er war mit der Armbinde der Partisanen in ihre Wohnung gekommen und hatte mit höhnischer Genugtuung seine Chefin samt ihrem Mann in die Polizei geführt.

Beba hatte auch erfahren, daß ihr Mann auf dem Fort ist. Sie sah den Direktor der Shell-Filiale, einen guten Bekannten. Er schob auf dem Hof mühsam und tief gebeugt einen schweren Karren vor sich her. Im Vorbeigehen sagte er leise und von dem Posten unbemerkt: »Er ist da«, und Beba ebenso leise: »Grüßen Sie ihn.« Das war alles.

An jenem Abend berichteten sie nicht weiter. Wir umarmten uns, einander tief verbunden durch das gemeinsame Schicksal.

Am dritten Tage wurden einige Knaben, die bis jetzt bei den Männern gewesen waren, zu den Frauen geschickt. Durch die Knaben hörten die Frauen von dem, was sich unterdessen bei den Männern ereignet hatte. Wir hatten schon von verschiedenen Seiten von diesen Ungeheuerlichkeiten gehört. Erniedrigungen und Quälereien. Alle Männer mußten stundenlang unbeweglich auf der Erde in der glühenden Sonne liegen. Wer sich rührte, wurde erschossen. Ein Mann wurde wahnsinnig. Er sprang auf und fing an zu schreien. Man erschoß nicht nur ihn, sondern auch alle, die in seiner Umgebung lagen.

Dann mußten sie exerzieren, auf allen vieren laufen, Kniebeugen, bis sie umfielen. Deutsche SS-Männer standen dabei, höhnten, lachten und wetteiferten mit litauischen Partisanen im Aushecken neuer Teufeleien. Alle waren schwer betrunken, und ununterbrochen erfand man irgendwelche Vorwände, um Einzelne zu exekutieren. Oder man schoß auch ohne Vorwand aufs Geratewohl in die Menge. Andere mußten Gruben graben, um die Toten zu verscharren, und wurden dann auch erschossen.

Als die Zahl schon sehr vermindert war, erschien eines Tages Bobelis, der Kommandant des IX. Forts.[11] Durch seine Fürsprache wurden 69 Männer, die vor zwanzig Jahren bei der Errichtung des litauischen Staates sogenannte Freiheitskämpfer gewesen waren, von den andern abgesondert. Sie wurden am nächsten Tage in das Kauener Gefängnis gebracht. Als das Ghetto errichtet wurde, entließ man sie dorthin. Auch einigen andern war es gelungen, durch Konnexionen freizukommen. Alle übrigen wurden exekutiert. Sonja und Beba:

*Wir wurden vier Tage auf dem VII. Fort gehalten. Am fünften wurden sämtliche Frauen, etwa zweitausend, nach dem IX. Fort gebracht. Der Aufbruch begann früh um vier Uhr. Es wurde uns gesagt, daß wir es dort viel besser haben würden, aber wir mißtrauten den Versprechungen.*

*Der weite Weg, den Berg herunter, am Fluß entlang, über die Vilijabrücke und hinter Vilijampole wieder den Berg herauf, war unendlich mühsam. Einige Kranke mußten abwechselnd getragen werden.*

11 Jurgis Bobelis war nicht Kommandant des IX. Forts, sondern Militärkommandant von Kaunas.

*Die Kinder weinten und konnten nicht mehr weiter, und die Begleitposten trieben ununterbrochen: »Schneller, schneller.« Als sie durch die Vorstadt kamen, gafften die Bewohner und verspotteten die Elenden mit gemeinen Worten.*

*Das IX. Fort ist von einer hohen Backsteinmauer eingeschlossen. An ein Entweichen ist nicht zu denken. Der Hof ist klein, die Kasematten [sind] wie ein Gefängnis. Große schmale Räume mit Pritschen übereinander. Die Kanalisation war zerstört, keine Wasserleitung, kein Brunnen. Das Wasser zum Kochen wurde angefahren, keine Möglichkeit, sich zu waschen. Der Abort so verschmutzt, daß man im Kot waten mußte.*

*Das Schlimmste waren die Läuse. Wir waren stundenlang damit beschäftigt, die Läuse von den Kleidern und der Wäsche abzulesen. Wir untersuchten uns gegenseitig. In den schmutzigen Säcken, die uns als Lager dienten, fanden wir Hunderte solcher weißlichen Ungeziefer.*

*In diesem Schmutz gebaren zwei Frauen. Frau Dr. Eppel hatte einen kleinen Raum als Wochenstube eingerichtet. Sie leistete, so gut es ging, ohne jede Hygiene, sogar ohne Wasser Geburtshilfe. Eine Frau und ein Kind starben, die beiden andern blieben leben. Eine alte Frau hockte sterbend an der Eingangsschwelle. Keiner beachtete sie, bis sie tot zusammenbrach.*

*Wir meldeten uns zur Küchenhilfe. Das Personal des Forts verhielt sich freundlich gegen uns. Es gab hier keine Partisanen. Der Kommandant aber drohte jeden Tag: »Morgen werdet ihr alle erschossen.« Am dritten Tag kam ganz unerwartet der Befehl: »Schert euch zum Teufel, ihr seid frei. Aber geht nur in kleinen Gruppen, damit ihr kein Aufsehen erregt.«*[12]

12 Mit dem Angebot, die zwei- oder dreitausend in den ersten Tagen nach dem deutschen Einmarsch zusammengetriebenen jüdischen Frauen und Kinder freizulassen, setzten die deutschen Organisatoren der Judenvernichtung in Litauen, Walter Stahlecker und Karl Jäger, eine Gruppe von fünf Repräsentanten der jüdischen Bevölkerung in Kaunas unter Druck, die Übersiedelung sämtlicher Juden in das Ghetto von Vilijampole in eigener Verantwortung voranzutreiben. (Siehe Tory, »Surviving the Holocaust«,

*Als die ersten fortgegangen waren, horchten wir ängstlich auf, ob keine Schüsse ertönen. Aber alles blieb ruhig. Schließlich kamen auch wir an die Reihe. Wir gingen wie im Traum. Nach siebzehn Tagen Gefangenschaft wieder frei und doch nicht befreit. Wir waren heimatlos geworden, verlassen, und die Ahnung neuer Leiden lastete auf uns.*

*Auf dem Weg zur Stadt waren wir wieder das Gespött des Pöbels. »Seht sie, seht, wie die Jüdinnen jetzt aussehen.« Wir waren vogelfrei und mußten zufrieden sein, wenn man sich nicht an uns vergriff. Der Hohn konnte uns nichts anhaben. Unser Schmerz war so groß, daß er eine Kluft zwischen uns und den anderen schuf, die gar nicht ahnten, wie uns ums Herz war. Es war beinah Mitleid, das wir mit ihrer Blindheit fühlten: »denn sie wissen nicht, was sie tun«.*

*Bei Nunia fanden wir Mutter und Schwester. Wir zogen uns um, wuschen und kämmten uns, seit Wochen zum erstenmal.*

Eine Kette von Leiden reihte sich an das eben Erlebte. Sie fanden ihre Familien und Freunde aus den Wohnungen vertrieben und beraubt. In vielen Familien fehlten einige. Beba, die aus Riga stammte, war ganz verlassen.

Sie berichteten vom Umzug ins Ghetto, der Arbeit auf dem Flugplatz mit den ununterbrochenen Demütigungen und schließlich der Flucht. Sonja ging noch einmal für eine Woche ins Ghetto zurück, um für ihre Brüder zu sorgen, die dort mit ihren Familien waren.

Man hatte in der Stadt und auch auf dem Lande Razzien gemacht und die Familien, bei denen sich Juden gefunden hatten, erschossen. Das schreckte ab, und niemand wollte sie aufnehmen. Die Dame, bei der sie wohnten, hatte eine abseits gelegene Mansardenwohnung. Sie und ihre Tochter,

S. 10) Die etwa dreitausend Männer, die in dieser Zeit ebenfalls verhaftet worden waren, wurden auf dem VII. Fort erschossen.

die Studentin war, waren sehr gut beleumundet, und sie waren vorsichtig genug, ihre heimlichen Einwohner jedesmal, wenn jemand kam, auf dem anliegenden Dachboden zu verstecken. Sogar Logierbesuch merkte nichts von ihnen. Einmal wurden sie tagelang in einem großen Bett versteckt oder mußten auf dem kalten Dachboden sitzen, ohne sich zu rühren. Sie gingen nur in der Dunkelheit aus. Sie besorgten den Haushalt und entschädigten ihre Wohltäterin reichlich mit ihren Sachen, die sie gerettet hatten. Wertvolle Pelze, Kleider, Wäsche gingen auf diese Weise schnell in Frau Ruškienes Hand.

Gretchen und ich besuchten sie oft in ihrem Versteck, besorgten ihnen Brot und andere Lebensmittel, vor allem aber das Wertvollste, andere Pässe, in die ihre Fotos und neue Namen geschickt einmontiert wurden. Sonja hieß jetzt Onyte und war Landarbeiterin. Beba wurde Marianne, eine von ihrem Mann verlassene Weißrussin. Aber es dauerte noch Monate, bis es gelang, in das neue Leben zu starten.

Ende Februar brachte Sonja, nunmehr Onyte, schlimme Nachrichten aus dem Ghetto. Am 19. Februar hatte wieder eine Umzingelung stattgefunden.[13] Wieder waren Leute der SS zusammen mit litauischen Partisanen von Haus zu Haus gegangen und hatten Menschen für einen unbekannten Zweck ausgewählt.

Nach der letzten Massenexekution Ende Oktober 1941 hatte ein Teil der Ghettobewohner begonnen, sich unterirdi-

13 Das angegebene Datum ist wohl falsch: Am 5. und 6. Februar 1942 wurden aus dem Kaunaer Ghetto Juden zur Zwangsarbeit nach Riga in Lettland deportiert. Tory, S. 69, beziffert sie auf 380. »Hidden History«, S. 244, nennt die Zahl 359. Eine zweite Deportation brachte im Oktober 1942 etwa 370 Menschen von Kaunas nach Riga.

sche Verstecke zu bauen. Es gab genug tüchtige Ingenieure und Handwerker, die zu solcher Arbeit taugten. Aber es gab eine große Schwierigkeit: Wohin mit der ausgegrabenen Erde? Der Bau eines solchen Verstecks mußte nicht nur vor den Wachen, er mußte auch vor den Nachbarn geheimgehalten werden. Er konnte nur ganz langsam vor sich gehen. Einige trugen täglich in ihrem Rucksack einige Kilogramm Erde bis zum Flugplatz, wo sie unbemerkt ausgeschüttet wurde. Die Beschaffung von Balken, Zement etc. ging auch nur langsam vor sich. Aber die einmal gefaßten Pläne wurden nicht aufgegeben. Man schuf in aller Heimlichkeit, langsam, mühevoll.

Als man die Februar-Aktion alarmierte, war man noch nicht so weit, und doch gab es damals schon Häuser, in denen die Häscher keinen Menschen fanden. Alle saßen im neuen Verlies, bis die Gefahr vorüber war. In einem Häuschen hatte sich hinter der Waschküche noch ein zimmergroßer Kellerraum befunden, der von einem kleinen Fenster erhellt war. Im Winter, als der Schnee das Fenster fast zudeckte, wurde es von innen zugemauert. Auch die Tür zur Waschküche wurde vermauert und verputzt. Über dem Keller befand sich die fensterlose, dunkle Badestube. Dort hob man das Schutzblech vor dem Badeofen auf, durchbrach die Diele und baute eine Treppenleiter in den nunmehr von außen unerkennbaren Raum. Das Schutzblech mußte mit einem Draht hochgehoben werden und konnte von innen so festgehalten werden, daß es ein Uneingeweihter unmöglich bemerken konnte. Man reinigte, weißte den Raum, legte eine elektrische Leitung und baute eine Ventilation. Ein Bottich wurde ständig mit frischem Wasser gehalten, einige unverderbliche Lebensmittel verstaut. Jedesmal wenn Gefahr alarmiert wurde, verschwanden alle dreißig Bewohner des Hauses geräuschlos in ihr Versteck.

Sie hörten über sich die Häscher poltern, die vergebens nach einer verborgenen Tür suchten.

Anderen gelang es, sich auf primitivere Art zu verbergen. Unsere zarte Lyda kroch bei Gefahr in einen Taubenschlag im Dach ihres Hauses und blieb auch da unbemerkt, und Edwin rettete sich, indem er sich einfach ins Bett legte und unter der flachgestrichenen Decke nicht muckste.

Am 11. Februar wurden etwa sechshundert Menschen aufgegriffen. Wie man bald erfuhr, wurden sie nach Riga gebracht.[14] Die dortigen Juden hatten zum größten Teil die Möglichkeit gehabt, mit dem zurückgehenden russischen Heere ins Hinterland der SSSR zu fliehen. Die wenigen, die geblieben waren, hatten die Deutschen sofort umgebracht. Es fehlte darum dort an Fronarbeitern, und diese Lücke sollten die Kaunaer ausfüllen. Unter ihnen befanden sich unsere Freunde, die alten Zinghausens.

Ich glaubte nicht, daß sie die Strapazen der Umsiedelung überstehen würden, aber ich bekam nach einigen Wochen auf Umwegen ein Briefchen. Sie lebten beide. Frau Zinghaus war mit ihrer Schwester in der Gemeinschaftsküche angestellt, ihr Mann, der Russisch, Deutsch und Lettisch beherrschte, arbeitete in der Kanzlei. Es ging ihnen besser als in Kaunas. Sie gaben eine lettische Deckadresse, und wir schickten sofort einige nützliche und nahrhafte Kleinigkeiten. Eine Antwort kam nicht. Später hörte man, daß alle vernichtet worden sind.

Die Briefchen, die wir von unseren Freunden aus dem Ghetto bekamen, klangen mit jedem Mal verzweifelter. »Edwin geht bei diesem Leben zugrunde«, schrieb Lyda,

14 Die Aktion, von der hier (und weiter oben S. 138 mit der ebenfalls falschen Datumsangabe 19.2.) die Rede ist, fand am 6. Februar 1942 statt.

die von den beiden die stärkere war. Er konnte mit seinen erfrorenen Füßen kaum mehr laufen.

Einmal sollte er mit anderen eiserne Bettgestelle nach der Vorstadt Schanzen tragen. Er brach unterwegs zusammen. Der Posten hatte Mitleid und schickte ihn nach Hause. Wie er so ganz allein den etwa fünf Kilometer weiten Weg zurückhumpelte, traf ich ihn mitten in der Stadt mit dem gelben Stern auf Brust und Rücken, auf dem holprigen Pflaster des Fahrdammes, einen Schritt vom bequemen Fußsteig entfernt, dessen Benutzung bei Todesstrafe verboten war. Er ging so gebückt, so schwankend, daß ich ihn kaum erkannte.

Ich lief auf ihn zu. »Edwin!« Aber er war so in sich versunken, daß er den Ruf nicht hörte, und da die Straße voll Menschen war, wagte ich nicht, ihn anzuhalten. Ich sah ihm lange nach, wie er so vor sich hin stolperte, tief ergriffen von dem Jammerbild, das man aus unserem originellen, witzigen und lebensfrohen Freund gemacht hatte.

Ich sprach mit Dolly über ihn, ob es keine Möglichkeit gebe, ihm das Leben dort zu erleichtern.[15] Dolly meinte, »erleichtern« genüge nicht. Man müsse ihn aus dem Ghetto herausholen, sie wolle ihre Verbindung mit Rauca dafür ausnützen. Mir erschien der Gedanke phantastisch. Aber Dolly verstand es, Rauca den Fall als [den] eines bedeutenden Musikers, Halbariers, so nahezulegen, daß er versprach, ihn als »Sonderfall« zu behandeln.

Eine Woche später ließ er Geist zu sich rufen, fragte ihn eingehend nach seinen Kompositionen, seiner früheren Tätigkeit aus und ließ sich Adressen geben, bei denen er über ihn Erkundigungen einholen könnte. Nach wieder vier Wochen wurde er abermals vorgeladen. Die Auskünfte

15 Es folgen einige Wiederholungen aus dem Bericht weiter oben, S. 123f.

über ihn seien sehr günstig ausgefallen. Man erwäge, ihm eventuell als Mischling die Erlaubnis zu geben, in der Stadt zu wohnen. Allerdings unter der Bedingung, daß er sich von seiner Frau scheiden lasse und sich im übrigen der großen Ausnahme würdig verhalten werde.

Geist versprach ohne Bedenken alles. Man erlaubte ihm, seiner Tante nach Berlin zu schreiben, damit sie einen Ariernachweis der gestorbenen Mutter schickte. Wir lebten in großer Spannung und voll Zweifel am Gelingen. Nur Dolly war optimistisch und behauptete, Rauca täte alles, was sie von ihm verlange.

Ihre Intimität mit diesem fürchterlichen Menschen, Obersturmbannführer der SS, hinderte sie nicht, zusammen mit Emmi die abenteuerlichsten Ghettobesuche zu unternehmen. Mit einigen der Wachtposten waren sie bereits sehr vertraut. Aber es kamen oft unerwartet neue, und sie entgingen oft mit knapper Not einer Verhaftung. Sie waren jedesmal bereit, auch von mir Päckchen mitzunehmen. Aber als ihnen zweimal hintereinander die Handtaschen mit allen guten Sachen abgenommen wurden und dabei auch meine Briefe in die Hände der Posten fielen, wurde mir diese Verbindung zu gefährlich. Ich bemühte mich, eine andere zu finden.

Im Hofe eines Hauses der Laisves Allee arbeitete ständig eine größere Brigade bei einer Militärstelle, »Organisation Schuh«. Dort war ein Automonteur und Mechaniker beschäftigt, der früher bei Edwin Musikstunden genommen hatte.[16] Er war bereit, Briefe und kleinere Päckchen mitzunehmen. Im selben Hofe wohnte in einem Holzhäuschen

16 Hermann Lurje. Seine auf der nächsten Seite erwähnte Schwester, Esther Lurje, ist »Rehlein«.

die Schneiderin Mendelskyte, mit der die Juden in besten Beziehungen lebten. In ihrer Küche trafen sie sich mit ihren Bekannten aus der Stadt. Die Hintertür der Wohnung lag neben dem Arbeitsschuppen, und man konnte unbemerkt hereinschlüpfen.

In ihrer Küche saßen häufig Besternte und aßen eine warme Suppe. Die Mädchen plätteten sich in aller Eile etwas auf und wärmten sich ihre kalten Hände am Ofen und ihre Gemüter an der Freundlichkeit der sanften Schneiderin Elena und ihrer derberen, aber gutmütigen Schwester Manja. Die Damen der deutschen Gesellschaft, die durch die Vordertür zur Anprobe kamen, ahnten nichts von dem, was sich unterdessen hinten in der Küche tat. Die beiden Mendelskytes kannten keinen Antisemitismus. Ihre reine Menschlichkeit war ihnen so selbstverständlich, daß sie bei aller Vorsicht keine Furcht hatten.

Auch die Schwester von Edwins Schüler Hermann arbeitete dort. Die Mädchen besorgten in der »Organisation Schuh« den Haushalt. Sie räumten die Stuben der Offiziere auf, hackten Holz, machten die Küchenarbeit, und im Sommer arbeiteten sie im Garten, der hinter dem Hause lag. Ich sah oft, wie die Soldaten faul herumstanden und zugafften, während die Mädchen Holz sägten und Wasser trugen. Hermann und seine Schwester Esther waren Gutsbesitzerskinder aus dem Memelgebiet. Sie hatten noch zwei Geschwister, Max und die verheiratete Sonja, die ich dort auch bald kennenlernte. Ich traf jetzt Esther drei- bis viermal in der Woche und brachte für Lyda Butterbrote und Briefchen. Vor allem hatte ich endlich jemand gefunden, dem ich auch mündliche Aufträge anvertrauen konnte, denn Briefe mußten sehr vorsichtig abgefaßt werden, da sie immer von der Ghettokontrolle gefunden werden konnten.

Der heimliche Nachrichtendienst funktionierte von nun

an herrlich. Durch Esther bekamen wir auch wieder Verbindung mit anderen alten Bekannten. Die Schneiderinnen waren von unendlicher Geduld. Manchmal war die Küche voll obskurer Leute. Es wurden Tauschgeschäfte abgeschlossen. Andere rührten sich auf der Ecke des Herdes etwas zusammen oder verschnauften nur ein Weilchen bei den guten Frauen.

Bei unseren Rendezvous gingen hundert ängstliche Blicke durchs Fenster nach der anderen Hofseite, ob keiner von den Strengen der »Organisation Schuh« etwa unseren Treffpunkt entdeckt habe. Zum Glück gab es auch unter diesen viele Gutmütige, die sich nichts sehend machten. Ich ging meistens durch den Vordereingang, als wenn ich zur Anprobe käme. Bald wußten schon alle Juden dieser Brigade, wem meine Besuche galten, und gaben ihre Zeichen in das Haus. Es kam vor, daß gerade Kontrollen da waren und sie nicht fortkommen konnte. Dann mußte ich lang warten, ehe sie in ihren Holzschuhen über den Hof gehoppelt kam, und jedesmal umarmten wir uns und saßen ein warmes, herzliches Halbstündchen zusammen. Sie erzählte von ihren Eltern, dem guten Vater, der jetzt leidend war und Prontosil brauchte; der tüchtigen Mutter, die auf ihrer Landwirtschaft den ganzen Haushalt und das Federvieh besorgt hat, und wie sie und die Geschwister auch immer tätig sein mußten, bis sie vor den Deutschen aus dem Memelland fliehen mußten und nun im Ghetto in einem verfallenen, modrigen Holzhüttchen wohnen und doch glücklich sind, noch alle zusammen zu sein, und wie heimelich es bei aller Armut bei ihnen ist. Ihr zartes, dunkeläugiges Biedermeiergesicht strahlte vor Zärtlichkeit zu ihrer Familie.

Alles, was sich mit Edwin ereignete, erfuhr ich durch Lydas engbeschriebene Zettelchen. Im März schrieb sie: »Ich habe Edwin zugeredet, sich scheiden zu lassen. Es ist die einzige Möglichkeit, uns beide zu retten, denn hier geht er zugrunde.«

Am ... März[17] nachmittags klingelte es. Ich öffnete die Tür. Da stand Edwin – stand, nein, er fiel in die Wohnung, wie ein Wild, das in seiner Höhle Zuflucht sucht. Nicht mehr derselbe, von dem wir im August Abschied genommen hatten. Der früher ein wenig behäbige, genußfrohe, humorvolle Mann war dürr, mit scharfen Linien um Nase und Mund, wachsbleich und mit einem schreckhaften, hysterischen Zug in den vorstehenden Augen, die krausen, dunklen Haare sehr gelichtet. Und doch der alte Edwin. Eine Welle der Freude stieg in mir hoch, daß das Unwahrscheinliche wirklich gelungen und er, mag die Zeit ihn auch verändert haben, nun wirklich wieder da war. Er fand auch mich völlig verändert. Was tut's? Wir waren die alten Freunde, umarmten und küßten uns und sprachen von nichts anderem als von Lyda und wie wir ihr helfen könnten.

Er blieb nur eine Stunde, denn er wollte noch einmal zurückgehen, seine Sachen abholen und noch zwei Tage bei Lyda bleiben. Wir beluden ihn mit Päckchen und nahmen leichten Abschied.

Wir bereiteten für den übernächsten Tag ein gutes Mittag[essen], und schon stiegen angstvolle Befürchtungen in uns hoch, als er nicht kam. Aber gegen Abend war er da. Wir aßen, rauchten, tranken starken Kaffee und sprachen wie in alten Zeiten über die ewigen Probleme der Form, der Gestaltgebung und teilten uns mit, was der eine und der andere darüber nachgedacht, und über unser altes Lieb-

17 Die Stelle für die genaue Datumsangabe hat Helene Holzman freigelassen und später nicht ausgefüllt.

lingsthema, über die Produktionsweisen in den verschiedenen künstlerischen Gebieten.

Geist war Musiker und Dichter zugleich. In seinen Opern erstrebte er völliges Zusammengehen von Inhalt und Musik, und an jedem Wort feilte er ebenso wie an jedem Ton. Als ein echter produktiver Mensch arbeitete er unablässig, und auch im Ghetto hatte er Altes überarbeitet und Neues begonnen, ohne aber in den entsetzlichen äußeren Umständen die Möglichkeit der Vertiefung zu finden. Seine Befreiung sah er vor allem als einen Schritt zu neuer Produktivität an, und schon regte ihn das Zimmerchen, das ich ihm – leider nur auf einige Tage, da es vermietet war – anbot, zur Arbeit an, in die er sich mit der echten Besessenheit des Künstlers stürzte. Die Fragen, wovon leben, wie sich überhaupt in der neuen Umgebung einordnen, schob er als unbequem weit von sich ab. »Der Krieg ist sowieso im Herbst zu Ende, und dann wird sich alles von selbst finden«, tröstete er sich, ohne für diese Hoffnung das geringste Argument zu haben. Er blieb eine Woche bei uns, wohnte dann ein paar Tage bei dem alten Freunde Benediktas, hielt dort den Lärm der Kinder nicht aus und zog wieder zu uns.

Er bat mich dringend, meinen Mieter herauszuwerfen, damit er hier wohnen bleiben könne, und er ließ sich nicht verständlich machen, daß das nicht anging. Vorläufig war der Mieter verreist, und er konnte bei uns bleiben. Er breitete seine Partituren auf dem Tischchen aus und nutzte die Ruhe und Ungestörtheit, war aber verständnislos für irgendwelche Hausordnung, ging aus, wenn Essenszeit war, vergaß den Schlüssel und war unglücklich, wenn niemand da war, der ihn hereinließ, und jammerte, wenn aus der Nachbarschaft Radio ertönte.

Wir zankten uns jeden Tag wie Geschwister und waren ebenso verbunden wie solche. »Ich habe heute sehr Böses über Sie in mein Tagebuch geschrieben« – und er zeigte es mir dann, damit ich selbst lese, wie er mich beschimpft. Sein lebhaftes Denken ruhte nicht einen Augenblick, und er äußerte oft, daß er sehr alt zu werden wünschte, um alle Melodien, die in ihm lägen, zur Gestalt bringen zu können. Wir waren durch unsern Gast so in Anspruch genommen, daß die Sorge und Gefahr, die uns den ganzen Winter in Bann gehalten hatte, zurückgedrängt wurde.

Da erschallte wieder nachts gegen drei Uhr das rauhe Pochen an der Tür. Polizei. Zwei Litauer. »Sie haben hier Juden versteckt. Wo sind sie? Wenn Sie sie nicht freiwillig herausgeben, werden wir sie selbst holen, aber dann wird es Ihnen schlecht ergehen.« Sie kamen in unser Zimmer, suchten im Schrank, hinter den Vorhängen, im Bett, unter dem Bett. Dann öffneten sie Koffer, Schubfächer, kleine Büchsen auf dem Schreibtisch. So gingen sie durch die anderen Zimmer, öffneten den Besenschrank, die Balkontür, störten unsere Mieter auf und gerieten zuletzt zu Edwin. »Da ist er.«

Es nützte nichts, daß Edwin seine polizeiliche Wohnerlaubnis vorzeigte. Er mußte sich anziehen und mit aufs Polizeirevier. Er war so aufgeregt, daß er sich kaum ankleiden konnte. Da er nichts zu rauchen hatte, bat er mich, die Polizisten um eine Zigarette zu bitten. Sie gaben bereitwillig und änderten auf einmal ihren Ton. Die Haussuchung geschehe auf eine Denunziation hin. Man beruhigte mich, mein Gast werde nach Prüfung der Papiere wieder entlassen werden. Er kam wirklich nach einigen Stunden zurück. Man hatte ihn mit dem harmlosen Verweis entlassen, daß er versäumt habe, sich auf dem Polizeirevier zu melden.

Dolly, die stolz und glücklich über ihren Erfolg war, besorgte ihm ein großes, etwas nüchternes Zimmer in der Stadt. Er hatte sein Klavier, das bei einer Sängerin untergebracht war, wiederbekommen, und es erfolgte mit noch einigen Möbelstücken und Hausrat von uns ein pompöser Einzug. »In diesem Zimmer«, sagte er mit seherischer Überzeugtheit, »werde ich nicht lange allein wohnen, denn ich werde auch meine Frau aus dem Ghetto holen.«

Wir hatten nach der nächtlichen Polizeirazzia den Verdacht, daß vielleicht meine Verbindung mit der Brigade »Schuh« schon bekannt sei, und ich wagte einige Tage nicht, dorthin zu gehen. Ich beschloß, Lyda direkte Nachricht zu bringen, und verabredete mich mit Emmi.

Wir trugen beide schwere Taschen und stapften durch den hohen Schnee zum Flusse. Die Vilija war noch gefroren, aber der Schnee begann zu tauen, und überall sickerten Gerinnsel aus der Schneedecke, bildeten Bäche und kleine Seen, aus denen die Hümpel schon dunkel hervorragten. Wir sprangen von einem zum andern, um ans Ufer zu kommen. Dort standen wir lange auf einem Hügelchen, schauten über den Fluß, hinter dessen jenseitigem Ufer das graue Ghetto lag, und warteten.

Aus der Ferne, wo der Fluß eine Schleife macht, näherten sich dunkle Gestalten. Allmählich unterschieden sich von Pferden gezogene Schlitten, von Männern begleitet. Sie kamen über das Eis auf uns zu. Sie kannten Emmi schon und riefen ihr zu, daß ihr Mann auch dabei sei. Einer im braunen Schafspelz löste sich von den andern ab und lief ohne Rücksicht auf die Gefährlichkeit solch öffentlichen Gebarens seiner Frau gerade in die Arme.

Ich ging ein wenig abseits, um nicht zu stören, und die beiden sprachen lange, lange miteinander. Der Schafspelzige sah verklärt auf seine kleine, blonde Emmi, und sie gab alle Zärtlichkeit des Blickes so unbefangen zurück, als sei es das Natürlichste von der Welt, sich hier abseits der Stadt in den Pfützen des Tauschnees zu treffen.

Die andern Besternten waren solche Rendezvous anscheinend schon gewohnt. Sie freuten sich, daß wir jedem eine frische Semmel geben konnten. Während Lifschitz mit seiner Frau sprach, fuhren sie noch ein Stückchen weiter und begannen, den Fluß aufzuhacken und die Eisblöcke auf die Schlitten zu laden. Erst als alle Schlitten voll waren, riefen sie ihn zur Rückfahrt.

Unsere Pakete wurden unter das Eis versteckt, das zu einer Brauerei hinter dem Ghetto gebracht werden sollte. Auf dem Wege durch das Ghetto wollte man das Mitgebrachte, von den Posten unbemerkt, abladen. Die Abendsonne leuchtete bunt auf dem Tauschnee. Lifschitz sah seine Frau mit einem unbeschreiblich zärtlichen Blick an und umarmte sie noch einmal in aller Öffentlichkeit.

Wir gingen froh nach Hause. Wieder einmal war die verbotene Verbindung geglückt. Schon am nächsten Tag bekam ich von Lyda ein Briefchen. Lifschitz hatte ihr noch am Abend alles gebracht. Sie trug ihre Einsamkeit mit heroischer Kraft. Die guten Nachrichten von Edwin bildeten den Inhalt ihres Lebens.

Ende März gelang es uns ein einziges Mal, uns zu treffen. Die Brigaden, die in der Stadt arbeiteten, nahmen ungern neue Leute auf. Man mußte Beziehungen zu den Brigadeführern haben, um mitgenommen zu werden. Es war wieder kalt geworden, und der Schnee lag hoch. Ich sollte am Rande der Stadt in eine große Schule kommen, die in ein Lazarett [umgewandelt][18] werden sollte und von jüdischen Frauen gescheuert wurde. Ich hatte gehört, daß der Hauswart der Schule ein arger Judenhasser sei und schon mehrmals Leute, die sich dort mit Juden getroffen, angezeigt hatte.

18 Im Original: »eingerichtet«, statt »umgewandelt«.

Dem deutschen Wachtposten sagte ich, daß ich die Bibliothek, die sich in einem Seitenflügel der Schule befand, besuchen wolle. Drinnen winkte mir ein Jude, ich solle auf den Hof in einen Bretterverschlag gehen. Er werde Frau Geist rufen. Es war eiskalt. Die Bretterbude war schmutzig, unappetitlich und voll Gerümpel. Ich fand kein sauberes Eckchen, um mein Mitgebrachtes abzustellen. Da sah ich schon meine Lyda aus dem Haus auf mich zulaufen.

Sie war in ein dickes rotes Kopftuch eingehüllt, und dünn, ach, so dünn war sie geworden. Meine Gute, Liebe, wir hielten uns in den Armen und weinten so heiß, so bitterlich über das eigne Leid und das der andern. Wir konnten lange kein Wort sprechen – so erschütterte uns das Wiedersehen. Eine andere Lyda, mit den Malen tiefen Leidens gezeichnet, eine ergreifende, rührende Gestalt.

»Beißen Sie in den Apfel«, wollte ich uns wieder in den Alltag zurückreißen. Aber sie konnte nichts essen. Sie schluchzte, daß ihre zarte Gestalt geschüttelt wurde, und ich weinte mit, und wir streichelten uns gegenseitig. Bis wir auf einmal ganz ruhig zu sprechen anfingen. Wovon anderes als von Edwin? Lyda kenne seine Fehler, seine Unfähigkeit, männlich für sich und sie zu sorgen, seine Ratlosigkeit in allen praktischen Dingen und seinen naiven Künstleregoismus, der unbewußt von den Menschen seiner Umwelt forderte, daß sie für sein leibliches Wohl sorgen. Wie wird er ohne seine Frau fertig werden? Und wie werden Sie ohne ihn fertig, meine Lyda? Ja, es war ein trostloses Leben. Noch ein Glück, daß sie auch für ihre Tante zu sorgen hat, diese prächtige, tapfere alte Frau, die sich nicht wie in Leid verzehrte, auch im größten Elend ihren frohen Gleichmut und ihre natürliche Würde bewahrte.

Der Brigadenführer öffnete die Tür: »Schneller, schneller. Die deutschen Posten kommen gleich zurück.« Auf einmal wurden wir ganz nüchtern und uns der Häßlichkeit der übelriechenden Bude bewußt. Ein Händedruck, und wir huschten nach den entgegengesetzten Seiten fort. Wie kann es nur Ende März so eiskalt sein? Der Wind, er warf mir beißende Schneewehen in die Augen. Aber zu Hause wartete Edwin schon ungeduldig und konnte gar nicht genug hören über seine Pusi, sein Herzchen. Er gab ihr lauter alberne Namen vor Aufregung.

Nein, er dachte nicht daran, sich hier ohne sie einzurichten. Sein kahles Zimmer soll zum strahlenden Palast werden, wenn er sie erst wieder hat. Er war bereits im berüchtigten SS-Haus gewesen, hat sich dreist bei Rauca melden lassen und dort behauptet, seine Frau sei ebenfalls ein Mischling und ebenfalls ein großer Musiker, und man müsse sie deshalb ebenfalls aus ihrer Gefangenschaft befreien.

Das war ein gefährliches Spiel. Aber Edwin ließ sich nicht beirren. Er war so besessen von seiner Idee, daß man nicht den Mut hatte, ihn zu warnen und zurückzuhalten. Vielleicht ist seine fanatische Willenskraft stark genug, um das Unwahrscheinliche zu erreichen. Wir sahen mit Spannung der weiteren Entwicklung dieses phantastischen Unternehmens zu.

Die Tage wurden lang und hell und noch keine Spur von Frühling. Eine große Anzahl der vor Jahresfrist ins Reich umgesiedelten Deutschen kam mit Sack und Pack wieder zurück.[19] Sie waren jetzt die großen Herren. Der Popeligste fühlte sich als Sieger, haushoch über den Litauern stehend.

19 Gemeint sind die Deutschen, die Litauen nach der Besetzung durch die Rote Armee im Sommer 1940 verließen und verlassen mußten.

Man muß es nur herauskehren, daß man etwas Besseres ist.

In den Lebensmittelgeschäften der Deutschen gab es weiße Semmeln, Butter, Schnaps, Gemüse. Im Warenhaus wurden die Dinge verkauft, die die geschickten Hände der Juden in Ghettowerkstätten fabriziert hatten. Die deutschen Dämchen gingen mit ihren Kindern einkaufen. So schöne Spielsachen kann man im Reich schon lange nicht mehr kaufen, so reizende Stoffpüppchen und Tiere, Bälle, Holzarbeiten, Handtaschen. Und alles so billig und punktfrei![20] Ich sehe sie aus dem Laden kommen und möchte sie anbrüllen: »Wißt ihr nicht, mit wieviel Tränen diese hübschen Sächelchen entstanden sind? Schämt euch eurer lauten Gedankenlosigkeit, eurer dummen Dreistigkeit!« Sie schämen sich keine Spur. Sie haben sich erstaunlich schnell in die neue Situation eingelebt. Die Laisves Allee ist die Straße der Deutschen geworden. Die verbitterten Litauer meiden es, dort zu gehen, und die Brigaden der Besternten ziehen nur durch die Nebenstraßen.

Die weiter draußen arbeiten werden in Lastautos gepfercht zur Arbeitsstätte gebracht. Die Posten mit dem Gewehr in der Hand sorgen dafür, daß sie sich keinen Augenblick wie freie Menschen fühlen. Oft sind Bekannte darunter, die einem verstohlen zunicken. Eine junge Frau steht vorn im Auto und hat ihren Arm um die Schulter ihres Mannes gelegt. Welche schöne, innige Geste! Und jedesmal würgen mich die Schreie im Hals: Es ist unerträglich, ansehen zu müssen, wie man die Menschenrechte zertritt. Es gibt keine Worte für diese empörenden Missetaten. Manchmal überkommt mich die ohnmächtige Wut mitten auf der Straße. Die Knie versagen. Ich gehe in einen Hausflur und lehne mich ans Treppengeländer und gehe gebrochen nach

20 Ohne Bezugsmarken erhältlich.

Hause. Gretchen ist tief verschlossen. Auch sie sieht das alles. »Man möchte nicht weinen, sondern schreien«, sagte sie auch und trägt das schwere Joch der unterdrückten Empörung.

Deutsches Prinzip: für niedrige Arbeit haben wir Herrenvolk unsere Sklaven. Die arbeitskräftigen Juden müssen noch so lange leben, wie wir sie ausnützen können. Und dann sind auch noch die russischen Gefangenen da, die »Untermenschen«, die bei der dürftigsten Kost das Äußerste an physischer Arbeit leisten müssen. Man sieht die traurigen Gestalten überall. Sie ziehen und schieben schwere Wagen. Sie verladen am Njemen-Hafen Lasten. Sie schippen am lehmigen Eisenbahndamm. Wehe, wenn ein mitleidiges Herz versucht, ihnen etwas zuzustecken. Aber ich habe neuerdings einen Hof entdeckt, wo sie Holz sägen und Soldatenwäsche waschen und wo kein Mensch bemerkt, wenn man ihnen Zigaretten und Äpfel bringt. Und jedesmal freue ich mich, wie sie kameradschaftlich miteinander teilen.

Das schreckliche VII. Fort hinter Wandas Laden ist jetzt ein Gefangenenlager. Im Vorbeimarschieren rennen sie hinein, und Wanda gibt jedem ein ganzes Brot oder Zigaretten. Ich sah einmal, wie sie auf einmal etwa fünfzehn Brote verteilte. Unter den deutschen Posten waren einige, die schlugen die Gefangenen mit den Gewehrkolben auf die Köpfe. Einer stolperte dabei. Das Brot fiel in den Schmutz. Der Deutsche versetzte dem Brot einen Tritt. Es flog wie ein Fußball in den mit Wasser gefüllten Straßengraben. Der Gefangene holte die Beute aufgeweicht heraus. Andere Wachtposten freuten sich, daß ihre Gefangenen etwas bekamen.

Wanda entwickelte mit der Zeit ein ungewöhnliches kaufmännisches Talent und wurde in der ganzen Umgegend berühmt. Sie hatte mit den geriebensten Spekulanten Verbindungen, und ganze Ochsen und Schweine, Säcke mit Mehl, Zucker wurden abseits der Landstraße in ihren winzigen Laden gebracht, wo in der Hinterstube die Geschäfte abgeschlossen wurden. Der Laden war immer überfüllt. Dort saß Wanda in der Pracht ihrer geflochtenen Haarkrone auf dem Sofa, die kernigen, bloßen Arme verschränkt. Ihre Preise waren auch gepfeffert, und [doch] wurde sie ihre Ware schnell los. Dafür gab sie allen Hilfsbedürftigen, und manchen Deutschen und Partisanen, der in ihre Hinterstube kam, um mit ihr zu schäkern, hat sie durch ihre gerade Menschlichkeit bekehrt.

Mehr als einmal kam Polizei zu ihr, um eine Razzia zu machen. Jeder andere Spekulant, der so viel verbotene Ware gestapelt hatte, wäre erbarmungslos verhaftet und verurteilt worden. Es war nicht nur der Schnaps und die saftigen Kartoffelpuffer, mit denen sie die Polizeibeamten bewirtete – vielmehr bestach die unwiderstehliche Natürlichkeit ihres Wesens, so daß die bedrohlichen Haussuchungen sich in Wohlgefallen auflösten. Hinterher verriet sie mit verschmitztem Zwinkern, wie sie sie übertölpelt hat.

Der März war kalt und schneeig, der April kalt und regnerisch, bis auf einmal der fertige Sommer da war und die Bäume eilig und pflichtgemäß abblühten und grüne, unscheinbare Früchtchen ansetzten. Wir säten ebenso pflichtgemäß unsere Zwiebeln und Radieschen, setzten ein Dutzend dürftige Tomaten auf unser Beet und hörten das Schilpen der Meisen ohne Freude.

Die Helligkeit, die Zufriedenheit der anderen Menschen, ängstigte uns aufs neue. Wir vermieden es nach Möglichkeit, uns auf den Hauptstraßen zu zeigen, denn es kamen immer mehr deutsche Rücksiedler in die Stadt. Lehrer, die jahrelang meine Kollegen gewesen waren, wichen uns aus. Ich ließ Dr. Strauch, der von Königsberg gekommen war, bitten, mich aufzusuchen oder zu ihm kommen zu dürfen. Ich wollte ihn bitten, Briefe an meine Geschwister mitzunehmen. Er wies erschrocken ab. Der Verkehr mit mir könnte seiner Karriere schaden. Ich könne ihm allenfalls die Briefe ans Postauto bringen. Dort traf ich ihn im Gespräch mit anderen Deutschen. Als er mich herankommen sah, beschwor er mich mit einem eifrigen Heil Hitler und Heben der Hand. Mir fiel das Wort des Rechtsanwalts Baumgärtel ein: »Wir Deutschen sind leider ein feiges Volk.«

Der Anblick der braunen, betreßten Goldfasane mit den gefährlichen, versoffenen Gesichtern, mit den schrecklichen Stiefeln erschütterte mich immer von neuem, und noch mehr die lauten Schulkinder mit den nackten Knien, die so ihre kümmerliche Herrenrolle spielten: »Mit litauischen Kindern keinen Umgang haben« wurde ihnen in der Schule eingeschärft. Auf hellen Straßen überkam mich das Entsetzen und zugleich heißes Mitlied mit diesen Verblendeten. Das geht schlecht aus. Und während sie im Frühsommer Stadt um Stadt in Rußland einnahmen, ließen wir uns nicht beirren. Wir lauerten auf die Umkehr.

Die Soldaten rühmten sich ihrer Untaten in den besetzten Gebieten. Die russische Bevölkerung, das waren die »Untermenschen«, die man verschleppen, ausbeuten, vernichten mußte, um mit deutscher Tüchtigkeit ein neues Reich aufzubauen.

In der Fabrik »Neris«, wo Gretchen arbeitete, wurden Ackerwalzen und Pflüge für die Ukraine hergestellt. Aber die litauische Fabrikdirektion hatte es nicht eilig damit. Es kam nicht mehr dazu, die Aufträge auszuführen. Auch unter den Soldaten gab es welche, die nicht im geringsten an den Siegen und Höchstleistungen interessiert waren. Emmi hatte einen aufgegabelt, der erzählte uns im Vertrauen, wie sie Leute aus ihren eigenen Reihen wegen Sabotage standrechtlich erschießen mußten.

Emmi selbst war in großer Aufregung. Sie hatte bei uns übernachtet. Sie hatte einem Bekannten für eine Nacht ihr Zimmer zur Verfügung gestellt. Die anwohnende Polizistenfrau hielt den fremden Mann für einen Einbrecher und benachrichtigte die Polizei. Der Jude wurde verhaftet, Emmi eingehend verhört. Sie konnte sich einigermaßen herausreden, und man entließ sie mit einer strengen Warnung, die Beziehungen zu den Juden abzubrechen.

Aber Emmi gehörte nicht zum »feigen Volk«. Am nächsten Tag hatte sie schon wieder ein Rendezvous mit ihrem Mann. Wir gingen zusammen aufs Land, um Eier zu kaufen. Emmi wollte sie am nächsten Tag bei mir abholen. Sie kam diesen und die folgenden nicht. Ich ging in ihre Wohnung – sie ist verhaftet. Man hat sie vor dem Ghetto erwischt und gleich mitgenommen. Ich traf zufällig ihren Mann auf der Straße. Er trat unbemerkt aus der Brigade heraus zu mir und sagte: »Tun Sie alles, um meine Frau zu befreien. Sparen Sie nicht mit Geld, wir werden alles ersetzen.«

Ich kannte Rechtsanwalt Novickas von früher. Er war noch jung. Er sprach gut deutsch, war Vertrauensperson der SS. Er versprach, sein möglichstes zu tun. An den Donnerstagen ging ich wie vor einem Jahr mit einer bepackten Tasche, stand wieder stundenlang vor dem Gefängnis, um der armen Emmi, für die niemand sonst sorgte, Essen und vor allem Zigaretten zu bringen.

Sie saß fünf Wochen. Als sie wieder freikam, war sie ein anderer Mensch geworden. Sie erzählte, wie man sie im Gefängnis immer und immer wieder nach ihren Beziehungen zu ihrem Mann verhört hat, wie sie standhaft abgeleugnet und wie der deutsche Beamte, Herr Strusch, ihr sofortige

Freiheit in Aussicht gestellt habe, wenn sie bereit sein würde, intime Beziehungen zu ihm zu unterhalten.

Es war etwas Verwirrtes, Überreiztes in ihrem Wesen. Ihre alte Spannkraft, das Vertrauen auf ihre eigene Kraft, mit der sie sich und ihren Mann für ein späteres, besseres Leben erhalten wollte, war gebrochen.

Sie kam jetzt nur noch selten zu uns. Einmal suchte ich sie auf und traf den Pressevertreter Adolf Gedamke bei ihr. Ein zweites Mal traf ich ihn wieder. Ein weichliches Gesicht, weichliche Figur, ein glatter Herr. Arme Emmi. Trotz dieser neuen Freundschaft sorgte sie weiter für ihren Mann, weinte über den Tod des Schwiegervaters im Ghetto. Sie selbst ging nicht mehr ins Ghetto. Sie sah immer noch hübsch, aber mit den unsteten Augen und dem grell gefärbten Mund zugleich beängstigend aus. Mir fiel ein, daß sie vor Jahren bei einem Nervenarzt in Behandlung gewesen war. Auf meine besorgte Frage wehrte sie ab. Nur nicht zum Arzt gehen, der könnte wirklich etwas Ernstliches finden.

Dolly bekam das Abenteuerleben entschieden viel besser als der kleinen Emmi. Rauca hatte sich von ihr zurückgezogen. Dafür begünstigte sie seinen Kollegen Stütz und zu gleicher Zeit einige Offiziere, und jedesmal traf man andere Leute bei ihr. Einmal war sie gerade beschäftigt, einem jungen Mädchen mit Wasserstoff die Haare zu färben. Dieses Mädchen war bei einem Gemetzel in einer Provinzstadt ganz allein übrig geblieben. Sie hatte dort mit angesehen, wie man ihre Mutter und ihren Bruder auf teuflische Art umgebracht hatte, und hatte nichts wie ein großes, buntes Umschlagtuch ihrer Mutter gerettet. Ein Partisan hatte sie gerettet und in ein Kloster gebracht. Im Kloster hatte man sie einige Wochen gehalten, dann wurde auch dort der Boden zu heiß. Sie setzte sich wieder mit dem Partisanen in Verbindung. Der versteckte sie eine Weile bei sich und brachte sie schließlich, weil er keinen Unterschlupf für sie fand, ins Ghetto nach Kaunas. Dolly hatte sie dort kennengelernt und ihr schon damals versprochen, sie herauszuholen.

Mit den platinblonden Haaren sah die junge, hübsche Tanja wirklich hundertprozentig arisch aus. Dolly besorgte ihr durch einen Pfarrer einen Geburtsschein, und der Start konnte vor sich gehen. Tanja bekam eine Stellung als Kinderfräulein bei einer deutschen Familie, die eine Datsche in Kulautuva hatte. Sie blieb dort den ganzen Sommer. Ihre Herrschaft waren wilde Antisemiten, erkannten aber den Wolf im blonden Schafspelz keineswegs. Sie hielten ihr Jiddisch für gebrochenes Deutsch einer Litauerin und waren mit ihrem Kindermädchen so zufrieden, daß sie sie am Ende des Sommers mit nach Deutschland nehmen wollten. Tanja lehnte ab.

Von April an traf ich Lyda jede Woche einmal in der großen Schule, doch nicht mehr in dem Bretterverschlag, der unterdessen eindeutig zur Kloake herabgesunken war. Im Treppenhaus eines Seitenflügels arbeiteten einige litauische Maurer und Maler, die sich nicht um uns kümmerten. Wir saßen auf den Stufen, hielten uns bei den Händen und machten Zukunftspläne. Dabei waren wir in ständiger Angst vor dem Hauswart und den Posten. So unerhört, so phantastisch Edwins Unternehmen war – es sah fast so aus, als ob es gelingen würde.

Edwin saß in seinem großen, kahlen Zimmer, in dem ihm nur der Fensterplatz mit dem Tischchen zu gehören schien – zwei Quadratmeter Raum, die übrigen lagen brach. Auf seinem Tisch lagen die aufgeschlagenen Partituren und große Notenblätter. Er arbeitete an einem symphonischen Werk, dem Kellers »Tanzlegendchen« zugrunde lag, dessen Mischung von Frömmigkeit und Humor ihm besonders lag.

Dort saß er in der ersten Zeit öfter als am Klavier. Aus seinem Tagebuch[21]:

*Die Hände sind mir recht steif geworden, das Spielen macht mir keine große Freude mehr. Ich habe mich so sehr ans Komponieren ohne Instrument gewöhnt, daß mich der Klavierklang meiner verzauberten Innenwelt zu entreißen scheint. Man soll Träumende nicht wecken, und Taube, die plötzlich hörend werden, empfinden wohl auch trotz der Gnade des Geschenks ein Quentchen greller Bitternis. Dem sehend Gewordenen mag es nicht anders gehen; das schönste Tageslicht müßte ihm zunächst kalkig erscheinen.*

Kurz darauf hat er sich mit seinem Instrument wieder ausgesöhnt. Er sitzt nun auch stundenlang am Klavier und spielt die großen Klassiker und probiert seine eigenen Kompositionen. Das Tagebuch wird weiter geführt – für Lyda, wenn sie wieder bei ihm sein wird. Einstweilen liest er mir – eine Art Selbstkontrolle – vor, was er geschrieben hat.

21 Das Tagebuch von Edwin Geist und sein kompositorischer Nachlaß befanden sich nach dem Krieg bei Helene Holzman. Als sie 1965 mit ihrer Tochter die damalige Sowjetunion verließ und in die Bundesrepublik übersiedelte, mußte sie das Tagebuch und die Partituren zurücklassen. Das in deutscher Sprache verfaßte Tagebuch übergab Margarete Holzman einem Beamten des Außenministeriums der Litauischen Sowjetrepublik. Der Schriftsteller Jokubas Skliutauskas hat es später zur Grundlage eines zusammen mit Mykolas Jackevičius verfaßten Theaterstücks gemacht: »Aš girdžiu muzika.« (Ich höre Musik), Vilnius 1973. Dieses Tagebuch ist heute ebenso wenig erreichbar wie der musikalische Nachlaß Edwin Geists. Dieser gelangte an den Dirigenten Juozas Domarkas, der ihn im März 1973 bei einer Konzertreise in die DDR dem damaligen stellvertretenden Kulturminister der DDR und späteren Intendanten der Komischen Oper Berlin, Werner Rackwitz, aushändigte. Die litauische Presse berichtete darüber, die Zeitung »Tiesa« im März 1973 z.B. unter der Überschrift »E. Geists Werke kehren heim«. Die Bemühungen von Margarete Holzman, den Verbleib von Geists Partituren zu klären, blieben bisher ohne Erfolg.

*21.IV. früh. Das »Legendchen« hat sehr gut gesprochen. Für das kommende Adagio hoffe ich, schon genügend Expansion aufzubringen ... aber für das letzte Stück, das »Te deum«? Wo Du nicht bei mir bist, wo Du mir fehlst? – Oft wandere ich ruhelos durch mein sonnenloses Zimmer, ich möchte Dich irgend etwas fragen, vielleicht Unwichtiges, Nebensächliches, und dann merke ich so recht, gerade an diesen vielen und lächerlichen Kleinigkeiten, wie Du mir fehlst und was Du mir bist.*

*23.IV. – Ich ringe sehr mit dem Adagiosatz, und meine Gedanken wandern bei der Arbeit ständig zu Dir. Das ist beileibe kein Abschweifen, im Gegenteil, ich suche Deine Kraft, die mein ganzes Tun befruchtet.*

*25.IV. Liebste! Für heute nur ein paar Worte. Das Adagio hab ich soeben im großen Ganzen beendet. Ich glaube, es ist mir gelungen. – Für das »Te deum« fand ich eine kleine Notenfolge; werd ich sie verwenden? Vielleicht nur am Rande, denn mir fehlt jegliche Stimmung hierzu. Das Große muß erst kommen, muß kommen mit Deinem Einzug, Deiner Wiederkehr!*

So ist sein ganzes Tagebuch ein Abglanz seiner leidenschaftlichen Arbeit und seines leidenschaftlichen Kampfes zur »Befreiung« seiner Frau. Bei seiner Entlassung hatte er noch einmal versprechen müssen, sich sofort von seiner Frau scheiden zu lassen, und er tat auch wirklich die nötigen Schritte zu dieser traurigen Farce. Zu gleicher Zeit lief eine Klage gegen ihn vom deutschen Staatsanwalt, wegen Rassenschande, da er sich als Mischling deutscher Staatsangehörigkeit unterstanden hatte, eine Jüdin zu heiraten.

Der sonst so furchtsame Edwin ließ sich durch die unglückliche Situation nicht schrecken. Er fuhr nach Prienai, Lydas Geburtsort, suchte dort die alten Bekannten der Familie auf, denen er mit hypnotischer Eindringlichkeit die Verhältnisse so darstellte, wie er sie brauchte: Lyda war das Kind einer unglücklichen Ehe. Der Vater hatte sich viel auf Reisen befunden, und als sie später nach Kaunas zogen, lebte Lyda meistens nicht zu Hause, sondern bei der Tante, mit der sie jetzt im Ghetto lebte. Die Mutter, die schlicht blond war, kein Jiddisch konnte und gut deutsch sprach, wurde bei den Juden als Fremde angesehen. Darum waren jetzt verschiedene alte Bekannte bereit, schriftlich zu bezeugen, daß die jüdische Abstammung der Mutter zweifelhaft sei und außerdem die Tochter Lyda wahrscheinlich nicht das Kind ihres Mannes, sondern eines Polen. Der alte Arzt Dr. Brunza bezeugte in aller Form, daß Frau Bagriansky ihm vor der Geburt des Kindes vertraulich den Namen des wirklichen Vaters mitgeteilt habe.

Mit diesen Dokumenten, es waren sechs oder sieben, ging Geist in die Gestapo und unterbreitete sie dem fürchterlichen Rauca. Der war ganz perplex und entließ den »heiligen Geist«, wie er ihn nannte, nicht ungnädig.

Vor allem mußte Lyda genau instruiert werden, und nicht immer glückte es, sie in der Schule zu sprechen. Das »Rehlein« aus der Brigade Schuh bei den Schneiderinnen wurde eingeweiht und mußte mündliche und schriftliche Nachrichten übermitteln. Dabei geschah das Unglück, daß ihr die Torkontrolle ein Briefchen abnahm, in dem Edwin eine abfällige Bemerkung über Rauca gemacht hatte. Wir waren alle entsetzt über das Mißgeschick, aber merkwürdigerweise geriet es zum Guten. Edwin wurde zu Rauca gerufen. Man hielt ihm das Briefchen entgegen. Edwin, der genügend vorbereitet war, tat sehr erschrocken über die Glosse. Er hatte Rauca einen »gefährlichen Frauenfreund« genannt, konnte ihn geschickt beschwichtigen, aber der übrige Inhalt des Briefes schien, da er offensichtlich nur für seine

Frau bestimmt war, um so glaubhafter, und der befaßte sich mit der arischen Abstammung Lydas als einer festen Tatsache. Rauca entließ Edwin zwar unfreundlich, aber, wie dieser hinterher berichtete, schon halb bekehrt.

Der Rechtsanwalt Novickas, der zu Emmis Befreiung aus dem Gefängnis beigetragen hatte, setzte sich auch mit großer Energie für diese Sache ein. Er besprach den ungewöhnlichen Fall mit andern einflußreichen Männern (unter anderm mit Just). Die Sache zog sich durch den Frühling und ganzen Sommer, und mehrmals sah es aus, als würde alles zum Bösen ausgehen. Rauca verbot Edwin, noch irgend etwas in dieser Sache zu unternehmen, und forderte die Beschleunigung der Scheidung, die immer noch nicht ausgesprochen war. Er verbot auch nochmalige Reisen Edwins in die Provinz.

Edwin hörte nicht darauf. Er trat so anspruchsvoll am Kartenschalter auf, daß man ihm ohne Fahrberechtigungsschein ein Billett gab, und fuhr noch einmal mit dem Rechtsanwalt Novickas nach Prienai. Diesmal wurden die Bescheinigungen amtlich beglaubigt. Novickas übergab sie Rauca mit überzeugenden Kommentaren. Lyda und Tante Emma wurden von J.[22], einem andern Mitglied der SS, im Ghetto verhört. Zufällig kannte J. Lydas Wiener Musiklehrer gut, und Lyda machte den vorteilhaftesten Eindruck auf ihn.

Neue Aufregung! Einer der Wachtposten ertappte uns bei einem Treffen in der Schule und verhaftete uns beide. Edwins Mappe mit Lebensmitteln nahm eine Leidensgefährtin, Frau Oretschkin, sehr geschickt an sich, so daß wenigstens diesmal ein Indiz [für einen Verstoß] gegen das Verbot vertuscht werden konnte. Wir baten den Mann, versprachen ihm wer weiß was, aber er blieb eigensinnig. Ich

22 Nicht identifiziert.

hatte zum Unglück keinen Ausweis bei mir, und so verdächtigte er mich doppelt.

Ich hatte nur einen Gedanken: Gretchen! Ich stellte mir vor, wie sie nach Hause kommen würde, schon ein wenig erschrocken, mich nicht zu finden, wie ihre Qual immer mehr und mehr wachsen würde, und wie sie ganz allein, verzweifelt in der kahlen Wohnung bleiben würde. Wer weiß, man kann mich fünf Wochen halten, wie Emmi oder Frau Landau, die man ... Wochen[23] absitzen ließ, weil sie, eine Deutsche, ihrem Mann Essen gebracht hatte. Ich bereute meinen Leichtsinn. Würde er nur dieses eine Mal unbestraft bleiben, von jetzt an wollte ich vorsichtiger sein. Aber gerade mein heißes Bitten schien dem Bayern verdächtig. Lydas Name wurde notiert. Sie wurde in ihrer Brigade gelassen und ich zur Polizei abgeführt.

So hat es mit Marie angefangen, so mit Max. Jetzt bin ich an der Reihe. Ach, Gretchen, Gretchen, es ist zuviel für dich. Mein Hals würgte mich, ich sah nur noch helles Flimmern. Die Menschen flitzten wie auf der Kinoleinwand vorbei.

Da erkannte ich eine Bekannte, die Bibliothekarin aus der Bücherei in der Schule. Ich bat sie, meinem Begleiter zu erklären, daß sie mich kenne und wisse, daß ich Deutsche sei. Der Bayer bedachte sich, noch immer mißtrauisch. Vielleicht hatte er auch keine besondere Lust, in der Mittagshitze den weiten Weg zur Polizei zu machen – er kehrte plötzlich um und ließ mich mit der Dame stehen. Es war wie ein Erwachen aus einem schrecklichen Traum, und merkwürdig – ich fand ohne sonderliche Erregtheit in die neue Wachheit zurück.

Gretchen sagte ich kein Wörtchen von dem Erlebnis. Nur

23 Die Stelle für die Zahl hat Helene Holzman freigelassen.

Edwin teilte ich es gleich mit, und es ärgerte mich, daß seine Besorgtheit nur Lyda und ihn selbst umfaßte und er die Gefahr, in der ich selbst mich befunden, nicht bedachte. Später verplapperte sich Edwin, und Gretchen war ganz untröstlich, so daß ich ihr versprach, fortan auch das kleinste Erlebnis mit ihr zu teilen. Der Bayer hatte zum Glück unterdessen meinen Namen vergessen, und auch Lyda kam mit einem Rüffel davon. Aber die Rendezvous in der Schule stellten wir ein.

Es waren beileibe nicht alle Soldaten so rabiat wie der Bayer. Da war Etzich, ein Aachener, halber Franzose, der den Soldatenrock wie eine Marter trug. Er war unser treuer Vermittler, als Lyda noch auf dem Flugplatz arbeitete. Ein anderer, altes Naziparteimitglied, Herr Lorenz aus Dresden, verliebte sich bis über die Ohren in die liebliche Lyda, trank mit Edwin »Duzbrüderschaft« und behauptete stolz, er habe Lyda auf den ersten Blick als Arierin erkannt.

So erfreut Edwin und wir über seine Vermittlung und seine gute Meinung waren, so wurde uns sein langweiliges Gesächsele bald doch zur Plage. Er saß stundenlang bei uns auf dem Sofa und lobte die herrlichen Einrichtungen des Dritten Reiches. Widerspruch ließ er nicht gelten. Wir waren darum sehr erleichtert, als er plötzlich versetzt wurde.

Die Verbindung durch das Rehlein ist doch die beste. Sie arbeitete jetzt im Garten hinter dem Hause und kam auf unser verabredetes Zeichen mit erdigen Händen in Holzpantinen in ihrem Kattunkleid über den Hof geklappert. Ihre Anteilnahme am Geschick der beiden Geists war so warm und selbstlos. Nie kam eine Klage über ihr eignes Schicksal aus ihrem Mund. Sie war ihrer Familie, besonders dem kränkelnden Vater, mit unbeschreiblicher Innigkeit hingegeben, und diese Liebe ließ das früher verwöhnte

Mädchen alles gegenwärtige Elend vergessen. Die tägliche Gartenarbeit rötete ihre Wangen, kräftigte ihre zarte Gestalt. Sie konnte sich so über jedes unter ihrer Pflege sprießende Pflänzchen freuen, daß sie darüber fast vergaß, wer die Früchte ihrer Arbeit genoß.

Ein Gefreiter aus der Organisation Schuh kam jeden Tag in den Garten zur Kontrolle und bedachte Esther und ihre Arbeitskameradin Nina mit Benennungen, unter denen »faules Judengeschmeiß« zu den milden gehörte. Wenn Nachbarskinder sich durch die Zaunlücke Johannisbeeren oder Radieschen stibitzten – immer waren es die »diebischen Judenweiber«, die man dafür verantwortlich machte. Das Rehlein in seiner tiefen Unschuld blieb von den Beschimpfungen unberührt. Die Deutschen in ihrer bodenlosen Verblendung taten ihr leid. Wenn sich auch ihre melancholischen Augen umflorten – nie kam ein Wort des Hasses aus ihrem Munde, nie der Wunsch der Rache für die großen Mordtaten und die täglichen kleinen Demütigungen. Diese unerschütterliche Sanftmut rührte mich jedesmal von neuem. Sie stand in so ergreifendem Gegensatz zu ihrer Umgebung, und es erschien mir unfaßlich, daß die Roheit der Soldaten nicht davor zerschmolz.

Die Wochen und Monate vergingen in der täglichen Erwartung von Lydas Befreiung. Ich fand keine Gelegenheit mehr, sie zu sprechen. Edwin, der sich nicht in eine Brigade wagen konnte, lauerte ihr auf der Straße auf, um sie wenigstens vorbeigehen zu sehen. Ein unauffälliges Sichzunicken, ein Blick, das war alles. Edwin verfolgte sein Ziel mit leidenschaftlicher Konsequenz. Seine Phantasie arbeitete sich immer tiefer in die Idee ihrer Abstammung. Er brachte neue Zeugen. Alle paar Tage lief er in die Sicherheitspolizei, und wenn Rauca ihn hinauswarf, kam er am nächsten Tag wieder.

Wir waren skeptisch gegen seine abenteuerlichen Pläne und sahen mit hoher Bewunderung, wie seine gewaltige Energie das Unwahrscheinliche voranbrachte. Wenn man ihm größere Zurückhaltung anriet, wurde er böse. Mahnte man ihn, dem Verlangen Raucas zu folgen und eine Stellung anzunehmen, war er außer sich. Er wollte seine Lyda haben – alles übrige würde sich finden. Wir sahen uns fast täglich und zankten uns jedesmal wie Geschwister, die sich nicht vertragen und sich dennoch lieber haben als andere.

So verging der ganze Sommer. Ich glaubte nicht mehr, daß aus dem wahnwitzigen Unternehmen etwas herauskommt, trotzdem Novickas nicht nachließ, uns Hoffnung zu machen. Er hatte sich, da Geist keine Geldmittel hatte, für seine Leistung ein altes, kostbares Eßservice ausgebeten, das Edwins Tante aus Berlin schicken sollte. Er behauptete, Rauca habe geäußert, der Geist könne sein Zimmer nächstens mit Blumen schmücken, und der gute Edwin, der nichts hatte und nichts verdiente, borgte bei seinen Freunden ein paar Mark, um Rosen oder Nelken zu kaufen, die dann traurig welkten, ohne daß die Ersehnte kam. Er kaufte Medikamente, um sie zu heilen, Speck, um sie zu pflegen, und statt der verwelkten wieder neue Blumen, um ihren Einzug zu feiern.

Am 31. August war sie auf einmal da. Sie kam mit einer vollbeladenen Droschke voll abenteuerlicher Bündel, unter anderm ein Zahnarztstuhl, den ihr jemand aus dem Ghetto zum Verkauf aufgehalst hatte. So kam sie an, müde, verstaubt, verängstigt. Der Wirt und seine Nichte, denen Edwin erzählt hatte, daß er seine Frau aus Berlin erwarte, wunderten sich nicht wenig, wie die häßliche Bagage abgeladen wurde. Lyda sank auf einen Stuhl und brach in Tränen aus. Sie weinte, weinte herzzerbrechend und konnte sich gar nicht beruhigen und schluchzte wieder, und Edwin war ganz hilflos und wußte nicht, wie er sie beruhigen sollte. Er zeigte ihr seinen Blumenstrauß, der gerade im Stadium des Verwelktseins war, brachte ihr zu essen und klappte das Klavier auf. Lyda lächelte schon, aber es war doch so ganz anders, als wir uns ausgedacht hatten. »Viel schöner«, sagte Lyda, »man muß sich nur erst dran gewöhnen.«

Es war nicht so leicht, sich zu gewöhnen. Wovon sollten sie beide eigentlich leben? Edwin hatte das Entbehrliche bereits verkauft und bei Freunden und Fernstehenden viele Schulden gemacht. Wenn ihre Freunde sie auch in den ersten Tagen einluden und ihnen Geschenke brachten, so konnte das die brennende Frage nicht aufschieben. Die Hoffnung auf Musikschüler hatte sich nicht erfüllt. Es hatten sich einige gemeldet, aber nach ein paar Stunden waren sie weggeblieben. Vielleicht aus Antisemitismus? Die Frau des Stadtkommandanten Cramer wollte ihre Kinder von ihm unterrichten lassen. Der arme Edwin, der gar nicht wußte, wie er sich verhalten sollte, machte sie darauf aufmerksam, daß er Halbarier sei. Natürlich wurde aus den Stunden nichts.

Lyda war noch keine zwei Wochen hier, da hatte sie schon eine Stellung als Dolmetscherin in der Ernährungs- und Versorgungsstelle. Täglich neun Stunden im Büro – dafür bekam sie ein Gehalt, das damals den Wert von ungefähr zwei Kilogramm Butter hatte. Aber es gab mancherlei Extrazulagen, Kleidungsstücke, Seife und vor allem Schnaps, den man verkaufen konnte. Ihre Mitarbeiterin war die zarte Dichterin Eva Simonaityte, die in kurzer Zeit ihre Vertraute wurde.

Es war nicht die Arbeit, die sie belastete. Sie hätte freudig noch Schwereres für ihren Edwin vollbracht. Aber eine andere düstere Sache blieb ungelöst. Man hatte sie mit dem Vorbehalt entlassen, daß sie sich von ihrem Manne trennt und in einer anderen Stadt lebt oder daß sie oder ihr Mann sich sterilisieren lassen, denn wenn man sie beide auch »versuchsweise« aus dem Ghetto entlassen habe, so müsse man doch eine Garantie haben, daß sie keine Kinder bekämen. Sie hatten damals alles ohne Bedenken versprochen. Aber nun, da es Ernst wurde, schien ihnen die eine wie die andere Lösung ein solcher Zynismus, daß sie wie gelähmt vor der entsetzlichen Entscheidung standen.

Wir rieten ihnen, sich vorläufig zu trennen. Einer von ihnen sollte eine Stellung in Wilna annehmen, um den Peinigern aus den Augen zu kommen. Aber davon wollte besonders Edwin nichts wissen. Sie befragten litauische Ärzte. Aber die hatten sich verschworen, solche verbrecherischen Eingriffe ohne medizinische Notwendigkeit zu verweigern. Diese Auskunft vermittelten sie dem Rauca, und da keine Antwort erfolgte, beruhigten sie sich ein wenig.

Das Leben war auch ohne dies schwer zu bewältigen. Beide fielen ständig von einem Extrem ins andere, sie liebten sich, wie noch nie geliebt wurde. Ihre Liebe war Leidenschaft und Zartheit, Hingabe und Egoismus. Und sie zankten sich wie unartige Kinder um die Alltagsdinge, die zu meistern beiden so unbeschreiblich schwer fiel. Aber die kleine, starke Lyda wollte sie meistern. Sie verschönerte das öde Zimmer, sie schaffte Speck und Butter herbei, sorgte für ihren Mann und kräftigte sich selber.

In ihrem Büro wurde über sie getuschelt. Es war durchgedrungen, woher sie kam. Aber sie stand im Schutz der edlen Simonaityte, die keinen Klatsch laut werden ließ. Sie hatte keinen Paß, keinen Ausweis, die damals überall so streng verlangt wurden, und es gab keine Möglichkeit, sich einen zu besorgen. Und auch Edwin hatte nichts anderes als seinen längst abgelaufenen Reisepaß aus Berlin. Sie hingen in der Luft. Die menschliche Gesellschaft weigerte sich, sie aufzunehmen. Sie gingen auf das deutsche Gericht, denn groteskerweise lief auch noch die alte Scheidungsklage, die Edwin im Frühling eingeleitet hatte. Auf dem Gericht behandelte man dieses rührende Ehepaar, das überall vergeblich menschliches Verständnis erhoffte, mit der eisigen Höflichkeit, in der die großen Herren Virtuosen waren. Später hörten wir, daß diese jämmerlichen Virtuosen sich nicht wenig an der Hilflosigkeit und Weltfremdheit der beiden geweidet haben und ihren Besuch als Extraspaß in einer Gesellschaft zum besten gaben.

In diesem Chaos blühte in Edwin die Gesammeltheit zu neuer Produktivität. Das »Tanzlegendchen« wurde beendet, neue Lieder komponiert, ein verlorengegangenes Werk aus der Erinnerung wiederhergestellt. Er hatte schon vor Lydas Kommen ein Trio gebildet. Der Geiger war Vocelka, der ein geschmackvoller und musikalischer Laie war. Püschel war Cellist am Opernorchester. Das Trio hatte sich nicht nur als Musiker gefunden; sie verstanden sich als Leidensgefährten, denn die beiden hatten jüdische Frauen.

Vocelka hatte seine Frau und drei Kinder nach wenigen Monaten illegal aus dem Ghetto geholt und vorläufig bei Bekannten untergebracht. Er mietete in der Altstadt in einem Hinterhause eine Höhle, die den Namen einer Wohnung nicht verdiente, aber ein sehr geeigneter Schlupfwinkel vor den Augen der Polizei war, denn man konnte weder Eingang noch Fenster entdecken. Es waren zwei Räume, die sich hinter der Waschküche einer anderen Wohnung befanden. Die Fenster gingen auf eine kahle, hohe Hauswand, so daß man fast den ganzen Tag Licht brennen [lassen] mußte. Dorthin nahm Vocelka seine Kinder und nach einigen weiteren Monaten auch seine Frau. Die Kinder meldete er nicht polizeilich an und ließ sie nicht in die Schule gehen. Doch führten sie ein halbwegs öffentliches Leben, waren bei den Nachbarn und auf der Straße bekannt. Von der

Anwesenheit der Frau aber wußten nur die nächsten Bekannten. Vocelka besorgte nach seinen Dienststunden alles für den Haushalt Nötige, während die Frau ihr Schattendasein spann.

Püschel hatte auch drei Kinder. Die beiden erwachsenen Söhne hatten sich anfangs in der Provinz versteckt. Die Frau mit dem jüngsten Sohn bekam durch besondere Protektion die Erlaubnis, das Ghetto zu verlassen und bei ihrem Manne leben zu dürfen. Da sie nicht mehr jung war, wurde ihr entgegen anfänglicher Forderung der Sterilisierungszwang erlassen.

Das Trio der »Judenknechte« hatte bald einen inoffiziellen, sehr guten Ruf bekommen. Man bestellte es zu verschiedenen Festlichkeiten, und die drei freuten sich jedesmal, ein wenig von ihren häuslichen Sorgen abgelenkt zu werden und als Lohn für ihr Spiel etwas Gutes zu essen und zu trinken zu bekommen, wofür sie alle sehr empfänglich waren. Sie hatten ihre Programme für jeden Geschmack, spielten herrlich die Klassiker, aber, wenn's verlangt wurde, auch jeden Schlager. In Edwins Zimmer übten sie seine Kompositionen, und ein besonderes Programm zu Lydas Empfang war schon viele Wochen vor ihrem Erscheinen vorbereitet. Die Aufführung des Konzerts, bei der Lyda, Dolly und ich die einzigen Zuhörer waren, gelang vollends, und wir alle waren für eine Stunde aus den düsteren Sorgen herausgehoben.

Bei Dolly waren die Sorgen eigentlich kein Verhängnis, wie bei uns, sondern halb aus Abenteuerlust, halb aus Mitgefühl selbst gewählt. Sie hatte sich ein atelierartiges, schönes Zimmer gemietet, in dem sie Tag und Nacht die heterogensten Besuche empfing. Kamen unerwartet SS-Leute, so wurden die gerade anwesenden Juden auf dem daneben liegenden Boden versteckt. Aber vor den Wehrmachtfreunden versteckte sie sie gar nicht. Die mußten sich an das ungewöhnliche Milieu gewöhnen. Sie half allen, wo sie es nur brauchen konnten, und nützte zugleich alle mit naiver Selbstverständlichkeit aus. Sie hatte immer die schönsten Kleider, verschaffte sich Möbel und hatte immer die herrlichsten Dinge zu essen, die sie wiederum großzügig mit anderen teilte. Sie dachte gar nicht daran, zu arbeiten und auf irgendeine Weise Geld zu verdienen, gab aber viel aus.

Ihre unzertrennliche Freundin war Mrs. Hickson, die in jeder Hinsicht das Gegenteil von Dolly war. Diese Engländerin aus höchsten Kreisen hatte sich von ihrem Manne, der hoher Diplomat[24] gewesen war, scheiden lassen und war von ihrer konservativen Familie für diese Tat verstoßen worden. In Paris hatte sie einen Kaunaer Juden geheiratet, war mit ihm hierher gekommen und hatte mit ihm in bescheidensten Verhältnissen, aber so glücklich gelebt, daß sie sich für das früher Erlebte entschädigt fühlte. Ihr Mann war auch auf dem VII. Fort umgekommen, und wenn Dolly sich ihrer nicht angenommen hätte, wäre sie völlig verlassen gewesen.

Sie hing dafür mit schwärmerischer Zuneigung an Dolly, und so wenig das im Grund zu ihr paßte und ihren natürlichen Neigungen entsprach, fand sie sich mit Anmut in das Bohème-Leben ihrer Freundin. Sie selbst war eine sehr sittenstrenge Lady, bemühte sich, niemand zur Last zu fallen, und verdiente sich ihr Leben durch englische Privatstunden.

Um ihr gebrochenes Deutsch zu verbessern, nahm sie bei mir Konversationsstunden und gab mir dafür englische. Ich kam dann in ihre gemütliche winzige Mansardenwohnung.

24 Durchgestrichen: Gouverneur von Sumatra.

Sie saß sehr aufrecht, immer tadellos korrekt gekleidet, das schon graue Haar golden gefärbt, mit ihrem weißen Foxterrier Pixi im Arm – der Inbegriff der aristokratischen Engländerin.

Während ihrer Stunden buk sie fast täglich im Ofen ein Weißbrot für Dolly und eilte nach ihren Stunden, es ihr zu bringen. Einmal gingen wir zusammen, fanden Dollys Zimmer verschlossen: »Ich habe den Schlüssel verloren. Kommt auf den Boden, ich zeige euch den Weg zu mir.«

Wir verstanden nicht, wie wir von dort in die Stube kommen könnten. Aber alsbald erschienen in der Fensterluke Dollys lange, schöne Beine, und die ganze geschmeidige Dolly glitt wie vom Himmel zu uns herab. Vom Boden konnte man über das Dach in die Stube klettern. Mrs. Hickson war über diese Katzentour entsetzt. Aber wir hielten sie fest und stiegen vorsichtig, und die schwindelige Tour verlief glücklich. In der Stube saßen schon einige kartenspielende Gäste, die alle auf so halsbrecherische Weise hereingekommen waren und auch denselben Weg wieder hinaus nehmen mußten, bis am nächsten Tag einer der vielen Freunde einen neuen Schlüssel einpaßte.

Im Sommer bereicherte sie ihr Bienenhaus um einen neuen Gast, einen siebzehnjährigen Knaben, dessen Eltern im Ghetto lebten, der aber als Sohn eines arischen Mannes in der Stadt geblieben war. Was mit Edwin und Lyda gelungen war, wollte Dolly auch mit Serjoschas Mutter arrangieren. Sie verschaffte ihr Dokumente, die bewiesen, daß sie nur zur Hälfte jüdischer Abstammung war. Frau Oretschkin wurde von Rauca und Stütz gründlich verhört, und es sah fast so aus, als wolle man ihr auch den Freipaß geben. Dolly war stolz, wieder ein Ding gedreht zu haben, aber es ging nicht gut aus. Die polizeilichen Erkundigungen, die in ihrem Geburtsort Warschau angestellt wurden, dokumentierten sie als Volljüdin, und man erklärte ihr, daß sie »vorläufig« im Ghetto bleiben müsse.

Dolly fand, daß Serjoscha auf seiner bisherigen Stelle nicht gut aufgehoben ist, und nahm ihn ganz zu sich. Es war ihr Wurst, ob man es anstößig fand, daß der junge Mann mit ihr in einem Zimmer wohnte. Gerade das Abenteuerliche gefiel ihr, und sie betonte, daß ihr eigener Sohn, der in Palästina lebe, ebenso alt sei wie ihr Freundchen hier.

Serjoscha wurde von ihr verwöhnt und verzärtelt und zugleich gescholten und ausgenützt. Nach einigen Monaten wurde ihr die allzu große Intimität doch lästig, zumal sie den Empfang anderer Gäste störte, und sie baute ihm auf dem Boden einen kleinen Verschlag, der zumindest im Sommer ein gut brauchbares Zimmer für ihn abgab. Vor den Herren der Gestapo, die bei ihr ebenso ein- und ausgingen wie die Juden aus dem Ghetto, machte sie keinen Hehl [aus] ihrer Beziehung zu dem Knaben, und seine Anwesenheit fand man noch störender als die ihres Hundes.

An einem zweiten geheimnisvollen Bodenverschlag ließ sie schon seit einiger Zeit bauen. Er wurde mit Kalkbewurf und Öfchen zu einem richtigen Zimmer ausgebaut. Dort sollte Mositchen, Brüderchens Frau, wohnen.[25] Sie war von

25 Ilse Kaufmann, geborene Moses (daher »Mositchen«), war die Frau des deutschen Geologen Rudolf Kaufmann. Rudolf Kaufmann hat das »Multifoto« von Marie und Margarete Holzman angefertigt. Sie nannten ihn »Brüderchen«. Von der Geschichte seines Lebens und seiner Beziehung zu der Schwedin Ingeborg Magnusson handelt mein Buch »Königskinder. Eine wahre Liebe«. Daß Rudolf Kaufmann, der nach seiner Flucht aus Deutschland für längere Zeit bei den Holzmans Unterkunft fand, in den Aufzeichnungen von Helene Holzman sonst an keiner Stelle erwähnt wird, läßt sich vielleicht damit erklären, daß er noch während der Sowjetzeit eine Anstellung als Geologe erhielt und seither nicht mehr bei den Holzmans wohnte. Gelegentliche Besuche gab es nach der Erinnerung von Margarete Holzman aber auch noch in der Zeit der deutschen Besetzung.

früheren Zeiten mit ihr befreundet und trug schon lange den Plan, sie aus dem Wilnaer Ghetto zu holen. Sie fuhr nach Wilna, besuchte sie im Ghetto und verabredete alles mit ihr.

Dolly kam sehr befriedigt von ihrer Reise zurück. Sie hatte mit Mositchen alles verabredet und wollte, sobald das Stübchen fertig wäre, wieder hinfahren und sie abholen.

Dolly hatte auch unsere Freundin, Frau Engert, die Frau des deutschen Professors, aufgesucht. Sie hatte durch die Vermittlung ihres Mannes, der seines Amtes als Germanist an der Universität entsetzt worden war und jetzt in der Feldkommandantur angestellt war, eine gehobene Stellung. Längere Zeit hatte sie sogar nicht im Ghetto, sondern in einem Häuschen außerhalb gewohnt, und unter schweigender Zustimmung seiner Vorgesetzten hatte der Professor fast täglich Gelegenheit, seine Frau zu sehen, zu sprechen und sie mit Lebensmitteln zu versorgen.

Da sie deutsch, litauisch, russisch und polnisch sprach, verwendete man sie als Übersetzerin im Büro einer staatlichen Exportgesellschaft. Für die junge Frau, die die Rolle der deutschen Professorenfrau, so sehr sie ihr schmeichelte, immer mit einem gewissen Widerwillen gespielt hatte, war das Leben im Ghetto eine Art Rückkehr zu ihrem Volke, und sie genoß das in vollem Maße. Von den schweren Entbehrungen und Demütigungen der andern war sie verschont geblieben, und sie hoffte, daß sie durch die guten Beziehungen ihres Mannes bald ganz wieder bei ihm leben können werde.

Es gab auch in Kaunas einige Juden, die die Erlaubnis hatten, in der Stadt zu wohnen. Serebrovicz[26], ein Mann von etwa fünfundvierzig Jahren, der zur Zeit des deutschen Ein-

26 Vgl. auch Tory, S. 59, Anm. 2.

marsches im Gefängnis gesessen hatte, machte sich gleich zu Anfang an die Gestapo und bot ihr seine Dienste an. Er spielte die Rolle eines Vermittlers zwischen Gestapo und Ghetto, und wahrscheinlich wird er seinen Herren manches verraten haben. Er war ein dunkles Subjekt, dem nicht zu trauen war. Dennoch verstand er, mit den SD-Leuten umzugehen, und er hatte als Fürsprecher der Juden oft Erfolg.

Im Haus der SS ging er frei aus und ein, und die gefährlichsten Antisemiten verkehrten dort in vertraulichem Ton mit ihm. Bei den Verhandlungen mit Lyda hatte er auch sein Hand im Spiele. Er verhörte sie mehrmals im Namen der deutschen Polizei. Er war ihr, soviel man sehen konnte, wohlgesinnt und bemüht, ihr zu helfen. Auch seine Familie, Frau und zwei halberwachsene Kinder, lebten frei in der Stadt, und während die andern darbten und in täglicher Todesangst lebten, hatten sie eine schöne Wohnung und alles, was sie brauchten.

Der Fürsprache Serebroviczs vor allem war es zu verdanken, daß auch Dr. Heuer mit seiner Familie in der Stadt geblieben war. Dr. Heuer war ein Emigrant aus Österreich. Er hatte sich auf Behandlung von Krampfadern durch Einspritzung einer Salzlösung spezialisiert und hatte mit seiner Heilmethode große Erfolge. Unter seinen Patienten waren einflußreiche Persönlichkeiten, die befürworteten, den Arzt wegen seiner kriegswichtigen Beinschädenbehandlung in seiner Tätigkeit zu belassen. Er übte seine Praxis weiter aus, lebte im übrigen so zurückgezogen wie möglich, und die ganze Familie vermied es, sich auf der Straße zu zeigen. Er unterrichtete seine beiden Söhne selbst. Die Frau besorgte den Haushalt und vermummte sich mit einem Tuch, wenn sie in dem Lebensmittelgeschäft ihre Markenware abholte. Seine Patienten halfen ihm bei der Sorge um die Existenz.

Die Erlaubnis, außerhalb des Ghettos zu wohnen, bekam er immer auf ein Vierteljahr, und jedesmal brachte er eine Liste von Bittstellern bei, die seinen weiteren Aufenthalt in der Stadt befürworteten. Diese Abhängigkeit von der Gnade der deutschen Polizei, die Vereinsamung und ständige Angst quälten ihn so, daß er manches Mal äußerte, ihm würde im Ghetto wohler sein als hier.

Im Juli bekam Serebrovicz den Befehl, nach Wilna überzusiedeln, wo man ihn ebenfalls als Organ der Polizei zu verwenden versprach. Man stellte ihm ein großes Lastauto für den Umzug zur Verfügung, in dem er alle seine Möbel und seinen Hausrat mitnehmen konnte. Er nahm umständlich von seinen Kaunaer Bekannten Abschied, unter anderm auch von Dolly und Mrs. Hickson, bei der seine beiden Kinder englischen Unterricht gehabt hatten.

In Wilna stand eine schöne Wohnung zu seiner Verfügung. Kaum war er dort eingezogen, sahen die Nachbarn ein geschlossenes Auto vor dem Hause halten, dem einige Gestapisten entstiegen. Aus Serebroviczs Wohnung wurden kurz darauf einige Schüsse gehört. Die Wohnung wurde versiegelt, in der folgenden Nacht die Leichen fortgeschafft. So erzählten die Nachbarn. Kein Mensch wußte Genaues über ihr Verschwinden. Von anderer Seite wurde der obigen Fassung widersprochen – man habe sie nicht in der Wohnung, sondern im Wilnaer Polizeigebäude erschossen.

Dr. Heuer hatte mit ihm seinen Fürsprecher verloren. Als er im Juli sein neues Gesuch um Aufenthaltsgenehmigung einreichte, bekam er vorläufig keine Antwort. Man sagte ihm, daß man das Haus, in dem er seine Wohnung hatte, benötige, er solle sich eine andere Wohnung suchen. Nach einer Woche erschien Stütz bei ihm und sagte, man werde ihm eine andere Wohnung zur Verfügung stellen. Wieviel

Zimmer er brauche? Ob zwei nicht zu wenig seien, wo er doch eine große Praxis habe.

Am nächsten Tag hielt vor seinem Haus ein kleiner Leiterwagen. Er habe bis zwei Uhr die Wohnung zu verlassen und ins Ghetto umzuziehen. Stütz erschien nach einer Stunde selbst, sah sich die schönen Wiener Möbel, die wertvollen Bilder und Teppiche an und bestimmte, daß diese alle in der Wohnung bleiben sollten. Er brauche im Ghetto nur das Allernötigste. Als Dr. Heuer ihn fragte, warum er ihm falsche Hoffnungen gemacht habe, lächelte er gemein: »Ich wollte Sie nicht unnötig vorher aufregen.«

Juli und August waren überstanden. Jeder Tag in seiner nicht enden wollenden Helligkeit war blutende Erinnerung an das vergangene Jahr. Gretchen fühlt dasselbe wie ich. Das ist kein Schmerz, der mit der Zeit vernarbt. Es ist eine wilde, zernagende Trauer, die sich mit jedem Tag tiefer einfrißt. Da nützt kein Sich-Zusammennehmen, Dagegen-Ankämpfen, Sich-Betäuben. Die Schreie ersticken die Kehle vom Morgen bis zum Abend, und nachts trocknet das Laken nicht die Tränen.

Gretchen hatte zwei Ferienwochen bei ihrer lieblichen, naiven Freundin Nina verbracht, deren Eltern – Litauer – ein kleines Bauerngut hatten. Sie hatte dort Milch getrunken, im Flüßchen gebadet, und die Sonne hatte ihre Wangen ein wenig gerötet. Aber auch dort ist ein Wald, wo man die Juden hingetrieben und erschossen hatte. Es gibt kein Plätzchen, das nicht mit Blut befleckt ist. Es gibt keine Zerstreuung, die auch nur für Stunden das Grauen von uns nehmen könnte. Es ist zu groß und furchtbar, als daß andere daran teilnehmen könnten. Es ist eine fressende Krankheit, die man vor den Augen der Leute verbirgt. Es scheint mir oft, daß mich auf der Straße mißtrauische Blicke treffen. Es ist nicht nur wie eine Krankheit, es ist wie eine Schuld. Ich verstehe jetzt vieles. Die Welt fragt nicht danach. Es ist dein Schicksal, trag's ...

Die vorjährigen Tomaten hatten wir noch unserer Marie gebracht. Die Donnerstage vor dem Gefängnis – damals litten und fürchteten wir mehr, aber wir hofften noch. Die Tage werden kürzer. Edwin und Lyda sind wieder ins Leben zurückgekehrt. Regina ist im Haus der Engel geborgen. Die kleine Ira läuft als barfüßiges Bauernkind auf Frau Lydas Gut herum. Emmi ist aus dem Gefängnis entlassen. Das Rehlein, Mositchen, Frau Engert sollen noch gerettet werden. Jeder Tag bringt neue Sensationen und fordert unseren Einsatz.

Es ist schwer, genügend Geld zu verdienen. Im Sommer waren die Schüler weggeblieben. Einige, gerade solche in hohen Stellungen, hatten überhaupt nicht bezahlt. Ich weiß, wir sind rechtlose Leute, und manchmal wundert es mich fast, daß wir nicht viel mehr ausgenutzt werden.

Einmal traf ich einen früheren Schüler, Sokolski, auf dem Markt. Er wollte sich vor mir verdrücken, aber ich hielt ihn an, sagte ihm, daß ich jetzt, wo das Geld sich so entwertet hat, nicht mehr eine, sondern vier Mark für die Stunde nehme, und bat ihn, seine Schuld endlich zu begleichen. Er behauptete, kein Geld zu haben, zog aber auf einmal seine Börse und warf die Schuld ganz auf den Tisch eines Marktstandes. Dazu schrie er laut, er wisse sehr wohl über mich Bescheid, und ich werde nächstens auf andere Weise von ihm hören. Die Marktweiber standen staunend ob dieses Streites zweier »Intelligenter«, und trotzdem ich die Drohung nicht ernst nahm, hinterließ sie doch ein Unbehagen in mir.

Ich machte mißgestimmt meine Einkäufe und ging dann noch einen Augenblick zu Edwin. Lyda war im Dienst. Edwin saß vor seinen Noten. »Ich muß sehr alt werden, um alles schreiben zu können, was in mir klingt.« Als ich ihm sagte, daß es besser wäre, jetzt gar nichts zu komponieren, sondern vorerst irgendeine Bürostelle anzunehmen, um den Forderungen der Gestapo zu genügen, wurde er sehr böse. Er sei fest entschlossen, sein bisheriges privates Leben weiterzuführen, und werde das auch durchsetzen. Ich ging nachdenklich weiter.

Wie ich noch eine Besorgung machen wollte, merkte ich auf einmal, daß mein Handtäschchen fehlte. Ich erschrak. Es enthielt meine Dokumente, die ich mir niemals wieder würde beschaffen können. Ich eilte zu Edwin zurück. Dort fand sich nichts. Wahrscheinlich auf dem Altmarkt gestohlen. Hoffnungslos, es wiederzubekommen. Noch einmal zurück in den Laden, in dem ich den Verlust bemerkt hatte. Nichts. Doch mitten auf der Straße blinkte ein schönes, neues Hufeisen. Das bedeutet Glück, spielten meine Gedanken. Ich hob es auf. Die blanken Nägel staken noch drin. Ich nehme es mit nach Hause. Als ich schon fast zu Hause war, fiel mir auf einmal ein, wo ich die Handtasche liegengelassen hatte. Den Berg wieder herunter – bei der Doktorin[27] geklingelt. Da lag die Verlorene noch auf dem Lehnstuhl, aber die Ärztin war ganz verändert. Sie hatte gute Nachrichten von ihrem Sohn bekommen. Wir umarmen uns und freuen uns gemeinsam.

So füllen sich die Tage mit kleinen mißlichen und frohen Ereignissen. Sie sind so voll gedrängt, daß man die Fülle kaum fassen kann. Unsere Feinde, das sind Deutsche – wie wir selbst.[28] Unsere eigenen Leute sind unsere Mörder. Die

27 Elena Kutorga.

28 Ursprünglich lautete die Formulierung: »Unsere Feinde, das sind die Deutschen.« Im Manuskript von Helene Holzman korrigiert.

Deutschen morden sich selbst. Ich sehe um mich. Überall ist Verrat, Gefahr. Oft überkommt mich solches Entsetzen. Ich möchte aus dem Hause auf die Straße laufen, von der Straße mich ins Haus verkriechen.

Feinde ringsum. Was ist aus dem strebsamen, harmlosen litauischen Volke geworden – Henkersknechte, die eilfertig zum Morde beihelfen, dunkle Spekulanten, mißgünstige Denunzianten.

Freunde ringsum. In dem wirren Knäuel blühen die geheimen Verbindungen, das große gegenseitige Vertrauen, die warmen Frauenfreundschaften. So verschwiegen wir nach außen sind, so rückhaltlos offen sind wir gegeneinander, denn wir wissen, daß eine allein nichts vermag, daß wir einander helfen müssen, wenn wir etwas erreichen wollen. Die Zahl unserer Schützlinge wächst immer mehr, und zugleich wird der Kampf immer gefährlicher.

Die Straßen der Stadt füllten sich immer mehr mit deutschen Rücksiedlern und Reichsdeutschen. Vertretungen deutscher Firmen eröffneten ihre Kontore. Aus allen besseren Wohnungen, Läden und Werkstätten wurden die Litauer einfach herausgesetzt. Viele Firmen gingen in deutsche Hände über oder mußten unter deutscher Kontrolle für die Deutschen arbeiten. Die von Deutschen besetzten Häuser wurden wie in Friedenszeiten remontiert[29], mit eleganten Möbeln ausgestattet, und die Zentralheizungen sparten nicht mit Heizmaterial. Mit ihrer Marke »Herrenvolk« stempelten sie alles, was ihnen unter die Hände kam.

Die Bauern hatten nicht nur hohe Abgaben ihrer Produkte zu entrichten, es wurde jeder freie Verkauf verboten. Die städtische Bevölkerung bekam oft wochenlang weder

29 Renoviert.

Fett noch Fleisch. Sie durften zusehen, wie die Deutschen in ihre Läden gingen und Butter, Weißbrot, Eier, Milch kauften. In den litauischen Fleischereien wurde Pferdefleisch, minderwertiges Fleisch verkauft, die deutschen dagegen hingen voll erstklassigem Fleisch, Würsten, Schinken. In den besseren Restaurants konnte man nur auf deutsche Lebensmittelkarten essen. Nur in der deutschen Apotheke gab es Medikamente.

Im Sommer 42 waren die ersten sogenannten litauischen Freiwilligen-Mobilmachungen.[30] Man glaubte, die Litauer mit Schnaps und Zigaretten ködern zu können. Diese verstanden aber sehr wohl das Beleidigende dieser Art Werbung. In den Provinzstädten kam es vor, daß junge Männer sich anwerben ließen, die erhaltenen Zigaretten auf die Erde warfen, den Schnaps darübergossen und geschlossen davonliefen. Die Werber waren so verdattert, daß sie nicht eingriffen.

Auf dem Lande begann man deutsche Bauern anzusiedeln. Sie wurden mit Vieh und Inventar versorgt. Als Arbeitskräfte bekamen sie zum Teil russische Gefangene oder russische Familien aus den besetzten Gebieten. Litauische Wirtschaften, die in besonders gutem Zustand waren, wurden einfach requiriert und in Staatsgüter umgewandelt. Den herausgesetzten Bauern gab man teilweise an anderen Stellen Land. Nicht wenige dieser Vertriebenen widersetzten sich der Gewalt. Sie verbanden sich mit den neuen Partisanen, den Feinden des deutschen Regimes. Sie lebten in den Wäldern und bedrohten die Siedler, die man widerrechtlich auf ihren Grund und Boden gesetzt hatte.

30 Die Mobilisierung von »Freiwilligen« für die SS im Baltikum, die die deutsche Besatzungsmacht Anfang 1943 nach dem Entschluß zur »totalen Kriegsführung« noch intensivierte, war in Litauen, anders als in Lettland und Estland, tatsächlich wenig erfolgreich. Vgl. Stossun, S. 217f.

Man gab den Siedlern Waffen, aber das reizte ihre Feinde noch mehr. Sie konnten sich trotz staatlicher Unterstützung ihres Besitzes nicht freuen, und manch einem kam schon damals eine Vorahnung, daß ihre Herrschaft nicht von langer Dauer sein wird.

Unsere Verwandten aus dem Reich schrieben uns vorsichtig abgefaßte Briefe, aus denen der ganze Terror ersichtlich war. Sie alle waren mit einem breiten Freundeskreis leidenschaftliche Feinde des Regimes, die schwer unter der tiefen Entwürdigung des deutschen Volkes litten. Wir hatten schon früher einen kleinen Code von Geheimworten vereinbart, mit denen wir uns jetzt notdürftig verständigten. Wir schickten Päckchen mit Lebensmitteln und ersahen aus dem Überschwang, mit dem sie quittiert wurden, wie notwendig ihnen dieser kleine Zuschuß an Nahrung war.

Meine Schwiegermutter lebte im Hause meiner Mutter, der es bis jetzt gelungen war, in der Stadt sie vor direkten Angriffen zu schützen.[31] Meine Mutter hatte sich den Forderungen und Drohungen der Partei, ihr Haus von der jüdischen Einwohnerin zu reinigen, mutig widersetzt. Das neu herausgekommene Gesetz, nach dem auch in Deutschland die Juden mit einem Davidstern gezeichnet wurden, berührte die Greisin, die Haus und Garten selten verließ, kaum mehr. Die Nachbarn und alten Freunde besuchten die Gütige, immer Hilfsbereite nach wie vor, und sie achtete die eigne Not so wenig, daß sie immer noch den Sorgen der anderen geöffnet war und ihnen mit ihrem beinah naiven Glauben an die Güte der Menschen Trost spendete. Sie

31 Agnes Holzman, geb. Priebatsch, war in den zwanziger Jahren aus Obornik bei Posen, wo sie während der Inflation ihr Haus verloren hatte, nach Jena in das Haus von Marguerite Czapski, der Mutter von Helene Holzman, gezogen.

hatte eine tiefe, wahrhaft deutsche Bildung und konnte in der Reinheit ihres Herzens überhaupt nicht fassen, was um sie geschah. Und sie war so felsenfest vom nahen »Sieg des Guten« überzeugt, daß sie auch an eine baldige Wiedervereinigung mit ihrem Sohn und ihren Enkeln glaubte. Wir konnten uns nicht entschließen, ihr die volle Wahrheit über das Schicksal ihrer lieben Menschen mitzuteilen.

Ende September drangen SS-Männer bei ihr ein und holten sie ab. Diesmal vermochte meine Mutter nicht, wie schon mehrmals gelungen war, sie zu schützen. Man ließ sie ihr Köfferchen packen und brachte sie weg. Nach Lublin, hieß es, wo die Juden konzentriert leben sollten. Die tapfere Greisin erriet nicht die teuflischen Absichten ihrer Henker. Sie nahm auch jetzt nicht das Gift, das sie sich für einen solchen Fall zurechtgelegt hatte. Wir wissen nicht, wo und auf welche Weise sie gemordet wurde.[32] Das Beispiel Tausender anderer ließ keine Zweifel aufkommen. Die Nachricht von dem Geschehenen griff uns schmerzhaft ans Herz. Wir fühlten uns liebeleer und verlassen ohne [die] sorgenden Gedanken unserer Oma. Unter diesem Druck standen wir noch, als wir den ersten Besuch aus dem Reich bekamen.

Wir waren an einem Sonnabend, an dem Gretchens Dienst schon um ein Uhr Schluß machte, in die Gärtnerei unserer holländischen Freunde gepilgert und kamen mit Gemüse und Äpfeln beladen, mit schmutzigen Schuhen und müden Gliedern zurück. Es war schon dunkel, als wir vor unserm Hause von einer weichen Frauenstimme angerufen wurden. »Erkennt ihr mich nicht?« Wir sahen die Silhouette einer breiten Gestalt, ohne drauf zu kommen, wer es sein

32 Agnes Holzman wurde in Theresienstadt ermordet, wahrscheinlich 1943.

könnte. »Suse!« Meine alte Kameradin aus der Studienzeit, mit der ich durch alle Jahre in freundschaftlicher Verbindung gestanden hatte.[33] Ihre Söhne hatten als Kinder mit meinen Mädchen gespielt, und trotz aller Verschiedenheit der Entwicklung war zwischen uns die Intimität der Jugendfreunde geblieben, die einander nicht so sehr kritisch sehen, als sich gegenseitig in ihrer alten Bewährung vertrauen.

Sie hatte viele Jahre als Schriftstellerin schwer zu kämpfen gehabt. Aber das Dritte Reich hatte ihr Erfolg, Ruhm und Geld gebracht, und kritiklos, wie sie schon immer gewesen, war sie allmählich ganz in das Fahrwasser der Nazis hineingeschliddert. Es gab keine Verständnismöglichkeit mehr für uns, und ich hatte schon jahrelang ihre von Lobeshymnen an das Regime strotzenden Briefe nicht mehr beantwortet. Nun sie vor mir stand, überkam uns doch frohe Überraschung, und als wir uns drinnen bei Licht betrachteten, sah jeder im andern nur den alten treuen Kameraden aus der Jugendzeit.

Ich sah in ihr trotz der matronenhaften Gestalt den schönen, kraftvollen, feurigen Menschen von früher, und die Erinnerungen durchströmten mich wie eine warme Welle. Sie war vom Verband deutscher Schriftsteller als Journalist in die Ostprovinzen geschickt worden und wollte sich einige Tage in Kaunas aufhalten. Von der Reise ermüdet, wollte sie bald ihr Hotel aufsuchen, und wir verabredeten uns auf den nächsten Tag zu Mittag. Gretchen und ich hatten in unserer Freude über den vertrauten Menschen, zu dem wir Du sagten, alles Trennende vergessen.

33 Suse von Hörner-Heintze. Ihr Roman »Mädels im Kriegsdienst. Ein Stück Leben«, Leipzig 1934, über ihr Leben als Sanitäterin im Ersten Weltkrieg war sehr erfolgreich gewesen.

Der Vormittag verging in Vorbereitungen, und dann saßen wir zusammen am Fensterplatz in unserer warmen Küche und ließen die Stunden verrinnen. Es wurde dunkel. Die Luft war voll Zigarettenrauch und Kaffeeduft. Wir verdunkelten nicht das Fenster, sondern machten kein Licht. Wir saßen, sprachen und sprachen, bis zum späten Abend. Es war, als wenn verhaltene Schleusen ins uns geöffnet würden, und was wir einander auszusprechen uns scheuten, teilten wir gelöst der Dritten mit. Wir sprachen offen und leidenschaftlich und ohne Rücksicht auf die Reihe von Ehrenauszeichnungen auf dem Busen unserer Freundin, und da wir nichts anders glaubten, als daß die Zeugen der furchtbaren Verbrechen, die die Gestapo im Namen des deutschen Volkes verübt hatte, unsere Suse endgültig umwandeln müßten, redeten wir ihr zu, Parteimitglied zu werden und unter diesem Deckmantel ihre ganze Kraft der Arbeit gegen das Regime zu widmen. Wir wollten ihr behilflich sein, schon jetzt auf ihrer Reise Material für die neue Aufgabe zu sammeln.

In den nächsten Tagen nahm ich sie mit zu den Nataschas und machte sie mit Regina bekannt; zur Schneiderin, wo ihr das liebliche Rehlein Esther vorgestellt wurde. Ich schleppte sie mit bis an den Flugplatz, wo einige hundert Besternte ihren Frondienst leisteten; ans Ghetto mit den schauerlichen, nach der Straßenfront vermauerten Fenstern und den Warnungsschildern am Drahtverhau, in denen jede Satzung Todesstrafe androhte. Dort war gerade ein neues Verbot herausgekommen – das Gebären. Mutter und Kind haben dafür Todesstrafe zu erwarten. Eine schwangere Frau muß sich von einem Ghettoarzt ihre Leibesfrucht abtreiben lassen! – Suse war entsetzt von dieser schamlosen Niedertracht, und dennoch schien es mir, als reagiere sie auf alles anders, als ich erwartet hatte.

Sie reiste in der Richtung nach der Front weiter und versprach, auf der Rückreise noch einmal zu kommen. Nach einigen Tagen bekamen wir einen langen Brief, der uns wie ein kalter Guß desillusionierte. Wir hatten uns gründlich getäuscht in unserem Glauben, sie bekehren zu können. Ihr Herz und ihr Verstand waren gegen jede Einsicht mit nationalsozialistischen Schlagwörtern gesichert, und was im Augenblick durch diesen Panzer gedrungen schien, war unterdessen schon absorbiert, und die starre seelische Ruhe und Bequemlichkeit wiederhergestellt. Wie tief, sagten wir uns, muß die Verblendung im deutschen Volke sein, wenn die warme, mütterliche Suse ihr so verfallen konnte, daß sie keiner Einsicht mehr zugänglich ist?

Als sie auf der Rückreise noch einmal kam, war der Zauber des ersten Wiedersehens verflogen. Wir zankten uns in endlosen, unfruchtbaren Wortstreiten und kamen mit keinem Schritt einer Verständigung näher. Beim Abschied suchten wir vergebens nach einem Wort, das uns über die Kluft hinweg in alter Weise verbinden könnte.

Dieses Erlebnis belehrte uns über vieles. Wir sahen unser strahlendes Mariechen vor uns, wie sie vergeblich auf die Soldaten im Lazarett einredete, bis man sie verhaften ließ. Wir begriffen, daß es müßig ist, gegen den Nationalsozialismus zu polemisieren, daß es dagegen nur eine Waffe gibt – die Waffe.

Etwa ein halbes Jahr später bekamen wir noch einmal solchen Besuch, den wir allerdings schon von vornherein kühler empfingen: einen Architekten, den das Regime zum Regierungsbaumeister avanciert hatte, der sich vor uns zwar etwas seiner braunen Dienstuniform schämte und bei allem Schrecklichen, was wir ihm erzählten, bedauerndes Mitgefühl bezeugte – der aber dennoch seinen Stolz auf Amt und Titel, auf seine persönlichen Beziehungen zu Sch. und beinah zu Göring nicht vor uns verbarg. Besonders stolz war er darauf, daß man seinen Sohn für eine Adolf-Hitler-Schule vorgeschlagen hatte, und er merkte gar nicht, wie deplaziert es war, sich gerade vor uns dieser Auszeichnung zu rühmen.

Ende Oktober war gekommen, 365 Tage seit dem großen Morde, seit unserem Unglück, an das wir uns niemals werden gewöhnen können. Die Schreie sitzen uns in der Kehle und können sich nicht befreien. Wenn Gretchen um halb fünf aus dem Büro kommt, ist es schon dämmerig. Manchmal beengt mich die stille Wohnung so, daß ich den Berg herunter zu ihr ins Fabrikbüro laufe, um sie einen Augenblick zu sehen.

Auf den Straßen ziehen die jammervollen Gefangenen. Sie betteln um Brot und Zigaretten. Die gelben Ahornblätter sehen auf der feuchten Erde wie die Sterne auf den dunklen Kleidern der Juden aus. Gibt es denn kein Ende dieses Jammers, kein Erbarmen? Durch die Straßen klappen die Stiefel der SS. Der deutsche Siegeszug hat die Gipfel des Kaukasus erreicht und das Selbstbewußtsein der Sieger den Gipfel der Anmaßung.

Wir hatten Angst vor dem brutalen Klang ihrer Stiefel, vor den starren Blicken und bösen eigensinnigen Hinterköpfen, aber dennoch zweifelten wir nicht einen Augenblick, daß das falsche Herrentum bald ein Ende nehmen werde, und mit diesem Glauben beantworteten wir die angstvollen Fragen der Juden und trösteten sie auf bessere Zeit.

Unsere Schützlinge, Marianne und Onyte, hatten mit ihren falschen Dokumenten Stellungen als Dienstmädchen angenommen. Ein kleiner litauischer Beamte mit seiner Frau, die in ihrer Jugend die Schweine gehütet hatten, empfanden es mit tiefer Befriedigung, daß die Jüdin, die Intellektuelle, ihnen Magddienste leisten mußte. Sie genossen dieses Hochgefühl so gründlich, daß sie ihr gar nicht genug schwere und demütigende Arbeit aufhalsen konnten. Aber Onytes schönem, natürlichem Selbstgefühl tat das keinen Abbruch. Sie arbeitete sich halb tot und behielt dabei ihren kräftigen Humor. Ein schweres Ziel hielt sie aufrecht: den Bruder mit seiner Familie aus dem Ghetto zu ziehen.

Im Ghetto war eine relative Beruhigung eingetreten. Große Metzeleien waren nicht mehr vorgekommen. Im Verhältnis zu den schlechten Lebensbedingungen war der Gesundheitszustand nicht schlecht, die Sterblichkeit gering. Es zeigte sich, daß es wirklich eine gesundheitliche Auslese war, die geblieben war: zähe Männer und Frauen, und je härter die Bedingungen, desto fanatischer ihr Lebenswille, ihre Kraft im Überwinden aller Gefahren.

Hinter dem Häuschen der Schneiderinnen war eine Waschküche, in der die Organisation Schuh eine Werkstatt eingerichtet hatte. Dort arbeiteten jüdische Schlosser und ein besonders begabter Uhrmacher, der den Deutschen die Taschenuhren reparierte. In dieser Waschküchenwerkstatt war es immer mollig warm, und nichts war gemütlicher, als dort ein bißchen bei den Handwerkern zu sitzen und zu schwätzen. Was für ein kräftiges Volk, diese Mischung von Melancholie und Humor, diese Sanftmut im Erdulden ihrer unendlichen Leiden und dabei diese Wendigkeit im praktischen Leben.

Man mußte sehr aufpassen, daß die heimlichen Besuche nicht entdeckt wurden. Vor allem war ein Gefreiter, ein abscheulicher Kerl, hinterher, daß seine Sklaven nur ja nicht mit »Menschen« in Verbindung kamen und spekulierten. Vor dem Abendappell durchforschte er ihre Taschen und

Beutel nach unerlaubten Waren. Aber sie waren schlauer als er und behumsten ihn gehörig.

Edwin schwor auf Medikamente. Er hatte sich eine ganze Apotheke an Vitaminen, Kalbspräparaten, Nervenstärkungsmitteln und Erkältungsvorbeugern zusammengekauft. Er drängte sie seiner Frau auf, nahm sie pausenlos durcheinander ein. Trotzdem wurde er im November krank und kränker. Er beschimpfte die Medikamente als Dreck und rief den deutschen Arzt, Dr. A. Der stellte eine schwere Lungenentzündung fest. Lyda ließ sich vom Dienst beurlauben und pflegte ihn. Das war keine Kleinigkeit, denn sie [hatte] keine Ahnung von Krankenpflege.

Das Fieber stieg, und auf einmal sah es sehr ernst aus. Lyda kam weinend zu mir. Der Arzt hatte Kompressen verordnet. »Was sind eigentlich Kompressen?« fragte sie. Ich packte ein Flanelltuch, Billrothpapier und Sicherheitsnadeln zusammen, nahm eine Flasche Himbeersaft [und] ein kleines Kopfkissen mit und ging mit ihr. Für die erschöpfte Lyda machten wir ein Bett in der Küche – ein bißchen hart, aber nach den durchwachten Nächten lockte es sie so sehr, daß sie sich gleich niederlegte.

Das Fieber stieg auf 41°. Im Hause wohnte ein litauischer Arzt. Ich holte ihn noch am späten Abend. Er machte Injektionen von Strychnin. Das Herz sei angegriffen, morgen früh werde er wiederkommen. Ich saß am Bett des Fiebernden, der laut phantasierte. Er warf sich hin und her, sprang auf, wollte weglaufen, krächzte, spuckte, hustete zum Erbarmen. Die Kompresse riß er ab. Sie ersticke ihn. Ich machte eine neue, stopfte immer von neuem die Kissen zurecht, gab Elendron, Prontosil, Zitronen, Himbeersaft. Ich räumte beim verhangenen Licht der Tischlampe die unzähligen unpassenden Medikamente weg, klappte das Klavier zu, stellte den staubigen Immortellenstrauß beiseite und kam alle paar Minuten ans Bett des Kranken.

»Ich sterbe, ich sterbe«, schrie er bei jedem Hustenanfall. »Ich will nicht sterben und muß noch viele Musikdramen schreiben. Alle Melodien sind schon da, ich brauche nur Zeit und Gesundheit. Die Idioten, die Ärzte, alles Idioten! Der Umschlag sitzt jetzt großartig. Lenchen, Sie sind der beste Mensch, nein, der zweitbeste, denn Lyda kommt als erste. Lassen Sie nur mein Zicklein, mein Pusilein pennen. Hat sie's nicht kalt in der Küche?«

So ging's die ganze Nacht und den ganzen nächsten Tag. Der Arzt macht seine Spritzen, horcht das Herz, die Lungen ab. Der Zustand ist bedenklich, das Herz, das Herz. Lyda ist wie von Sinnen. Er muß, muß, muß gesund werden! Sie war den ganzen Tag herumgelaufen, hatte die schwer zu erhaltenden Ampullen beschafft, von Soldaten Apfelsinen und Zitronen erhandelt, irgendwoher Weißbrot bekommen. Sie beugte sich über ihn und lief wieder hinaus. Sie konnte den Anblick des röchelnden Kranken nicht ertragen.

Der stöhnt, schreit, singt, lacht und weint durcheinander. Plötzlich ist er ganz still. Ich bekomme Angst, wie er da so linnenbleich liegt, fühle die Stirn. Sie ist naß von Schweiß. Er schläft und atmet so schnell und leise wie ein Säugling. Wie eine Pumpe geht es, auf ab, auf ab. Nach einer Stunde ziehen wir die klatschnasse Wäsche aus. Ich frottiere den mageren, schmalbrüstigen Oberkörper mit einem Handtuch, ziehe [ihm] das frische, vorgewärmte Hemd über. Schlaf mein großes, unartiges Kind, schlaf dich gesund.

Die ganze Nacht neue Schweißausbrüche. Wir haben schon längst nicht [mehr] genug Wäsche, trocknen ganz unvorschriftsmäßig auf dem Radiator der Dampfheizung. Die Nacht ist endlos lang, und ich bin so schläfrig, daß ich mich nicht mehr halten kann. Ich nicke pflichtvergessen auf meinem Stuhl ein, bis der graue Tag durch die Ritzen der Verdunkelung dringt. Der Kranke schläft noch immer, leise schnaubend. Wir wissen nicht – ist das ein gutes oder böses Zeichen? Der Arzt wollte doch früh kommen. Wo bleibt er nur? Lyda will ihn rufen. Aber er ist nicht mehr zu Hause. Wir räumen das Zimmer auf und warten. Mittags kommt der Arzt. Er hatte früh an der Tür geklopft, aber wir hatten das Klopfen verschlafen. Er sieht den Patienten an, fühlt den Puls, hört ihn ab: »Die Krise ist vorüber« – und geht fort. In uns ist eine stille Feierlichkeit, als wäre uns ein Kind geboren. Wir sind beide die Mutter, aber ohne einen Funken von Eifersucht gegeneinander.

Erstaunlich, wie schnell sich ein Mensch von so schwerer Krankheit erholen kann! Nach einer Woche läuft Edwin schon wieder herum, und die arme Lyda scheint mehr angegriffen als er. Sie hat es schwer zu Hause und schwer in ihrem Dienst, und beides zusammen geht über ihre Kräfte. Sie hustet jämmerlich, und schließlich liegt sie mit Fieber im Bett, und es ist an Edwin, sie zu pflegen. Gott sei Dank, es wird keine Lungenentzündung, nur eine schwere Grippe, keine Krise – dafür erholt sie sich nur langsam. Ende November kommen wir mal am Sonntag gegen Abend zu ihnen herein. Sie sitzen im Dämmer und tun nichts.

»Was macht ihr?«

»Wir freuen uns, daß wir uns haben«, sagt Lyda.

Die Stube ist schön aufgeräumt und gewaschen. In der Mitte des runden Tisches stehen noch die welken, gelben Immortellen, die an Edwins Krankheit erinnern. Aber Lyda duldet nicht, daß man sie wegnimmt.

Ich hatte eine kleine Novelle unseres gemeinsamen Freundes Benediktas übersetzt und las sie vor. Die lyrische, melancholische Stimmung dieses Winterbildchens gefiel allen sehr.

Wir waren angeregt, unterhielten uns noch lange über andere litauische Dichtungen und besprachen die Möglichkeit weiterer Übersetzungen. Lyda erzählte von dem ausgezeichneten Roman ihrer jetzigen Arbeitskollegin Ieva Simonaityte, in dem das Memelland-Problem von litauischer Seite gesehen ist und die deutschen Memelländer sehr schlecht wegkommen.[34]

Plötzlich stand sie auf, ging ans Klavier und spielte einen Satz aus einer Mozartschen Sonate. Wir hatten sie lange nicht spielen gehört und waren überrascht von ihrem meisterhaften Spiel.

»Sind das nicht Engelstimmen?« fragte sie während des Spiels. Sie sah selbst wie ein verklärter Engel aus, mit ihrem leidvollen, beseelten Lächeln.

»Seit Ausbruch des Krieges der erste schöne Abend«, sagte Edwin. »Wir wollen doch viel öfter zusammensein.«

34 »Aukštuju Šimoniu likimas« (Das Schicksal der Hochland-Simonis), zuerst erschienen in Kaunas 1935.

1. Helene Holzman, 1911.

2. Um 1912.

3. An der Staffelei, etwa 1914.

4. Helene Holzman, »Bauernmarkt in Obra«, 1918.

5. Helene Holzman, »Menschen und Tiere«, 1923.

6. Helene Holzman, Erste Bleibe in Kaunas. Während einer Krankheit 1923 gemalt.

7. Helene und Max Holzman Kaunas 1927.

8. Max Holzman, Helene stillt die Tochter Marie, Zeichnung, 1922.

9. Helene Holzman mit ihren Töchtern Margarete (links) und Marie, etwa 1929.

10. Helene, Margarete und Marie Holzman, etwa 1938.

11. Max Holzman, dreißiger Jahre.

12. Helene Holzman, Selbstbildnis. Ende der zwanziger Jahre. Das Original ist verschollen.

13–15. Helene, Marie und Margarete Holzman auf dem Balkon ihres Hauses in Kaunas. Ende der dreißiger Jahre.

16. Die Familie Holzman in ihrem Wohnzimmer, Kaunas 1940. Das Foto hat Herr Löw angefertigt, ein Emigrant, der eine Zeitlang bei den Holzmans untergekommen war.

17. Marie und Margarete mit ihrer Freundin Ludmilla Branavickaja.

18. Marie und Max Holzman. Etwa 1940.

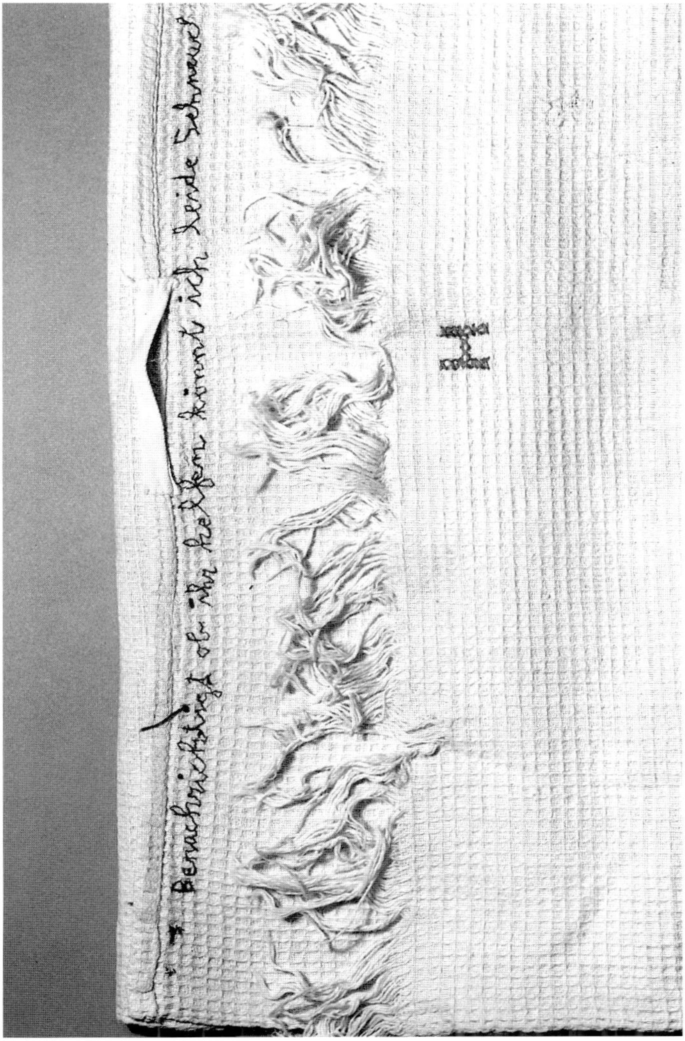


19. In dieses Handtuch hat Marie Holzman eine Botschaft gestickt, die sie zusammen mit der schmutzigen Wäsche an Mutter und Schwester aus dem Gefängnis geschmuggelt hat. September/Oktober 1941.

20. Das IX. Fort außerhalb von Kaunas, August 1944.

21. Die Straße zum IX. Fort, August 1944.

22. Kaunas. Das Memelufer, dreißiger Jahre.

23. Kaunas mit der Memel.

24. Soldaten der Wehrmacht auf dem Vormarsch. Juni 1941.

25. Kaunas bei der Einnahme durch die Wehrmacht, 24. Juni 1941.

26. Die Fußgängerbrücke zwischen dem Großen und dem Kleinen Ghetto in Kaunas, Herbst 1941.

27. Eine Brigade kehrt von der Arbeit ins Ghetto zurück.

28. Der Demokratu-Platz im Ghetto von Kaunas, auf dem die »Große Aktion« stattfand.

29. Die Überreste des Ghettos, nachdem die abrückende SS die Häuser niedergebrannt hatte, August 1944.

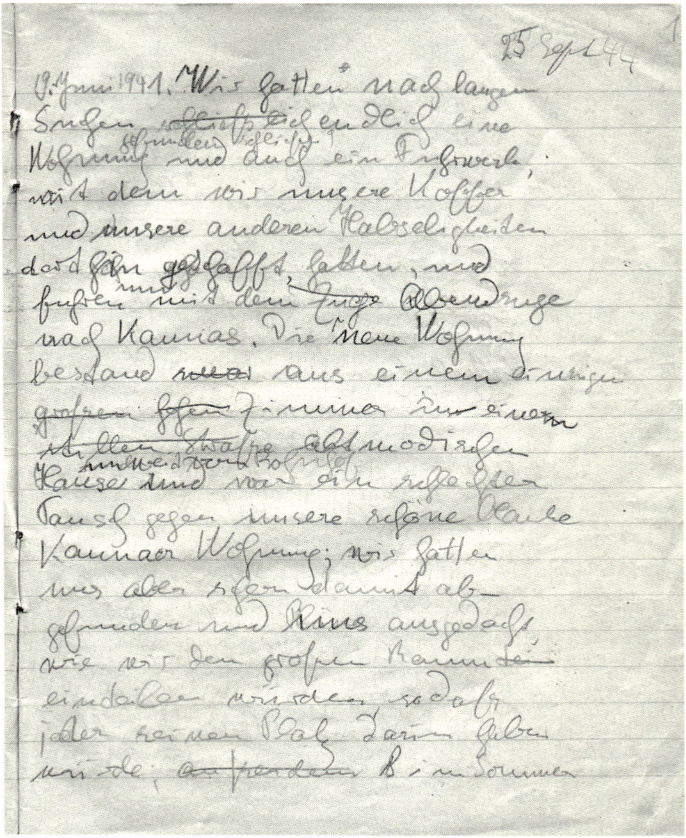
25 Sept 44
1
19. Juni 1941. Wir hatten nach langem
Suchen endlich eine
Wohnung und auch ein Fuhrwerk,
mit dem wir unsere Koffer
und unsere anderen Habseligkeiten
dorthin geschafft hatten, und
fuhren mit dem Abendzuge
nach Kaunas. Die neue Wohnung
bestand aus einem einzigen
großen Zimmer in einem
altmodischen
Hause und war ein schlechter
Tausch gegen unsere schöne Kaunaer
Kaunaer Wohnung; wir hatten
uns aber schon damit ab-
gefunden und ausgedacht,
wie wir den großen Raum
einteilen würden, sodaß
jeder seinen Platz darin haben
würde; B im Sommer

30. Die erste Seite der Aufzeichnungen von Helene Holzman.

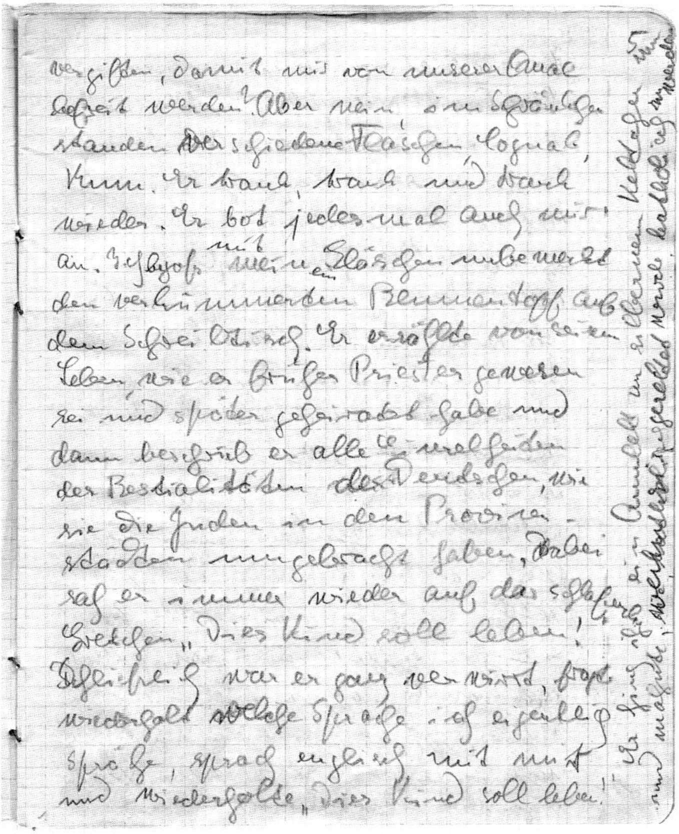

31. Die Seite 5 der zweiten Kladde: »Dies Kind soll leben!«

32. Der Komponist Edwin Geist.

33. Lyda Geist.

34. Natalija Jegorova, »Natascha« oder auch die »allerliebste Chinesin«.

35. Natalija Fugalevičiute, »Natascha Feodosewna« oder »Nataschok«.

36. Elena Kutorgiene-Buivydaite.

37. Sofia Binkiene – Frau Binkis.

38. Ilse Kaufmann, geb. Moses (»Mositchen«), nach dem Krieg mit einer Nichte in London.

39. Gutia Šmukler, »Stasia«, nach dem Krieg.

40. Sonja Gink Schabad – »Onyte«, fünfziger Jahre.

41. Frau Lyda und einige der geretteten Kinder in Kulautuva. Stehend: Rosian Bagriansky, Fruma Vitkin (»Danute«), Vytukas Jagminas, Tania. In der Mitte: Lidija Fugalevič-Goluboviene (»Frau Lyda«) und Klaudija Šatunova. Vorn: Liuda Šatunova, Moše Lafer (»Kolja«), Vitia Šatunov, Rima Šatunova.

42. Fruma Vitkin, Helene Holzman, Natalija Fugalevičiute (»Natascha«), Gutia Šmukler (»Stasia«).

43. Rivka Šmukler-Oscherowitsch (»Regina«), Margarete und Helene Holzman, fünfziger Jahre.

44. Helene und Margarete Holzman mit Fruma Vitkin-Kučinskiene, Ende der fünfziger Jahre auf dem Balkon des Hauses in der Vičinskio-Straße in Kaunas.

45. Fruma Vitkin-Kučinskiene und Margarete Holzman auf dem Balkon im Haus Vičinskio-Straße, April 2000.

46. Das Haus in der Vičinskio-Straße auf dem Grünen Berg, wo die Holzmans vor und während des Krieges gewohnt haben.

47. Das Gebäude, in dem während der Zeit der deutschen Besetzung die SS, der SD und die litauische Sicherheitspolizei residierte, an der Ecke Laisves Aleja und Vytauto Prospekt in Kaunas.

48. Das VII. Fort in Kaunas, wo Max Holzman wahrscheinlich ermordet wurde.

49. Das Zentralgebäude der Kaunaer Universitätsklinik. Hier war das Lazarett untergebracht, in dem Marie Holzman, mit deutschen Soldaten über den Frieden diskutierend, im August 1941 verhaftet wurde.

50. Reste des Kaunaer Stadtgefängnisses an der Ecke Mickevičiaus- und Kestuičo-Straße, in dem Marie Holzman bis zu ihrer Erschießung festgehalten wurde.

51. Das IX. Fort, außerhalb von Kaunas, mit einem Mahnmal aus sowjetischer Zeit.

52. Das Feld neben dem IX. Fort, auf dem an vorher ausgehobenen Gräben die Massenerschießungen stattfanden.

53. Die ehemalige Kommandantur am Eingang des Kaunaer Ghettos in der Kričiukaičio-Straße im Stadtteil Vilijampole.

54. Die Stelle an der Neris-Uferstraße, wo früher der Ghetto-Friedhof lag. Die sterblichen Überreste der hier Begrabenen wurden vor der Errichtung des Umspannwerkes auf einen Friedhof im Kaunaer Stadtteil Aleksotas umgebettet.

55. Die Brücke über die Neris, von Vilijampole aus gesehen. Auf der anderen Seite liegt der »Grüne Berg«.

56. Das Gäßchen neben dem Savanoriu-Prospekt, an dem hinter dem Haus im Vordergrund dasjenige der Nataschas lag.

57. Der Stadtpark zwischen Vytauto Prospekt und Traku-Straße. Hier befand sich früher der Friedhof, auf dem auch Lyda Geist heimlich beerdigt wurde.

58. Die Datsche in Kulautuva, wo Helene und Margarete Holzman das Ende des Krieges erlebten.

59. Das Gut der Frau Lyda außerhalb von Kulautuva im Tal der Memel.

60. Das große Tor des IX. Forts.

# Drittes Heft

Kurz vor Edwins Krankheit erschien einmal Professor Engert aus Wilna. Man hatte seine Frau aus dem Ghetto verhaftet und ins Wilnaer Gefängnis gesetzt. Warum? Engert hatte seine Ehe nicht, wie die meisten Mischehen, scheiden lassen und hatte unlängst an die Wilnaer Gestapo ein Gesuch eingereicht, seiner Frau die Erlaubnis zu geben, das Ghetto zu verlassen und bei ihm zu wohnen. Da solche Gesuche in andern Fällen unter der Bedingung der Sterilisation durchgegangen waren und er und seine Frau bereit waren, auf solche Forderung einzugehen, glaubte er sich zu Hoffnungen auf Erfolg berechtigt.

Man beorderte ihn zur Gestapo. Aber statt der erwarteten Genehmigung faßte man ihn sehr scharf an. Man verübelte ihm schwer, daß er als gewesener Reichsdeutscher, der als Germanist der Universität das Deutschtum zu repräsentieren habe, sich nach 1933 unterstanden hatte, eine Ostjüdin zu heiraten. Daß er auch jetzt noch nicht anderen Sinnes geworden sei und sich nicht von ihr trennen wolle, fand man besonders verwerflich, so daß an ein Eingehen auf sein Gesuch nicht zu denken sei. Außerdem wisse man genau, daß er sich verschiedentlich abfällig über das Regime geäußert habe. Zum Beispiel habe er Litauern gegenüber geäußert, man müsse sich heutzutage schämen, Deutscher zu sein. Mit einer eindeutigen Drohung, man werde dafür sorgen, daß seine heimlichen Beziehungen zu seiner Frau aufhören, wurde er entlassen.

Engert wollte in Kaunas den General Jost um Fürsprache bitten, zu dem [er] nahe Beziehungen [hatte], da Engerts

Tochter in Kaunas Josts Privatsekretärin war. Engert ging mit seiner Tochter[1] und mit Josts Empfehlung versehen in die Kaunaer Sicherheitspolizei, und man telefonierte von dort nach Wilna. Der Bescheid lautete: Sie brauchen sich um Ihre Frau nicht mehr zu bemühen, sie wurde erschossen. Wir raten Ihnen, Ihre Haltung künftig von Grund auf zu ändern, sonst werden wir durchgreifende Maßnahmen treffen.

Die Art, wie ihm das mitgeteilt wurde, mit der anschließenden Drohung, hatte grauenvolle Ähnlichkeit mit dem, was wir dort erlebt hatten. Da gibt es keine Worte des Trostes – nur die qualvolle, unbeantwortete Frage: Warum? Wir blieben den Abend zusammen, fassungslos über das Geschehene.

Er fuhr gebrochen nach Wilna zurück. Merkwürdigerweise ließ man ihm dort sagen, seine Frau sei nicht erschossen, sondern an einen unbekannten Ort verschickt, und noch später hörte er, sie befände sich in einem Konzlager[2] in Deutschland. Der arme Engert klammerte sich an diese vage Nachricht und zehrte jahrelang von der Hoffnung auf ein Wiedersehen. Wir waren mit dem Netz von Irrmeldungen, mit dem die Mörder jedesmal ihre Taten verdunkelten, schon so bekannt, daß wir nicht darauf hereinfielen. Viel später kam die böse Bestätigung.

Eine Leidensgefährtin, die später aus dem Gefängnis entlassen wurde, berichtete, daß sie acht Tage in nebeneinander liegenden Zellen gehalten wurden, daß sie sich bei den täglichen Ausgängen gesprochen und von Kammer zu Kammer durch Klopfzeichen verständigt haben. Frau Engert sei eines Tages abgeholt worden, habe im Vorbeigehen an ihre Tür geschlagen und geschrien: »Man holt mich zum Erschießen! Grüßen Sie meinen Mann!«

1 Aus erster Ehe.

2 Konzentrationslager.

Durch das Bangen während Edwins und Lydas Krankheit, die Freude über ihre Genesung und vielleicht auch durch die traurige Gewöhnung an tägliche Schrecken und Entsetzlichkeiten ward Engerts Tragödie im Augenblick nicht so tief von uns erlebt. Wir waren von dem Gedanken ergriffen, der neuerdings auch im Ghetto um sich gegriffen hatte: sich der Geißel nicht mehr zu beugen, sondern alle Kräfte aufzuwenden, sich und andere ihr zu entziehen. Daß wir unsere beiden Geists hier hatten, befreit, gab uns den Antrieb, noch andere zu retten. Ein kleine Verschwörergruppe arbeitete fleißig am unterirdischen Werk.

Mit Frau Dr. Kutorgas Hilfe wurde die jüdische Frau eines Deutschen, in einer Lokomotive versteckt, über die Grenze nach dem Reich gebracht, wo sie fortan mit falschen Papieren ungestört lebte.

Sie selbst konnte keine Juden bei sich beherbergen. Man hatte mehrmals Haussuchungen bei ihr gemacht, und sie war als Kommunistin und Judenfreund verdächtigt und von der Polizei verwarnt. Im Herbst hatte man ihren Sohn, der in Minsk in einem Lazarett arbeitete, verhaftet, weil er Beziehungen mit der russischen Zivilbevölkerung hatte und gegen die deutschen Okkupanten arbeitete. Es war sein Glück, daß er dort an Typhus schwer erkrankte und ins Krankenhaus überführt werden mußte. Der tapferen Ärztin gelang es nach Monaten, ihren Sohn zu befreien und nach Kaunas zurückzubringen.

10. Dezember 42.[3] Wir hatten unsere Freunde einige Tage nicht gesehen, und ich ging vormittags an Lydas Dienststelle vorbei. Ich sah ihre dunkelrote Strickjacke durch die großen Fensterscheiben leuchten. Sie hatte mich schon er-

3 Das Datum ist wahrscheinlich falsch. Vgl. S. 197, Anm. 4.

kannt und kam mir in die Vorhalle entgegengelaufen. Wir gingen in innigster Vertrautheit auf und ab. Ihre Hände waren kalt, und ich rieb sie mit meinen, im Muff gewärmten.

Heute ist ein besonderes Entzücken in ihrem Gesicht. Sie erzählt, daß sie am Morgen zu Edwin gesagt habe, daß es ihnen schon zu gut ginge, um an die Dauer des gegenwärtigen Glücks zu glauben. Edwin habe sich über ihren Zweifel an der Beständigkeit ihres Glücks geärgert und daraufhin ärgerlich geantwortet: »Unke nur nicht, es wird uns später noch viel, viel besser gehen, wenn man mir nur Zeit zu meiner Arbeit läßt.«

Während Lyda so fröhlich schwätzt, wird sie von einer Kollegin ans Telefon gerufen. Aber wir können uns noch nicht voneinander trennen, und Lyda läßt bitten, daß man in zehn Minuten noch einmal anrufen solle. Nach drei Minuten wird sie wieder dringend gerufen, Lyda eilt, nach wenigen Augenblicken kommt sie zurück. Ein Anruf ihres Hauswirts: Ihr Mann sei soeben verhaftet worden.

Wie kann man so plötzlich hereingebrochenes Unglück fassen? Wir laufen zusammen in ihre Wohnung, in das leere, verwüstete Zimmer. Der Wirt: Vor einer Stunde habe ein Auto der SS-Polizei vor dem Haus gehalten. Stütz mit noch einem andern seien hereingekommen. Sie hätten Edwin, der noch im Bett lag, aufgefordert, sich anzukleiden. Man sehe sich gezwungen, ihn vorläufig wieder ins Ghetto zurückzubringen, bis sich gewisse Unklarheiten über seine Person aufgeklärt hätten. Während sich Edwin anzog, habe sich Stütz schamlos im Zimmer umgesehen und habe sich die wertvolle goldne Uhr, ein Vermächtnis von Edwins Vater, in die Tasche gesteckt.

»Hier auf dem Tisch hat sie gelegen.« Der Wirt äffte die habgierige Bewegung des Einsteckens nach. Stütz habe dem Haufen Noten, die auf dem Arbeitstisch am Fenster lagen, einen verächtlichen Stoß gegeben, so daß sie auf die Erde flogen: »Sind das Ihre Werke? Das brauchen Sie nicht mehr.« Als sich Edwin seinen Hut aufsetzen wollte, habe er ebenfalls gesagt: »Den brauchen Sie nicht, nehmen Sie eine alte Mütze. Sie werden jetzt im Ghetto mal endlich arbeiten lernen.« Dann seien sie zusammen in das Auto gestiegen und weggefahren.[4]

Nein, wir konnten es nicht fassen. Da stand das Bett noch offen, der Pyjama über den Stuhl geworfen. Edwin ist fort, fort. Ich kannte das unsagbar schmerzhafte Wort schon, die Schreie des Entsetzens, die den Hals würgen und sich nicht befreien können.

Wir gingen zu Dolly. Vielleicht kann sie vermitteln? Wir gingen zum Rechtsanwalt Novickas, ob er nicht ein Wort einlegen kann. Zurück in Lydas Büro, um ihr Fernbleiben zu entschuldigen. Alle waren entsetzt über das Geschehene, versuchten zugleich zu trösten und wollten das Mögliche tun, um zu helfen. Ich nahm Lyda mit zu mir. Sie fürchtete sich, allein in ihre verödete Stube zu gehen.

Am nächsten Tage ging sie früh wieder in den Dienst. In den Brigaden wußte man schon von der ungewöhnlichen Tatsache. Edwin sei in das Ghettogefängnis eingeliefert worden, mit dem strengen Befehl, daß niemand mit ihm sprechen dürfe.

Dieses Verbot wurde bald gebrochen. Die jüdische Polizei hatte Mitleid mit ihrem Gefangenen. Sie erlaubten Lydas Tante, ihn heimlich zu besuchen und ihm Essen zu bringen. Er hielt sich in den ersten Tagen optimistisch, glaubte an seine baldige Befreiung. Als diese nicht erfolgte, überließ er sich hemmungsloser Verzweiflung. Er verwei-

4 Edwin Geist wurde dem Tagebuch von Avraham Tory, S. 158, zufolge am 3. Dezember 1942 ins Ghetto zurückgebracht.

gerte die Nahrung, tobte und schrie, weinte und klagte. Der Ältestenrat versprach, für ihn Fürbitte einzulegen.

Nach einer Woche erschien Stütz wieder. Edwin dachte, um ihn zu entlassen, und ging ihm erfreut entgegen. Er wurde in ein offenes Auto gesetzt, in dem einige bewaffnete Gestapisten saßen. Die Umstehenden sahen es mit Schrecken. Sie wußten, was das zu bedeuten hat. Der Wagen nahm die Richtung zum IX. Fort.[5]

Das alles hörten wir erst später. Damals war auch von den Juden, die wir in den verschiedenen Brigaden trafen, nichts zu erfahren. Dolly allerdings wußte es direkt von Stütz, der ihr kalt sagte, man habe ihn »erledigt«. Wir wollten es nicht glauben. Lyda ging selbst in die gefürchtete SS-Polizei. »Ihrem Mann geht es sehr gut. Wir haben ihn von Ihnen getrennt, weil er sich nicht sterilisieren lassen wollte.«

Lyda kam täglich nach ihrem Dienst zu uns. Sie saß still, still in der Sofaecke und schaute vor sich hin, während ich Stunden gab oder arbeitete. Sie sprach von Edwin, süße, qualvolle Erinnerungen an jedes Wort, jedes gute, jedes böse, an jedes kleinste Ereignis. Die Gegenwart war finstere Nacht, ihr Leben war die Vergangenheit.

Wir lasen zusammen in seinem Tagebuch, die Texte seiner Musikdramen, die im Spiegel des Geschehenen ihren bedeutungsvollen Sinn bekamen. Der ergreifende Text des dritten Satzes seines Requiems, das er dem Gedächtnis seiner Mutter gewidmet hatte und das er selbst »volksliedmäßig« nannte.

*Wie sollte ich nicht weinen,*
*da du verlassen mich;*
*mein Herz möcht' sich versteinen,*
*nun ich bleib ohne dich.*

5 Am 10. Dezember 1942. Vgl. Tory, S. 159.

*Wie waren wir geborgen*
*trotz aller Lebensnot.*
*Jetzt schweigen alle Sorgen,*
*gesiegt hat ja der Tod.*

*Wie war der Sommer heiter,*
*eh' dich die Kälte schlug,*
*steig nur zurück die Leiter*
*zum Himmel, der dich trug.*

Und der fünfte Satz:

*Ihr seid da – jederzeit*
*sind euch nah – todbereit.*
*Folget!*
*Düstrer Gang – sorgenschwer*
*mündet bang – in das Meer.*
*Folget!*
*Flamme schlägt – durch die Nacht*
*Flamme trägt – da's vollbracht.*
*Folget!*
*In Ihm hin – ewiger Fluß*
*letzter Sinn – wird zum Kuß.*
*Amen.*

Aus seinem Tagebuch:

*16. April 42. Weshalb fürchtet eigentlich der schöpferische Mensch mehr den Tod, als der durch- und unterdurchschnittliche? Diese Frage beschäftigte mich heute den ganzen Tag über. (Tgb. II, S. 7ff.)*

Er war wirklich selber ein besonders todesfürchtiger Mensch. Bei den Fliegeralarmen, die im Frühling und Sommer häufig die Nächte störten, stieg er jedesmal in den Luftschutzkeller des Nachbarhauses und blieb dort angstschwitzend und zitternd bis zur Entwarnung. Da Luftangriffe nur selten stattfanden, sondern meistens die Stadt nur überflogen wurde, beachteten wir die Alarme nur wenig, worüber sich Edwin jedesmal sehr ärgerte. Er nannte es grobfühlig, so wenig Furcht vor einer offensichtlichen Gefahr zu haben.

Er war voller Glauben und Aberglauben, sah überall geheimnisvolle Beziehungen, besonders astrologische. Aber auch im täglichen Leben baute sich seine Phantasie ständig Symbole und Fetische, die er, wenn sie ihn narrten, wieder einriß.

Auch Lyda spielte in ihrem Denken mit den Zauberfäden, die die kleinen Dinge wie die Sterne mit dem Schicksal verbanden. So bat sie in jener Zeit ihre Arbeitskollegin wiederholt, ihr die Karten zu legen, natürlich nur freitags, und immer, so berichtete sie jedesmal, sei die bedeutungsvollste Karte Pik-As gewesen, das Tod bedeutet. Die Kollegin sei ganz erschrocken gewesen, hätte neu gemischt, aber die unheimliche Karte habe sich immer vorgedrängt. Manchmal hatte sie mutvollere Augenblicke. Sie konnte dann mit Gretchen lachen, um plötzlich wieder in ihr dunkles Brüten zu versinken.

Eine bedeutende Astrologin habe ihr einmal geweissagt, daß sie fünf schwere, schwere Jahre vor sich habe, in denen sich Not, Sorgen und Leid immer mehr bis zu einem Höhepunkt steigern würden – alsdann aber werde plötzlich alles Leid verschwinden. Es werde fortan nur Licht und Frieden um sie sein. »Die fünf Jahre sind bald um. Wie kann das neue Glück ohne Edwin aussehen? Vielleicht ist alles nur Lug und Trug, er lebt und wird bald wiederkommen.«

Eines Tages bat sie mich, ihr eine Dosis Gift zu geben. Sie wußte, daß wir uns für den Fall einer Verhaftung versehen hatten. Einige Tage später fragte sie, wie eigentlich Zyankali wirke, ob es schnell zum Tode führe oder man sich lange quälen müsse. Ich lachte sie aus, war aber im Innern erschrocken über diese Gedanken. Ich nahm mir vor, sie nicht aus den Augen zu lassen.

Ende Dezember kam Freund Vocelka voller Sorge. Sein zweites Kind, das sonnige, blonde Maritchen sei mit schwerer Diphtherie ins Krankenhaus eingeliefert worden. Dadurch, daß er keinen Arzt in seine Wohnung lassen wollte, wo er seine Frau versteckt hielt, war die Seruminjektion zu spät gemacht worden. Noch einige Tage, und es war tot.

Lyda und ich gingen am 24. Dezember in die düstere Höhle, in der er mit seiner bleichen Frau und den verschreckten andern Kindern saß. Eine jammervolle Hoffnungslosigkeit lag über der ganzen Familie. Als wir heimgingen, erinnerte Lyda an den Weihnachtsabend vor zwei Jahren, wo wir noch alle, alle zusammen waren und fröhlich feierten.

Das Jahr ging still zu Ende. Wir erwarteten auch vom neuen nichts. Und doch, nun doch sahen wir mit erneuter Spannung auf die Ereignisse des Kriegsschauplatzes. Der erste, so heiß ersehnte Sieg des Sowjetheeres bei Stalingrad war die überraschende Neujahrsbotschaft.[6] Sogar Lyda belebte sich. Es gibt noch etwas außerhalb unseres eigenen Schicksals. Die Wende ist da, die uns mit sich reißt. Auch du, meine Lyda, wirst ein neues Leben beginnen, denn die Tage unserer Mörder sind gezählt.

Wir freuten uns zu früh, sie sind noch am teuflischen

6 Der Hauptteil der deutschen 6. Armee kapitulierte in Stalingrad am 31. Januar, der Rest am 2. Februar 1943.

Werke. Die Mordlust der Mörder war nicht gestillt. Es folgte Schlag auf Schlag. Einige Tage nach Edwins Ermordung wurden aus dem Hause der Laisves Allee 78[7] zwei Mischlingsfamilien abgeholt. Helen Frock, die mit einem Perser, Homajonni, verheiratet war, lebte dort mit ihren beiden Kindern, einem zehnjährigen Mädchen und einem siebenjährigen Knaben. Ihr Mann lebte in Paris als Tierarzt. Da sie persische Staatsangehörige war, glaubte sie, berechtigt zu sein, außerhalb des Ghettos zu leben. Ihr Bruder, Jacques Frock, französischer Staatsangehöriger, war ebenfalls mit seiner Familie in der Stadt geblieben. Seine Frau war Französin. Er hatte drei Kinder, den zehnjährigen Riquet, Suzanne, zwei Jahre, und einen Säugling. Außer diesen fünf Kindern hatten sie den etwa zweijährigen Bernard.

An jenem Tage, dem 16. Dezember, sieben Uhr früh, kam Stütz mit zwei andern und verhaftete Frau Homajonni, Jacques Frock und seine Frau, die Französin Suzanne. Er empfahl Frau Landau, die mit ihrer Tochter in derselben Wohnung ein Zimmer hatte, auf die Kinder aufzupassen. Mittags wurden auch alle Kinder abgeholt. Einer der SD-Männer streichelte dem zweijährigen lieblichen Bernard dabei die Haare und sagte: »Ein richtiger Judenjunge.« Darauf Frau Landau: »Nein, ein Franzose.« Am selben Tag wurde die ganze Familie, also drei Erwachsene und die sechs Mischlingskinder, auf dem IX. Fort erschossen.

Am nächsten Morgen kam Stütz in die verlassene Wohnung mit Aktentaschen und Koffer, durchstöberte alle Schubladen und Schränke und packte sich darin alle Wertsachen ein. Der französisch-deutsche Dolmetscher, auch einer von dem SD, machte die Nachlese, leerte alle Schränke

7 In diesem Haus war Max Holzmans Buchhandlung »Pribačis« untergebracht, bevor sie in die Laisves Allee Nr. 48 umzog.

und ließ alles in die obere Wohnung bringen, wo er fortan in den Sachen der Gemordeten lebte.

Frau Landau war mit ihrer Tochter Zeuge all dieser Geschehnisse. Sie waren mit ihrem Mann, einem deutschen Juden, ins Ghetto gegangen, hatten es aber schon im November 41 mit Erlaubnis des SD verlassen.[8]

Frau Landau, die mit ihren Hausgenossen befreundet gewesen war, entsetzte sich unbeschreiblich über das Geschehene und fürchtete zugleich für sich und ihre Tochter. Sie war in der Gestapo bereits bekannt und hatte zwei Wochen im Gefängnis gesessen, da sie trotz strenger Warnung ihrem Mann Lebensmittel ins Ghetto geschickt hatte.

Sie wechselte die Wohnung und nahm eine kleine Stellung bei der »Kauener Zeitung« an. Man bespitzelte sie weiter. Da sie das wußte, war sie sehr vorsichtig, unterstützte aber trotzdem ihren Mann weiter und nahm ihn ein Jahr später sogar zu sich in die Wohnung, wo sie ihn zehn Monate lang, bis zum Ende der deutschen Herrschaft, versteckt hielt.

In dieser Zeit wurden einige andere gemischt-jüdische Familien auf dieselbe Weise erledigt. Der Cellist Püschel, Deutscher, Edwins Triopartner, dessen Frau die offizielle Erlaubnis hatte, bei ihrer Familie zu wohnen, wurde mit ihr und seinen drei Söhnen verhaftet. Wie Nachbarn bezeugten, hatte man ihm bei der Verhaftung gesagt, es handele sich um eine kurze Untersuchungshaft, und sie würden in wenigen Tagen wieder freigelassen werden. Alle fünf wurden erschossen.

Bei der Familie Poleski wurden die jüdische Frau und der

8 Im Manuskript folgt hier ein Satz, dessen Zusammenhang mit dem übrigen unklar ist: *Stütz wußte, daß sie keine Möbel besaß, und fragte sie mißtrauisch, woher sie die zwei Matratzen habe, auf denen sie beide schliefen.*

erwachsene Sohn erschossen, der deutsche Mann in ein Konzentrationslager bei Berlin gebracht. Seine alten Eltern, die in Berlin wohnten, versorgten ihn mit Lebensmitteln, die Vocelka ihnen regelmäßig schickte.

Dieser Terror, der sich besonders gegen die gemischten Familien richtete, ließ Frau Landau um ihre Marion, mich um mein Gretchen wieder von neuem zittern. Es gab keine Minute, in der uns diese fürchterliche Angst verließ. Jede Stunde des Tages und der Nacht konnte das Entsetzliche bringen. Damals trugen Gretchen und ich eine ausreichende Dosis Gift, die uns ein Arzt verschafft hatte, ständig bei uns, und wir versprachen uns gegenseitig, im Moment der Verhaftung davon Gebrauch zu machen.[9]

Auch Dolly war sehr nervös. Sie hatte noch keinen Platz für ihren sauerstoffblonden Schützling Tanja gefunden. Ihre Beziehungen zu Rauca und Stütz waren abgebrochen. Sie fühlte sich unsicher und plante, nach Finnland zu fliehen. Auch mit Mositchen ging es nicht vorwärts.

Anfang Januar bekam Lyda mit der Post ein Schreiben von der Sicherheitspolizei, in dem mit einem kurzen Satz gefordert wurde, die schon lange fällige Sterilisierung endlich an sich vornehmen zu lassen. Daß man das nach der Vernichtung ihres Mannes noch verlangen würde, war uns nie in den Sinn gekommen. Und doch ging sie wieder zu Professor Mažylis, der sein Mitgefühl und seine Empörung über diese zynische Gemeinheit nicht verbarg und es ablehnte, den Eingriff zu machen. Lyda wieder bei Stütz, bei Rauca, bei ihren entsetzlichen Quälern. Sie sei zu dem geforderten Eingriff bereit, aber fände keinen Arzt, der dazu bereit sei. »Wie und wo Sie das machen, geht uns nichts an. Suchen

9 Vgl. die S. 348 zitierte Tagebucheintragung von Elena Kutorga.

Sie irgendeinen Arzt. Unser Vertrauensmann, Dr. Obst, muß bei der Operation zugegen sein, damit ihr Juden keine Schwindeleien macht!«

Es war zuviel. Lyda war zu einem grauen Schatten geworden. Wie kann sie jetzt noch eine Operation überstehen? Sie saß in unserer Sofaecke und sah still vor sich hin. »Wenn sie mich noch einmal rufen, gehe ich nicht«, sagte sie.

Am 10. Januar wurde sie im Dienst von Stütz angerufen, sie solle bei ihm um drei Uhr erscheinen. Lyda ging an ihren Arbeitsplatz zurück, schrieb und übergab der Simonaityte den Brief. Sie solle ihn mir morgen übergeben. Dann entschuldigte sie sich im Büro und ging nach Hause.

Ich hatte vergebens bei Lyda anzurufen versucht, war besorgt und ging mit Gretchen, sie aufzusuchen. Vorher gingen wir [ins] Nebenhaus zu Dolly. Lyda sei bei ihr gewesen und habe immer wieder gesagt: »Ich gehe nicht zu den Mördern, ich weiß schon, was ich tun werde.« Von dort telefonierten wir noch einmal. Die Wirtin antwortete: »Bitte kommen Sie selbst. Frau Geist antwortet nicht auf mein Klopfen.«

Wir rissen den lockeren Türriegel auf. Die elektrische Tischlampe brannte. Dort auf dem Bett lag sie, bleich, entseelt. Auf der Erde, wie eben ihrer Hand entfallen, ein zerbrochenes Gläschen.

Der herbeigerufene Arzt stellte Tod durch Vergiftung fest. Der Wirt meldete es dem Polizeirevier. Ein litauischer Beamter kam am nächsten Tag, fragte gelassen, ob die Selbstmörderin Verwandte habe, und machte eine Aufstellung des Inventars. Die Stube wurde verschlossen. Unsere Bitte, die Tote begraben zu dürfen, wurde abgelehnt. Die Leiche käme in die Anatomie.

Am 13. Januar ging ich noch einmal in die Wohnung. Es war kaltes, trübes Wetter ohne Schnee. Die Haustür stand offen, und zwei Männer trugen eine bedeckte Bahre heraus. Sie war so flach, daß man sich kaum vorstellen konnte, daß ein Menschenkörper zwischen den Tüchern liegt, der Leib meiner Lyda, der schönen, liebenden Lyda. Die Bahre wurde auf einen Bretterkarren gelegt, und ein weißes Pferdchen mit braunrotem Zaumzeug zackelte mit der leichten Ladung die enge Gasse hinter dem Gefängnis entlang zur Hinterpforte der Anatomie. Ich ging ihm nach, einziger einsamer Begleiter des armseligsten Leichenbegängnisses.

Mit Nataschas Hilfe, die mit einer Ärztin der Anatomie sprach, gelang es, den Leichnam herauszubekommen. Wir bestachen den Totengräber des Friedhofs, sie auf einem unregistrierten Plätzchen zwischen zwei alten Gräbern zu begraben.

Simonaityte gab uns Lydas zärtlichen, ergreifenden Abschiedsbrief: »Ich glaube, ich brauche Ihnen nichts zu sagen, denn Sie wissen mehr als ich.«

Nie sind Menschen qualvoller zu Tode gemartert [worden] als diese beiden Liebenden, Erfüllten.

Während wir um unsere Lyda trauerten, wurden wir von neuen Schrecken gejagt. Am 17. Januar wurde von der Gestapo eine groß aufgezogene nächtliche Razzia veranstaltet. Sie galt den litauischen Bürgern polnischer Nationalität. Sie wurden in Lastwagen verladen und in das polnische Gebiet verschleppt. Es wurde behauptet, man hätte [eine] polnische staatsfeindliche Konspiration aufgedeckt, und diese Verschleppungen seien zur Sicherheit der Litauer erforderlich. Mit einigen ging man etwas sanfter um. Man ließ ihnen Zeit, ihre Habe zu packen, und verlangte, daß sie binnen drei Tagen in das Wilna-Gebiet[10] ziehen.

Ein Teil der polenfeindlichen Litauer war mit dieser un-

10 Vgl. S. 9, Anm. 3.

menschlichen und unsinnigen Maßnahme tatsächlich zufrieden und schnappte gierig nach den zurückgelassenen Sachen, um sich daran zu bereichern. Und wie jedesmal waren die Deutschen noch habgieriger und nahmen den besten Teil für sich.

Ich ging am nächsten Tage zur Mrs. Hickson, um mich nach ihren polnischen Freunden zu erkundigen. Ihre Tür war verriegelt – polizeilich geschlossen. Böses ahnend, eilte ich zu Dolly. Dort stand ein SD-Mann: »Zu wem wollen Sie? Was haben Sie bei Frau Kaplan zu suchen? Sie ist verhaftet.« Ich murmelte eine Ausrede und rannte davon.

Auf der Straße traf ich einen Obergefreiten Müller, den ich oft bei Dolly gesehen hatte. Er war ganz verstört, wußte schon alles: In der Nacht, derselben, in der [man] die Polen verhaftete, sei man in Frau Hicksons Wohnung gekommen und habe dort Tanja, die auf eine Nacht dort untergekommen war, zusammen mit Mrs. Hickson abgeführt. Zur gleichen Stunde wurden Dolly und Serjoscha verhaftet. Dolly soll gebeten haben, wenigstens ihren Hund Daisy noch schnell zu den Nachbarn bringen zu dürfen. Es wurde ihr verweigert.

Müller war, nachdem er den Tatbestand im Hause erfahren, sofort in die Gestapo gelaufen. Anstatt jedoch ihr helfen zu können, verdächtigte man ihn selbst schwer wegen seiner Beziehungen zu Frau Kaplan. Es zeigte sich, daß man über sie bis zur geringsten Einzelheit orientiert war und sie seit langer Zeit bespitzelt gewesen sein mußte. Keiner ihrer Freunde, kein Advokat Novickas, kein Hochwürden Pater Fulst, der als Vertrauensmann des SD dort einen nicht geringen Einfluß hatte, konnte ihr helfen. Der Prozeß war kurz: Fälschung von Dokumenten, trotz wiederholter Warnung ständige Beziehungen zu den Juden und zu staatsfeindlichen Elementen. Novickas, der sich genau orientierte, erzählte alle Einzelheiten: Wie [Dolly] sich selbst, Mrs. Hickson und Serjoscha tapfer verteidigt habe, so daß es fast ausgesehen hätte, als würde sie freikommen. Serjoscha habe man zu seiner Mutter ins Ghetto schicken wollen.

Aber nach einer Woche sah ihre Freundin, Frau Kohn, eine ehemalige Reichsdeutsche, deren jüdischer Mann gestorben war, vor dem Gefängnis ein Auto stehen. Die Tür stand offen, und Frau Kohn erblickte Dolly mit wilden Haaren und die Hände in Fesseln gebunden. Sie versuchte sich durch Gebärden verständlich zu machen. Zwei Bewaffnete wehrten es ihr. Plötzlich schrie sie laut: »Es ist aus.« Das Auto fuhr ab. Gleich darauf folgte ein zweites mit Mrs. Hickson – korrekt und ohne jedes Zeichen der Erregung aufrecht sitzend – und Tanja. Frau Hickson als Engländerin, Beihelferin Dollys und Beschützerin der Juden wurde mit abgeurteilt. Juden, die im IX. Fort arbeiteten, waren Zeugen der Erschießung. Auch Serjoscha wurde erschossen. Man holte die Mutter und den Stiefvater aus dem Ghetto. Oretschkin bekam auf dem Wege zum Fort einen Herzschlag und starb. Die Exekuteure sparten an ihm einen Schuß und mußten sich mit dem Jüngling und der Mutter begnügen.

Mit der schönen, feurigen Dolly drohte in unserem zusammengeschmolzenen Kreise jede Aktivität zu erlöschen. Das starre Entsetzen, die sich immer steigernde Angst vor dem gleichen Schicksal, das uns in allen Einzelheiten vor Augen stand, lastete auf uns. Wir waren nicht bereit [dieses Schicksal einfach hinzunehmen] und nahmen uns vor, uns wie Oretschkin durch einen voreiligen Tod der Hinrichtung zu entziehen.

Der Januar ging zu Ende und auch der Februar. Dr. Viktor Kutorga war nach seiner Entlassung aus dem Krankenhaus auch aus dem Gefängnis entlassen worden. Dieses eine Mal war es geglückt, dank der Energie seiner Mutter.

Im »Dorfe« hatten sich die Verhältnisse etwas stabilisiert. Es hatten keine großen Exekutionen mehr stattgefunden. Die Ghettopolizei sorgte mit großer Gewissenhaftigkeit für Sauberkeit und Hygiene. Jeder Ghettobewohner mußte wenigstens einmal monatlich ins Bad gehen. Ein Desinfektionsamt sorgte für Vertilgung von Ungeziefer, das sich in den ersten Monaten sehr ausgebreitet hatte. Die Polizisten gingen von Haus zu Haus und kontrollierten die Sauberkeit der Wohnungen. Auch die Brigaden sahen immer sauber aus, trotz der zunehmenden Ärmlichkeit der Kleidung, denn viele verkauften, was sie nur irgend entbehren konnten, für Essen. Andern gelang es, schwunghafte Spekulationen besonders mit deutschen Soldaten zu machen, und manche lebten besser als viele in der Stadt, das heißt, sie aßen besser. Denn das Leben unter der Knute ihrer Peiniger war so entwürdigend und qualvoll, daß es fast unfaßbar erschien, es lange ertragen zu können.

Die Straßen waren auch peinlich sauber. Aber welch trostlose Sauberkeit! Wenn man durch den Stacheldrahtzaun hineinschaute in diese trostlosen Straßen, so packte einen das Grauen. Ein Verbot hielt die Straßen bis ein Uhr mittags ganz menschenleer. Die Arbeitenden waren in den Werkstätten, auf dem Flugplatz oder in der Stadt, und die andern durften nicht aus dem Hause gehen. Die meisten Häuser waren ärmliche, morsche Holzhütten, die Fenster und Türen nach der Straße mit Läden und Schlössern geschlossen.

Und außerhalb des Stacheldrahtes ging das Leben seinen gewöhnlichen Gang, und die Vorbeigehenden warfen kaum einen Blick auf das unheimlich abgesperrte Häuserviertel, in dem die darin Lebenden den sadistischen Launen von Wahnsinnigen ausgeliefert waren.

Jeder Schulunterricht war im Ghetto streng verboten. Aber die Lehrer hielten nach der schweren Tagesarbeit heimlich Unterrichtskurse ab. Es war kein streng geregeltes Programm, und manche Fächer wurden ganz vernachlässigt. Aber entgegen den deutschen Bestrebungen blieben die Juden voll wachen Geistes. Sie sprachen jiddisch untereinander, aber sie lehrten ihre Kinder hebräisch und die europäischen Sprachen, Mathematik, Musik. Es ist kaum zu fassen, daß sie, die täglich den Tod vor Augen hatten, die erlesensten Konzerte gaben, zu denen groteskerweise die hohen deutschen Beamten erschienen, die jedesmal des Lobes und Staunens voll waren. Sie schüttelten den Musikern die Hand und versprachen ihnen alle möglichen Vergünstigungen.

Dieses Programm[11] schickte mir Lea Scheinberg, die wunderbare Pianistin. Sie war, wie Lyda, meine Schülerin im Deutschen Gymnasium gewesen. Sie hatte in der Schweiz und in London Musik studiert, und durch viele Jahre hielten ihre echten Künstlerbriefe Verbindung zwischen uns. Sie arbeitete eine Zeitlang im Radiophon[12], da es unter den Litauern und Deutschen an Musikkundigen fehlte. Diese Arbeit wurde allerdings bald verboten, da Juden nur zur [Schwerarbeit][13] verwendet werden durften. Sie wurde in eine Brigade gesteckt, in der sie schwere Fabrikarbeit leisten mußte. Wir trafen uns öfters in der Stadt, und gelegentlich kam sie in der winterlichen Dunkelheit heimlich zu uns. Der tragische Blick ihrer dunklen Augen, die etwas vorgeschobene Unterlippe,

11 Der maschinenschriftliche Durchschlag wird hier im Faksimile wiedergegeben.

12 Radiosender in Kaunas.

13 Im Original irrtümlich: Schwarzarbeit.

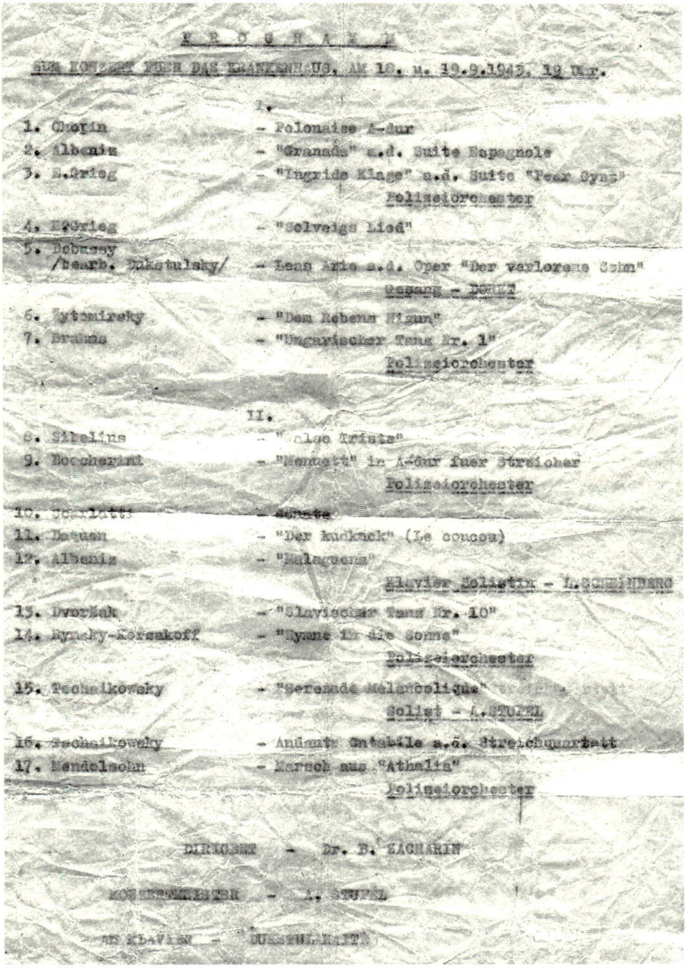

P R O G R A M M

ZUM KONZERT FUER DAS KRANKENHAUS, AM 18. u. 19.9.1943, 19 Uhr.

I.

1. Chopin – Polonaise A-dur
2. Albeniz – "Granada" a.d. Suite Espagnole
3. E.Grieg – "Ingrids Klage" a.d. Suite "Peer Gynt"

Polizeiorchester

4. E.Grieg – "Solveigs Lied"
5. Debussy /bearb. Dukstulsky/ – Lens Arie a.d. Oper "Der verlorene Sohn"

Gesang – [illegible]

6. Żytomirsky – "Dem Rebens Nigun"
7. Brahms – "Ungarischer Tanz Nr. 1"

Polizeiorchester

II.

8. Sibelius – "Valse Triste"
9. Boccherini – "Menuett" in A-dur fuer Streicher

Polizeiorchester

10. Scarlatti – Sonate
11. Daquin – "Der Kuckuck" (Le coucou)
12. Albeniz – "Malaguena"

Klavier Solistin – L.[illegible]

13. Dvořák – "Slavischer Tanz Nr. 10"
14. Rymsky-Korsakoff – "Hymne an die Sonne"

Polizeiorchester

15. Tschaikowsky – "Serenade Melancolique" [illegible]

Solist – A.STUPEL

16. Tschaikowsky – Andante Cantabile a.d. Streichquartett
17. Mendelsohn – Marsch aus "Athalia"

Polizeiorchester

DIRIGENT – Dr. B. ZACHARIN

KONZERTMEISTER – A. STUPEL

AM KLAVIER – [illegible]

das tief dunkle Haar ließen sie auf den ersten Blick als Jüdin erkennen. Es war deshalb besonders schwer, einen Platz für sie zu finden. Ein ganzes Jahr lang besprachen wir bei jedem Zusammentreffen ihre Flucht, bis wir die Möglichkeit dazu vorbereitet hatten.

Seit Edwins und Lydas Tod fühlten wir unsere Vereinsamung noch qualvoller. Wir waren so entstellt, daß wir auch zu unseren alten Freunden nicht mehr den Weg fanden. Wir bekamen liebevolle Briefe aus der Heimat, aber sie trafen nicht unser Ohr. Wir fühlten, man meint es gut mit uns, aber uns war, als wäre diese Welt für uns verschlossen. In früheren Jahren hatten wir uns nach der Heimat, nach den Verwandten gesehnt. Jetzt ängstigte uns schon der Gedanke an die vielen Erinnerungen aus glücklicher Zeit. »Könntet ihr doch bei uns sein«, schrieben die Guten, aber wir wollten kein Wiedersehen, keine kleinste seelische Erregung, denn jede Freude wäre mit mehr Schmerzen verbunden, als wir ertragen konnten.

Dennoch freuten wir uns über jeden Brief und die rührenden Päckchen mit dem bißchen Plunder, den man im Reich noch ohne Marken kaufen konnte und mit dem man unsere soliden Butter- und Specksendungen quittierte. Nach Weihnachten kamen von meiner Mutter Taschentücher und Wäsche für Gretchen und für mich, wie eine zarte Mahnung eine Flasche Kölnisch Wasser, dazu ein unbeschreiblich inniger Brief. Wir waren aufs tiefste bewegt. Die Kluft, die uns von unseren Liebsten trennte, vergrößerte noch unsere Zärtlichkeit, und wir waren voll süßer Sehnsucht, die Großmutter bei uns zu haben. Sie hatte sich vorgenommen, uns im Frühling zu besuchen, aber sie bekam keine Reiseerlaubnis, und es wurde nichts daraus.

Im März 43 kam einmal zu uns eine deutsche Dame, deren frisches, junges Gesicht in auffallendem Kontrast zu ihren weißen Haaren stand. Sie brachte Grüße von meiner Mutter, die sie unlängst bei Gelegenheit eines Aufenthalts in Jena kennengelernt und besucht hatte. Wir waren, wie immer gegenüber unbekannten Deutschen, sehr zurückhaltend. Das Fräulein erklärte sich aber sofort unumwunden als in ihren Ansichten ganz zu uns gehörig, und wir bekamen schnell Vertrauen zu ihr. Wir versprachen, beim Finden eines Zimmers behilflich zu sein, und schlugen sie als Mieterin der Frau des kürzlich verstorbenen Dichters Binkis vor.

Frau Binkis hatte Bedenken, eine Deutsche in ihr Haus zu nehmen. Bei ihr wohnte schon seit einem Jahre ein zwölfjähriges jüdisches Mädchen. Es hatte falsche Dokumente und galt offiziell als Schwester ihres Schwiegersohns.[14] Außerdem lebte neuerdings auch Marianne bei ihr. Marianne hatte verschiedene Stellen als Wirtschafterin gehabt, aber trotz ihrer neuen Dokumente fürchtete sich jeder, sie längere Zeit bei sich zu halten. Anfangs gedachte sie, bei Frau Binkis nur kurze Zeit zu bleiben, aber es wurden sieben Monate daraus.

Anfangs wurde das Geheimnis der beiden Hausbewohner gewahrt, aber bald bekamen alle so großes Vertrauen zu Fräulein Jörusch, daß man sie rückhaltlos einweihte. Sie schaltete sich sofort unter die Verschworenen ein. Als Frau Binkis im Sommer mit ihrer ganzen Familie vom früheren Hausbesitzer, einem deutschen Repatrianten, brüsk aus der Wohnung geworfen wurde, nahm Fräulein Jörusch ein anderes Zimmer, führte Marianne als »Freundin aus Wilna«

14 Dieser Schwiegersohn, der Musiker Vladas Varčikas, hat zusammen mit Sofia Binkiene zahlreiche Juden versteckt und gerettet. Er lebt heute in Kaunas.

ein und ließ sie bei sich mitleben. Frau Binkis nahm nicht nur die zwölfjährige Walia, sondern auch deren ausgesprochen jüdisch aussehende Großmutter mit auf ihr heimatliches Gut, und wenn auch die Nachbarn redeten – keiner hatte die Frechheit, die mutige Frau anzuzeigen. Die ganze Familie war sich einig in ihrem Abscheu gegen die Unmenschlichkeiten der Deutschen. Bei ihrer Nichte, Frau Tussia Likevičius, die in einem abseits gelegenen Häuschen am Ende der Stadt wohnte, gingen die Juden aus und ein.

Damals war auch für die litauische Bevölkerung eine böse Zeit. Nur ein kleiner Teil folgte den sogenannten »Freiwilligen«-Aufrufen, sich der Wehrmacht zur Verfügung zu stellen, und den verlockend aufgemachten Plakaten, die zum Arbeitsdienst nach Deutschland aufforderten. Auf den Straßen, besonders vor den Kinos und dem Theater, wurden Razzien gemacht. Die Dokumente wurden kontrolliert, und wer keinen Arbeitsschein hatte, wurde kurzerhand auf ein Lastauto verladen, zur Sammelstelle gebracht und schon am nächsten Tag nach Deutschland in einen Fabrikbetrieb verschickt.[15] Die wehrfähigen Männer wurden in Uniformen gesteckt und als Hilfskräfte der Organisation Todt oder andern halbmilitärischen Organisationen zuerteilt. Die Widerspenstigkeit der Intelligenz führte zur Schließung der Universität, mit Ausnahme der medizinischen und technologischen Fakultät, zur Schließung des Konservatoriums und des Erwachsenengymnasiums.

Die deutsche Politik war eindeutig. Man wollte die Intelligenz nach allen Kräften unterdrücken. Der Litauer sollte in erster Linie der Bearbeiter des Bodens sein und in der Stadt

15 Bis Februar 1944 wurden etwa 50000 Litauer zur Zwangsarbeit nach Deutschland deportiert.

Hilfskraft der Deutschen, mit denen man alle führenden Stellen allmählich wieder zu besetzen gedachte. In den deutschen Gemeinschaften, öffentlichen und geschlossenen Aussprachen, wurde jedem Deutschen ans Herz gelegt, daß er hier die Herrenkaste vertritt und sich entsprechend zu verhalten habe. Die Selbstherrlichkeit war so groß, daß auch in den deutschen Reihen im allgemeinen kein großer Wert auf eine gründliche geistige und fachliche Bildung gelegt wurde, so daß sie vielfach zu nichts mehr wurden als zu rohen und eingebildeten Sklavenaufsehern, die für alle niedrige Arbeit Angehörige anderer Völker gebrauchten.

Den Kindern wurde in der Schule untersagt, mit litauischen Kindern als mit ihresgleichen zu verkehren. Auch den Beamten, die großenteils Repatrianten waren und aus früheren Zeiten litauische und russische Freunde hatten, wurde der Verkehr mit diesen abempfohlen.

Aus den Reihen der führenden litauischen Intelligenz wurden viele verhaftet. Der Dichter Prof. Balys Sruoga, der Generalrat Prof. Vladas Jurgutis wurden mit anderen in deutsche Konzentrationslager gebracht. Prof. Grinius wurde von Kaunas aufs Land verbannt. Von den neun litauischen Generalräten von 1942 waren 1943 nur noch sechs geblieben. 1944 waren nur noch drei, Kubiliunas, Germanas und Paukstys auf ihren Plätzen.

Auf dem Lande wurde unentwegt weiter kolonisiert. Als ich einmal einem der Direktoren einer der größten Fabriken Litauens wegen der Kolonisationspläne in der Ukraine angesichts des ständigen deutschen Rückzuges Bedenken äußerte, sah er mich verständnislos an: Dieser Rückzug sei doch gerade ein Beweis der geschickten deutschen Strategie, und seine Fabrik werde weiterhin landwirtschaftliche Maschinen für die russischen Kolonisationsgebiete herstellen.

Es gab wenige unter den Deutschen, die weitblickend die drohende Katastrophe voraussahen. Die meisten, und gerade die führenden, spielten weiter die Rolle der ewigen Sieger. Wohnungen wurden restauriert und elegant möbliert. In den deutschen Lokalen, die von Litauern nicht betreten werden durften, gab es Alkohol in ungeheuren Mengen. Ein beliebtes Spiel der Revolvertragenden: Man brachte Bilder, Spiegel, Vasen als Zielscheiben, schoß alles kurz und klein und toastete dabei auf den Führer.

Im Sommer kamen geschlossene Trupps von jungen Mädchen, meist Studentinnen aus dem Reich, zum »Ostlanddienst«. Sie erteilten in den verschiedenen Behörden Unterricht in der deutschen Sprache. Mit ihnen kam Susanne, die Tochter meines Bruders aus Berlin, die Studentin in Freiburg war.[16] Von ihr hörten wir zu unserem Erstaunen ganz andere Dinge, als wir von den hiesigen Deutschen gewöhnt waren. Wie unter Studenten und Professoren, besonders in Südwestdeutschland, eine leidenschaftliche Ablehnung des Regimes herrsche, wie man selbst die schweren Bombenangriffe mit einer gewissen Befriedigung über sich ergehen ließe, da sie das ersehnte Ende der Schreckensherrschaft beschleunigten. Susanne wurde in unsere Geheimnisse eingeweiht.

Mit Susanne besuchten wir sogar unseren »Spez«, den Spezialisten für Umarbeitung von Pässen[17], mit dessen Hilfe es vielen gelungen ist, sich als anderer Volkszugehörigkeit auszugeben und auf diese Weise ihr Leben zu retten. Seit

16 Susanne Czapski, später verheiratet mit dem Fernsehjournalisten und Publizisten Gert von Paczensky. Bemühungen von Gert und Susanne von Paczensky haben in den sechziger Jahren dazu beigetragen, daß Helene Holzman und ihre Tochter Margarete aus der Sowjetunion in die Bundesrepublik übersiedeln konnten.

17 Dieser »Spez« war der schon erwähnte Vocelka.

dem Tode seines Töchterchens Ende Dezember, seit Edwins und Lydas Tode rührte er seine Geige nicht mehr an und lebte noch zurückgezogener als früher. Seine jüdische Frau hatte einige Monate bei Freunden versteckt gelebt, doch er hatte bald seine Kinder und dann auch seine Frau zu sich genommen.

Er hatte in der Altstadt eine dunkle Hinterhauswohnung gemietet, deren Fenster auf eine keine zwei Meter entfernte hohe Brandmauer gingen. Diese Wohnung war feucht, dunkel, ungesund, aber als Versteck großartig geeignet.[18] Allein der Eingang über eine dunkle Treppe in einem Hof, dann durch einen Gang und eine Art Küche, die als Holzschuppen benutzt wurde, war schwer zu finden, und wenn man an die Türe klopfte, wurde erst gefragt: »Wer da?« und dann der Riegel zurückgeschoben. Frau Vocelka saß bleich und still mit ihrem kleinen Jungen im Hinterzimmer. Kam ein Unbekannter, war sie überhaupt nicht zu sehen. Man konnte die beiden Stuben bis in alle Winkel durchsuchen, ohne eine Spur zu entdecken, denn wer konnte ahnen, daß das aufgeschichtete Holz hinter dem Kachelofen mit Ausnahme der oberen Scheite nur Attrappe war, sorgfältig auf ein Brett geklebte Endchen von Holzscheiten, und dahinter ein Raum, in dem genau eine Person stehen konnte? Das schwerste Problem war, das Kind vorher schnell in die Vorderstube zu bugsieren, damit es von dem Geheimnis nichts erfährt. Nur die fünfzehnjährige ältere Tochter, dunkel und weniger jüdisch als exotisch aussehend, war in alles eingeweiht.

Im hinteren Zimmer stand auch der große Radioapparat, und genau wie bei Natascha zehrten die Einsiedler von den Nachrichten der ausländischen Sender, die ihnen die Kraft

18 Vgl. S. 169f.

zum Durchhalten verliehen. Wir hatten zu Hause kein Radio und gingen oft zu unseren Freunden, um zu hören. Die deutschen Stimmen des russischen Senders »Freies Deutschland« wurden uns so vertraut, daß wir fast meinten, Freunde reden zu hören, und unsere Herzen antworteten ihnen mit unseren Sorgen und Hoffnungen.

Für Susanne war es ein ganz neues Glück, mit diesen Stimmen bekannt zu werden. Als sie nach zwei Monaten wieder zum Studium nach Freiburg fuhr, trug sie eine neue Zuversicht mit in die Heimat und war voller Vorsätze, das Erlebte ihren Kameraden mitzuteilen und mit ihnen ein besseres Deutschland vorzubereiten.

Sie ging [auch] mit in die Brigaden und zu den Nataschas, wo Regina im Hinterzimmer saß und wohin Gabrielle vor einigen Wochen aus dem Wilnaer Ghetto geflüchtet war.

Gabrielle hatte schon im Herbst von ihrer Stelle auf dem Gute fliehen müssen. Der Gutswirt war als Pole von den Deutschen verhaftet und verschickt worden. Gabrielle hatte man als Spionin verdächtigt. Sie war von dort nach Kaunas zurückgekommen und hatte sich entschlossen, freiwillig wieder ins Ghetto zu gehen – nach Wilna, wo ihr Mann war.

Das Wilnaer Ghetto hatte einen ganz anderen Charakter als das Kauener. Bei uns bestand es hauptsächlich aus kleinen, armseligen Holzhäuschen. Es war ein großes Terrain, und viele Häuser waren von Gärten umgeben, die sorgfältig gepflegt wurden. Ein sehr großer, sandiger Platz in der Mitte weitete es noch mehr. Bei aller Armseligkeit machte es im Sommer mit dem vielen Grün einen freundlichen Eindruck. Auf dem Platz wurden abends Fußballmatches ausgefochten, die auch die deutschen Wachtposten mit Spannung verfolgten. Wie in unendlich vielen Fällen konnten sie ihre Bewunderung für die ausgezeichnete sportliche Leistung nicht verhehlen.

Das Wilnaer Ghetto war ein alter Stadtteil im Zentrum. Er war mit einer Mauer abgesperrt. Dennoch war es leichter, dort illegal hineinzugelangen. Man hatte dort gleich in der ersten Zeit einen großen Prozentsatz der Einwohner niedergemetzelt, und man wohnte noch viel enger als in Kaunas. Aber je schrecklicher die Lebensbedingungen waren, desto mehr klammerte man sich an das Leben.

Es war unbeschreiblich, was dort im Laufe eines Jahres geschaffen worden war. Die Ghettopolizei sorgte mit großer Strenge für peinliche Sauberkeit auf den Straßen, in den Höfen und Häusern. In den Werkstätten wurden handwerkliche Meisterwerke geschaffen. Ich sah kunstgewerbliche Entwürfe und Kleider und Hutmodelle, die die anspruchsvollsten Großstädte befriedigt hätten, und die deutschen Herren und Damen schöpften die Gelegenheit bis zum Grunde aus, um sich und ihr Haus damit zu schmücken. Aber nicht alles gelangte in diese Hände. Es wurde vieles unbemerkt fabriziert und mit den Wilnaer Polen ein schwunghafter Handel getrieben, die auch das Material zu neuen handwerklichen Arbeiten besorgten, so daß der Betrieb nie versiegte. In Wilna verstanden sie es auch noch besser, sich Lebensmittel zu verschaffen, und es wurde gelegentlich sogar richtig geschlemmt – allerdings nur in einem kleinen Kreise, denn die meisten wurden den ganzen Tag zu schweren Arbeiten verwendet und waren froh, wenn sie ein Stück Brot hatten. Im Laufe des Frühlings und Sommers hatte man die Schutthaufen abgetragen, Plätze geebnet und in blühende Anlagen verwandelt. Es wurden Vorträge gehalten, Sportfeste und Konzerte gegeben. Bedeutende Sängerinnen gehörten zu den Eingesperrten.

Vierzehn Monate, von Februar 42 bis April 43, waren verhältnismäßig ruhig verflossen. Im Wilnaer Ghetto waren während dieser Zeit etwa zwölf Personen erschossen worden, darunter die wunderbare Sopransängerin Liuba Levickaja.

Der Gebietskommissar Murer hatte sich eine hübsche Neuigkeit ausgedacht. Um die Weihnachtszeit 42 wurde in der Stadt »Zehn Tage Judenhaß« proklamiert. In dieser Zeit wimmelte es in der Stadt von monströsen antisemitischen Plakaten, und es war besonders streng verboten, irgendwelche Beziehungen zu den Juden zu unterhalten. Gerade in dieser ominösen Woche ertappte Murer die Sängerin, wie sie zwei Kilogramm Erbsen erhandelte. Des »schönen« Murer Sadismus war berüchtigt. Er ergötzte sich besonders, Mädchen und Frauen zu quälen und zu erniedrigen. Er ließ sie unter den Tischen durchkriechen, kommandierte »Setzen! Stellen! Hinlegen!« bis seine Opfer halbtot umfielen. Er ließ den Mädchen Wasser oben in den Kleidausschnitt gießen und hatte seine gemeine Freude, wenn es ihnen aus den Beinkleidern herauslief.

Levickaja versuchte zu entlaufen, als sie Murer bemerkte. Er ließ sie aber festnehmen und ins Ghetto bringen. Dort befahl er der jüdischen Polizei, sie in seiner Gegenwart zu schlagen. »Fünfundzwanzig Schnitze« war das übliche Maß. Dann wurde sie ins Gefängnis geführt. Sie saß dort einige Wochen mit neunzehn anderen, und da sie wußte, daß die jüdische Verwaltung sich mit allen Kräften für sie einsetzen wird, war sie selbst der Überzeugung, daß sie befreit werden würde. Sie sang im Gefängnis ihren Leidensgefährten vor, erfand Lieder, mit denen sie später ihre Befreiung feiern wollten, ermunterte und tröstete die andern. Aber wie immer haßten die Deutschen an den Juden nichts so sehr als ihr hohes Talent. In der Nacht vom

27. zum 28. Januar 43 wurde sie erschossen. Die neunzehn andern kamen frei.[19]

Eine andere Sängerin, Maja Rosental, war leichteres Genre. Frau Gerschkowitsch war eine hervorragende Pianistin und Musikpädagogin. Dann war noch der Komponist und Dirigent Durmaschkin da. Er nahm eine Sonderstellung ein. Man beschäftigte ihn an der städtischen Oper als Akkompagnator. Sein Ghettochor, der aus circa neunzig Sängern bestand, führte auch hebräische Werke auf. Die Neunte Symphonie wurde mit dem deutschen Text gesungen. Den jüdischen Dichter Perez hat[te] Schillers Wort »Alle Menschen werden Brüder« zu einem Gedicht angeregt.

Offiziell waren jegliche Bildungsanstalten und kulturelle Unternehmungen verboten. Das gesteigerte geistige Leben war der Obrigkeit nicht unbekannt, aber es war nicht Güte, die es schweigend duldete: das Todesurteil über die Juden war bereits gesprochen, und man wollte bis zu ihrer endgültigen Erledigung auch von ihren geistigen Leistungen profitieren. Es gab eine große Anzahl von Schulen, die meisten in jiddischer Sprache, einige polnisch und eine hebräisch. Das Konservatorium hatte ein Niveau, wie man es selten finden wird, und wurde von einer großen Schüleranzahl besucht. Es gab außerdem einen Kinderchor, der auch von Jugendlichen dirigiert wurde und herrliche Aufführungen machte. Die größeren Kinder gingen zum Teil schon zur Arbeit in die Stadt oder die Werkstätten, die jüngeren mußten die Hausarbeit verrichten. Abends florierte der Kinderclub der Zehn- bis Sechzehnjährigen, die die herrlichsten Aufführungen von Perez, Scholem Aleichem und andern jüdischen Dichtern veranstalteten.

Im Ghetto war ein Theater, das zu allen offiziellen Veran-

19 Vgl. W. Grossman, »Das Schwarzbuch«, S. 501f. und das Theaterstück »Ghetto« von Joshua Sobol aus dem Jahre 1984.

staltungen benutzt wurde. Silvester 42 wurde dort eine große Revue veranstaltet mit den erlesensten künstlerischen Darbietungen. Begabte Maler hatten die Dekorationen gemacht. Als Eingang wurde das alte, dunkle Jahr fliehend dargestellt, und nun das neue, ein geöffnetes Tor, durch das helles Licht hereinstrahlte.

Zäher Überlebenswille malte so ein optimistisches Zukunftsbild, wie überhaupt alle Gespräche sich um die bange Frage »Was wird?« bewegten. Von all diesen kräftigen, lebensstarken, begabten Menschen hat nur ein kleiner Teil die nächste Jahresschwelle überschritten, und nur ganz wenige haben auch 44 überlebt.

In Wilna befand sich die berühmte Straschun-Bibliothek[20], die viele tausend Bände umfaßte. Die Deutschen setzten dort drei gelehrte Juden ein, die die wertvollsten Bücher aussondern sollten, die in das Jüdisch-wissenschaftliche Institut nach Frankfurt a. M. geschafft werden sollten.[21] Der weise Bibliothekar Kalmanowicz war der Meinung, daß man der deutschen Forderung voll nachkommen solle, damit die unersetzlichen Schätze der Bibliothek auch dann gerettet würden, wenn das Ghetto vernichtet werden sollte. Aber die Jüngeren wollten davon nichts wissen. Sie versteckten die wertvollsten Bücher, und dort sind sie, wie Kalmanowicz vorausgesagt hatte, alle verlorengegangen.

20 Ihren Grundstock bildete die Privatbibliothek, die der wohlhabende Gelehrte und Händler Matitjahu Straschun (1817–1885) der jüdischen Gemeinde von Wilna stiftete.

21 Das »Institut zur Erforschung der Judenfrage«, seit 1938 geplant, wurde im März 1941 in Frankfurt am Main eröffnet. Grundlage seines Bestandes bildete die Judaica-Hebraica-Sammlung der Frankfurter Stadtbücherei. Hinzu kam Beutegut aus den besetzten Gebieten. Das Institut sollte der über Planungen nicht hinausgediehenen »Hohen Schule der NSDAP« unterstellt werden.

Ein Teil der Bibliothek wurde der Leihbibliothek einverleibt, die hauptsächlich aus Gaben der Privatbüchereien bestand und Belletristik, wissenschaftliche und Fachliteratur in allen Sprachen enthielt. Alle modernen Schriftsteller waren vertreten. Die Bibliothek war katalogisiert und wurde sehr gewissenhaft geführt und sehr viel benutzt. Jeder konnte dort gegen ein geringes Entgelt leihen. Wenn einer die Bücher nicht gut hielt, wurde ihm die Leiherlaubnis entzogen. Als das hunderttausendste Buch ausgeliehen wurde, wurde eine Feier veranstaltet.

Die Außenwelt ahnte nichts vom reichen geistigen Leben hinter dem Stacheldraht. Nur ganz wenige Menschen drangen in die abgeschlossene Welt ein. Ona Šimaite, einer Kaunaerin, die seit einigen Jahren in Wilna lebte, gelang es, einen ständig so engen Konnex zu erhalten, daß sie das Leben [der][22] Verfemten vollständig mitlebte. Die Torwache kannte sie schon. War ein neuer dort, wurde er bestochen. Sie war bei allen bekannt und verehrt, wurde die Vermittlerin zur Außenwelt. Sie brachte Briefe an die Post, überbrachte mündliche Nachrichten.

»Ich habe die Juden immer bewundert«, schrieb sie einmal den Nataschas, »aber jetzt kennt meine Bewunderung keine Grenzen.« Sie beschrieb ein Sportfest, das auf einem kleinen Platz stattgefunden hatte, wo eine Lehrerin mit Kindern den Bauschutt eines verfallenen Hauses abgeräumt hatte und einen blumenumrankten Spielplatz geebnet hatte. Ona war auch auf dem Fest des hunderttausendsten Leihbibliotheksbuches, und es gelang ihr, was den meisten Juden verwehrt war: das berühmte Modell der Stadt Wilna zu sehen.

Von militärischer Seite wurde ein mehrere Meter großes

22 Im Text statt dessen: »das Leben von Verfemten«.

plastisches Relief der Stadt bestellt, in dem jedes einzelne Haus minutiös und präzise plastisch wiedergegeben wurde. Mehrere Künstler arbeiteten jahrelang an dem Kunstwerk. Die Besteller selber waren voller Staunen. Sie verboten den andern Juden den Eintritt in das Atelier, und nur Privilegierte, darunter auch Ona, ließen die Künstler herein.

Mitten im Ghetto gab es einen Zeitungskiosk, in dem alle Tageszeitungen und Wochenschriften zu haben waren. Alle Vorübergehenden kauften dort, aber die Deutschen haben nie etwas davon erfahren. Wenn sich einer nahte, wurde die ganze Zeitungspracht von einer verfallenen Bretterwand zugedeckt, der man nicht ansah, was sie hinter sich verbarg.

Unter den deutschen Soldaten gab es in Wilna ebenso wie in Kaunas nicht wenige, die allmählich zu Freunden der Juden wurden, ihnen verbotene Vergünstigungen verschafften und zu ihnen gegen die Gestapo hielten.

Wie das Leben im Ghetto von dort gestaltet wurde, geht aus folgendem Merkblatt hervor, das an die einzelnen Arbeitsgeber verteilt wurde. [23]

*Vertraulich!*
*Für den Arbeitgeber!*

*Richtlinien und Merkblatt für den Einsatz der jüdischen Arbeitskräfte*

*1. Das Ghetto steht unter Aufsicht des Gebietskommissars der Stadt Wilna. Dieser ist allein weisungsberechtigt und für alle Fragen, die das Ghetto betreffen, zuständig.*

23 Den Text hat Helene Holzman in einer von ihr selbst angefertigten handschriftlichen Kopie ihren Aufzeichnungen beigefügt.

*2. Die Vermittlung von jüdischen Arbeitskräften erfolgt durch die Dienststelle »Der Gebietskommissar in Wilna – Sozialamt«. Anforderungen auf Gestellung von Juden sind daher nur an diese Dienststelle zu richten. Eigenmächtiges Anwerben von jüdischen Arbeitskräften über den Judenrat ist untersagt.*

*3. Die Zuteilung von jüdischen Arbeitskräften durch das Sozialamt des Gebietskommissars erfolgt nach den hierfür ergangenen Richtlinien. Eine Verpflichtung des Sozialamtes, jüdische Arbeitskräfte zuzuweisen, besteht nicht.*

*4. Für Wehrmachtsdienststellen ist die Verfügung des Wehrmachtsbefehlshabers Ostland vom 20.9.1941 maßgeblich. Die hat unter anderem folgenden Wortlaut:*
*»Jegliche Zusammenarbeit der Wehrmacht mit der jüdischen Bevölkerung, die offen oder versteckt in ihrer Einstellung deutschfeindlich ist, und die Verwendung von einzelnen Juden zu irgendwelchen bevorzugten Hilfsdiensten für die Wehrmacht hat zu unterbleiben. Ausweise, die den Juden ihre Verwendung für Zwecke der Wehrmacht bestätigen, sind durch militärische Dienststellen keinesfalls auszustellen. Hiervon ausgenommen ist lediglich die Verwendung von Juden in besonders zusammengefaßten Arbeitskolonnen, die nur unter deutscher Aufsicht einzusetzen sind.«*

*5. Wird vom Sozialamt die Gestellung von Juden für gerechtfertigt angesehen, so darf ein Einsatz nur erfolgen, wenn der Transport der Juden vom Ghetto zur Arbeitsstelle und zurück, sowie der Aufenthalt der Juden auf der Arbeitsstelle überwacht wird.*

*6. Eine Zuweisung von jüdischen Arbeitskräften erfolgt nur bei einer Anforderung von mindestens 10 Arbeitern. Der Einsatz von einzelnen Juden ist verboten. Ausnahmsweise kann eine Zu-*

*weisung dann erfolgen, wenn es sich um Spezialisten und Facharbeiter handelt, die durch einheimische Kräfte nicht zu ersetzen sind.*

*7. Die zu einer Arbeit vermittelten Juden haben geschlossen unter Aufsicht des Arbeitgebers und des jüdischen Kolonnenführers die Arbeitsstätte aufzusuchen und zurückzukehren. Die Arbeitsstätte darf während der Beschäftigungszeit einschließlich der Mittagspause von den Juden nicht verlassen werden. Einzelne auf der Straße ohne Genehmigung des Gebietskommissars herumlaufende Juden machen sich strafbar und werden verhaftet.*

*8. Die Arbeitszeit der Juden ist ganztägig, d.h. die zu einer Arbeit vermittelten Juden müssen das Ghetto in der Zeit von 6–9 Uhr verlassen und ab 15 Uhr bis zum Einbruch der Dunkelheit, jedoch spätestens bis 20 Uhr zurückkehren.*

*9. Der Arbeitgeber hat dafür Sorge zu tragen, daß die bei ihm arbeitenden Juden keine Geschäfte betreiben, und zu verhindern, daß sie Lebensmittel, Holz und anderes mehr einkaufen und in das Ghetto mitnehmen. Die Mitnahme von Bedarfsgütern, insbesondere von bewirtschafteten Artikeln, ist strengstens untersagt.*

*10. Die beschäftigten Juden haben Anspruch:*
*a) auf Lohn, und zwar Männer vom 16. Lebensjahr aufwärts RM -,15, Frauen vom 16. Lebensjahr aufwärts RM -,12 und Jugendliche unter 16 Jahren RM -,10 pro Arbeitsstunde. Private Zivildienststellen, Truste, Genossenschaften usw., mit Ausnahme der deutschen Dienststellen und der Stadtverwaltung, bezahlen außer den oben angeführten Lohnsätzen an die Juden denselben Betrag an die Kasse des Gebietskommissars Wilna-Stadt.*
*b) Um die Arbeitskraft des Juden zu erhalten, ist ihm eine zusätzliche Verpflegung zu gewähren. Der Arbeitgeber hat daher für eine warme*

*Mittagssuppe im Werte bis zu RM -,30 zu sorgen. Der Betrag hierfür kann vom Lohn abgezogen werden.*

*11. Der Jude ist unser Feind und der Alleinschuldige am Kriege. Es gibt daher auch keinen Unterschied zwischen Juden und Juden, sie sind alle gleich. Der Einsatz zu einer Arbeit ist Zwangsarbeit, daher ist auch der außerdienstliche Verkehr mit den Juden sowie jede Privatunterhaltung und Geschäftemacherei strengstens verboten. Wer mit Juden privaten Umgang pflegt, muß entsprechend als Jude behandelt werden. Wie die Reichsdeutschen, so unterliegt auch die einheimische Bevölkerung den hierfür erlassenen Strafbestimmungen bei Verstößen gegen diese grundsätzliche Einstellung den Juden gegenüber.*

*12. Bedarfsstellen und Arbeitgeber, die gegen diese Bestimmungen verstoßen, werden zur Verantwortung gezogen und von einer weiteren Zuteilung jüdischer Arbeitskräfte ausgeschlossen.*

*Der Gebietskommissar*
*der Stadt Wilna*
*i.A.*
*gez. Murer*

*Wilna,*
*den 7. April 1942*

Im Mai[24] drangen Nachrichten über die Liquidation des Warschauer Ghettos zu uns. Die Juden hatten sich dort nicht wie hier bei den großen »Aktionen« als wehrlose

24 Im Manuskript fälschlich »März«. Der Aufstand im Warschauer Ghetto begann am 19. April und endete mit der Liquidierung des Ghettos am 16. Mai 1943.

Schafe abführen lassen, sondern sich in ihren Häusern verschanzt und, von Polen unterstützt, wochenlang heldenmütig gekämpft, einen aussichtslosen Kampf, dessen unglücklicher Ausgang vorausgesehen wurde. Dieses tragische Ende warf seine Schatten bis zu uns. Mit der bangen Frage: Wie wird es hier sein? begegneten sie einem in den Brigaden, und schon erschienen die düsteren Vorzeichen. Die letzten kleinen Provinzghettos wurden liquidiert, die Einwohner wurden teils nach Kaunas, teils nach Wilna gebracht.

Von Wilna sollte ein Transport nach Kaunas gehen. Er bestand aus 5000 Personen, die meisten aus der Provinz, etwa 300 waren Wilnaer. Der Zug fuhr am Sonntag, den 4. April abends ab. Die vollgepfropften Waggons waren plombiert. In dem Waldvorort Paneriai hielt der Zug. Ein Waggon nach dem andern wurde geöffnet, die Insassen geschlossen in den Wald zu vorbereiteten Gruben geführt und dort nach dem bewährten System niedergemetzelt.

Die Eingesperrten in den Waggons hörten die Schüsse und verstanden, was sie bedeuteten. Panik ergriff sie. Sie versuchten vergeblich, die Wände der Waggons zu sprengen. Als sie an der Reihe waren und man den Waggon öffnete, liefen sie in wilder Flucht nach allen Seiten. Fast alle wurden so auf dem Wege erschossen. Etwa siebzig gelang es, zu entlaufen. Das Gemetzel dauerte die ganze Nacht.

Am nächsten Morgen sahen nach Kaunas fahrende Passagiere vom Zuge aus den Wald mit Leichen besät. Sie begriffen sofort, worum es sich handelte. Unter ihnen war auch die Frau des Wilnaer Ghettokommandanten Gens[25],

25 Jacob Gens war nicht »Ghettokommandant«, sondern Vorsitzender des Ältestenrates im Wilnaer Ghetto.

die als Litauerin mit ihrer Tochter außerhalb des Ghettos lebte, aber in ständiger enger Verbindung mit ihrem Mann war. Durch sie erfuhren wir in Kaunas das Entsetzliche und einige Tage später die Einzelheiten.[26]

Das Gemetzel an offener Bahnstrecke war unvorschriftsmäßig gewesen. Der Gestapo blieb die Arbeit, die Leichen in die Massengräber zu tragen, bis zu denen zu gehen die Opfer sich geweigert hatten. Sie waren ungewöhnlich verstümmelt, und man sagte, es seien Dumdumgeschosse verwendet worden. Fünfundzwanzig jüdische Polizisten wurden beordert, das Gepäck der Gemordeten unter Beisein von SS-Beamten zu sondieren und in das Haus der Gestapo zu schaffen. Den wertlosen Rest schickte man ins Ghetto.

Diese Bluttat nach den ruhigen Monaten war der Auftakt zu weiteren. Der geheimnisvolle Elan des hohen geistigen Auftriebs wurde blasser, die Lebensangst erstickte jede Blüte. Von dieser Zeit an ging die produktive Phantasie der Ghettobewohner andere Wege. Was sie vorher nur nebenher halb spielerisch beschäftigt hatte, wurde nun zum leidenschaftlichen Lebenskampf.

Unter alten, oft tief unterkellerten Häusern wurde eine unterirdische Stadt gebaut. Das geschah in solcher Heimlichkeit, daß man sich auch gegenseitig seine Pläne verhehlte.

26 Wahrscheinlich handelt es sich hier nicht, wie Helene Holzman anzunehmen scheint, um einen »Einzelfall« – sondern um eine von vielen Mordaktionen, die sich nur mehr als andere herumsprach, weil sie aufgrund des Widerstands, den die Opfer leisteten, so »irregulär« verlief. In Paneriai (Ponary) existierte eine der größten Mordstätten in Litauen. In Zügen wurden Juden vor allem aus Wilna, aber auch aus anderen Orten hierher gebracht und erschossen, zwischen 1941 und 1944 etwa 70000. Einen ähnlichen Vorgang wie den, den Helene Holzman hier schildert (oder denselben, allerdings mit der Datumsangabe Oktober 1943), beschreibt Jozef Mackiewicz in »Der Stützpunkt«, abgedruckt in: Benz, Neiss (Hrsg.), »Judenmord in Litauen«. Vgl. auch Grossman, »Das Schwarzbuch«, S. 471f.

Von den Hausbewohnern mußten aber alle mitarbeiten, welche die »Malina« im Notfall benutzen wollten. Anfangs hatte man sich begnügt, vorhandene Keller zu befestigen, zu säubern und für einen mehrtägigen Aufenthalt benutzbar zu machen. Aber die Nachrichten, die aus Warschau herdrangen, zeigten, daß mit so einfachen Verstecken nichts getan ist. Es entstanden so raffinierte Bauten, daß es Nichteingeweihten fast unmöglich war, sie zu entdecken.

Es kam vor, daß die Ghettowache Menschen suchte, die vor ihren Augen im Erdboden verschwanden. Es half kein Suchen, keine Spürhunde, um sie zu stellen. In einem alten Hause fanden die Häscher die Klapptür, die in ein unterirdisches Verlies führte. Sie fanden einen sauberen Kellerraum – leer. Sie stiegen enttäuscht wieder herauf, ohne zu ahnen, daß der alte Herd, der in der Ecke stand, ein Märchen aus Tausendundeiner Nacht hütete. Von diesem Herd war die Platte abnehmbar, und man stieg mit einer schmalen Leiter in einen niedrigen Gang, der zu einem geräumigen Gewölbe führte. Dort waren Betten, bequeme Möbel, elektrisches Licht, Wasserleitung, Kanalisation und Lebensmittel auf viele Wochen. Konserven, Würste, Kondensmilch, Zwieback, Zwiebeln, dazu eine gut eingerichtete Apotheke, vor allem Vitamine. Ein Ventilator sorgte für Lüftung. Andere hatten unterirdische Gänge gebaut, die bis zu Häusern außerhalb des Stacheldrahts führten, um im Notfall flüchten zu können. Wie dieser Notfall aussehen würde, konnte noch keiner wissen. Aber niemand zweifelte, daß er einmal kommen würde, und alle konzentrierten sich darauf, ihm zu begegnen.

Gabrielle hatte nach den Mordtaten in Paneriai durch Ona an die Nataschas telegraphieren lassen, und Pawlascha war mit einer Reiseerlaubnis, die ihr der Direktor des Theaters,

Kupstas[27], verschafft hatte, nach Wilna gefahren, um Gabrielle abzuholen. Gabrielle sah nicht jüdisch aus, und die beiden fuhren ganz öffentlich mit der Eisenbahn nach Kaunas, ohne daß sie jemand verdächtigte. Sie gedachte, sich wieder eine Stellung zu suchen. Vorläufig wohnte sie mit Regina bei den Nataschas. Sie saßen in der Hinterstube, halfen Nataschok bei den Schneiderarbeiten und mußten, wenn im Vorderzimmer Besuch oder Kunden waren, mäuschenstill sitzen. Auch Nataschas Geschwister, die nur durch eine dünne Wand getrennt im Nebenhaus wohnten, durften nichts von ihren illegalen Einwohnern wissen. Abends gingen sie manchmal ein Stündchen aus, zu Frau Binkis oder zu uns. Sie brachten die Nachrichten mit, die sie auf den verbotenen Wellen aus [der] SSSR oder England gehört hatten. Wann, wann kommt nur endlich das Ende und wie wird es aussehen?

Diese bange Frage stellten auch jedesmal die Juden, wenn man in die Brigaden ging. Mein Rehlein arbeitete wie immer im Garten der Organisation Schuh, und manchmal, nachdem wir uns versichert, daß kein Aufsichtsposten da war, kam ich zu ihr in den Garten, und sie zeigte mir ihr Gemüse und ihre Blumen mit einer freien, kindlichen Freude, als sei das alles nicht für die Küche der »Schuh-Männer«, sondern ihr eigenes.

In der Stadtgärtnerei arbeitete in diesem Sommer dreimal wöchentlich eine Brigade, und ich ging jede Woche wenigstens einmal hin, um meine Bekannten zu besuchen. Dort war Ada, die Kusine von Lyda. Jetzt war sie ganz braungebrannt, und ihre feurigen Augen und schönen Zähne leuchteten aus dem dunklen Gesicht. Wenn gerade kein Posten da war, verließ sie ein wenig ihre Arbeit, und wir setzten

27 Aleksandras-Vytautas Kupstas war Regisseur am Theater in Kaunas.

uns auf ein Bänkchen unter der Pergola, an der Jelängerjelieber und Glockenreben rankten, und sprachen miteinander.

Ich hatte sie kennengelernt, als ich im Winter die Nachricht von Lydas Tode ins Ghetto gab. Von jener Zeit an sahen wir uns oft, und unsere Beziehungen waren so warm, wie sie unter Menschen sind, die sich in einer ungewöhnlichen Lage nahe gekommen sind, in der sie das Leid des andern durch die Erfahrung des eignen verstehen. Adas Sohn war mein Schüler im Deutschen Gymnasium gewesen. Er war bei Kriegsausbruch in England gewesen. Sie war glücklich, daß er dort war, und träumte von einem Wiedersehen nach dem Kriege. Während unseres Gesprächs behielten wir unsere Umgebung immer im Auge, ob uns kein Posten oder Gärtnereiangestellter bemerkt. Die letzteren waren übrigens oft gutmütige Leute, die ihren Abscheu gegen den Antisemitismus äußerten und die Besuche bei den Juden erlaubten.

Dort arbeitete auch die Sängerin Frau Gedan. Ihr klassisches Gesicht mit den herrlichen, hellgrauen Augen war abgehärmt. Sie war schlecht gekleidet, und die Gartenarbeit wurde ihr schwer. Es war ergreifend, wie sich die tapferen Frauen mit dem ächtenden Sternenmal an ihr Los gewöhnt hatten. Wenn sie doch in Palästina so den Boden bearbeiten dürften – sie fürchteten keine physische Arbeit mehr und wären sogar hier zufrieden, wenn man sie nur leben ließe.

Wenn sie so in langen Reihen Unkraut jäteten und Kohl pflanzten, bedauerte ich immer, keinen Fotoapparat zu haben. Wie viel natürliche Anmut, unzerstörbare Würde [war] in den Erniedrigten, und selbst die dreisten, kleinen Geschäftemacherinnen, die auch darunter waren und einem irgendwelche Tauschgeschäfte aufdrängen wollten, beleidigten das Auge nicht, weil sie mehr komisch als unsympathisch wirkten.

Unter anderem brachte ich jedesmal zurechtgemachte Butterbrote mit, die sie gleich frühstückten. Frau Ada hatte ein paar gefüllte Heckenrosen von der duftenden Sorte in meinen Korb gelegt, als plötzlich vier Uniformierte erschienen – Kontrolle. Wir hatten eben noch formlos geschwätzt und waren starr vor Schrecken. Sie nahmen eilig ihre Harken auf und kratzten die Beete, aber ich konnte mich nicht mehr verdrücken. »Wer sind Sie? Machen Sie hier Judengeschäfte?« Sie sahen in meinen Korb, und ich machte ein unschuldiges Gesicht, wie die heilige Elisabeth auf der Wartburg. »Ich will Pflanzen für meinen Garten kaufen und suche den Gärtner.« Die Schrecklichen, wie so oft, waren erstaunt über mein gutes Deutsch, murmelten etwas von Judengeschmeiß und ließen mich stehen.

Der jüdische Brigadeführer bat mich das nächste Mal, lieber nicht mehr so oft zu kommen. Es gebe auch unter den Juden Angeber[28], und ich sei schon zu sehr bei allen bekannt. Ich kam von jetzt an meistens nur an den Gartenzaun. Wir hatten unsere verabredete Stelle, an der wenig Passanten störten, wo wir uns mit geringerer Gefahr durch das Gitter unterhielten.

Einmal fand ich den Garten leer. Aus der Holzbaracke, die als Küche eingerichtet war, kam kein Rauch. Ein Schloß hing davor. Vielleicht sind nur die Arbeitstage verlegt worden. Aber ein Gartenangestellter sagte, es würden neuerdings keine jüdischen Arbeitskräfte mehr bewilligt. Die Rendezvous im Stadtgarten hörten somit plötzlich auf. Aber auch die Brigade der Organisation Schuh kam nicht mehr. Jede Verbindung war plötzlich abgeschnitten. Mit Beklemmung sah man sich etwas neues Böses vorbereiten.

28 In der älteren Bedeutung von »Denunzianten«.

Auch in der Stadt sah es schlecht aus: große Transporte von Litauern wurden nach Deutschland als Fabrikarbeiter gebracht. Immerfort wurden Razzien auf den Straßen gemacht. Gretchen fürchtete täglich, daß man sie auf dem Wege zum Dienst anhalten könnte. Sie hatte überhaupt keinen Paß. Ein Teil meiner Schüler kam nicht mehr, weil sie aufs Land geflüchtet waren. Die drei Studenten, die ein Zimmer in meiner Wohnung hatten, waren plötzlich verschwunden. Den militärischen Aufrufen wollte keiner folgen.

Der Sommer hatte die groß angekündigte Offensive nicht gebracht. Aber je fauler es um die Wehrmacht stand, um so härter waren die Maßnahmen hinter der Front.

Auf die Lebensmittelkarten wurde nur Brot regelmäßig gegeben. Fett gab es monatelang überhaupt nicht. Auf den Fleischabschnitt gab es Pferdefleisch oder minderwertiges Fleisch. Das gute wurde in den deutschen Geschäften verkauft. Milch gab es auch für Kinder nur unregelmäßig. Der freie Handel mit Lebensmitteln war verboten. Auf dem schwarzen Markt gab es ständig Razzien, bei denen Käufer und Händler in Lastautos zur Polizei gebracht wurden. Wer sich nicht genügend ausweisen konnte, wurde zur Arbeit nach dem Reich verschleppt. Trotzdem waren die Märkte jeden Tag wieder von neuem besetzt. Butter und Fett, deren offizieller Preis 2,20 Reichsmark pro Kilogramm war, wurden mit 50 bis 70 Reichsmark verkauft. Die Preise der anderen Produkte waren entsprechend.

Obschon ich täglich etwa fünf Privatstunden gab, genügte das Verdiente nicht, um uns das Nötigste zu kaufen. Wir verkauften, was nur entbehrlich war: Kleidungsstücke, Eßgeräte, Bettwäsche. Manchmal gaben wir Wertvolles für ein Spottgeld, ein andermal tauschten wir Tand, billigen

Schmuck, Haarfarbe gegen Speck und Mehl. Es kam vor, daß wir reichlich von allem hatten und viele Päckchen an die hungrigen Verwandten schicken konnten, und dann hatten wir wieder magere Zeiten, aßen trockenes Brot zum schwarzen Kaffee, und jeden Mittag gab es Grütze. Die Litauer sahen mit scheelen Augen, wie die Kunden aus den deutschen Geschäften mit ihren vollen Handtaschen mit Weißbrot, Butter, Wurst und Konserven kamen.

Emmi, die jetzt in der Organisation Todt arbeitete, hatte es fertiggebracht, auch eine deutsche Lebensmittelkarte zu bekommen. Seitdem sie im Gefängnis gewesen war, kam sie seltener zu uns – »Weil ich ja doch mit ihr böse sei«, motivierte sie, denn sie wußte, daß ich mit ihren Beziehungen zu ihrem neuen Freunde nicht einverstanden war. Die arme Emmi hatte ihre Einsamkeit nicht mehr ertragen können und hatte sich an den weichlichen Pressechef Gedamke, der im Reich Frau und Kinder hatte, angeschlossen, obschon sie ihn nicht achtete und ihn verlogen und egoistisch nannte.

Nachdem sie vorher ein Doppelleben geführt hatte, teilte sie sich jetzt in ein dreifaches: Im Dienst, das litauische, unabhängige Fräulein Wagner, erstklassige Übersetzerin und Stenotypistin. Dort saß sie […][29] an der Maschine. In der letzten Zeit färbte sie ihre Lippen gelbrot und groß. Das gab einen unheimlichen Kontrast zu ihrem lieben, einfachen Gesicht. In ihrer Wohnung in der Altstadt ganz die Frau ihres Mannes. Dort hütete sie seine und ihrer Schwiegereltern Sachen. Ihr Zimmer stand voller Dinge – Gemüse, Honig, Tabak –, die sie für ihren Mann sammelte. Dort verabredete sie [sich] mit Leuten, durch

29 Zwei Wörter unleserlich.

die sie Beziehungen zu ihrem Mann unterhielt, und einmal bat sie mich, zu ihr zu kommen, weil sie aus dem Ghetto Nachrichten vom Tod ihres Schwiegervaters[30] bekommen hatte und sie einen Menschen brauchte, vor dem sie sich einmal recht ausweinen konnte.

Außer dieser düsteren Altstadtwohnung, die so schrecklich ungemütlich war, weil sie nur ein Zimmer für sich behalten hatte, dessen Fenster in eine schmale, graue Gasse gingen, und in allen anderen fremde Leute wohnten, hatte sie ein helles Zimmer am Bergabhang in einem großen Garten gemietet, in dem sie zusammen mit Gedamke wohnte. Wenn sie mit ihm zusammen war, zog sie sich schön an und schien ein sorgloses kleines Schätzchen, dem es nur aufs gute Leben ankam. Er wußte nicht, daß sie fast jeden Tag ihren Mann traf und aufopfernd für ihn sorgte.

[Der] arbeitete seit längerem in einer Fabrik in der Stadt. Der deutsche Posten war bestochen und ließ sie herein, und auch seinen Kameraden brachte sie immer etwas mit. Lifschitz sah, daß es seiner Frau in der letzten Zeit nicht gutging. Er bat einen Arzt, mit seiner Brigade in die Stadt zu kommen. In einem Pförtnerstübchen der Fabrik untersuchte er sie und empfahl ihr, sich klinisch behandeln zu lassen. In der deutschen Klinik hielt sie es nur ein paar Tage aus.

Im August kam sie nach langer Zeit einmal wieder zu mir. Sie sah ganz verändert aus, mit flackerndem Blick, erschöpft und bleich. Nach den Röntgenaufnahmen habe man einen Gehirntumor festgestellt. Nur eine sofortige Operation könne ihr Leben retten. Sie wolle nach Dorpat zu einem berühmten Spezialisten fahren. Sie wolle vorher

30 Unleserlich: eventuell auch »Schwagers«.

ihr Häuschen in Schanzen auf meinen Namen überschreiben lassen, um es im Falle ihres Todes ihrem Mann zu erhalten.

Ich war bei ihrem Anblick sehr erschrocken. Als sie dann später auf dem Balkon saß und rauchte, fand ich sie wieder die alte Emmi. Ihre Wangen wurden wieder rosig, und sie sprach mit Fräulein Jörusch, die dazugekommen war, über Theater und Kino. Sie versprach, nach zwei Tagen wiederzukommen. Als sie nicht erschien, suchte ich sie in ihrer alten Wohnung. Niemand öffnete. In ihrer Dienststelle sagte man, sie sei beurlaubt. Schließlich ging ich in die neue Wohnung – eine Terrasse vor einem Balkon und direkt in ihr Zimmer. Dort lag sie im Bett, wachsbleich, eine Sterbende. Gedamke war auf Urlaub ins Reich gefahren.

Sie hatte sich durch ihre Dienststelle eine Reiseerlaubnis nach Estland besorgt und bestand darauf, zu fahren. Nur wolle sie unbedingt ihren Mann noch einmal sehen. Mit Aufwand aller Kräfte erhob sie sich. Ich kleidete sie an, und dann gingen wir zusammen zu ihrem Mann.

Ich sah, wie er ihr im Fabrikhof entgegeneilte und sie in das Pförtnerhäuschen führte. Ich wartete eine volle Stunde auf der Straße, bis sie endlich erschien. Ihr Mann stützte sie und führte sie bis auf die Straße, als hätten beide vergessen, daß es dem Besternten streng verboten war. Noch ein Händedruck, ein Blick, sie konnten sich nicht trennen. Dann gingen wir zurück, langsam, langsam. Sie stützte sich schwer auf mich, und mehrmals ruhten wir in einem Treppenhaus. Es war, als würde sie zusammenbrechen, bevor wir zu Hause waren. Da begegneten wir dem guten Fräulein Jörusch. Zu dritt ging es leichter.

Wie soll sie eine so weite Reise überstehen? Wir hatten eine Frau gefunden, die bereit war, als Reisebegleiterin mitzufahren. Aber ich ging mit der Röntgenaufnahme noch zu zwei litauischen Chirurgen, um sie um ihre Meinung zu fragen. Beide gaben unbestimmte Auskunft. Sie selber seien zu so einer Operation nicht bereit. In der deutschen Klinik, wo die Diagnose gestellt worden war, sagte man, die Patientin sei vor Beendigung der klinischen Untersuchungen davongelaufen.

Wir bereiteten alles zur Reise vor. Emmi lag schwer atmend im Bett. Sie wurde von Stunde zu Stunde bleicher, schwächer und magerer. Ihre hellen lockigen Haare glänzten um ihr wächsernes Gesicht. Ich hielt die weite Reise für unmöglich, aber sie hatte einen harten Willen. Sie wolle und müsse gesund werden, denn sonst sei ihr Mann verloren. Sie gab mir tausend Anordnungen, wie ich während ihrer Abwesenheit für ihren Mann sorgen müsse, was ich bei mir halten solle, was ihm bringen und was ihm sagen. Ich blieb die Nacht bei ihr, den nächsten Tag. In der zweiten Nacht saß ich neben ihrem Bett, hörte die kurzen Atemstöße und erwartete jeden Augenblick, daß sie ganz aufhören. Am Morgen wurde sie wieder frischer, trank Milch und sprach von ihrem Mann. Über Gedamke wurde nicht gesprochen, nur mit einem Wort.

Sie übergab mir ihren Wohnungsschlüssel und bat mich, gleich ihre Schreibmaschine und den großen Brockhaus und noch einige Sachen zu mir zu nehmen, damit ich für den Erlös [für] ihren Mann sorgen könnte. Der Gedamke nehme sonst alles für sich.

Wir nahmen eine Droschke zur Bahn. Die sympathische Reisebegleiterin erwartete sie. Als Emmi zwischen ihren Kissen mir aus dem Abteil Lebewohl zulächelte, lag der Glanz früherer Lieblichkeit wieder auf ihrem Gesicht. Ich dachte an andere Schwerkranke, die gesundet waren, und hoffte wieder.

Nach zwei Wochen kam die Begleiterin allein zurück. In

der Klinik des Chirurgen hatte sich unter den Röntgenstrahlen der Hirntumor in ein Hirngespinst aufgelöst. Dagegen sei ihre Nierenkrankheit so weit fortgeschritten, daß eine Rettung nicht mehr zu erhoffen sei. Da man die Kranke nicht in der überfüllten Privatklinik halten wollte, wurde sie in das Feldlazarett 1/572 überführt, wo sie nach wenigen Tagen starb. Sie wurde auf dem Soldatenfriedhof beerdigt.

Einige Tage, nachdem Emmi abgereist war, erschien Herr Gedamke von seinem Urlaub. Nach einigen einleitenden sentimentalen Worten über die Kranke begann er sehr aufgeregt, um ihre Sachen zu handeln. Die Schreibmaschine brauche er gerade sehr nötig. Emmi könne nichts dagegen haben, daß er sie benutze. Ich hoffte damals noch auf ihre Rückkehr und war schwach genug, sie ihm zu geben. Als dann die Todesnachricht kam, erschien er wieder. Er war sehr mißvergnügt, daß ich den Wohnungsschlüssel hatte, über die Sachen der Verstorbenen[31] Bescheid wußte und Verschiedenes zu mir genommen hatte. Er betrachtete sich als alleinigen Erben und hatte ein sehr wirksames Mittel, mich einzuschrecken: Er drohte, mich wegen meines Konnexes zu Emmis Mann anzuzeigen.

Ich war geschlagen von solcher Niedertracht, und wenn sich auch Fräulein Jörusch, die bei den Gesprächen zugegen war, sehr kühn einsetzte – es war nichts zu machen. Er raffte alle Sachen gierig zusammen, behielt auch den Brockhaus, und sogar um die Kleidung der Familie Lifschitz mußte ich kämpfen. Zum Glück wurde er bald darauf nach Minsk versetzt und kam mir nicht wieder unter die Augen.

31 Im Original irrtümlich: »die Sachen der Hinterbliebenen«.

Zu Lifschitz ging ich täglich. Jedesmal lag in seinen Augen die bange Frage nach einer Nachricht, bis ich ihm schließlich die letzte bringen mußte. Ich kam weiter oft zu ihm und bemühte mich, Emmis Vermächtnis zu erfüllen. Als ich Lifschitz die Kämpfe um seine Sachen andeutete, winkte er ab. Er wisse von den Beziehungen seiner Frau zu Gedamke. Das könnte das reine Bild der Erinnerung nicht trüben, und der Verlust seines letzten Besitzes berühre ihn nur wenig.

Bald darauf wurde in seiner Fabrik die Arbeit der Juden gesperrt. Ich schickte ihm noch einige Male Päckchen durch den litauischen Polizisten in Emmis alter Wohnung. Im Oktober 1943 wurden er und seine Mutter zusammen mit 3100 nach Estland verschickt.[32] Seitdem ist er verschollen.

Es meldeten sich noch das frühere Dienstmädchen und eine alte Tante im Reich als Erbin, die mich mit schmalzigen Briefen überschüttete: Der liebe Gott und der liebe Hitler würden hoffentlich alles zum Besten wenden. Ich schickte ihr ein Paket mit den Sachen, die ich noch bei mir hatte, und war froh, nun nichts mehr mit den Schakalen zu tun zu haben. Wir waren wieder um eine Freundin ärmer geworden und trauerten innig um sie.

Gegen Ende des Sommers wurden immer mehr Brigaden geschlossen. Man sah nur noch einzelne kleine zur Arbeit gehen. In der Reinigungsanstalt »Prikol«, die mitten in der Stadt lag, wurde nach wie vor gearbeitet. Die dort Arbeitenden mußten die Verbindung zu den andern herstellen. Es

32 Am 26. Oktober 1943 wurden »mindestens 2700« Juden aus Kaunas deportiert – die Arbeitskräftigen in die Lager Vaivara und Klooga in Estland, Kinder und alte Menschen nach Auschwitz. »Hidden History«, S. 247.

war eine bange Zeit. Wir hörten, daß man auch in Vilijampole »Malinas« baute, aber kein Mensch wußte, ob sie im kritischen Fall wirklich Schutz bieten würden. Wir suchten in der Stadt nach Unterkunftsmöglichkeiten.

Es kam nicht selten vor, daß die Juden selbst davor zurückschreckten, das Ghetto zu verlassen, in dem sie seit Ende 41 mit Ausnahme der Verschickungen nach Estland zwar unter entsetzlichen Bedingungen, aber doch in einer relativen Sicherheit gelebt hatten. Außerhalb des Ghettos aber war jeder Augenblick höchste Lebensgefahr, nicht nur für sie selbst, sondern auch für die Menschen, die sie beherbergten. Darum konnten sich oft gerade die Verantwortungsvollen nicht dazu entschließen.

Im September kamen neue Gerüchte aus Wilna. Das Oberhaupt des Ghettos, Gens, dessen imposante Erscheinung auch den Deutschen immer wieder Eindruck gemacht hatte, so daß er manches erreicht hatte, was nicht im Programm gestanden hatte – dieser Gens wurde am 14. September von der Gestapo abgeholt und erschossen. Das war der Auftakt zur völligen Liquidierung des Ghettos. Der Verlust dieses Mannes rief panische Verzweiflung hervor.

Damals liefen viele hinaus in die Wälder. Sie verbanden sich mit den Partisanen und bildeten großartige Organisationen, die für das deutsche Militär eine schwere, ständige Bedrohung bedeuteten. Andere verkrochen sich in Kellern der Wilnaer Altstadt und wurden dort gegen hohes Entgelt oder auch manchmal aus Mitleid von der polnischen Bevölkerung geschützt. Ein Handwerker erzählte mir nach der Befreiung, wie ihm ein deutscher Oberleutnant Niemeyer aus Berlin, der ihn als Polen ausgab und bei sich beschäftigte, das Leben gerettet hat. Unglücklicherweise fiel gerade dieser gütige Mensch in die Hände der Partisanen und wurde erschossen.

Es gab nicht wenige im deutschen Heer, die die antisemitischen Exzesse der Partei mit Entsetzen ansahen. Der Major Klage warnte im geheimen die Juden einige Tage vor der Liquidation. Am Montag, den 20. September, begann die übliche Umzingelung des Ghettos. Es erfolgte eine vollständige Räumung. Die nicht voll Arbeitsfähigen, Alte, Kinder, wurden niedergemetzelt. Meine schöne, mutige Freundin Aronhaus weigerte sich, ihren Vater herauszugeben, und ging mit ihm in den Tod. Die Arbeitskräftigen wurden in einzelne Lager aufgeteilt. Sie bildeten keine Gemeinschaft mehr, die dem Gebietskommissar unterstand, sondern wurden als Sklaven an einzelne Arbeitgeber verteilt. Viele kamen zur Heereskraft[33], zur Organisation Todt, in die Werkstättenblocks oder in die Provinz zur Torfexploitation, zum Straßen- und Eisenbahnbau.

In Kaunas ging zur selben Zeit das Ghetto aus den Händen des Stadtkommissars in die der SS über. Es wurde nunmehr Konzentrationslager genannt. Jedes kulturelle Leben wurde unterbunden. Die Häuser wurden numeriert, in 330 Blocks eingeteilt. In jedem Haus wurde die Zahl der Einwohner kontrolliert. Wenn einer fehlte, waren alle andern verantwortlich. Ein Teil wurde auf dem Flugplatz installiert, ein anderer im Vorort Schanzen. Sie mußten sich dort zur Entlausung entkleiden. Unterdessen nahm man ihnen aus den Baracken alles Gepäck und die Kleidung fort. Später bekamen sie Sträflingskleidung. Es wurde ihnen gesagt, daß man ihnen die Haare abscheren wird. Die Maßnahme wurde aber nicht durchgeführt. Etwa zehn Nichtjuden aus Deutschland, die als kriminelle Verbrecher verurteilt waren, kamen in das Kaunaer Lager und führten eine Art Aufsicht.

33 Zum »Heeres-Kraftfahrzeug-Park« – einer Werkstatt für Militärfahrzeuge.

Die jüdischen Angelegenheiten behandelte jetzt hauptsächlich Göcke, später kam noch ...[34] dazu, der die Liquidation des Wilnaer und vorher des Warschauer Ghettos durchgeführt hatte und als Unmensch berüchtigt war.

Im Oktober verlangte Göcke von dem Ältestenrat die Aufstellung einer Liste für einen Transport nach Estland.[35] Das Komitee suchte die Schwächeren, Defekten heraus. Wieder vervollständigten die SS-Leute am fälligen Tage die Verdammten, indem sie sie nach Belieben aus den Häusern holten. Von den nach Estland Verschickten kam keinerlei Nachricht. Erst nach der Befreiung berichtete Anolik, einer der wenigen Überlebenden, der am 22. September aus dem Wilnaer Ghetto nach Estland verschickt worden war.

*Am 22. September 43 wurden die älteren, nicht arbeitskräftigen Leute aus Wilna größtenteils nach dem berüchtigten Konzentrationslager Majdanek bei Lublin gebracht, im ganzen zwei- bis dreitausend. Etwa tausend kamen nach Klooga, etwa 40 Kilometer von Tallinn. Im ganzen waren etwa fünfundzwanzig Lager in Estland. Juden aller Länder waren dort konzentriert. Der Kommandant aller Lager war der Hauptsturmführer Brenneis[36].*

*Anolik hat fast ein Jahr dort verbracht. Was er von dem Leben dort erzählte, ist so ungeheuerlich, daß es schwerfällt, alles wiederzugeben. Alles, was eine teuflische Phantasie sich erdenken kann, wurde hier verwirklicht, und die meisten der unschuldigen Opfer starben unter höllischen Qualen. Sie waren dort keine Menschen*

34 Die Stelle hat Helene Holzman freigelassen, um den Namen später nachzutragen. Gemeint ist Bruno Kittel. Siehe S. 263. Vgl. auch Grossman, »Das Schwarzbuch«, S. 487ff

35 Vgl. S. 240, Anm. 43.

36 Im Manuskript: Brenneisen, korrigiert nach Streim, S. 178.

*mehr, sondern nur Nummern. Anolik war 818, und er erklärte mir, daß diese Zahl hebräisch glücksbedeutend sei.*

*Es wurde bis sechzehn Stunden täglich gearbeitet. Die kleinen Vergehen wurden mit Strafen belegt, wie sie nur abnorme Gehirne aushecken können. Entziehung der ohnedies unzureichenden Nahrung war noch die gelindeste und genügte dem Sadismus der Peiniger nicht. Sie banden ihre Opfer bei hohem Frost nackt an einem Baum fest und beobachteten, selbst in Pelze gehüllt, die Veränderungen, die die Kälte am Körper des Erfrierenden hervorrief. Mit derselben Ruhe verfolgten sie die Wirkung der Injektion einer großen Dosis Evipan, die meistens tödlich auslief.*

*Die Geißeln, mit denen geschlagen wurde, bestanden aus Ochsensehnen mit Stahlstacheln. Das Opfer wurde über ein Brett gelegt, seine Kameraden gezwungen, ihn an Händen und Füßen zu halten. Fünfundzwanzig Schläge waren die kleinste Portion. Wenn einer fünfundsiebzig bekam, stand er meist nicht mehr lebend wieder auf.*

*Unweit von den Baracken war ein Bad und [die] Entlausungsstelle. Männer und Frauen mußten zusammen baden. Im Dezember mußten sie, während die Kleider desinfiziert wurden, völlig nackt, die dreißig Meter bis zu den Baracken laufen. In allen Lagern mit Ausnahme von Klooga herrschte Flecktyphus. Nur wenn einer über 39 Grad Fieber hatte, galt er als revierkrank und kam ins Lazarett.*

*Am 4. Februar 44 kam ein großer Teil, darunter Frauen und Kinder, nach Kiviõli*[37]*, um dort in der Benzinfabrik zu arbeiten. Sie mußten die hundertzwanzig Kilometer zu Fuß ohne Pause zurücklegen. Viele waren vom Flecktyphus geschwächt und brachen zusammen. Wer nicht weiter konnte, wurde ins Meer geworfen.*

*Der Sanitäter Wilhelm Gent hatte die Angewohnheit, mit einem*

37 Nach Weinmann (Hrsg.): »Lagersystem«, S. 619. Im Manuskript: Kivieri. Das Lager Kiviõli gehörte wie das Lager Klooga zum Konzentrationslager Vaivara.

*Beil blind auf die Kranken zu schlagen. Zu seinen Opfern gehörten der bekannte Gynäkologe Dr. Fingerhut aus Warschau und der Röntgenologe Dr. Ivanter aus Wilna und der Sohn des Advokaten Silberstein aus Wilna.*

*Der Truppenführer Kurt Stache hatte einen großen Hund, den er hetzte, einen Mann zu Boden zu werfen und dann zu seinem Herrn zu zerren.*

*Die Arbeit war unmäßig schwer. Sie mußten drei Meter lange Deckenbalken, einen halben Zentner schwere Zementsäcke tragen. Wenn sie zusammenbrachen, wurden sie verhöhnt, wie überhaupt die ununterbrochene Entwürdigung und Demütigung zur täglichen Behandlung gehörte. Besonders grausam waren der Leiter des Kleiderlagers Oberscharführer Hellwig und der Unterscharführer Schwarze aus Görlitz, Zeppelinstr. 21.*

*Der Hauptarzt aller estischen Lager war Obersturmführer Franz Bodmann*[38]*. Er half zwei Frauen als Geburtshelfer und warf die Neugeborenen lebendig in den Ofen. Er injizierte drei irre gewordenen Frauen 50 Gramm Benzin ins Herz. Sie starben unter entsetzlichen Qualen.*

*In den Frauenlagern hatten deutsche Frauen die Aufsicht. Eine Studentin, die Aga genannt wurde, und eine Inge schlugen die Frauen mit Peitschen, rissen ihnen die Haare und Ohrringe aus. Der Lagerkommandant Obersturmführer Aumeier*[39] *hielt den Kopf eines Mannes in einem Flüßchen unter Wasser, bis er ohnmächtig wurde. Dann ließ er ihn sich erholen und nahm dieselbe Prozedur noch zwei-, dreimal vor.*

*Am 22. August 1944 kam Anolik von Klooga nach Lagedi. Am 19. September wurde dort ein Scheiterhaufen errichtet. Er war sechs Meter im Quadrat, einen halben Meter vom Boden entfernt, damit*

38 Im Manuskript: Botmann, korrigiert nach Streim, S. 178, dort: Dr. Freiherr von Bodmann.

39 Im Manuskript: Augmeyer, korrigiert nach Streim, S.178.

*genügend Zug [war]. In der Mitte war eine runde Öffnung, ebenfalls als Lüftung. Hundertfünfzig SS-Männer trieben die Leute zusammen. Sie mußten selber das Brennholz auf das Gerüst legen und wurden dann selber auf den Haufen geworfen. Es war eine Schichtung von Balken und lebendigen Menschen, die dann mit Brennstoff übergossen und angesteckt wurde. Anolik gelang es mit seinem Bruder, sich im Stroh der Schlafpritschen zu verkriechen und nachts wegzulaufen. Sie liefen nach Klooga zurück. Kurz darauf wurden sie von der Roten Armee befreit. Anolik führte die Offiziere an die Brandstelle in Lagedi. Man machte photographische Aufnahmen, die Anolik mir zeigte. Keine mittelalterliche Ketzerverbrennung reicht an dieses grauenhafte Bild, die halb verkohlten Leichen, jammervoll, nackt, Männer und Frauen kahl geschoren, einzelne Leichenteile um den rauchenden Holzstoß. Der Bericht Anoliks wurde später von anderen, die auch geflohen waren, bestätigt und ergänzt.*[40]

*Aus anderen Lagern wurden die Insassen nach Danzig verschleppt, die meisten in das große Konzlager Stutthof, von wo aus sie in kleinere Arbeitslager verteilt wurden. Dort mußten sich am Ende des Krieges die Deutschen so schnell zurückziehen, daß ihnen die völlige Vernichtung der Juden nicht gelang und sich später viele Totgeglaubte wiederfanden.*

Im Frühling kamen einmal lange Güterzüge mit seltsamen Passagieren an: Juden! Juden aus Berlin, Hamburg, Prag, Wien, Paris.[41] Sie wurden in großen Trupps vom Bahnhof durch die Stadt geführt. Ich sah so eine Gruppe, streng bewacht. Es war keine Möglichkeit, sie anzusprechen. Viele waren sehr gut gekleidet, hatten elegante Köfferchen in

40 Vgl. hierzu Streim, S. 184f.

41 Auch dies war kein Einzelfall. Seit Dezember 1941 wurden mehrere Deportationszüge aus Deutschland und Westeuropa nach Kaunas geleitet. Insgesamt wurden zwischen 10000 und 15000 Juden aus Deutschland und anderen Ländern in Kaunas ermordet.

den Händen. Auch Kinder, nicht viele, waren dabei. Man hatte ihnen gesagt, daß sie auf russisches okkupiertes Gebiet umgesiedelt werden würden. Den Aufenthalt in Kaunas müsse man zur Entlausung, Desinfektion machen. Sie sahen nicht gerade froh aus. In ihren Gesichtern stand aber nicht das Entsetzen, mit dem unsere Juden gezeichnet waren. Auf ihre Kleider war der Davidstern gestickt.

Sie gingen in der Richtung Vilijampole, anscheinend zum Ghetto, und auch im Ghetto selbst, wo sich die Ankunft der großen Echelons bereits rumgesprochen hatte, erwartete man diese Neulinge als Zuwachs.

Die Ausländer wurden wirklich nach Vilijampole geführt. Aber der Zug ging am Stacheldrahtzaun vorbei, und die Ghettobewohner konnten beobachten, wie er sich den düsteren Weg zum IX. Fort heraufschlängelte. Sie wußten, was die Arglosen dort erwartete.

Einige Tage später mußten unsere Juden den Inhalt der Koffer sortieren, Monogramme entfernen, waschen, ausbessern. Alsdann wurde alles in die Gestapo gebracht. Teilweise wurden die Sachen im früheren jüdischen Realgymnasium sortiert, das jetzt als Lazarett eingerichtet war. Während des Sortierens ließen die Posten vieles für sich beiseite bringen, und trotz strenger Kontrolle gelang es auch den Juden, manches selbst zu behalten. »Tu mir das in dieses und dieses Bett unters Kopfkissen.«

Besonders beliebt war elegante Damenwäsche. Ich sah vor dem Lazarett ein großes Lastauto mit Gepäck, gute Koffer, [...][42] und Segeltuchsäcke wie in früheren Zeiten auf dem Anhalter Bahnhof[43]. Ganz obenauf, es war zum Heulen, ein Kindernachttöpfchen ...

42 Ein Wort unleserlich: Kochplatten?

43 In Berlin.

Es wurde immer schwerer, die Verbindung mit den alten Freunden aufrechtzuerhalten. In die Organisation Schuh und den Stadtgarten kamen sie nicht mehr. Das Rehlein mußte kurze Zeit auf dem Grünen Berg verschmutzte Soldatenwäsche waschen. Ich traf das zarte Kind dort so traurig und erschöpft, daß sie sich nicht einmal mehr über die mitgebrachten guten Sachen freuen konnte, und ich fand kein tröstendes Wort.

Dann sah ich sie lange Zeit gar nicht mehr. Sie arbeitete in der »Guma«, der Galoschenfabrik in Vilijampole, zwei Kilometer hinter dem Ghetto. Der Eintritt in die Fabrik war verboten, und es kostete viel Mühe, Zeit und Bestechungsgelder, um ein Zusammentreffen zu bewerkstelligen.

Ich mußte oft den weiten Weg vergeblich zurücklegen, weil der richtige Torwächter gerade nicht da war oder die prächtige Bedorfaite, eine junge litauische Chemikerin, die im Fabriklaboratorium arbeitete, nicht zu erreichen war. Sie war die Vertraute der Juden und arrangierte die Rendezvous, bei denen sie selber nicht wenig riskierte. Und dank Bedorfaites Erfindungsgabe gelang es doch oft, mich unter einem Vorwand in die Fabrik hineinzulassen.

Wir sahen uns im Wächterhäuschen, in der Ambulanz, auf dem Gang, manchmal eine Minute, ein andermal eine Stunde. Fräulein Jörusch, die Kaunas schon verlassen hatte, aber noch mehrmals von Königsberg zu Besuch zu uns kam, wollte das Rehlein mit falschen deutschen Papieren einfach mitnehmen und bei sich in der Wohnung verstecken. Sie hatte sich schon darauf eingerichtet und einen Bodenraum ihrer Mansardenwohnung in ein bewohnbares Kämmerchen umbauen lassen. Sie aber [das »Rehlein«] konnte sich nicht entschließen, Eltern und Brüder zu verlassen. Wir machten neue Pläne. Ich wollte sie bei mir in unserem Kämmerchen hinter der Küche versteckt halten. Es blieb bei den Plänen. Manchmal ging ich mehrmals in der Woche hin und blieb dann wieder wochenlang fern. Nicht der weite Weg und nicht die Gefahr, bei den Besuchen hereinzufallen, machten den Weg so schwer, aber er führte an den Hügeln vorbei, hinter denen das IX. Fort lag ...

Im Kauener Ghetto wußte man sehr gut, was in Wilna geschehen war, und man mußte auch hier Ähnliches erwarten. Wir draußen gaben uns keinen Illusionen hin, und die Passivität der Gefährdeten war uns unbegreiflich. Wir mühten uns, in der Stadt und außerhalb Menschen zu finden, die bereit waren, Juden aufzunehmen. Es war unbeschreiblich schwer. Oft war schon alles verabredet, da schreckten sie doch vor der Gefahr zurück oder verlangten unbezahlbare Summen als Entgelt, oder – und das war für uns immer das Ärgerlichste – die Juden selbst konnten sich im letzten Moment nicht entschließen, ihre Nächsten zu verlassen, oder waren durch die jahrelange moralische Unterdrückung so apathisch geworden, daß sie den Schritt in die illegale Freiheit nicht wagten.

Fräulein Jörusch war im Oktober, als sie mal wieder zu Besuch bei uns war, in Wilna gewesen und brachte zu unserm großen Staunen Mositchen mit. Bei ihren Bekannten in Wilna hatte man ihr vertraut, daß sich bei ihnen eine junge Frau eingefunden habe, die einem der Arbeitslager vor der Vernichtung entlaufen sei, um im letzten Moment ihr Leben zu retten. Fräulein Jörusch begehrte, mit dem Flüchtling bekannt zu werden, fand das arme Mositchen ganz verzweifelt. Sie hatte in Wilna keine andern Bekannten als eben diese Familie, aber die waren zu ängstlich, als daß sie sie länger als eine Nacht halten wollten. In Kaunas, ja, da habe sie noch Freunde, und sie fragte Fräulein Jörusch, ob sie vielleicht uns kenne. Fräulein Jörusch war so bewegt über den sonderbaren Zufall der gleichen Bekannten in Wilna und Kaunas, daß sie sich gleich entschloß, sie mitzunehmen.

Da war sie nun, froh, bei uns zu sein, und zugleich voll Qual, uns durch ihre Anwesenheit in Gefahr zu bringen. Wir wollten uns anstrengen, ihr eine Stelle zu finden. Vorläufig sollte sie nur bei uns sein. Das Wichtigste war, ihr einen neuen Paß zu verschaffen, und das gelang mit Hilfe unseres »Spez« so vollkommen, daß man sie damit getrost als Memel-Litauerin in die Welt schicken konnte. Die Unglückliche sprach ja nur deutsch. Sie blieb vier Wochen bei uns und mühte sich in dieser Zeit unbeschreiblich, sich im Haushalt nützlich zu machen und uns ihre Anwesenheit zu erleichtern.

Schließlich war eine litauische Familie in dem Vorort Panemune, die in den Sachverhalt eingeweiht wurde, bereit, sie als Kinderfräulein zu drei Kindern, drei wilden, unerzogenen Buben [zu nehmen]. Armes Mositchen. Sie stöhnte. Sie hatte immer nur in Büros gearbeitet, hatte noch nie mit Kindern zu tun gehabt. Aber sie wollte sich mit allen Kräften dort halten, und es gelang. Ihre »Herrschaft« stöhnte auch ein bißchen über die unpraktische, unerfahrene Erzieherin, die gar nicht die deutschen Tugenden der Hausfraulichkeit besäße. Anderseits freuten sie sich, einen so wackeren, lauteren Menschen im Hause zu haben. Sie meldeten sie polizeilich an, nur Brotkarten konnte man ihr nicht besorgen.

Mositchen erzählte so eindrucksvoll von dem Leben im Wilnaer Ghetto und dem entsetzlichen Ende, daß wir mit neuer Anstrengung für unsere Kaunaer Plätze suchten. Natascha wurde von einem Waisenhaus zugesagt, einige Mädchen aufzunehmen. Wir gaben diese Nachricht ins Ghetto. Aber merkwürdig – weil es gerade heute und gestern dort ruhig gewesen war, konnten sich gerade die, welche uns vorher so dringend gebeten hatten, ihren Kindern zu helfen, auf einmal nicht mehr entschließen. Wir mußten zureden, drängend, und es verging einige Zeit, bis alles arrangiert war, wie man die Torposten bestechen würde und sie [die Kinder] an einer bestimmten Stelle abholen würde.

Gerade in dieser Zeit war in verschiedenen Kinderasylen eine strenge Kontrolle gewesen. Die Polizei hatte im Säuglingsheim acht Kinder, die sie als jüdisch entlarvt hatten, weggenommen und umgebracht. Den Leiter hatte man verhaftet. Dadurch waren alle so eingeschreckt, daß man kein Kind mehr aufnehmen wollte.

Nun waren zwei kleine Mädchen da, saßen mit stillen, ernsten Augen bei Natascha, und wir wußten nicht, was mit ihnen machen. Und gerade in diesen Tagen kam auch die kleine Ira an, die bei Frau Lyda in Kulautuva so gut aufgehoben und dort ganz offiziell in die Dorfschule gegangen war. Die deutschen Siedler in der Nachbarschaft hatten an dem auffallenden Kinde Anstoß genommen und vom Dorfschulzen verlangt, daß er dafür sorge, daß das Kind entfernt würde. Dem Schulzen war dieser Auftrag sehr unangenehm, denn alles, was die verehrungswürdige Frau Lyda tat, galt für richtig. Er mußte mehrmals gehen und inständig bitten, bis Frau Lyda einsah, daß sie das Kind nicht behalten konnte.

Drei kleine Mädchen: Ira, Danute[44] und Maryte und dazu Iras Mutter Gabrielle und Regina, alle in der kleinen Schneiderstube, Wand an Wand mit Nataschas Geschwistern, die beileibe nichts erfahren durften. Die beiden brei-

44 Fruma Kučinskiene (geb. 1933, F. Vitkin).

ten Liegesofas wurden nachts nebeneinandergerückt, und da schliefen sie mit den Nataschas zu siebent. Lange konnte das nicht unentdeckt bleiben, und niemand fand sich, der die Kinder wenigstens zeitweilig aufnahm.

Wir hatten uns eigentlich vorgenommen, niemand mehr bei uns in der Wohnung zu halten, denn bei den täglichen Besuchen der Brigaden konnte zu leicht wieder eine Haussuchung herauskommen. Aber die Wochen mit Mositchen, die so glücklich verlaufen waren, gaben uns Mut, es auch weiter zu wagen.

Wir nahmen Danute zu uns. Ein schmächtiges, hellblondes Kind mit hoher Stirn und zartem Näschen, auf den ersten Blick nichts Jüdisches, nur ihre mandelförmigen, grünen Augen mit der unsagbaren Traurigkeit eines alten, tragischen Volkes verrieten dem Tieferblickenden, daß sie keine Litauerin sein konnte. Wir gaben ihr Gutes zu essen, Bilderbücher, erzählten ihr Geschichten, bereiteten ihr buntes Garn zu Handarbeiten, suchten alles zusammen, was ein neunjähriges Mädchen zerstreuen kann – sie blieb tiefernst und schluckte an den Tränen. Sie war von ihren Eltern und dem älteren Bruder zärtlich geliebt und verwöhnt und gegen ihren Willen herausgenommen.

In Nataschas Haus war ihr schon etwas wohler. Dort waren die andern Kinder und Regina, die ihre Verwandte war. Da es die beiden andern in ihrem Verlies auf die Dauer nicht aushielten und nach frischer Luft und Bewegung lechzten, führten wir ein, daß sie jeden Nachmittag bei einbrechender Dunkelheit zu uns kamen. Das waren herrliche Stunden. Sie tobten, bauten, spielten Theater, tanzten. Die vorher so Apathischen waren voll Phantasie und Leben und stürzten sich schließlich mit Wolfshunger auf die Butterbrote. Früh morgens war Danute wieder in ihre Traurigkeit versponnen, und während Gretchen im Büro war und ich meine Stunden gab, kam das feuchtgraue Taschentüchlein nicht von den Augen.

Wie sollte ich jetzt noch in die Brigaden gehen? Allein zu Hause zu bleiben war ihr das Allerschrecklichste. Ich mußte sie entweder zu Natascha bringen oder mitnehmen. Dann ließ ich sie an einer Straßenecke oder in einem Hausflur warten und war jedesmal voll Bangen, ob ihr unterdessen nichts zugestoßen war. So geht es nicht weiter, sagten wir uns. Aber es mußte weitergehen, und die Wochen und Monate brachten keine Änderung.

Maryte wurde von einer Familie in Schanzen aufgenommen. Ira sollte vorläufig mit Mutter Gabrielle bei Natascha bleiben. Danute gewöhnte sich allmählich an uns. Mehrmals war ihre Mutter heimlich aus dem Ghetto gekommen. Sie hatte das Kind getröstet. Es war geplant, die ganze Familie in der Stadt unterzubringen. Unterdessen war eine ältere Kusine von Danute gekommen. Rutkunas nahm sie als Dienstmädchen und hielt sie tapfer trotz aller mißtrauischen Nachbarn. Es war schrecklich, mit welchem Eifer die Litauer zur deutschen Polizei liefen, wenn sie irgendeinen Verdacht hatten, daß ein Jude versuchte, sich vor seiner Vernichtung zu retten. So hielt man sich auch bald über uns auf – was das wohl für ein Kind sein könne, mit dem wir uns auf der Straße zeigten. Wir konnten es bald nicht mehr mitnehmen und gingen nur abends bei Dunkelheit mit ihm ein wenig aus, damit es ein bißchen Luft schnappt.

So schwer es war, damals gelang es doch noch, einige herauszuholen. Sie waren mal da, mal dort, verrichteten jede Arbeit, aber meistens konnten sie nur kurze Zeit an einer Stelle bleiben. Und wenn sie nichts anderes hatten, kamen sie zu Frau Binkis. Dort wurden sie aufgenommen – nicht nur aufgenommen, sondern mit unendlicher Großzügigkeit und Güte gehalten. Der Bruder Onytes war dort viele Wochen mit einem unbändigen zweijährigen Knaben.[45] Rosa war dort lange und wirtschaftete in der Küche, und schließlich die arme Fanny, die nirgends einen Platz finden konnte, die von den Litauern, bei denen sie einige Sachen versteckt hielt, niederträchtig ausgenützt und angezeigt wurde und schließlich bei einer Fahrt in die Provinz von der Polizei gefangen wurde.

Diese ewige Angst vor der Polizei. Wieviel Nächte lag ich wach, lauschte und glaubte, jeden Augenblick werden die rohen Gesellen hereinkommen, Danute anpacken, mein Gretchen aus dem Schlaf reißen und uns alle abführen. Manchmal stand ich auf und beugte mich über Gretchens Bett, trank die stillen Atemzüge und wartete auf das Ende der Nacht. Am Tage sah dann wieder alles harmlos aus. Wir tranken in der Küche unseren Kaffee, freuten uns, wenn wir dazu Milch und Butterbrot hatten, und war es manchmal trocken, so war es auch gut. Es war schwer, jeden Tag etwas auf den Tisch zu beschaffen, und doch brauchten wir nie zu hungern.

Vorübergehend übernachteten noch andere bei uns, einige Wochen ein rührendes kleines Mädchen. Es war von einer Stelle zur andern gebracht worden, und seine seelischen Hemmungen wirkten sich so auf ihren armen Körper aus, daß es eine schwere Verstopfung bekam, der man mit keinem Klistier und Abführmittel beikommen konnte. Mit seinem bleichen Gesichtchen, dem aufgetriebenen Leib und dem harten jüdischen Tonfall, mit dem es litauisch sprach, wäre es jedem verdächtig geworden. Man konnte es nur in der Stube halten, wo es keine Besserung seiner Leiden gab. Und schließlich mußten wir auch seinen Stolz, das einzige Schöne, was es an sich hatte, seine dicken, hellbrau-

45 Kama Ginkas, der ein bekannter Theaterregisseur wurde.

nen Zöpfe abschneiden und den Kopf gründlich mit Sabadillessig und Petroleum behandeln.

Das Jahr ging zu Ende. Bei Fliegeralarm rührten wir uns nicht aus den Betten. Das dunkle Summen der russischen Flugzeuge war uns wie Musik. Wenn sie doch nur endlich ganz herkommen würden.

Einmal fing ich auf der Straße ein Gespräch zwischen zwei Herren des Generalkommissariats auf, in dem sie ihre schweren Besorgnisse über die militärische Lage austauschten. Aber man könne sich schon jetzt auf die angekündigten neuen Vernichtungswaffen spitzen, die mit Beginn des neuen Jahres zur Anwendung kommen würden. Ich ging dicht hinter den beiden und freute mich: da könnt ihr lange warten.

Manchmal überkam uns schon damals eine solche Siegesgewißheit, daß wir uns schon nicht mehr fürchteten. Wir sahen den Herrschenden die Kräfte schwinden. Aber um so aufmerksamer und vorsichtiger wollten wir sein – und wirklich, je näher ihr Ende kam, um so furchtbarer wurden ihre Schläge.

Zu Weihnachten kam Maryte zu Besuch. Die Kinder putzten ein ziervolles Bäumchen und bereiteten kleine Gaben – Friede auf Erden.

Russisch Weihnachten – als Natascha mit ihrer Schwester, Frau Lyda aus Kulautuva, aus der Kirche kam, vertrat ihnen ein Mädchen den Weg, drückte ihnen ein eingebündeltes kleines Kind in den Arm und verschwand. Die Umstehenden staunten mit den Beschenkten. Dem Kinde war ein russisch geschriebener Brief beigelegt, der dem Knaben den Namen Nikolai gab. Seine Mutter, eine flüchtige Russin, könne es nicht mehr erhalten und lege es am Weihnachtstag in die Hände der Unbekannten. Man brachte das Bündel nach Hause, wo Regina und Gabrielle nicht wenig über den neuen Einwohner erschraken, denn der fing gleich an, mörderlich zu brüllen, als wolle er die ganze Umgebung auf die bisher so stille Stube aufmerksam machen.

Frau Lyda hatte aus Kulautuva Milch mitgebracht, und Gabrielle als Erfahrenste in Mutterfragen schnäbelte sie ihm ein, wickelte die Windeln und schaukelte sein Bettchen. Was soll aus dem Schreihals werden? Frau Lyda lächelte verschmitzt. Es fiel uns auf, daß sie gar nicht so verwundert war, sondern alles schon vorbereitet war. Hatte sie den frommen Betrug arrangiert, um auf legale Weise ein Ghettoknäbchen zu retten? Sie hatte, seitdem sie Ira fortgeben mußte, schon oft den Wunsch ausgesprochen, ein ganz kleines Kind aufzuziehen, das sich nicht durch seine Sprache verraten konnte. Sie verriet es nicht. Aber das Fuhrwerk war schon gerichtet, und am nächsten Tag wickelte sie Kolja in ein dickes Tuch [für die] zwanzig Kilometer weite Reise und fuhr mit ihm ab – mit dem Kind und außerdem einer alten Dame.

Das war Tante Emma – Lydas und zugleich Gabrielles Tante. Wir alle waren glücklich, daß es ihr gelungen war, im Abenddämmer aus ihrer Brigade zu entwischen, in einem verabredeten Hauswinkel auf Natascha zu warten, und daß wir sie nun gerettet bei uns hatten. Sie war eine wundervolle Frau, voll Wärme und Güte. In ihrer Gegenwart löste sich jeder Zwist. Wie hatte sie Lyda immer wieder aufgerichtet und gestützt. Wie geduldig war sie gegen Edwins Launen gewesen. Sie sprach reinstes Deutsch und ebenso gut russisch und französisch, aber litauisch mit fremdem Akzent. Jeder von uns brachte ihr, was sie nur erfreuen konnte, und wir hätten sie am liebsten ganz zu uns genommen. Aber für sie war ein anderer Plan ausgeheckt.

Frau Lyda hatte mit dem Pfarrer in Kulautuva gesprochen, und der war bereit, sie in seinem Altenasyl aufzunehmen. Unser Spez hatte wieder einen vollendeten Paß fabriziert, nach dem sie als Witwe eines Litauers aus Riga stammte, so daß die Sprachkenntnisse verständlich waren. Da sie ganz ohne Sachen gekommen war, staffierten wir sie mit Kleidung und Bettwäsche aus und versprachen, sie in Kulautuva zu besuchen.

Wir sahen sie nicht wieder. In Kulautuva stieg sie aus. Frau Lyda hatte noch zwei Kilometer zu ihrem Gut. In dem Asyl war der Pfarrer unglücklicherweise gerade nicht zugegen. Den alten Weibern kam die Neuangekommene, die so schlecht litauisch sprach, befremdlich vor. Sie liefen eilig zu der deutschen Dienststelle, die sich die verdächtige Person holen ließ. Da sie sich ganz gut herausredete, übergab man sie dem Pfarrer zur Obhut, der ihr nach zwei Tagen empfahl, zu Fuß nach Kaunas zu laufen.

Sie machte sich auf den Weg, doch unterwegs wurde sie von Gendarmen angehalten und zur Gestapo gebracht. Der Ältestenrat machte große Anstrengungen, sie zu befreien, das heißt, sie ins Ghetto zurückzubekommen. Der jüdische Polizeichef Lipzer, der im Gestapohaus frei aus- und einging und ein freilich zweideutiges Bindeglied zwischen den beiden Extremen war, tat auch das Seinige, um der Ehrwürdigen das Leben zu retten.[46] Durch ihn erfuhr man, daß sie sogleich eingestanden hatte, daß sie aus dem Ghetto entflohen war. Aber es war aus ihr nicht herauszubekommen, wer ihr dazu verholfen und zu wem sie gewollt hatte. Sie bestand darauf, in einem Zustand geistiger Verwirrung aufs Geratewohl gelaufen zu sein. Den Paß hatte sie anscheinend vernichtet. Man hielt sie mehrere Wochen im Gefängnis der Gestapo, dann ging sie den blutigen Weg zum IX. Fort.

46 Benjamin Lipzer war Chef der jüdischen Arbeitsbrigade beim Hauptquartier der Gestapo und verfügte daher über gute Kontakte zu ihr. Nach Tory, S. 59f., soll er versucht haben, die Kontrolle über die jüdische Ghettopolizei an sich zu ziehen. Chef dieser Polizei war Moshe Levin.

Wir suchten das Schreckliche möglichst vor den Kindern zu verheimlichen, spielten und scherzten mit ihnen. Aber sie fühlten, daß etwas Dunkles geschehen war. Sie wagten nicht, zu fragen. Wir Traurigen trauerten. Wir mußten es immer wieder erfahren, daß Leid nicht abstumpft, es macht immer leidensfähiger. Es wächst und lastet und wird nicht verblassen, bis der Tod es auflöst. Es hat uns so zerstört, so zerrissen, daß es keine Form mehr anerkennt. Ich erinnere mich, wie Gretchen zwei Tage nach Lydas Tode ins Kino ging ...

Natascha war das Viele, was sie getan hatte, noch nicht genug. Sie war besessen von dem Wunsche, mehr und mehr zu helfen, eilig, sofort. Sie bewog die litauische Familie, bei der die kleine Maryte war, auch deren Mutter aufzunehmen, und plante mit ihm[47] ein ganzes Unternehmen. Er sollte unter seinem Hause eine unterirdische Stube bauen, in der man etwa zwölf Menschen unterbringen konnte. Allerdings sollten die Bewohner nicht nur die Kosten selbst bezahlen, sondern der Mann wollte noch gründlich daran verdienen. Leider war die geforderte Summe so hoch, daß daran alles scheiterte. Denn die Menschen, die wir vor allem versorgen wollten, die Eltern der kleinen Danute, hatten keine Mittel.

Schließlich beschloß sie, unter ihrem eignen Hause ein Verlies zu bauen, nicht zum Wohnen, aber groß genug, um die Menschen, die bei ihr in der Stube waren, im Falle der Gefahr dort verschwinden zu lassen. Sie wollte dann wenigstens noch drei zu sich nehmen. Ein befreundeter Ingenieur versprach, den Bau zu unternehmen. Eine Falltür sollte, unter dem kleinen Teppich versteckt, so schnell und geräusch-

47 Vermutlich: mit dem Vater dieser Familie.

los zu öffnen gehen, daß die Menschen aus der Stube binnen einer Minute darin versinken konnten, und da man bei Eintritt in die Wohnung vom Vorraum erst in die Küche, von dieser in die Wohnstube und dann erst in die Schneiderstube kam, wäre bei einer Haussuchung Zeit genug zum Verschwinden gewesen. Jeder brachte etwas für den Bau – Nägel, Scharniere, Bretter.

Mitte Februar kam die Schreckensnachricht: Natascha ist verhaftet. Unser Entsetzen war grenzenlos. Sie war in zu viele Komplotte verwickelt. Wahrscheinlich hatte man sie schon lange beobachtet und nun genug Material gegen sie angehäuft. Vor allem mußten Regina und Gabrielle verschwinden. Wieder war es Frau Binkis, die beide aufnahm, trotzdem das Haus schon voll war.

Abends kam Natascha zurück. Sie hatte früh zur verabredeten Stunde eine Frau aufgesucht, die sich bereit erklärt hatte, ein jüdisches Kind aufzunehmen. Als sie diesmal kaum eingetreten war, waren zwei Polizisten erschienen und hatten sie in die litauische Polizei abgeführt. Sie begriff, daß die Frau gar nicht daran gedacht hatte, ein Kind zu retten, sondern die gefährliche Person eiligst der Polizei angegeben hatte.

Da sie ihre Gespräche mit der Frau nicht ableugnen konnte, spielte sie sehr geschickt die Naive, Einfältige, die das alles nicht so ernst gemeint hätte. Vor allem hatte sie sich von dem Verdacht, daß sie selbst Jüdin sein könnte, reinigen müssen. Die Verhandlung hatte ziemlich lange gedauert. Sie war dann abgeführt und nach einigen Stunden noch einmal verhört worden. Sie war überzeugt gewesen, daß man unterdessen auch in ihrem Hause eine Durchsuchung gemacht hatte und hatte sich unbeschreiblich gequält.

In der Zwischenzeit hatte man anscheinend die Richtigkeit ihrer Personalangaben überprüft. Sie war dann bei der zweiten Verhandlung mit einer strengen Verwarnung, je wieder Rettungsversuche an Juden zu machen, verabschiedet worden.

Das war noch gut abgegangen, aber eine nachträgliche Prüfung war wahrscheinlich, und die alten Einwohner mußten vorläufig fernbleiben. Der Plan mit dem Verlies wurde ganz fallengelassen. Die besonnene Pawlascha verlangte sogar, daß Danute nicht bei uns bliebe, weil die engen Beziehungen zwischen ihnen und uns überall so bekannt waren, daß auch eine Haussuchung bei mir für möglich angesehen wurde. Danute wurde von Frau Dauguvietis, einer Russin, aufgenommen. Nataschas Wohnung war verödet. »Wie in einem Grab«, nannten sie es selber, und wir alle litten bitter darunter, daß die Zeit drängte und wir in unserer Arbeit so gehemmt waren.

Nach einigen Wochen beruhigten wir uns. Nataschas Haus füllte sich wieder. Ira und Danute wurden nun doch in einem Waisenhaus aufgenommen. Es war nicht leicht für die kleinen Mädchen, aber sie spielten ihre Rolle als litauische Waisenkinder so gut, daß sie niemandem auffielen. Von sonnabendnachmittags bis Montag früh durften sie ihre »Tanten« besuchen. Da kamen sie zu uns, und sonntags kamen noch Regina, Gabrielle, Mositchen und noch andere, und alle waren froh, sich gegenseitig ihre Herzen ausschütten zu können, denn die meisten führten ein gefahrvolles Leben, oft mit körperlich schwerer Arbeit. Wer etwas hatte, brachte etwas zu essen mit, und immer reichte es für alle.

Es wurden alle Sprachen durcheinander gesprochen, und die Kinder mußten immer wieder ermahnt werden, nicht zu laut zu sein, damit die illegale Gesellschaft nicht Außenstehenden auffiel. Einmal Mitte März waren zugleich elf Juden bei uns, dazu die Nataschas, das war die Rekordzahl – alles Frauen, versteht sich. Wir politisierten und rechneten aus, wie lange die Schreckensherrschaft höchstens noch dauern könnte, und einer vertröstete den andern auf baldige bessere Zeiten. Es war noch Winter, die Stube war gut geheizt und die Fenster verdunkelt.

Alle genossen die ruhigen Stunden und die Gemeinschaft mit den Freunden. Wie ich sie so in kleinen Gruppen sitzen sah, Regina und Mositchen rauchend, die Kinder verspielt, Marianne und Onyte voller humorvoller Anekdoten über ihre Dienstmädchenrollen[48], überkam mich auf einmal schreckliche Angst. Jetzt, jetzt wird es klopfen. Mit ihren lauten Stiefeln, ihren harten Stimmen werden sie hereinkommen und »das Nest ausheben«. Sie werden uns abführen, uns alle zusammen. Ich sah das so deutlich vor mir, daß ich das Bild nicht abschütteln konnte und Mühe hatte, meine Angst vor den andern zu verbergen. Das Vorgefühl neuer Schrecken verfolgte mich noch, als alle anderen fortgegangen waren und nur die beiden Kinder aneinandergeschmiegt sorglos eingeschlafen waren. Die ganze Nacht überdachte ich den Wahnsinn der Judenverfolgungen, die unheilvolle Besessenheit, die die Deutschen, unsere eigenen Menschen, befallen hat. Ich lag und lauschte gespannt in die Nacht, als müßten sie jeden Moment kommen. Doch die Ruhe wurde durch nichts unterbrochen.

48 Zusatz von Helene Holzman: *Marianne, die gut deutsch sprach, war Wirtschafterin in einer deutschen Familie geworden. Sie galt als Russin und war die Vertraute der ahnungslosen Hausfrau, die immer wieder rühmte, sie habe gar nicht gewußt, daß eine Russin so tüchtig und sauber sein könnte. »Sie könnten gut einen Deutschen heiraten«, war ihr höchstes Lob. Marianne erwiderte, die Rasse sei ihr gleichgültig, ihretwegen könne es auch ein Neger sein. »Aber nur keinen Juden«, sagte Frau Balz allen Ernstes, denn vor so etwas Abscheulichem wollte sie sie bewahrt wissen.*

Eine Woche später, am 27. März 1944, geschah im Ghetto Furchtbareres, als je geschehen war. Nachdem die in der Stadt arbeitenden Brigaden das Ghetto verlassen hatten und die Werkstätten, in denen etwa 2000 Menschen arbeiteten, abgesperrt worden waren, fuhren Autos durch alle Straßen, die mit Lautsprechern verkündeten, daß jeder, der sich aus dem Hause entfernt, auf der Stelle erschossen werde. Dann begann die entsetzliche Aktion: die Kinder wurden geholt.

Haus für Haus kam deutsche Polizei, von »Ukrainern« begleitet, diesen berüchtigten rohen Kerlen, die dem Joch der Kriegsgefangenschaft zu entgehen suchten, indem sie den Deutschen als Henkersknechte dienten, was ihnen entsprechend bezahlt wurde. Alle Kinder bis zu zwölf Jahren wurden ergriffen und auf Lastautos geladen. Man zwang die Mütter, die ganz Kleinen selbst zu den Autos zu bringen. Große Polizeihunde durchschnüffelten die Wohnungen, die Böden, die Schuppen. Sie waren dressiert, die Kinder herbeizuschleppen. Frauen, die sich weigerten, ihre Kinder herauszugeben, die sich um die Lastautos drängten und ihre wieder herauszerren wollten, wurden niedergeschlagen, einige erschossen. Viele Mütter begehrten, mit ihren Kindern den Tod zu leiden: »Ihr Säue müßt noch arbeiten. Das Zeug hier muß weg.«

Die Kinder waren aus den Betten gezerrt worden und völlig unbekleidet. Sie wurden so roh auf die Autos geworfen, daß viele schwer verletzt wurden. Sie schrien erbärmlich, und die Größeren versuchten zu entwischen. In diesen unbeschreiblichen Jammer ertönte von den Autos dröhnend laute Radiomusik. Noch nie hat die Welt so perfiden Zynismus gesehen.

Zugleich wurden auch die alten Leute genommen. Man ergriff wahllos, wer nicht arbeitsfähig erschien oder gerade nicht gesund war. Auch der Vater von Esther, Hermann und Max und unsere alte Freundin, die Frau des im Memelland berühmten Augenarztes Prof. Pich, die kranke Nunia Rein, die sich weigerte, sich von der alten Mutter zu trennen, Frau Dr. Matis mit Kindern – sie alle verschwanden an diesem Tag.

Diese Aktion wurde von Kittel geleitet, der schon bei der Liquidation des Warschauer und des Wilnaer Ghettos erprobt war. Besonders tat sich dabei noch SS-Mann Heldtke hervor, der wegen seiner unförmigen Dicke allgemein bekannt war und der als Schüler des Kaunaer Gymnasiums vor der Hitlerzeit in einträchtiger Kameradschaft mit seinen Klassenkameraden gelebt hatte.

Man will einige Tage später die Waggons mit den Kindern auf der Strecke zur deutschen Grenze gesehen haben, wahrscheinlich auf dem Weg zu einem Krematorium. Man hat nie wieder etwas von ihnen gehört. Es waren etwa 2500 Kinder.[49] Ungefähr 300 Kinder sind der Vernichtung entgangen. Sie waren in den unterirdischen Verliesen oder anderweitig so gut versteckt, daß man sie nicht gefunden hat. Manche größere hatte man als schon arbeitsfähige ausgegeben.

Unter diesen war auch der elfjährige Sascha, der Sohn der Sängerin Abramson, mit der wir sehr oft zusammenkamen. Mit Hilfe ihres früheren Dienstmädchens, der treuen Anele, und einer ihrer früheren Schülerinnen wollten wir den Knaben schon lange herausholen. Ein paarmal hatten wir [uns] schon am Ghettozaun und am Flußufer verabredet, aber immer war etwas dazwischengekommen. Durch Schweizer Freunde waren wir mit ihrem Bruder in Bern in

49 »Hidden History«, S. 248, nennt die Zahl von insgesamt 1300 Kindern unter zwölf Jahren und Erwachsenen über fünfundfünzig Jahren.

Verbindung gekommen, und er schickte Wertsachen, die sie verkaufte, um davon zu leben und die Posten bei einer eventuellen Flucht zu bestechen.

Nun er [Sascha] bei der großen Vernichtung wunderbarerweise gerettet war, redeten wir ihr um so eifriger zu, ihn uns zu übergeben. Ich traf sie damals im Souterrain eines deutschen Lazaretts, einem Gebäude neben der Gestapo. Der Eintritt war streng verboten. Ich ging aber so dreist durch das Lazarett, begrüßte die Wache mit hellem »Guten Morgen« und gleich herunter in den Keller, ohne daß mich jemand aufhielt. Dort saß sie mit anderen Frauen und russischen Gefangenen und schälte Kartoffeln. Ich hatte sonst jedesmal etwas für Sascha mitgebracht, Bonbons, einen Bleistift und ein Zeichenheft, weil er so gern zeichnete, oder Briefmarken, über die er sich am meisten freute. Diesmal hatte ich absichtlich nichts mit. Er sollte so schnell wie möglich zu uns kommen, und wir verabredeten, daß er mit einem geborgten Arbeitsausweis mit einer Brigade herauskommen wird. Der Brigadier wird mit im Komplott sein und ihn an der Brücke herauslassen, wo wir ihn in einem Toreingang erwarten wollten. Gretchen wartete zur verabredeten Stunde – er kam wieder nicht. Wir wußten nicht, war seine Mutter zu ängstlich, ihn in die ungewisse, gefährliche Freiheit zu schicken, oder konnte sie es nicht übers Herz bringen, sich von ihm zu trennen, oder waren es äußere Widrigkeiten, die den Plan nicht zur Ausführung kommen ließen?

Die Geschehnisse hatten allen im Ghetto und uns allen draußen deutlich gezeigt, daß die vollständige Vernichtung geplant war. Wir mußten noch größere Anstrengungen machen, noch mehr wagen, um wenigstens noch einigen wenigen zu helfen. Ich ging ins Jesuitenkloster und sprach mit

Pastor Fulst, von dem man sagte, daß er enge Beziehungen zur Gestapo habe. Ich dachte, daß er vielleicht gerade deshalb leichter etwas tun kann. Hochwürden hörte sich alles aufmerksam an, aber bedauerte, gar nichts tun zu können. Bei wie vielen wurde ich so abgewiesen!

Unsere deutschen Bekannten, die wenigen, mit denen man offen sprechen konnte, zuckten die Achseln. »Ihr bringt euch ganz unnütz in Lebensgefahr. Man wird sowieso alle finden und umbringen.« Und wirklich wurden gerade in jener Zeit nicht wenige in der Stadt und auf dem Lande entdeckt. Bei Georgenburg, bei dem alten Dr. Žakevičius wurden zwölf zugleich gefunden. Der Doktor hatte sie gegen ein hohes Entgelt auf seinem Gute versteckt. Seine Haushälterin, anscheinend eifersüchtig auf diesen illegalen Nebenverdienst, erstattete Anzeige, und der Arzt wurde mit der ganzen Gesellschaft der Kaunaer deutschen Polizei überführt. Darunter war auch Dr. Matusevičius, der hier allen bekannte Homöopath, mit seiner Familie. Alle wurden umgebracht, auch der alte Doktor, nachdem man ihn wochenlang im Gefängnis gehalten. Gelegentlich waren mit Geschnappten Ausnahmen gemacht worden, man hatte sie ins Ghetto zurückgeschickt.

Vor allem wollten wir unsere Lea, die Pianistin, mit ihrer Mutter herausholen. Sie arbeitete in einer großen Brigade in der Filzfabrik. Aber die deutsche Oberaufsicht bestand gerade dort aus gefährlichen Leuten. Wenn ich die Gestalt in blauem Mantel und Schlapphut auf dem Hof stehen sah, wußte ich, daß man keine Möglichkeit hatte, sich zu sprechen. Er kannte mich auch schon, und wenn er mich mit meiner vollen Handtasche draußen warten sah, drohte er: »He, was stehn Sie auf der Straße dorten? Marsch weg!«

Oft ging ich mit klopfendem Herzen den weiten Weg durch den tauenden Schnee, den glitschigen, lehmigen Abhang herunter, unter dem die Fabrik lag. Manchmal waren überhaupt keine Juden da, und jedesmal befürchtete man ein neues Unglück und spähte ängstlich nach einem der Besternten. Und oft kam ich unverrichteter Dinge zurück.

Einmal hatten drei deutsche Soldaten die Aufsicht. Ich war mit Fräulein Jörusch gekommen, und wir fragten schüchtern, ob sie uns erlauben würden, ein paar Worte mit einem der jüdischen Mädchen zu sprechen. »Aber freilich, bitteschön« – und riefen Lea und setzten sich dazu und schütteten uns in aller Eile ihr Herz aus: wie verhaßt ihnen der Krieg und das ganze Regime sei, wie sie sich des unsinnigen Antisemitismus schämten und ihrerseits alles täten, um durch persönliche Freundlichkeit und Hilfe auszugleichen, was ihr Dienst von ihnen verlange. »In unserer Kompanie sind wir uns alle einig«, sagten sie. »Das wissen unsere Vorgesetzten. Von uns wird man auch nicht verlangen, daß wir Juden totschießen.«

Wir schwätzten noch lange. Aber auf einmal war ihnen bange, ob sie nicht zuviel gesagt hätten: »Sie verraten uns doch nicht etwa?« Nein, wir wären unsererseits schon zufrieden, wenn sie uns nicht verrieten. Also gut, wir könnten jetzt öfter kommen. Sie blieben wahrscheinlich lange Zeit. Sie seien Erich, Willy und Heini.

Das nächste Mal schon waren sie nicht mehr da, und der betrunkene Wächter hatte strengen Befehl, niemanden hereinzulassen. Wahrscheinlich hatte man die Gesinnung der Burschen bemerkt und sie anderswohin versetzt. Es gab keine Möglichkeit mehr, sich dort zu treffen. Lea ließ sich in eine andere Brigade versetzen, nach den Pelzwerkstätten »Wolf«, die hinter dem Ghetto lagen. Dort war es nicht so schwer, hereinzukommen, denn dort ließen sich die deutschen Damen der hohen Beamten ihre Pelze schneidern. Man sagte dem Wächter hochmütig, man käme zur Anprobe, und er wagte es gar nicht, nachzukontrollieren.

Es war kurz nach dem Kindermord, und die tieftraurigen Gestalten saßen schweigend über ihre Arbeit gebeugt. Lea war sehr bewegt. Es war ihr geglückt, ihre alte Mutter zu verstecken. Nun fürchtete sie, daß man sie hinterher noch holen wird. Wir verabredeten, daß sie mit der Mutter gleich zu uns kommen soll. Sie sollten kurze Zeit bei uns bleiben, und dann wollte die liebe Frau Kvašiene weiterhin für sie sorgen. Es dauerte noch einige Wochen, und es war schon nach Ostern, als Frau Kvašiene, Gretchen und ich die alte Frau gemeinsam an einer Stelle beim Ghettozaun abholen wollten, wo der Posten bestochen werden sollte. Damals flohen nicht wenige, und es gab dafür einen festgesetzten Preis in Gold.

Es war der erste schöne Frühlingsabend, und die Menschen außerhalb der Einzäunung so fröhlich und unbeschwert, als wenn sie den düsteren Anblick dieses immer kleiner werdenden Häuserblocks überhaupt nicht bemerkten. Nach jeder »Aktion« wurde der Zaun zurückverlegt und einige Straßenviertel dem normalen Leben zurückgegeben. Der Draht zog sich wie eine Schlinge immer enger um die Wohnungen des unglücklichen Volkes.

Wir gingen einige Male auf und ab. »Geht! geht!« schrien die Posten. Wir lasen das große Plakat durch, das überall angebracht war. Es war deutsch, jiddisch und litauisch geschrieben. Überschrift mit Riesenlettern: Todesstrafe! Und dann in langer Folge, für was alles sie angedroht wurde. Wer auf der Ghettoseite die Straße entlanggeht. Wer dort stehenbleibt. Wer durch den Zaun kriecht oder Lebensmittel oder andere Dinge hindurchsteckt. Wer mit den Posten oder Juden spricht oder ihnen Zeichen macht und so weiter.

Wir erstiegen die Verandastufen eines jenseits der Straße liegenden Häuschens. Von dort konnte man besser in die engen Ghettostraßen hineinsehen. Es wurde schon dämmrig. Der richtige Zeitpunkt war gekommen. Wir sahen, wie eilig leise ein Kind durch den Zaun geschoben wurde. Zwei Frauen nahmen es zwischen sich und verschwanden. Von den Unsrigen nichts. Es war schon dunkel, als wir nach Hause gingen.

Ich habe vergessen, warum es an diesem Tag nicht gelang. Aber einige [Tage] später brachte Frau Kvašiene beide, Lea und [ihre] Mutter, zu uns. Wir hatten die Mutter vorher nicht gekannt und fanden eine naive, einfache, sympathische Frau. Wir freuten uns, beide bei uns zu haben.

Wir hatten Stubennachbarn, die keinesfalls etwas von der Anwesenheit der heimlichen Gäste erfahren durften. Beide sahen so charakteristisch aus, daß kein Dokument sie zu einer anderen Rasse gehörig hätte stempeln können. Die treue Frau Kvašiene hielt ihr Wort. Nach etwa zehn Tagen hatte sie bei einer Bekannten, die ein Häuschen in Schanzen hatte, alles aufs beste eingerichtet. Da sie vor ihrer Flucht einen Teil ihrer Kleidung und einige Wertsachen schon geborgen hatten, konnten sie das Frauchen dafür gut bezahlen und sich das Nötige fürs tägliche Leben besorgen. Die Unterkunft war nicht ganz vollkommen. Sie konnten nicht kochen, weil der Ofen rauchte. Die Frau, die tagsüber auf Arbeit war, vergaß oft, ihnen Lebensmittel zu kaufen, und Frau Kvašiene mußte oft den weiten Weg machen, um zu helfen und Mißverständnisse zu schlichten.

Unterdessen hatten wir neue Sorgen mit unseren Waisenhauskindern. Dort drohten wieder Revisionen, und wir mußten Ira und Danute vorübergehend herausnehmen. Wohin mit ihnen? Frau Kvašiene nahm Danute einige Zeit bei sich auf. Dann wurde in ihrer Wohnung eine Remonte[50] gemacht, und das Kind kam wieder zu uns.

Mitte Mai erschien Mositchen weinend, ganz verzweifelt. Irgendwelche Nachbarn hatten das kleine Kinderfräulein beargwöhnt. Man hatte sogar von Anzeige gesprochen, und ihre »Herrschaft«, die mit ihrer großen Familie nicht zuviel aufs Spiel setzen konnte, hatte sie fortgeschickt. Sie blieb nun wieder bei uns, aber wir nahmen uns vor, ihr so schnell wie möglich einen andern Platz zu suchen.

Genau zur gleichen Zeit mußten auch Onyte und Marianne aus demselben Grunde Hals über Kopf ihre Stellen verlassen und wußten nicht, wohin sie sich wenden sollten. Sie wechselten jeden Tag ihre Wohnung, übernachteten mal bei diesem, mal bei einem andern und quälten sich unbeschreiblich, ihren Freunden durch ihre Existenz so viel Gefahr zu bringen. Es gab damals jede Nacht Razzien nach Deserteuren, und jeder war gefährdet.

Wir hatten uns schon im Frühling im Waldkurort Kulautuva eine Datsche gemietet, um für alle Fälle eine zweite Wohnung zu haben. Wir dachten, vielleicht einen der Obdachlosen dort versteckt halten zu können. Pfingsten fuhren wir mit dem Dampfer für einen Tag heraus. Wir hatten Danute mitgenommen, aber die Neugier, mit der sich unsere Wirte und die Nachbarn nach dem Kinde erkundigten, woher es käme und wie es heiße, zeigte uns, daß es hier schwerer war, jemanden zu verbergen, als in der Stadt. Von Ludmilla, die hier draußen schon den ganzen Winter gelebt hatte, erfuhren wir, daß hier eine besonders gefährliche Polizei sei. Wir hatten ja schon im Winter eine schreckliche Erfahrung mit Tante Emma gemacht.

50 Remonte = Renovierung.

Am Dienstag nach Pfingsten versuchte ich vergebens, Frau Kvašiene anzutelefonieren. Schon am Sonnabend vor unserer Reise war es mir nicht gelungen, eine Verbindung zu bekommen. Ich ging hin, klopfte an. Ein Herr machte auf. »Zu Frau Kvašiene? Bitte kommen Sie herein.« Er wendete den Aufschlag seines Rockes um: Kriminalpolizei.

Die altmodische Wohnung, in der vier Zimmer in einer Flucht ohne Korridor hintereinanderlagen, war in wüster Unordnung. Außer dem Kriminalisten waren zwei Herren da, die alles durchwühlten und anscheinend aufnotierten. Ich wollte mich schleunigst verdrücken, aber davon war keine Rede. Frau Kvašiene sei verhaftet und werde wohl vorerst kaum wieder freikommen. Wer ich sei, wo ich wohne, was ich bei Frau Kvašiene gewollt hätte, ob ich sie gut kenne? Wahrscheinlich sei ich eine der dunklen Personen, der Spekulantinnen, mit denen Frau Kvašiene ständig zu tun gehabt hätte.

Ich hatte in der Handtasche ein Dutzend silberner Bestecke, die ich für einen Ghettomann verkaufen sollte. Sie zogen mich zentnerschwer am Arm. Was sollte ich sagen, wenn man meine Tasche durchsucht? Ich war hereingefallen und sah keinen Ausweg.

Während mich der Kriminalist examinierte, kam einer der andern aus den hinteren Räumen, ein Deutscher. Ich sprach ihn gleich an: Ich fände es recht merkwürdig, daß man mich hier so beargwöhne. Ich hätte zu Frau Kvašiene kommen wollen, um mir ein Wäschestück nähen zu lassen, und man solle mich nun endlich wieder nach Hause gehen lassen. Der Deutsche wandte sich an den Kriminalisten: »Sie sehen doch, das ist eine Dame!« – worauf der Beamte sofort den Ausgang frei gab.

Ich konnte es kaum fassen, wie ich so unverhofft freigekommen, und hastete nach Hause. Frau Kvašiene und ich hatten so viel Geheimnisse miteinander. Wahrscheinlich werde ich mit hineingezogen werden. Sie können womöglich schon da sein.

Zu Hause knieten Musitchen und Danute auf den Dielen und schrubbten das Parkett meines Zimmers mit Drahtspänen. Sie hatten sich diese Überraschung für mich ausgedacht, und sie waren ganz verstört, daß ich sie Hals über Kopf aus ihrer Arbeit und dem Hause jagte. Musitchen hatte zum Glück einige Tage vorher ihre alten litauischen Freunde getroffen, die sie sofort aufnahmen. Danute kam wieder ins Waisenhaus. Ich trug in Eile alles Verdächtige, was ich bei mir fand, aus dem Hause.

Wir fragten vorsichtig bei den Nachbarn und hörten, daß auch ihr Mann verhaftet worden ist. Einige bange Tage vergingen, da kam die Nachbarin. Frau Kvašiene sei zurückgekommen und bitte mich, sofort zu ihr zu kommen.

Sie sah völlig verändert aus. Ihr breites, freundliches Gesicht mit den warmen, braunen Augen hatte einen tiefernsten Ausdruck. Sie war am Sonnabend vor Pfingsten verhaftet worden. (Genau zur gleichen Zeit wurden Lea, die Mutter und Franja verhaftet.) Sie wurde beschuldigt, die beiden aus dem Ghetto befreit und beherbergt zu haben, außerdem ein jüdisches [Kind] vorübergehend bei sich gehabt zu haben. Sie konnte nicht abstreiten, Lea geholfen zu haben. Aber das Kind und wo Lea vorher gewesen war, verriet sie nicht. »Es war schwer, zu schweigen«, sagte sie und streifte ihre Bluse ab. Ich sah auf Armen und Rücken schwere blaue, angeschwollene Striemen. Ihr Mann wisse davon nichts. Er war schon einige Tage vorher wieder freigekommen.

Im Gefängnis hatte sie auf dem Hof mit den andern Verhafteten sprechen können. Sie verschworen sich, nichts über mich zu verraten. Trotzdem kam im Verhör mein

Name zur Sprache. Ob sie mich gut und schon lange kenne? In welchen Beziehungen ich zu Lea stünde? Ob ich »viele« jüdische Kinder gerettet hätte? Als Frau Kvašiene sich von nichts wissen machte, sagte der Übersetzer, über den das Gespräch vermittelt wurde: »Ich weiß über Frau Holzman mehr als Sie und mehr als die andern hier.« Wegen dieser Bemerkung hatte sie mich sofort sprechen wollen, um mich zu warnen.

Sie hatte sich und Franja mit ihrem Brillantring, den sie bei der Verhaftung am Finger getragen, und einigen tausend Mark losgekauft, und man hatte ihr angedeutet, daß Lea für tausend Mark ins Ghetto entlassen werde.

Durch Lipzer, den jüdischen Polizeimann, war Leas Festnahme schon bekannt geworden und ebenfalls, daß ich darin verwickelt sei, und die Juden warnten mich, ich solle Kaunas sofort verlassen. Am nächsten Tage brachte eine aus dem Gefängnis entlassene Frau ein Briefchen von Lea – Hilferuf, womöglich durch das Ghettokomitee etwas für sie als geschätzte Pianistin zu tun.

Ich konnte mich sehr schwer entschließen, die Stadt zu verlassen. Noch war nichts für Frau Abramson und das Rehlein getan. Lea hatte einige Schmucksachen hier, die man verkaufen mußte, um die Gestapo zu befriedigen. Unsere Freunde, besonders Pawlascha, versprachen, alles zu übernehmen, und drängten zur Abreise. Womöglich nicht nach Kulautuva, sondern weiter, wo man uns nicht finden kann. Doch wir glaubten uns dort sicher genug.

Pawlascha verkaufte drei Brillantringe und ein schweres Armband, brachte das Geld Frau Kvašiene, und die trug es in das SS-Haus. Man nahm das Lösegeld an, aber keine Befreiung erfolgte. Es gibt keine Nachricht darüber, wie sie geendet haben.

Als wir nach Kulautuva fuhren, hatten wir noch Hoffnung. Gretchen hatte sich in ihrer Fabrik sofortigen Urlaub erbeten. Am 4. Juni verließen wir die Stadt. In Kulautuva fanden wir auch unsere anderen Freunde. Natascha hatte ihr Haus zugeschlossen und war mit allen, mit Regina, Gabrielle, Ira auf Frau Lydas Gut gezogen. Frau Dr. Kutorga hatte sich wie wir eine Sommerwohnung im Kurort genommen.

Jetzt waren wir mitten im Walde. Es war noch kalt, und nachts trommelte der Regen auf unser Datschenhäuschen. Aber wir waren den ganzen Tag im Wald. Wir liefen scharf, um nicht zu frieren. Wir gingen nach allen Seiten. Jeder Pfad führte zu einer Entdeckung. Wir fanden Blumen, die wir noch nicht kannten. Wir nahmen sie mit und bestimmten sie zu Hause nach unseren Pflanzenbüchern. Die Halden waren weiß von Erdbeerblüten. Wir belauschten die Vögel, den Regenpfeifer, die Kreuzschnäbel, erschreckten vom Aufflattern des blauen Eichenhähers und entdeckten die Baumhöhlen der Spechte. Was war das für ein Gezwischter, für eine liebliche Symphonie. Noch nie waren wir in einem solchen Vogelwald gewesen. Und kein Mensch zu sehen.

Manchmal verliefen wir uns, und nach langem Suchen tat sich der Wald auf, und unter uns lag das betaute Memeltal. Wiesen, Büsche, eine Herde schwarzer Schafe, ein stilles Pferd mit gefesselten Vorderfüßen, sonst nichts von Menschenwerk, kein Haus, und der Fluß breitete sich ohne künstliche Eindämmung. Manchmal dehnte er sich in einem kilometerbreiten Bett mit vielen Gerinnseln, vogelreichen Inseln und Sandzungen.

Einmal gerieten wir unverhofft an den See, den wir schon vergebens gesucht hatten. Auch er ist ohne bestimmte Grenzen. Der Wald wird immer sumpfiger, voller moosiger

Hümpel. Dort wächst der betäubende Porst, das Mottenkraut mit den betäubend duftenden weißen Dolden und daneben die Trunkebeeren, die von der giftigen Nachbarschaft angesteckt sind mit ihren berauschenden Früchten. Die Hümpel, die aus dem Sumpf ragen, sind mit den zarten rosa Blüten der Moosbeeren überrankt. Weiter konnte man nicht, denn hier stehen schon die Kiefern im dunklen Wasser, und tote Wurzeln staken wie beinerne Glieder heraus. Büsche mit vielen blanken Blättern träumten über ihrem dunkel abgestimmten Spiegelbild.

Der Wald verzauberte uns. Uns hatte unser Leid so entstellt, daß wir jahrelang ohne Empfindung gewesen waren und unverhofft wieder der Schönheit empfänglich waren. Jahrelang hatten wir nicht weiter als zum nächsten Tag gedacht, ohne einen Gedanken auf zukünftige Zeiten zu verwenden. Auf einmal waren wir gelöst, und im Wandern breitete Gretchen ihre Zukunftspläne aus. Sie wollte noch ihr Abitur nachholen und dann Biologie studieren.[51]

Am 4. Juni waren wir nach Kulautuva gekommen. Am 6. hörten wir bei Frau Dr. Kutorga im englischen Radio von der Einnahme Roms und dem Beginn der Offensive gegen den Westwall.[52] Und von da an täglich neue Erfolge im Süden und Westen, und was das Unerhörteste war: bei uns im Osten – wir konnten es kaum fassen – kam die Rote Armee mit Riesenschritten heran.

51 Margarete Holzman hat später in Kaunas Landwirtschaft und anschließend in Moskau Pflanzenphysiologie studiert. Bis zur Übersiedelung in die Bundesrepublik im Jahre 1965 hat sie im Botanischen Garten der Litauischen Akademie der Wissenschaften in Kaunas gearbeitet, nach 1965 im Institut für Pflanzenbau und Agrarforschungszentrum der Universität Gießen. Seit 1974 arbeitet sie als Übersetzerin und Dolmetscherin für Russisch und Litauisch in Gießen.

52 Rom wurde am 4. Juni 1944 von den Alliierten besetzt. Am 6. Juni erfolgte die Landung in der Normandie.

Nach zwei Wochen kamen auch Gerta und Nana heraus. Wir gingen jetzt mit den beiden, Frau Kutorga und ihrem kleinen Pflegesohn in den Wald. Das Wetter war herrlich geworden, und wir lagen in der Sonne, suchten Pilze, gingen im Fluß baden. Es waren harmlose Freuden, aber die Verzauberung der ersten Zeit war verloren.

Wir dachten mit Beklemmung an unsere unversorgten Freunde in der Stadt. Pawlascha kam und berichtete, daß sie Gold verkauft und tausend Mark abgegeben hatte. Wir rechneten noch auf Leas Befreiung. Sie [Pawlascha] hatte auch Frau Abramson getroffen, jedoch ohne weitere Verabredungen zu treffen. Ich mußte später schwer bereuen, daß ich mich damals von den Freunden zurückhalten ließ und nicht sofort wieder nach Kaunas fuhr. Der entscheidende Augenblick, die letzte Möglichkeit der Rettung wurde versäumt. Als wir Anfang Juli in die Stadt fuhren, war es schon zu spät. Es kamen keine Brigaden mehr in die Stadt. Jede Verbindung war abgeschnitten.

Auf dem Dampfer fuhr eine laut sprechende Gesellschaft Deutscher mit uns. Männer und Frauen aßen ihre belegten Brote und spielten mit ihrem großen Hund. In ihren Mienen noch immer der Ausdruck der Sieger, des Herrenvolkes. Wir sprachen wie immer miteinander litauisch, um nicht die Aufmerksamkeit auf uns zu lenken, und spitzten dabei die Ohren. Es waren Beamte des Generalkommissariats, für die die besten Villen des Kurortes requiriert und mit Möbeln ausgestattet waren. Wir hatten die beladenen Lastautos gesehen, die Betten und Hausrat anfuhren. Wir hörten aus dem Dampfergespräch, daß auch ein Tennisplatz hergerichtet werde. Als einer, indem er den Riesenhund nach der Wurstschale schnappen ließ, eine Bemerkung machte, man könne angesichts der strategischen Lage noch nicht wissen ..., beruhigten ihn die andern sofort. Die wäre nur halb so schlimm.

Es war die letzte sorglose Stunde, die diese Herrschaften hatten. Als wir in der Stadt ankamen, flackerte sie in heller Aufregung. Die Russen vor der Einnahme von Minsk! Und am nächsten Tag war es geschehen, und die Rote Armee näherte sich unserer Hauptstadt Wilna.[53]

Gretchen hatte ihren Urlaub beendet und sich wieder im Fabrikbüro eingestellt. Man beneidete sie: »Margarita, Sie können jetzt nach Deutschland, uns alle werden die Iwane aufhängen.« Aber Margarita beruhigte sie. Sie dächte gar nicht daran, von hier zu flüchten, und schließlich fanden die andern auch, daß es am besten wäre, zu Hause zu bleiben.

Aus Wilna kamen die ersten Flüchtlinge. Die ersten, die nächsten und letzten. Die Stadt wurde evakuiert. Viele gedachten, in Kaunas zu bleiben, denn zwischen Kaunas und Wilna – so hörten viele immer wieder auf das, was sie gern hören wollten – seien große deutsche Truppenansammlungen, die die feindliche Armee aufhalten würden.

Für andere war Kaunas nur Durchgangsstation. Sie strömten nach der deutschen Grenze mit einem Vertrauen, als wenn sie dahinter die Türen abschließen könnten. Deutsche bekamen ohne weiteres eine Einreisegenehmigung und durften ein gewisses Gewicht an Gepäck mitnehmen. Litauer mußten sich spezielle Erlaubnisscheine besorgen, aber es war nicht schwer, solche zu erhalten. Einer unserer Bekannten brachte es fertig, einen ganzen Waggon für sich zu erhalten und neben seinem Hausrat mehrere Tonnen voll Speck, Zucker, andern Lebensmitteln mitzunehmen.

53 Minsk wurde von der Roten Armee am 3. Juli 1944 eingenommen, Wilna am 13. Juli.

Viele kauften sich ein Pferd und einen Wagen und fuhren, ohne viel zu fragen, auf eigene Faust.

Professor Engert erschien bei uns. Er hatte nur ein paar Handkoffer erraffen können. Alles übrige, seine große Bibliothek, seine Arbeiten, seine schön eingerichtete Wilnaer Wohnung hatte er zurückgelassen. Er hatte kein Verständnis für unsere erstaunte Frage, warum er nicht hierbleibe, und beschwor uns, ebenfalls zu flüchten, denn nur die ersten russischen Truppen, die europäischen Russen, seien menschlich. Aber hinterher kämen die Asiaten, die, mit den Messern im Munde, nicht einen einzigen leben lassen würden. Wir wünschten ihm alles Gute und ließen ihn abreisen.

In den heißen Straßen wimmelte es von abgesprengten, verschmutzten, erschöpften Soldaten. Den Hals offen, unrasiert, verschwitzt und in den Augen Schrecken und Mutlosigkeit.

Die Züge fuhren langsam in den Bahnhof herein. Auf den Trittbrettern und Verdecken klebten sie wie die Bienen am Schwarm und fluteten dann ohne Ordnung die Bahnhofstraße herunter zur Stadt. Und zur gleichen Zeit strömte die Gegenflut der Flüchtlinge zum Bahnhof. Reichsdeutsche, die hierher zur »Kolonisation des Ostens« geschickt waren, saßen mit verzerrten Gesichtern in den Droschken. Sie hatten gleich mehrere Droschken zugleich gemietet, um doch noch einiges von ihrem Kram zu retten. Ich sah die deutsche Kinderärztin mit der Solluxlampe[54] in der Hand. »Gut, daß Sie auch fahren.« – Nein, ich gedächte, hierzubleiben, ich befände mich nur zufällig auf dem Bahnhof.

Es war nicht so ganz zufällig. Ich hatte die Rangiergleise

54 »Solluxlampen« dienten der Bestrahlung mit Blaulicht unter anderem bei Prellungen, Muskelrheumatismus und Erkältungen.

abgesucht, um die Waggons mit den Juden zu finden. Es gab solche Waggons, und ich wollte jetzt noch versuchen, einige oder wenigstens einen herauszuholen.

Am 8. Juli waren ungefähr 1500 Leute aus dem Ghetto in Barken verladen worden und die Memel heruntergefahren. Der Ghettokommandant Göcke hatte ihnen eine seiner zynischen Reden gehalten: Wir werden euch vor den Russen retten und euch mitnehmen. Nach Danzig hieß es allgemein. Die Barken waren noch in Georgenburg gesehen worden. Später erfuhr man, daß die Barken acht Tage unterwegs gewesen waren, ehe sie an ihrem Bestimmungsort Stutthof ankamen. Einige Tage später ein zweiter Transport, auch auf dem Flusse.

Der nächste Transport ging durch die Stadt zum Bahnhof. Wir hörten davon, und Grete lief zur Vilijabrücke, über die sie vom Ghetto kommen mußten. Und gerade kam ein langer, langer Zug, langsam, mit Bündeln beladen. Sie zogen über die belebte Brücke und durch die ganze Stadt. In der Altstadt versuchte einer, in ein Haus zu flüchten. Er wurde auf der Stelle erschossen. Es war nur sehr geringe Bewachung. Wären sie alle zugleich gelaufen, niemand hätte sie mehr einfangen können. Aber sie wußten, die Türen der Litauer sind ihnen verschlossen, und die herzlosen Bemerkungen, die die Vorübergehenden über den todestraurigen Zug machten, bestätigten ihre Vereinsamung.

Sie gingen in breiten Reihen, immer zehn nebeneinander. Plötzlich entdeckte Grete Frau Abramson, ihren Sascha an der Hand führend. Sie bemerkten nicht das Winken. Sie gingen schweigend mit nichts sehenden, toten Augen. Grete folgte dem Zuge durch die ganze Stadt bis hinter den Bahnhof. Wo sie hinkamen, sah sie nicht mehr. Die Kräfte versagten ihr vom Anblick dieses Jammers. Sie kam gebrochen nach Hause zurück. Wir konnten nicht ergründen, wohin sie gekommen waren, und gaben alle Verschleppten verloren. Erst nach Jahresfrist, als der Krieg schon beendet war, kamen Vereinzelte zurück und berichteten so Ungeheuerliches von ihrem Leben in den Lagern, daß das Gefühl sich sträubte, den ersten Berichten zu glauben. Die Zweifel an ihrer Wahrhaftigkeit wurden jedoch bald zerstreut, da die verschiedenen Aussagen miteinander übereinstimmten.

Es sei hier mit dem Bericht vorgegriffen, den die etwa vierzigjährige Emma Frenkel gab, als sie im Juni 1945 aus Deutschland zurückkehrte.

*Sie hatte im Kaunaer Ghetto in der Wäscherei gearbeitet, die für die Gestapo wusch. Als am Montag, dem 4. Juli 1944*[55]*, von dort keine schmutzige Wäschesendung kam, ahnte ihnen schon Böses. Aber es blieb einige Tage ruhig, bis die Bekanntmachung herauskam, daß 5000 Leute zur Arbeit verschickt werden sollten. Die ersten waren die, welche man mit den Barken flußabwärts schickte. Dann kam der Transport mit der Bahn, der Zug, den Grete in der Stadt gesehen hatte. Unter diesen war Emma Frenkel.*

*Sie wurden in Güterwagen verladen, bekamen Brot, Kunsthonig, Limonade als Reiseproviant. In jeden Waggon kamen circa fünfzig Personen und ein bewaffneter SS-Mann. Solange der Zug litauisches Gebiet durchfuhr, kletterten aus ihrem Waggon sieben Beherzte aus dem kleinen Fensterchen und sprangen heraus. Die Wache schlief. Auch aus den andern Waggons retteten sich mehrere auf diese Weise. Einzelnen, darunter der Zahnärztin Baron, war es sogar schon auf dem Kaunaer Bahnhof geglückt, sich die allgemeine Verwirrung zunutze zu machen und zu entlaufen.*

*Am Nachmittag des zweiten Tages hielt der Zug. Die Männer*

55 Der 4. Juli 1944 war ein Dienstag

*wurden abgesondert und kamen nach Dachau. Sie [die Frauen] mußten Loren besteigen und wurden in eine Entlausungsstelle gefahren. Sie mußten noch etwa zwei Kilometer laufen, bis sie in einen großen Hof kamen. Sie mußten dort alles Gepäck aufstapeln und wurden in einen Vorraum geführt, wo sie sich, ungeachtet der wachefuhrenden Soldaten, nackt ausziehen mußten. Sie durften drei Dinge in der Hand behalten: Zahnbürste, Kamm und Brille. Ein polnischer Arzt sah ihnen nicht nur in Ohren, Mund und Haar, sondern untersuchte sie [auch] gynäkologisch nach Gold. Nach der Entlausung mußten sie nackt, wie sie waren, antreten und bekamen jeder ein Barchenthemd*[56]*, eine Männerunterhose und einen gestreiften Kittel.*[57]

*So gingen sie nachts noch einige Kilometer, bis sie im Konzentrationslager Stutthof ankamen. Arbeit gab es dort nicht. Die meiste Zeit verging mit den täglich dreimal stattfindenden Appellen, bei denen sie oft stundenlang auf dem heißen Sande in der brennenden Sonne stehen mußten. Bei der kleinsten Unregelmäßigkeit wurden sie geschlagen. Man nannte sie nicht anders als »alte Hure«, »alte Sau«.*

*Nach einer Woche trennte man Frauen mit Kindern – es gab nur noch wenige – und Arbeitsunfähige ab. Sie wurden ins Krematorium geführt. Die übrigen wurden zu hundert in Gruppen sortiert. SS und BDM-Mädels versahen jede mit einer Nummer, die sie auf der Armbinde tragen mußten und mit der sie gerufen wurden. Man verbot ihnen, sich gegenseitig mit Namen zu nennen.*

*Jede wurde mit einer Decke, einem Mantel, einer Eßschüssel, einem Holzlöffel und Schuhen ohne Rücksicht, ob sie paßten, ausgerüstet und mit der Bahn nach Dörbeck (Döbern?)*[58] *gebracht. Un-*

56 Barchent – Baumwollflanell.

57 Zusatz am Rand: *Von den Hemden schnitten sie sich Streifen ab und machten sich Handtücher, Taschentücher, Büstenhalter. Eine Nähnadel war die größte Kostbarkeit. Mit Glasscherben schnitzten sie sich Löffel.*

58 So im Manuskript.

*terwegs wurde ihnen verwehrt, ans Fenster zu treten und herauszusehen. Auf der Station mußten sie Zelte abladen und auf Wagen laden. Der Lagerplatz war ein kahles Gelände. Dort wurden in zehn Reihen hundert Zelte aufgeschlagen. In jedes Zelt kamen zehn Frauen. Sie schliefen auf Stroh.*

*Von früh bis spät hatten sie schwerste Arbeit zu verrichten. Je zwei bis drei Frauen mußten im Stoppelfeld mit Spaten Panzergräben machen, dreieinhalb Meter tief, sechs Meter lang, vier breit. Bevor sie begannen, wurde ihnen gedroht: »Wenn ihr nicht fertig werdet, gibt's nichts zu fressen.« Emma wurde einmal blau geschlagen, weil sie im Vorbeigehen von einem Rübenfeld eine Wruke genommen hatte. »Judensau«, »Mistvieh« waren die häufigsten Vokabeln, die sie zu hören bekamen. Früh um fünf war Appell. Der Arbeitsplatz war fünf Kilometer entfernt. Allein den schweren Spaten so weit zu tragen war erschöpfend. Sie arbeiteten zehn Stunden mit einer halbstündigen Ruhepause. Sonntags wurde bis zwei Uhr gearbeitet.*

*Abends bekamen sie eine Suppe mit ungeschälten Kartoffeln, ebensolchen roten Rüben, Grütze. Manchmal ließ man den Suppenkübel lange stehen und die Suppe erkalten, weil sie »zu wild nach dem Fressen« seien. Sie bekamen täglich 275 Gramm Brot, 20 Gramm Margarine oder Marmelade, früh warmen Kaffee.*

*Von den tausend starben täglich sieben bis acht. Man scharrte sie zusammen ein. Der Oberscharführer Engel fluchte: »Heute nur fünf! Warum sterben denn bei euch so wenig? In den andern Lagern sterben täglich zwanzig und mehr.«*

*Nach drei Wochen kamen sie an die polnische Grenze nach Gutava. Ihre Zelte wurden mit ihnen transportiert. Im harten Wiesenboden mußte sie auch dort Panzer- und Kabelgräben machen. Ein polnischer Meister kontrollierte die Arbeit. Er verschaffte ihnen manche Erleichterung hinter dem Rücken der schwarzuniformierten SS, brachte ihnen Salz, Brot und als größte Kostbarkeit Nähnadeln.*

*Der Lagerführer, Oberscharführer Engel, ein Memelländer, verbot ihnen, Wasser aus der Pumpe zu nehmen, das sei nur für Deutsche.*

*Sie mußten Flußwasser trinken und sich am Fluß waschen. Im November, als es schon eiskalt war, bekamen sie Finnenzelte aus dünnem Holz ohne Fenster. Hundert Frauen wohnten zusammen in einem Zelt. Die Läuseplage, der sie sich bis jetzt durch möglichste Sauberkeit erwehrt hatten, nahm überhand. Auch das Krankenrevier war völlig verlaust. Dort gab es viele mit erfrorenen Gliedern, die nicht mehr heilen wollten. Sie mußten ihre regendurchweichten Mäntel, die nachts nicht trockneten, früh wieder anziehen. Das Hemd, das sie sich auswuschen, gefror und wollte nicht trocknen.*

*Im Dezember bekamen sie ein eisernes Öfchen in ihr Zelt. Es gab nicht genug Wärme für hundert Menschen. Sie suchten sich mit den geschwollenen Fingern die Läuse von den Kleidern und Decken, wuschen sich mit ihrem warmen Morgenkaffee. Sie höhlten sich eine Kartoffel aus und füllten sie mit Margarine als Brennstoff. Besser hungern, als im Stockfinstern sitzen.*

*Der Januar war finster, kalt, windig. Der lehmige Boden gefror zu Stein und taute wieder zu zähem, klumpendem Brei.*

*Ein starrer Lebenswille hielt sie aufrecht. Das Gedröhn der Geschütze kam immer näher. Eine Jüdin aus Ungarn, die bei dem Lagerführer das Zimmer aufräumte, hörte dort manchmal die Auslandssender. So wußten sie, wie schlecht es mit der Wehrmacht bestellt war, und hofften, hofften. Man konnte schon verstehen, warum der Oberscharführer mit dem unpassenden Namen schlechte Laune hatte.*

*Donnerstag, den 25. Januar [1945] wurden fünfhundert der Kräftigsten abtransportiert. Im Krankenrevier wurden den fünfzig Frauen, die in der Typhusbaracke lagen, von Engel Typhusinjektionen in den Unterarm gemacht. Weitere dreihundert, die nicht für arbeitskräftig befunden waren, wurden am Freitag auf einen Hügel geführt und zu dritt in den Schnee gelegt. Engel und zwei andere schossen sie dort nacheinander ab. Sie waren noch nicht weit gekommen, da brachen sie ab. »Wir müssen laufen. Ist höchste Zeit, daß wir abhauen.«*

*Die Opfer, unter denen Emma war, erhoben sich. Die Mörder verschwanden eiligen Laufes. Sie waren frei. Auch die Typhuskranken lebten. Die Injektionen, die ihnen den Tod geben sollten, waren so unsachgemäß gemacht, daß sie ihre Wirkung verfehlten. Und doch waren sie so verängstigt, daß sie noch nicht wagten, sich zu rühren.*

*Am Sonntag früh waren die Russen da. Sie kamen herein in die Baracken und waren tief gerührt vom Anblick der jammervollen Gestalten. Krank, dürr, verhungert, verlaust, zerlumpt, früh ergraut, war ihr Anblick für die Deutschen ein immer neuer Anstoß zum Hohn, zu weiterer Erniedrigung gewesen. Die Russen zeigten keinen Abscheu, sie hatten tiefes, menschliches Mitleid: »Wir nahmen es für Propaganda, wenn man uns im Kino von solchen Greueltaten berichtete, und würden es nie für wahr gehalten haben, wenn wir es hier nicht gesehen hätten.«*

*Sie holten die Frauen aus den Zelten, brachten sie in dem Haus unter, in dem ihre Peiniger gewohnt hatten. Nach einigen Tagen kam ein russisches Feldlazarett. Doktor Marosov trug die Schwerkranken auf seinen Schultern ins Haus. Je zwanzig Frauen wurden auf einen Schlitten geladen und zu einem Bauernhaus gefahren, wo man ein Bad eingerichtet hatte. Ihre alten Decken nahm man zur Entlausung fort und gab ihnen frische Soldatendecken, Wäsche und Pullover. Als sie vom Bad zurückkamen, fanden sie saubere Strohlager, heiße Milch, Vitamine, Medikamente, Injektionen. Schwester Vera war aufopfernd, schnitt ihnen die verlausten Haare ab, sorgte jeden Tag für warmes Wasser zum Waschen. Im unteren Stock lagen die Schwerkranken, oben die leichten Fälle und Gesunden. Die Gesunden wurden zur Pflege der Kranken angeleitet. Nicht wenige waren so entkräftet, daß sie trotz der guten Pflege starben. Andere erholten sich schnell. Durchziehende Soldaten schenkten ihnen Knäckebrot, Zucker, Kleidung. Journalisten interviewten und photographierten.*

*Vier Wochen blieben sie, dann kamen sie in ein zweites Paradies, nach Deutsch-Eylau, in das Feldlazarett 1749 in dem wunderbar eingerichteten Haus eines deutschen Generals.*

*Die Ärztin Stolova, schön, mütterlich und gewissenhaft, besuchte sie täglich zweimal, sorgte für Fieberthermometer, Verbandsstoff und Medikamente. Sie bekamen Kaffee und Tee mit Milch und Zucker, die Kranken Weißbrot und mittags Diätkost. Die Gesunden bekamen Suppe, Fleisch, Gemüse, Kompott. Sie schliefen in Betten mit weiß bezogenen Kopfkissen. Es war herrlich schön und zugleich zum bitterlich Weinen. Denn jetzt wurden sie sich erst ihrer Vereinsamung, ihres verbrauchten Körpers, ihrer Armut bewußt.*

*Nach drei [Wochen] zog dieses Feldlazarett weiter, und sie kamen in ein anderes, wo man sie sehr viel rauher behandelte. Sie mußten den Hof fegen, die Fenster putzen, und die unfreundliche Schwester Marussia verwehrte ihnen Medikamente. Noch vier Wochen, und ein wunderbar eingerichteter Lazarettzug führte sie nach Lodz zum Registrierungssammelpunkt. Von den litauischen Frauen waren zweiundzwanzig übriggeblieben. Man schickte sie zurück in ihre Heimat.*

Damals gaben wir alle Verschickten verloren. Wir erfuhren, daß auch Esther mit der Familie verschickt worden ist. Ihr Bruder Hermann war seit einigen Wochen in Schanzen bei ...[59] und arbeitete an dem unterirdischen Versteck, wohin allmählich seine ganze Familie nachkommen sollte. Die Verschickung kam vielen Plänen zuvor. Nach einem Jahr kam Nachricht von Hermanns Bruder Max und dem Mann der Schwester Sonja. Beide waren nach Dachau verschickt worden und leben geblieben.

Das Ghetto wurde aufgelöst. Nachdem der letzte Transport verschickt war, wurde im ganzen Ghetto eine gründliche Nachsuche gemacht. Ein Teil der Malinas war unter den Erpressungsfoltern der Gestapo verraten worden. Die dort Gefundenen wurden teils verschickt, teils an Ort und

59 Die Stelle für den Namen wurde im Manuskript freigelassen.

Stelle erschossen. Aber man wußte, daß noch viele unentdeckt geblieben waren, und während sich die Mörder schon zum Abzug rüsteten, vollendeten sie ihre Teufeleien, indem sie im Ghetto Haus für Haus abbrannten.

Die Zugänge zu den Verliesen verqualmten, und die Menschen erstickten und verbrannten. Wachen paßten auf. Wer sich durch Flucht zu retten versuchte, wurde erschossen. Nur wenigen war die unterirdische Wohnung eine Rettung. In einer Malina hatten vierunddreißig gesessen, die sich dort drei Wochen gehalten hatten, bis der Abzug der Deutschen sie befreite.

Als wir nach dem Einzug der Russen an die Trümmerstätte gingen, lagen zwischen den ragenden Kaminen die Leichen im Schutt der abgebrannten Häuser. Der Geruch der Verwesung trug sich in der Sommerhitze kilometerweit.

Wir hatten vom Berg gesehen, wie jenseits der Vilija die Rauchsäulen aufstiegen, und hielten es anfangs für einen zufälligen Brand, bis uns die grausige Systematik klar wurde. Zu diesem Werk hatten sie noch Zeit gefunden, bevor sie »abhauten«.

Das Gedröhn der Geschütze wurde immer bedrohlicher. Wie das Herzklopfen eines kranken Leibes stieg es in Wellen an und ebbte wieder ab. Die Bevölkerung war von Panik ergriffen. Schreckliche Gerüchte von russischen Greueltaten, dazu die Angst vor der heranrückenden Front machten die Menschen kopflos. Die Fabriken und Behörden arbeiteten nicht. Die Menschen packten in Hast ihre Habe und verließen die Stadt. Es gab nichts mehr auf Lebensmittelkarten. Brot mußte man von Soldaten erbetteln.

Viele nahmen ihren gesamten Hausrat mit. Die Straßen waren voller Fuhrwerke und Lastwagen mit Umzugsgut. Man konnte nicht wissen, was von der Stadt erhalten bleiben würde. Flüchtlinge aus Wilna berichteten, daß dort ganze Straßenzüge vernichtet worden waren und der Kampf sich Mann gegen Mann in den Straßen und Häusern abgespielt hatte.

Während alles aus der Stadt flüchtete – wer erschien? Fräulein Jörusch! Unbegreiflich, wie sie es fertig gebracht hatte, in solcher Zeit ein Visum zu bekommen. Sie sei so um uns besorgt gewesen, daß sie unbedingt vor Torschluß nach uns habe sehen müssen. Wir empfingen sie mit Nachrichten über Lea, das verbrannte Ghetto.

Wir wollten Fräulein Jörusch am liebsten hierbehalten. Aber sie wollte die Russen in Königsberg erwarten und reiste ab. In ihrer Güte redete sie Mositchen, die gar nicht wußte, was sie machen sollte, zu, zu ihr nach Königsberg zu kommen. Die Arme war ratlos. Sie wollte bei ihren Sprachunkenntnissen in einem deutschen Lande leben. Sie besorgte sich, was damals leicht war, falsche Papiere und fuhr wenige Tage später mit einem Flüchtlingstransport als »Arierin« über die deutsche Grenze.

Natascha war mit uns nach Kaunas gekommen. Sie hatte große Anstrengungen gemacht, um die Mutter der »kleinen Regina« zu retten.

Wenige Tage vorher war die Mutter der »kleinen Regina« bei dem Versuch, aus dem Ghetto zu flüchten, zugleich mit einer jungen Litauerin, die sie retten wollte, erschossen worden.[60] Lea und ihre Mutter – es war zuviel.

Rutkunas war mit seiner Familie aufs Land gefahren und hatte Stasia allein in der Wohnung gelassen. Das genügte den Nachbarn, um stracks zur Polizei zu laufen und sie an-

60 Die Mutter der »kleinen Regina« (Deckname Edit) war Cile Švabaite, die junge Litauerin Irena Gaižauskiene.

zuzeigen. Als wir sie besuchen wollten, sagte man uns, sie sei fortgegangen. Das kam mir verdächtig vor. Am nächsten Tag erkundigte sich Natascha und erfuhr, daß sie von zwei Polizisten abgeholt worden sei.

Wir saßen in Nataschas Wohnung und waren traurig.

Als ich nach Hause ging – ich traute meinen Augen nicht –, kommt mir Stasia entgegen, mühsamen Schrittes, mit schweren Bewegungen, entstelltem Gesicht. Keine Engelserscheinung hätte mir lieblicher erscheinen können als diese Jammergestalt. Sie ist es wirklich, Stasia. Sie machte mir ein Zeichen, daß sie mich auf offener Straße nicht sprechen wollte, und ich eilte nach Hause, um die Wundermär Grete zu überbringen. Von Natascha hörten wir, daß man das arme Kind halbtot geprügelt aus dem Gefängnis entlassen hatte. Natascha hatte sie in einem leeren Zimmer bei Nachbarn installiert, denn sie mußte eilends wieder nach Kulautuva zurück.

Wir fuhren mit Natascha nach Kulautuva zurück. Gerta Zarchi hatte ihre Mutter und Freundin mit herausgenommen. Natascha hatte Danute aus dem Kinderhaus abgeholt und mitgenommen. In Kulautuva liefen wir unruhig durch den Wald. Die Vögel sangen noch, aber es drang nicht mehr in unser Herz. Das dumpfe Dröhnen aus der Ferne ergriff uns mehr. Wir hatten keine Ruhe, ergatterten einen der schon unfahrplanmäßigen Dampfer und waren wieder zu Hause.

Wir gingen vom Hafen einen Nebenweg, um nicht zum Arbeitsdienst an Schützengräben und Brückenbau abgefangen zu werden. Aber gerade in einer kleinen Altstadtgasse liefen wir den Häschern ins Garn. Mit uns nicht wenig andere, die in einem Hof gesammelt und dann in Lastwagen geladen wurden. Wir glaubten uns schon verloren, aber ich wollte doch mein erprobtes Mittel versuchen. »Wie? Mich als Volksdeutsche wollen Sie zu niedrigen Arbeiten verwenden?« – und hielt ihm meinen litauischen Paß unter die Nase, von dem er nichts verstand. »Ach so, Volksdeutsche, entschuldigen Sie« – und ließ uns frei.

Wir waren kaum zu Hause angekommen, so kam unser Hauswirt und meldete, daß vor zwei Tagen am späten Abend zwei Gestapisten nach mir gesucht hätten. Sie verlangten vom Wirt, unsere Wohnung aufzuschließen. Als er behauptete, keinen Schlüssel zu haben, zogen sie wieder ab.

Wir waren sehr erschrocken über diese Nachricht und wollten nicht riskieren, zu Hause zu übernachten. Wir fuhren am selben Abend wieder nach Kulautuva. Vom Dampfer hörten wir große Detonationen und sahen an verschiedenen Stellen mächtige schwarze Rauchwolken aufsteigen. Russische Angriffe? Die Alarmzeichen hatten seit ein paar Tagen aufgehört. Ein paar Stunden vorher hatten wir von unserem Balkon einen Fliegerkampf über der Stadt beobachtet, ohne daß die Bevölkerung groß Notiz davon genommen hätte.

In unserem Waldhäuschen fühlten wir uns sicher. Aber ich hielt es in dieser Weltabgeschlossenheit nicht aus, und als sich eine Fahrgelegenheit ergab, fuhr ich nach Kaunas zurück. Auf dem Dampfer waren nur wenig Passagiere, auf dem Landeplatz dagegen viele Menschen mit viel Gepäck, die aus der Stadt flüchten wollten und keine Fahrgelegenheit mehr finden konnten.

Die Stadt war still und schien völlig verödet. Die Fenster der engen Altstadtstraßen mit Läden verschlossen und Brettern vernagelt. Viele Fensterscheiben ausgebrochen. Alle Straßen lagen voll Glasscherben. Die Vitrinenscheiben der Geschäfte zersplittert. Kein Geschäft war offen. Die Laisves Allee öde, menschenleer. Und doch stand die Straßenflucht unversehrt. Die Kastanien hingen voll Früchte. In den späten Linden schwärmten noch die Bienen.

Auf einmal erstand vor meinen Augen das Wort – »Niemandsland«. Ja, so sieht das Niemandsland aus. Das ist die atemlose Pause zwischen den Fronten. In diesem Niemandsland wird kein Mensch nach dir fragen. Kein Gestapist wird kommen, dich nachts aus dem Bett zu holen. Und doch hatte ich auf einmal wieder Angst und beschloß, vorsichtshalber unseren Hauswirt anzutelefonieren, ob alles beim alten sei. Die Post war offen, aber die Schalter geschlossen. Dahinter wurde hastig gepackt. An Telefonverbindung nicht zu denken. Ich ging weiter. Es roch nach Brand, und Papierasche wirbelte über den Weg. Das Elektrizitätsgebäude – ein rauchender Trümmerhaufen. Dort standen ein paar Leute, verloren.

Mein Wirt empfing mich diesmal anders. Es sah nicht danach aus, als ob die Polizei noch Interesse an Verfolgungen hatte. Man sagte, daß nach der Sprengung des Elektrizitätswerkes, der Wasserwerke, aller größeren Fabriken, des Bahnhofs und der Flugplatzwerkstätten die Gestapo das Land bereits verlassen habe.

Unsere Wohnung lag so still und unversehrt. Ich hatte mich nicht entschließen können, große Räumereien vorzunehmen, und dem Zufall überlassen, ob er mir noch etwas von meinen Habseligkeiten übrig lassen will. Ich schlief herrlich, trotzdem die Luft vom Rollen der Geschütze erfüllt war. Früh um vier schien es, als wenn die Erde bebt. Die Luft war drückend schwül. Ich trat ans Fenster und sah den Himmel schwefelgelb. Ein Morgengewitter hatte sich in die Kanonaden gemischt und grollte, als wenn ein Hündchen in das Gebrüll von Löwen bellt. Aber dieses langpfeifende sssss, danach die harten Einschläge hintereinander wie Prügel stammten nicht aus der Symphonie der Naturkatastrophen.

Ich ging auf den Markt, um etwas zu essen zu kaufen. Eine Frau verkaufte Gurken, eine andere Süßstoff. Das war alles. Ich fand Mehl, Zucker, einige Konserven im Haus, Gemüse im Garten und brachte Stasia davon. Sie saß in ihrer Stube, als wenn sie sich die Woche, die sie schon da war, noch nicht von ihrem Platz am Tisch gerührt hätte. Sie konnte sich von dem Erlebten nicht erholen. Ich hatte mir vorgenommen, von andern Dingen mit ihr zu sprechen, um sie abzulenken. Aber sie hatte die ganze Zeit kaum ein Wort mit jemand gesprochen und wollte sich die schreckliche Erinnerung vom Herzen reden.

*Ich stand auf unserem Hof, als drei Polizisten hereinkamen und, als sie meiner ansichtig wurden, sofort auf mich zugingen, mich als »Judschke« ansprachen, meine Dokumente forderten. Sie gingen mit mir in unsere Wohnung. Ich holte meine Handtasche und zeigte meinen Taufschein. Die Männer sagten, der sei gefälscht und ich solle nur gleich gestehen, daß ich Jüdin sei. Ich machte mich von nichts wissen. Man befahl mir, meine Handtasche zu nehmen und mitzukommen. Ich wollte schnell mein Tagebuch, das mich verraten mußte, aus der Tasche nehmen. Aber es gelang mir nicht. Ich mußte es mitnehmen.*

*Ich wurde zum Polizeirevier geführt, wo mich der Polizeichef drängte, zu gestehen, sonst werde es mir schlecht ergehen. Ich blieb dabei, daß ich Litauerin sei und nicht wisse, was man von mir wolle.*

*Darauf wurde ich von denselben drei Polizisten in den Sicherheitsdienst geführt. Im dritten Stock waren in einem größeren Zimmer etwa fünfzehn Beamte. Einer saß am Tisch. Die Polizisten übergaben ihm ein Protokoll, das der Polizeichef über meine Aussa-*

*gen gemacht hatte. Die Beamten grinsten, als ich hereingeführt wurde: »Eine Judschke, auf den ersten Blick zu erkennen.«*

*Der am Tisch begann das Verhör: »Wann bist du raus aus dem Ghetto? Auf welchem Fort liegt dein Vater? Wie heißt du, Maja oder Sara?« – Wenn ich nicht sofort antwortete, bekam ich Ohrfeigen. Die Umstehenden betrachteten das Verhör als besonderen Jux, lachten, witzelten. »Diese Judschke will eine Litauerin sein.«*

*Ich sagte, daß ich, wie aus meinem Paß zu ersehen, aus Utena sei. Ein glücklicher Zufall, daß Utena am äußersten Zipfel von Litauen bereits von den Russen eingenommen war, so daß man meine Aussage nicht kontrollieren konnte. Mein Vater sei gestorben. Da die Mutter arm sei, habe ich hier in der Stadt eine Stelle als Dienstmagd angenommen.*

*»Wenn du katholisch bist, bekreuzige dich. Sage das Gegrüßet seist du Maria, das Vaterunser.« Ich sagte die Bekreuzigungsworte, aber die Gebete wußte ich nicht. Wieder Ohrfeigen. »Warst du in der Kirche? Wo steht die Orgel?« Das wußte ich. »Wo steht der Abort?« Tierisches Gejohle der umstehenden Beamten. »Morgen wollen wir dich schon zum Geständnis bringen.«*

*Man führte mich in den Keller, in eine Schreibstube. Dort blieb ich zwei Minuten allein. Ich riß mein Tagebuch aus der Handtasche und steckte es in den Ärmel meines Kleides. Der Kerkerwächter kam, nahm meinen Ring, meine Handtasche ab und stieß mich in einen kleinen Kerker. Sowie ich eingeschlossen war, zerriß ich mein Tagebuch in kleine Stückchen und warf sie durch das Fenstergitter, wo sich zwischen Fenster und Kellermauer so viel Schmutz angesammelt hatte, daß die Papierschnitzel darin verlorengingen.*

*Auf dem Fenstersims lagen zwölf Spielkarten. Ich mischte sie und sagte mir: Wenn ich eine schwarze Karte aufdecke, bedeutet das Tod, wenn rot, dann Leben. Ich zog Karo-Zehn.*

*Das Bett war zerbrochen. Ich legte die Decke auf die Erde und schlief fest ein, schlief auch fast den ganzen nächsten Tag. Das Essen, das mir gebracht wurde, rührte ich nicht an. Abends wurde ich wieder in den dritten Stock geführt, diesmal zu einem in Zivil. Der versuchte es mit Milde, redete mir gut zu, daß es für mich besser sei, gleich zu gestehn. Ich blieb bei meinen alten Aussagen.*

*Ich kam wieder herunter in den Keller. Vom Frühstück, Kaffee, Brot, Kunsthonig, rührte ich nichts an. Am nächsten Morgen wieder in den dritten Stock. Diesmal saß ein Kleiner in grüner Uniform, Silberknöpfe, mit Spitzbärtchen am Tisch. Er versuchte es mit Suggestion, sah mir lange durchdringend in die Augen und knirschte: »Gesteh!« Schließlich: »Wir werden dich gleich zum Geständnis bringen.«*

*Er stand auf, ergriff einen Gummiknüppel, eine sogenannte Banane, und schlug damit knallend auf den Tisch. »Gesteh schneller! – Ich gebe dir fünf Minuten Zeit.« Er schaute auf die Uhr. Ich schwieg. Da ergriff er mich, legte mich über einen Stuhl, hob mein Kleid hoch. Ich hatte blauseidene Trikotschlüpfer an, und er schrie: »Deine Hosen sind nicht die einer Dienstmagd. Gesteh, Judenmädel, gesteh!« Ich wehrte mich wie eine Wilde, aber er schlug zu, bis ich vor Schmerz keinen Schmerz mehr fühlte. Dann warf er mich auf einen Polsterstuhl und übergoß mich mit kaltem Wasser. Dazu schrie er immerzu: »Gesteh! Gesteh!«*

*Dann ging er wütend raus und kam mit drei großen, starken Männern zurück. Einer davon war betrunken. Zwei hielten mich fest, der dritte schlug zu. Ich gab den Widerstand nicht auf. Die Schläge hagelten auf Rücken, Gesäß und Beine. Dann wieder auf dem Lehnstuhl mit kaltem Wasser übergossen. Ich hatte bei allen Qualen keinen Laut von mir gegeben, aber jetzt sagte ich zu den Männern: »Schämt ihr euch nicht, ein armes, unschuldiges Mädchen so zu schlagen?«*

*Der Kleine mit dem Bärtchen bebte vor Aufregung. »Wir werden dich nicht erst der Gestapo übergeben und nicht aufs IX. Fort bringen, wir werden dich gleich hier auf dem Hof erschießen.« Dann wieder Verhör. »In welcher Straße hast du in Utena gewohnt? Wo stand die Schule?« Ich sagte aufs Geratewohl einige Straßennamen, die in jedem Städtchen vorkommen.*

*Ein neuer Beamter kam herein, sprach mich auf jiddisch an. »Ich kenne dich. Du hast in den Ghettowerkstätten Wäsche gewaschen. Als man dich geschlagen hat, hast du ›Mamele‹ gerufen.« Dann sprach er ein Gebet auf hebräisch und sagte einige gemeine Wörter auf hebräisch. Ich reagierte mit keiner Wimper. »Ich verstehe nichts, weiß nicht, was Sie wollen.« Ich fühlte, wie in diesem Mann Zweifel an meiner Abstammung aufstiegen. Darum bat ich ihn, als er schon im Begriff war, herauszugehen, mir doch zu helfen, schneller von hier fortzukommen. Er antwortete, er könne nichts machen. Sein Kollege werde das schon in Ordnung bringen.*

*Ich kam in den Kerker zurück. Auf dem Rücken konnte ich vor Schmerzen nicht liegen. Ich legte mich auf den Bauch und schlief bis zum nächsten Mittag. Das Essen rührte ich nicht an. Gegen fünf wurde ich in die Kerkerschreibstube geholt, wo man mir die Handtasche abgenommen hatte. Der mit dem Schnurrbärtchen, der mich das erstemal verhört hatte, redete in mich ein: »Mädchen, ich will dir helfen. Du wirst bei mir arbeiten, und wenn die Russen kommen, wirst du ihnen sagen, daß ich dich gerettet habe und ein guter Mensch bin. Oder wenn du willst, kannst du mit den andern Juden nach Deutschland fahren. Tun dir die Beine weh? Mach deinen Schlüpfer naß, dann ist es wie eine Kompresse und schmerzt nicht mehr. Nun sag mir, wer du bist und wie du heißt.« Ich wiederholte starr dasselbe. Ich sei ein armes litauisches Mädchen und wisse nicht, was man von mir wolle. »So ein halsstarriges Judenmädel. Aber wart, morgen sprechen wir uns anders.«*

*Als ich wieder in meiner Zelle war, weinte ich, bis ich wieder einschlief. Abends fragte mich der Aufseher: »Warum ißt du nichts? Warum hält man dich hier?« Als ich ihn bat, mir zu helfen, sagte er: »Ich kann mir selber nicht helfen. Ich möchte von hier fort, aber man läßt mich nicht.«*

*In der Nacht war Fliegeralarm. Die Beamten kamen in den Keller gelaufen, und ich hörte sie im Gang vor meiner Zelle sprechen. Ja, die deutsche Gestapo sei bereits ins Reich geflüchtet, aber um sie kümmere sich niemand. Die Russen rückten näher, und es sei höchste Zeit, sich davonzumachen. Ich hörte ihr angstvolles Gespräch mit tiefer Schadenfreude und wünschte, eine Bombe machte zugleich mit meiner Qual auch ihren Sorgen ein Ende.*

*Am Morgen wieder in den dritten Stock. Das Schnurrbärtchen war sehr erregt, und als ich wieder beharrlich schwieg, hielt er mir mit der einen Hand den Mund zu und schlug mich mit der andern. Ich wehrte mich rasend, zerriß seinen Rock. Er schlug auf die geschwollenen, blau angelaufenen Stellen. Es schmerzte unsäglich. Als er aufhörte, war er von der Anstrengung hochrot und ganz erschöpft.*

*Ich kam wieder in meine Zelle, lag auf dem Bauch und weinte stundenlang. Abends gegen sieben Uhr kam derselbe Beamte zu mir. Er sei im Ghetto gewesen, habe sich erkundigt und wisse schon alles über mich. Ich schwieg, schwieg. Da zog er ein Päckchen aus der Tasche mit einer Buttersemmel mit Wurst. »Warum ißt du nichts? Hier iß!« Ich wollte nicht, aber er drängte: »Wenn du nicht ißt, ergeht es dir schlecht.« Ich weinte sehr, dachte, vielleicht ist die Semmel vergiftet. Schließlich nahm ich sie und aß. Mir wurde sehr übel, und ich weinte noch mehr.*

*Am Dienstag früh wurde ich wieder zum Schnurrbart gebracht. »Kannst du deutsch sprechen?« Ich verneinte. Er befahl mir, mit dem Gesicht zur Wand zu stehen. Sowie ich mich umdrehen wollte, schlug er mich. In dieser Haltung mußte ich stehen, während er von hinten auf mich einsprach. Es war ungeheuer enervierend. Ich glaubte jeden Augenblick, daß ich von hinten erschossen werde. Er drohte, schrie, ohne etwas aus mir herauszubekommen.*

*Bis vier Uhr nachmittags war ich in meinem Verlies allmählich schon ganz hoffnungslos geworden. Aber gestehen wollte ich niemals. Sollten sie mich so erschießen. Um vier Uhr wieder die drei Treppen herauf. Derselbe las mir ein Protokoll vor: »Die Jüdin Stasia Birietaite, die behauptet, Litauerin zu sein, wird der Gestapo übergeben.« Ich gedachte des Gesprächs der unteren Beamten im Luft-*

*schutzkeller und sagte, es sei mir sehr lieb, denn die deutsche Gestapo werde bestimmt nicht so brutal mit mir umgehen. Ich fühlte, daß er ratlos war: »Weißt du, ich fahr dich selbst zum IX. Fort und erschieße dich.« Plötzlich trat er dicht an mich heran: »Verstehst du alles? Wenn du mir mit etwas dienst, will ich dich entlassen.« Ich erschrak zu Tode, sagte, ja, ich könne kochen, waschen, Strümpfe stopfen. Da sagte er: »Wenn du diese Nacht bei mir bleiben willst, werde ich dich freilassen.«*

*Da konnte ich mich nicht mehr halten. Ich schrie wie am Spieß, heulte, jammerte hoffnungslos. Der Beamte erschrak, machte die Tür auf, ob niemand hört, und fuhr mich an: »Heul nicht. Jetzt geht's mit dir zu Ende.« Er führte mich selber herunter in die Schreibstube, gab mir meine Metrik*[61]*, die beiden Fotografien von Rutkunas und seiner Frau, befahl dem Wächter, mir Mantel und Tasche zu geben. »Marsch, verfluchtes Judenmädel. Scher dich nach Hause!«*

*Der Pförtner brachte mich zum Ausgang. Ich konnte meine Beine nicht bewegen. Mühsam, mühsam schob ich mich vorwärts, brauchte Stunden, ehe ich zu Hause ankam.*

Ich wollte unsere holländischen Freunde besuchen, aber die Landstraße war gesperrt. »Sie laufen ja direkt in die Front«, riefen die Soldaten, die dort mit ihren Flakgeschützen standen.

Ich ging durch die Wiesen, drückte mich an Soldatenlagern vorbei und gelangte in die Gärtnerei. Die Treibhäuser standen abgezirkelt in langen Reihen heil und unversehrt. Die Kuh weidete im Unkraut des Weggrabens, das Häuschen mit der großen Veranda, in die Obstbäume gekuschelt, lag in der sanften Julistille. Zwischen den Beeten, die in fünfzehn Jahren aus versumpftem Ödland entstanden waren, die hohe Gestalt des Gärtners.

61 Aus dem Litauischen: »Geburtsurkunde«.

»Wie lange noch?« fragten wir uns. Wir gingen durch die gepflegten Gewächshäuser, in denen die schwere Ernte der Weintrauben hing. Werden sie in diesem Jahr noch reifen? Werden die Glashäuser dem drohenden Sturme standhalten? Am Horizont stiegen überall dunkle Rauchwolken auf, und die Luft grollte, dröhnte. Im unbebauten Umland vor und hinter der Gärtnerei ragten die dünnen Rohre der Flak, wimmelten die Soldaten.

Wird die weise Gelassenheit ihres Besitzers den Sturm von dem kleinen Garteneiland ablenken? Hier war nichts von der Panik der Stadt, und auch die nachfolgende Erstarrung hatte sich hier nicht ausgebreitet. Die Spaten rodeten auch heute das Unkraut und zogen Furchen für die Pflänzlinge, die ihre Früchte im nächsten Jahr bringen sollten.

In der leeren, erstarrten Stadt fühlte man, daß die Wende dicht bevorstand. Wie vor einer Geburt – Furcht und Erwartung zugleich. Von der Besonnenheit unseres Gärtnerfreundes angesteckt, hatte ich Früchte von dort mitgebracht und weckte sie ein. Ich nahm alle Fenster der Wohnung heraus und stellte sie in den Keller – gegen die Bombengefahr – und ging an den Hafen.

Es gab keine Dampfer mehr, aber viele hochbeladene Kähne trieben flußabwärts – Flüchtlinge, die sich auf diese Weise zu retten versuchten. Ein kleiner Schlepper, hoch gestapelt mit allem Krimskrams aus wer weiß wie vielen Wohnungen nahm mich den halben Weg mit. Das übrige ging ich am Ufer entlang. Der Fluß war voller Boote, die Straße voll von Fuhren, die noch im letzten Moment aus der Stadt alles herausschafften, woran ein Herz hängt.

In Kulautuva hatte man schon mit Ungeduld auf mich gewartet. Wir wollten doch die Ankunft der Roten Armee gemeinsam erleben. Der Kurort war jetzt voll Menschen. Nur die vom Generalkommissariat beschlagnahmten Villen standen verlassen mit ihren Warnungstafeln, die Litauern den Eintritt streng untersagten.

Wir hatten nicht vorgesorgt, und es war schwer, etwas Eßbares zu kaufen. Wir liefen zu den Bauern und boten ihnen Kleider und Wäsche für Produkte.

Bisher war hier wenig Militär gewesen. Aber auf einmal dröhnte nachts die Erde, und die rasselnden, schnarrenden Riesenungeheuer walzten sich herein, eins nach dem andern und immer wieder neue. Sie rissen in die trockene Waldstraße, die für solche auf Ketten gleitenden Lasten nicht gemacht war, tiefe Rillen und Löcher, brachen die jungen Akazien der Alleen im Vorbeirollen und installierten sich unter den Kiefern hinter unserem Haus.

Die Feldgrauen krochen wie Käfer an ihren Tanks herum, und nachdem sie die Motoren zur Ruhe gebracht hatten, erfüllten sie die Luft mit ihren Rufen, den ganzen Ort mit ihrer Lebendigkeit. Wir hatten nicht gleich bemerkt, daß sich schon einige Tage vorher an einigen anderen Waldplätzen große Feldlager mit vielen Pferden und Wagen etabliert hatten. Wahrscheinlich hatten die Lager der Kampagne in Frankreich[62] und alle andern Feldzüge der Jahrhunderte nicht viel anders ausgesehen, und die Sorge um das Futter für die Pferde und die eigene Feldküche hat sich von jeher durch Requirieren all dessen, was man gerade habhaft werden konnte, abgespielt.

Die Winde unseres Brunnens ging von früh bis spät, und wir mußten in aller Frühe mit unseren Eimern laufen, um Wasser für uns zu ergattern. Einige der Riesenbiester lenkten

62 Unter dem Titel »Campagne in Frankreich« (1792) hat Goethe den Feldzug eines preußisch-österreichischen Heeres während des Ersten Koalitionskrieges gegen das revolutionäre Frankreich und den entscheidenden Wendepunkt dieses Feldzugs, die Kanonade von Valmy, geschildert.

in unser Grundstück unter die Kiefern, und eilends wurden Zweige zur Maskierung gebracht. Die Besatzung quartierte sich in unser Haus ein. Der vulgäre Dialekt mitteldeutscher Kleinbürger drang durch die Holzwände. Jedes Wort war zu verstehen. Wir wurden unfreiwillige Hörer ihrer unanständigen Anekdoten.

Sie kamen zu uns in die Veranda. Sie waren höchlich verwundert, unsere deutschsprechende Oase zu finden, und forderten uns immer wieder auf, mit ihnen »ins Reich« zu fahren. »Bei den Bolschewisten bleibt keiner von euch leben. Rettet euch, so schnell ihr könnt.«

Sie wollten uns allesamt mitnehmen, und allmählich wurden sie argwöhnisch, daß wir keinerlei Anstalten machten, uns der kommenden russischen Geißel zu entziehen. Vielleicht gar Spione? Wir mußten eine ganze Komödie inszenieren, daß unsere Oma Urchs erkrankt und nicht transportfähig sei. Sie wurden aufdringlich zu der hübschen Gerta und Gretchen, brachten Wein, Brot, Fleisch und waren beleidigt, daß man sie nicht mehr würdigte. Wir warteten mit Ungeduld, daß sie sich endlich ganz verziehen, und wirklich hörten wir eines Tages den Befehl: Sofortiger Aufbruch zum Rückzug! Gepolter, Geschrei, Gerassel – und weg waren sie.

Am nächsten Tag kamen neue Abgesetzte. Infanteristen fragten nach dem Weg zu einem Dörfchen, an dem sie schon einige Kilometer vorbeigelaufen waren. Als ich ihnen vorschlug, doch gleich hier zu bleiben, denn ihre Truppe zöge sich ja doch wie alle zurück, wurden sie durch dieses Wort des Verständnisses sofort angelassen, ihr Herz auszuschütten. Freilich, sie gingen zurück und trügen dabei ihr Fell ganz unnütz zu Markte. Sie seien Österreicher. Das Regime, für das sie hier sterben müßten, sei ihnen von vornherein verhaßt gewesen, und ihnen könnt's nur recht sein, wenn die Russen nach Ostpreußen und Berlin kämen. In ihrer Kompanie könne man kein offenes Wort sprechen. Mit dem Kleinen z.B., der dort angetrabt käme, sollten wir lieber nicht sprechen. Nach einem Viertelstündchen schüttelten wir uns die Hände in tiefem Einverständnis: Wenn wir doch bei euch bleiben könnten.

Am 1. August nahmen die Russen die Stadt Kaunas ein. »Nach hartnäckigem Kampf«, behauptete der Heeresbericht – in Wirklichkeit, zum Glück der Stadt, ein kampfloser Rückzug. Und nun kam noch einmal eine Welle. Am Fluß stellten sich die mächtigen Flakgeschütze auf. Es gab kein Fahrzeug mehr auf dem Fluß. In Eile war eine Brücke zum jenseitigen Ufer geschlagen worden – nicht für die Tanks, für die der Übergang zwanzig Kilometer weiter unten lag, nur für leichte Lasten.

Das Vieh der litauischen Bauern wurde hier abgetrieben. Ohne Ende reihten sich die Herden der Kühe, Pferde, Schafe, der Feldwagen mit Federvieh, Schweinen und Ferkeln. Dazu Fuder mit Heu und Gemenge, einer nach dem andern. Wie aus einer Wunde strömte hier das Leben des Landes heraus, schmerzhaft. Die Bauern liefen neben dem requirierten Vieh her, versuchten es zurückzuzerren, baten mit flehentlichen Gebärden, flennten, schrien, fluchten. Die Bauern holten uns auf die Landstraße, damit wir dolmetschten. So ein Soldat ist doch auch ein Mensch und wird verstehen, was es heißt, ihnen die letzte Kuh und Sau wegzuschleppen. Die Soldaten beachteten sie gar nicht. Sie trieben ruhigen Schrittes ihre Trophäen ab.

Die Organisation war bewundernswürdig, wie sie auf ihrem Rückzug noch nach allem grapsten, was sie nur erraffen konnten. Was scherte sie das Land, das sie verließen, das sie fortan nicht mehr aussagen würden?

Wieder lenkte ein schnarrendes Ungetüm an unseren Garten. Fünfzehn Mann Besatzung, alles Sachsen. »Wie, ihr als Deutsche seid noch hier? Hier wird die neue Vernichtungswaffe in Anwendung kommen. Kilometerweit wird kein Mensch leben bleiben.« Als ich Zweifel äußerte, wurden sie gleich tückisch. Besonders einer mit einem vom Staub weiß bemehlten Gesicht nahm meine Skepsis als persönliche Kränkung. Man habe jetzt mit den Feinden im Lande aufgeräumt, und in zwei, drei Wochen würden sie wieder vorwärtsgehen. Der Hitler, ja, der ließe die dummen Russen absichtlich nach Ostpreußen, damit sie in die Falle gehen.

Am nächsten Morgen trudelten sie ab. Die Nächte waren den Tagen gleich geworden. Vom Horizont flackerte grelles Licht, und der rasende Lärm fand keine Pause. Gretchen und ich, wir konnten uns nicht entschließen, wie die andern in den mit Tannenbäumchen gut getarnten Luftschutzkeller zu gehen. Wir waren so hellwach, so gespannt, daß persönliche Angst gar nicht in Frage kam und die Furcht und Nervosität der andern uns beinah lästig war.

Wir gingen trotz ihrer Warnungen in den Wald. Überall lagen Flugblätter herum: »Der Jude ist euer Feind. Er hat den Krieg angefangen.« Hier wird die giftige Saat nicht aufgehen. In diesem Walddickicht hausen die Spechte und blauen Eisvögel, und die litauischen Pilzweibchen beachten nichts Gedrucktes. Wir gingen tiefer, wo am Abhang die Erdbeeren standen, und sammelten in unsere Körbchen. Plötzlich dröhnte, krachte, hagelte es um uns – tok, tok, tok, tok, wie von allen Seiten zugleich. Wir warfen uns auf den Boden, lauerten, bis die Salve abflaute. Wir waren inmitten die schönsten Erdbeeren gefallen. Nein, die konnten wir nicht stehenlassen. Da knallte es von neuem, ohrenbetäubend, ganz nah, und wieder lagen wir flach an der Erde nahe beieinander, und wieder suchten wir die leuchtenden, vollen Beeren, lachten und erschraken abwechselnd und kamen uns vor wie der Mann aus Syrerland mit dem Kamel am Halfterband.[63] Da blitzte ein kleines wirbelndes Surren dicht über uns und klatschte in die Zweige, und gleich noch ein zweites. Nun wurde es uns doch zu stark. Wir liefen nach Hause und lagen auf dem Heimweg noch ein paarmal in den Waldboden geschmiegt und rannten von einem Baum zum nächsten, rannten über die Wiese, und zu Hause ließen wir unsere duftenden Früchte bestaunen.

Unsere eigne Untätigkeit in diesem Augenblick belastet uns. Das ist die Front, was so donnert, da geht es auf Leben und Tod, und was im Wald über uns schwirrte, das war ein Splitter von der Front. Wir gehen im Ort herum und sprechen mit den Soldaten. Drei Jahre waren wir stumm gewesen. Wir hatten unsere Ohren gegen den Klang der Muttersprache verschlossen. Jeder einzelne war uns verhaßt, ein Mörder unserer Liebsten, bestenfalls ein verführter Dummkopf. Doch jetzt, wenn sie angefegt kamen, so müde, mit irren Blicken, waren sie uns nah. Wir brachten ihnen Kaffee an den Gartenzaun, und es gab manche, die uns nicht davor warnten, hier zu bleiben, sondern uns beneideten. Wir sprachen offen und merkten, wie unsere Wort aufgingen. Der Boden war bereitet.

63 In Friedrich Rückerts Gedicht »Es ging ein Mann im Syrerland« rettet sich ein Kameltreiber vor der plötzlichen Wut seines Tieres in einen Brunnen. Er bleibt im Schacht auf halber Höhe an einem Brombeerstrauch hängen und begreift nach und nach seine Lage: oben das wütende Kamel, unter ihm, am Boden des Schachts ein Drache, der sein Maul aufsperrt, und an dem Strauch, der ihm noch Halt bietet, nagen zwei Mäuse. Dann heißt es bei Rückert: »Der Mann in Angst und Furcht und Not, / Umstellt, umlagert und umdroht, / Im Stand des jammerhaften Schwebens, / Sah sich nach Rettung um vergebens. / Und da er also um sich blickte, / Sah er ein Zweiglein, welches nickte / Vom Brombeerstrauch mit reifen Beeren! / Da konnt' er doch der Lust nicht wehren . . .«

Bei Frau Dr. Kutorga war seit einigen Wochen ein Mädchen, das schon vor einem Jahr aus dem Ghetto geflüchtet war und eine Stelle als Dienstmädchen angenommen hatte. Mit ihrem weichen, blonden Gesicht, der akzentfreien Sprache hatte selbst ihre Hausfrau keine Ahnung, wen sie bei sich hatte. Als die Familie aufs Land ging, nahm Dr. Kutorga das Mädchen zu sich. Aldona und Gretchen befreundeten sich rasch und gingen täglich zusammen zum Baden an den Fluß. Da kommt abends Aldona bleich zu uns: Polizei hält bei Frau Kutorga Haussuchung. Man hat sie als Kommunistin und Judenfreund angezeigt. Aldona hat die Situation am schnellsten erfaßt. Sowie das Polizeiauto vor dem Hause hielt, ergriff sie die Mappe mit Dokumenten und Tagebüchern, sprang durchs Fenster und versteckte alles tief im Walde im Gebüsch. Dann kam sie, uns zu warnen. Wer weiß, ob man nicht auch nach uns fragen wird. Und sie lief wieder in den Wald. Wir sahen durch die Bäume das Auto stehen – endlos, wie uns schien, bis schließlich zwei Offiziere aus dem Häuschen herauskamen, einstiegen, abrollten. Keine Verhaftung!

Wir stürzten zu ihr, die von dem Verhör noch ganz benommen war. Man hatte eine minutiöse Haussuchung vorgenommen und nichts Belastendes gefunden. Sie hatte in dem Verhör kühn und ruhig geantwortet und den Verhörenden anscheinend durch ihre Überlegenheit imponiert.

Einen Tag später waren wir schon mitten im Kampfgebiet. Die Straßen waren leer, die Menschen in den Wald gelaufen oder in den Unterständen versteckt. Die Schußwellen rollten eine nach der andern. Überall lagen die Granatsplitter, sah man die Einschläge in Häusern, Zäunen, Bäumen. Ein Haus brannte ab. Aus dem Städtchen Zapyškis jenseits des Ufers stiegen die Rauchwolken. Unser Holzhaus zitterte, als wolle es zusammenbrechen. Wir stiegen zu den andern hinunter in den Bunker. Wir hatten ihn solide ausgebaut, mit Balken gestützt, mit Sand beschüttet, mit Fichten getarnt. Er war geräumig und trocken, aber es hatten sich noch viele Leute aus der Nachbarschaft angesammelt, mit Kisten, Koffern, Betten. Die Luft war zum Ersticken, und sowie sich das Gedröhn ein wenig beruhigt hatte, krochen wir wieder heraus.

Wir waren um Ludmilla besorgt, die ganz allein in ihrem Bauernhaus auf dem Berge war, und beschlossen, sie und Frau Lyda mit ihrer ganzen Gesellschaft zu besuchen. Wir tarnten uns durch unauffällige Kleidung und gingen, nein: krochen durch den Wald. Nicht den Weg, sondern am Abhang, immer gebückt, von einem Baum zum andern. Die Straße, die Felder lagen menschenleer. Das Korn, zum Teil geschnitten, stand in Puppen, soweit es nicht schon verschleppt und verfüttert war.

In eine Bodenwelle geschmiegt, mit Aussicht über das Tal, lagen zwei blutjunge Soldaten. Wir erschraken und sie erschraken auch, wie wir so plötzlich vor ihnen standen. »Ihr seid wohl Funker?« fragte ich. Sie lächelten, weil sie in ihrer Muttersprache angesprochen wurden, und mir schien auf einmal alles so wie damals, wie wir als Kinder im Walde Räuber und Prinzessin gespielt hatten.

Frau Lydas Gut lag verödet und still, kein Mensch, kein Vieh, aber die Tür stand offen, und wir fanden die alte Magd Lisaweta, die uns bedeutete, daß Frau Lyda mit allem Gesinde und den vielen illegalen Gästen in den Wald gegangen sei. Die Kühe seien schon seit langem in den Wald getrieben, nachdem die Soldaten die Schweine geraubt hätten.

Während wir sprachen, kam Natascha mit dem blonden Segelflieger, dem Freund und Vertrauten des Hauses, der den ganzen Sommer in der Wirtschaft geholfen hatte und nun auch beim Auszug in den Wald beteiligt war. Frau Lydas Haus stand auf einem Hügel an exponierter Stelle, so daß man den Verbleib der ganzen Gesellschaft für zu gefährlich gehalten hatte, besonders da für keinen Unterstand gesorgt war.

Wir standen zu viert vor dem Haus, das breite Memeltal vor uns, und beobachteten, wie das jenseitige Ufer beschossen wurde. Zapyškis brannte und rauchte. Wir sahen, wie ein Gehöft einen Volltreffer erhielt und binnen zehn Minuten völlig niederbrannte, wie die Granaten über den Fluß schwirrten und ins Wasser schlugen. Plötzlich aber flog es rechts und links über uns, wir waren mitten im Geschoßregen. Es sirrte an uns vorbei, knisterte in den Zweigen, spritzte von Splittern vor uns. Wir rannten hinter das Haus, merkten, daß das kein Schutz war, liefen wieder zurück und weiter dem Walde zu. Nach ein paar Minuten waren wir am Eingang einer Talmulde, die uns schon etwas schützte. Wir sahen einander an – keiner hatte etwas abbekommen, und ruhiger kletterten wir den Berg entlang. Es krachte und tobte über uns hinweg, aber das Tal blieb unberührt.

Als wir in die Schlucht kamen, wo die Gesellschaft versammelt war, wurden wir mit großer Herzlichkeit empfangen und eingeladen, bei ihnen zu bleiben. Es war schon Abend geworden, und man war beschäftigt, für alle passende Nachtlager zu bereiten. Ludmilla war auch dabei. Sie hatte eine Hängematte mit und bekam mit Kissen und Decken ein richtiges Bett. Es war trotz des trockenen Wetters hier unten am Bache feucht und kühl. Deduschka[64], der alte Russe, der mit seiner Familie von den Deutschen aus seiner Heimat vertrieben und mitgeschleppt [worden

64 Russisch: Opa.

war] und schon vor einem Jahr bei Frau Lyda Unterkunft und Beschäftigung gefunden hatte, flocht für seine Tochter und [seine] beiden Enkelkinder ein kunstvolles Nest, unkenntlich im Dickicht, mit Moos und Decken ausgepolstert. Die mütterliche Klaudia Stepanowna saß darin wie eine Madonna im Grünen. Für Babuschka[65] war ein kleiner Erker an das Nest geflickt, und Deduschka selber in seinem gegürteten Kittel und würdigen Bart legte sich als Wächter davor.

Frau Lydas Sorge galt vor allem den Kindern. Außer Kolja war da noch ein kleines jüdisches Jungchen mit einer Russin, die es beherbergt hatte und vor ein paar Wochen, als sie gar nicht mehr wußte, wie sich in Kaunas mit dem Kinde zu halten, zu Frau Lyda gekommen war, bei der sie nicht vergeblich um Zuflucht hatte bitten brauchen. Man konnte nicht wissen, wie lange man hier bleiben muß. Brot und Speck hatte man reichlich mitgenommen. Die Kühe grasten am Bachrand, und für Melkeimer war gesorgt.

Frau Lyda blieb bei den Kindern, um auch die Kühe und die Hütebuben im Auge zu behalten. Die übrigen stiegen ein paar Meter höher. Dort war dichtes Erlengebüsch, und wir knickten die Zweige, damit sie uns bis zur Erde verbargen. Die großen Kinder, Danute, Ira und der taubstumme »Stummchen«, der auch zu Frau Lydas buntem Hausstand gehörte, nahmen Gretchen in Beschlag. Natascha, der Segelflieger und ich wollten Ausschau halten und stiegen den Berg herauf bis zur Hochebene. Dort standen, in die Erde eingegraben, mächtige Tanks, mit den Rohren in die Luft schnappend wie heulende Wölfe. In die Schlucht drang das Gedröhne abgedämpft. Aber hier war ein Toben, ein Krachen, Donnern ohne Pause. Wir getrauten uns nicht weiter und stiegen wieder zurück.

65 Russisch: Oma.

Dort hatte man sich schon das Nachtlager zurechtgemacht. Da man beim Ausmarsch auf uns beide nicht gerechnet hatte, reichten die Decken nicht. Alle mußten zusammenrücken, damit wir im großen gemeinsamen Lager Platz hätten. Mein Kopfkissen war ein rundes Brot, in Huflattichblätter gewickelt. Neben mir lag die zierliche Pawlascha mit ihrem chinesischen Gesicht. Alles mußte leise, leise vor sich gehen, damit durchstreifende Soldaten uns nicht bemerkten und auch uns kein verdächtiges Geräusch entgehe. Wir flüsterten noch ein wenig, bis alles ganz still wurde.

Es war schon ganz dunkel geworden. Die Erlen hingen schwarz, die Fichten über uns wippten. Der Himmel flackerte. Das Rollen der Geschütze verebbte. Man hörte von der Landstraße das ferne Schnarren und Rasseln von Tanks. Wir schliefen ruhiger als alle die Jahre in unseren Betten.

Als wir früh erwachten, kam der Segelflieger schon von einer Erkundungsfahrt zurück. »Sie sind fort«, sagte er, und alle verstanden, was das bedeutet. Wir wollten es mit eigenen Augen sehen, erklommen den Berg und fanden die tief aufgewühlten Löcher, in denen die Tanks gestanden hatten, und die Hochebene still und leer. Unser Pionier hatte das Memeltal ebenso gefunden und Frau Lydas Gehöft unversehrt.

Frau Lyda machte sich als erste auf. Alles Mitgebrachte wurde verpackt, und alle waren begierig, in der neuen Situation, über die man sich so schnell noch gar nicht klar werden konnte, ins Haus zurückzukehren. Die alte Lisaweta war dort geblieben. Alles war in Ordnung, und es wurde gleich Feuer für die Frühstückssuppe gemacht.

Die kleinen Kinder, die man beim Aufbruch noch nicht wecken wollte, waren mit den Russen und den Kühen noch im Walde geblieben. Frau Lyda wollte aber ihren Kolja bei sich haben, und ich erbot mich, ihn zu holen.

Ich wickelte ihn noch ganz verschlafen aus seiner Decke, nahm ihn auf den Arm und stieg die Schlucht hinunter. Wo sich der Wald öffnete, sah man das Tal im Nebel liegen. Der Tau auf der Wiese glitzerte. Der kleine Kolja war wach geworden und lächelte mit seinen schönen Zähnchen, weil wir durch den Bach waten mußten. Frau Lyda stand oben schon wartend, und ich kam mir vor wie die Dienerin der Tochter Pharaos mit dem geretteten kleinen Moses.

Mit dem heutigen Tag war der schreckliche Traum, die schreckliche Wirklichkeit, die unser Leben, das Leben von Tausenden, Hunderttausenden sinnlos und wahnwitzig zerstört hatte, abgefallen. Wir sahen vertrauensvoll[66] der neuen Zeit entgegen.

66 Darunter durchgestrichen: »gläubig«.

# Nachtrag: Toljas Bericht

Am Freitag, den 29. Juni 1945 war Tolja [Szabszewicz] zu uns gekommen. Sie sei auf dem Weg nach Kedainiai, wolle aber bei den Freunden ihres Mannes erst telegrafisch anfragen, ob sie dort willkommen sei. Unsere Adresse hatte sie auf Umwegen von Freunden bekommen. Wir luden sie ein, vorläufig bei uns zu bleiben. Die ersten Angaben, die sie uns über ihre Person machte, enthielten Widersprüche, schienen uns etwas unglaubhaft und standen im Gegensatz zu ihrem einfachen, ehrlichen Wesen. Nach einer Woche, als sie schon Vertrauen zu uns gefaßt hatte, klärte sie ihre unrichtigen Angaben, zu denen sie durch die Situation gezwungen war, auf. An der Wahrheit von allem, was sie sonst erzählte, besteht kein Zweifel. Die großen Geschehnisse wie auch viele Einzelheiten sind von anderen bestätigt worden.

Tolja war dreizehn Jahre alt, als die deutsche Wehrmacht Polen eroberte und sie in ihrer Heimatstadt Lask mit ihrer Familie ins Ghetto ziehen mußte. Sie waren sechs Geschwister, ein Bruder und fünf Schwestern. Die älteste, verheiratete Schwester war beim Einbruch der Wehrmacht in Polen mit ihrem Mann rechtzeitig nach [der] SSSR geflohen.

Das Ghetto war in den ersten Jahren nicht eingezäunt. Den Juden war zwar der Aufenthalt in den andern Stadtteilen nicht erlaubt, es war aber nicht schwer, das Gebot zu umgehen, und die Beziehungen zu den Polen waren sehr lebhaft. Ebenso kamen Gendarmen, Soldaten und oft auch Bürger der Stadt ins Ghetto. Eine große Schneiderwerkstatt inmitten des Ghettos diente den Bürgern der Stadt als Vorwand, hereinzukommen, und dort wurden schwunghafte Geschäfte getätigt.

Tolja arbeitete in einer Schneiderstube, in der für die deutsche Wehrmacht Mäntel für Offiziere genäht wurden. Wenn dort, wie es oft vorkam, keine Arbeit war, wurde sie zu anderen Beschäftigungen geholt. Einmal wurde sie zum Dielenscheuern geschnappt. Eine junge deutsche Frau in Dienstuniform verlangte, daß sie einen großen Raum in dem Kommando mit kaltem Wasser wasche. Einen Scheuerlappen gab man nicht. »Zieh dir die Hosen aus und wisch damit.«

Tolja weigerte sich, weinte, bat. Die Frau war unerbittlich. Sie käme am Nachmittag wieder. Wehe, wenn die Arbeit nicht gemacht sei. Der Raum war eiskalt, das Wasser am Frieren. Es half nichts. Sie zog ihre Beinkleider aus und wusch damit. Als die Frau kam, war die Arbeit gemacht. Kein Wort der Anerkennung: »Du Luder kannst gehen.« – »Was ist ein Luder?« fragte Tolja, als sie mir das erzählte.

Auf dem Heimweg zum Ghetto wurde ihr ein Soldat als Begleitung mitgegeben. Als sie zu Hause ankam, fand sie die Stube leer. Alle hatten sich in dem Verschlag versteckt, weil der Ghettoinspektor bei dem Nachbarn Gad verlangt hatte, daß die ganze Familie sich nackt auszieht. Zuerst die Eltern, dann Sohn und Tochter. Die Tochter sei nicht sauber, fand der Inspektor, und der Sohn mußte einen Dielenschrubber nehmen und seiner Schwester damit den Körper schrubben.

Die Nachricht von dieser Unmenschlichkeit hatte die Familie Szabszewicz so erschreckt, daß sie sich die ganze Nacht nicht in die Stube wagten und erst gegen Morgen schlafen gingen. Sechs Uhr früh erscheint der Inspektor bei ihnen: »Alle ausziehen!« Die Mädchen sind verstört, sehen die Mutter fragend an. »Kinder zieht euch aus.« Aber der

Inspektor schlägt sie mit dem Gummiknüppel: »Du alte Kuh auch.« Das jüngste, die engelschöne Liuba hat sich im Federbett verkrochen, aber der Unmensch jagt sie auf: »Welcher Teufel schläft hier noch?« Sie legen ihre Kleider ab, nur die würdige Mutter weigert sich, trotz der Schläge. »Heb dein Hemd hoch!« Er läßt nicht locker, bis die Schmach vollendet ist.

Am nächsten Tag hören sie, daß er es noch bei vielen so und noch ärger getrieben hat. Der Rabbiner mußte sich mit seiner Frau auf den Tisch legen und ...

Diese ununterbrochenen Demütigungen waren im Lasker Ghetto genau wie in den andern, und dort wie in jedem Ghetto ließ man Menschen an Galgen aufhängen. In Wilna hatten die Juden selber einen Raubmörder hingerichtet. In Lask fand sich kein Verbrecher. Darum stempelte man Unschuldige dazu. Man verlangte vom Judenältesten Kochmann, zwanzig verbrecherische Menschen auszuliefern. Der sagt, es gebe keine, er könne keine ausliefern, sie sollen selbst suchen. »Klaibt selbst aus!« Nun zitterte jeder, daß er der Sündenbock sein wird.

Von dem siebzehn- und achtzehnjährigen Brüderpaar Scher wird behauptet, sie hätten bei der Arbeit Kohlen gestohlen. Der Galgen wird errichtet. Die Jünglinge verstehen noch kaum, daß sie die Opfer sind. Man bringt sie gebunden, von jüdischen Polizisten geführt. Der Älteste Kochmann liest das Urteil: »Itzter ween zwei Idn gehengt, weil sei hobn gemacht a Varbrechn. Wen a Id ganwet[1] oder geit af die ander Seit vun Gheto, wet men em machn wie mit die zwei.«

Die Jünglinge hören das alles und können es nicht fassen. Ihre Mutter und ihre Schwester hat man auch ange-

1 Stiehlt.

bracht. Sie müssen bei dem Schauspiel zugegen sein. Man läßt sie die vier Stufen heraufsteigen, und der Katte[2], der Henker, verlangt, daß der Ältere dem Jüngeren die Schlinge um den Hals legt. Der Junge steht mit seinem runden Kindergesicht. »Laßt mich noch fünf Minuten leben.«[3] Da legt der Katte selbst die Schlinge um den Hals, und die Polizisten ziehen das Brett weg. Die Mutter sieht zu, wie das Kindergesicht blau wird. Der zweite folgt. Die Katten steigen in ihre Autos und fahren davon.

Die Gehenkten blieben bis zum nächsten Tag am Galgen. Die Menschen weinten und jammerten. Keiner kochte und aß an diesem Tag.

Trotz aller Schrecken bestand bis zum Beginn des Krieges mit Rußland für die Juden als Gesamtheit keine akute Lebensgefahr. Die systematische Vernichtung begann erst im Sommer 1941. Damals war die erste genaue Zählung der Ghettoeinwohner und ihre Abstempelung. Jeder, vom Greis zum Säugling, mußte sich nackt ausziehen, wurde von einem Arzt und dem berüchtigten Inspektor, dessen besonderes Ressort anscheinend das »Gesundheitswesen« war, geprüft. Die Arbeitsfähigen bekamen auf Brust, Oberarme und Schenkel mit Kopiertinte ein A aufgestempelt, die Älteren ein B, Kranke und Kinder ein P. Jüdische Mädchen mußten die Stempelarbeit ausführen.

Etwa zehn Tage später, im August jenes Jahres wurde der Älteste aus dem vierzehn Kilometer entfernten Städtchen Zdunska Vola von der deutschen Polizei angerufen. Es seien fünfzig Juden aus Posen angekommen, dreißig aus Zdunska

2 »Kat« bedeutet im südwestlichen Rußland, auch in Polen und der Ukraine »Henker« oder »Folterknecht«.

3 Zusatz am Rand der Seite: *Katte verlangt, daß ein anderer Jude ausführt: wenn nicht wirst du gehängt. Weigert sich.*

Vola gebürtige, zwanzig aus Lask, darunter auch der junge Szabszewicz, Toljas Bruder. Der Älteste solle kommen und sie abholen. Kochmann ließ durch einen Boten die frohe Nachricht allen Angehörigen der Ankömmlinge überbringen, bevor er sich auf den Weg machte. Die Familie Szabszewicz war außer sich über das unverhoffte Glück. Man putzte in aller Eile die Stube, bereitete Essen, und die ganze Familie erwartete an der Straße den lange Vermißten.

So standen sie harrend in froher Erregung, als eine Frau zu ihnen herantrat und sie darauf aufmerksam machte, daß sich auf dem Marktplatz außerhalb des Ghettos verdächtig viele Autos mit Gendarmerie ansammelten. Die Gendarmen empfangen ihre Befehle. Schon sieht man, wie sie, Gummiknüppel in der Hand, eindringen. Die Familie rennt in ihre Wohnung zurück. Da kommen sie auch schon herein.

Tolja will sich, vom Lauf von der Straße erhitzt, noch schnell waschen, aber sie lassen keine Zeit. Sie läuft mit einem Schuh, da läßt sie der Gendarm noch einmal in die Stube gehen und sich den andern holen.

In jeder Wohnung etwa drei Gendarmen, und jagen alle aus den Häusern. Kochmann ist noch unterwegs. Bei seinem Haus werden alle zusammengetrieben, alle, alle. Die meisten haben das Kostbarste ihrer Habe, etwas Lebensmittel zusammengerafft und halten ängstlich ihre Bündel. Die Häuser stehen leer. Es sind etwa neuntausend, die nun wie eine verstörte Herde zum Ghetto herausgeführt und in eine katholische Kirche gepfercht werden. Dort war ein solches Gedränge, daß sich keiner rühren konnte, dazu brüllend heiß, Türen und Fenster geschlossen. So hielt man sie drei Tage ohne Nahrung und Trank, ohne die Möglichkeit, auszutreten. Die Eingekerkerten mußten ihre Bedürfnisse verrichten, wie sie standen. In der verpesteten Luft fielen viele in Ohnmacht, viele erstickten.

Nach drei Tagen ließ man sie heraus. Am Kircheingang war das Gedränge groß. Jedem scheint, daß er nicht eine Minute mehr bleiben kann. Alle hoffen, nach Hause eilen zu können, zu trinken, zu essen, sich zu waschen und zu erholen. Aber man läßt die Verschmachtenden nicht nach Hause. Der Kirchplatz wird abgesperrt, und sie müssen sich aufstellen. Immer fünf in einer Reihe. Die jammervollen Gestalten können sich kaum mehr aufrechthalten, und die Deutschen schreiten die Reihen mit Gebärden des Ekels und der Verachtung ab. Dann folgt die Auslese: Kirche – Platz. Die meisten in die Kirche, auf den Platz solche, die mit »A« gestempelt sind und auch von diesen nur ein Teil.

Die Familie Szabszewicz steht in einer Reihe. Tolja und ihre jüngere Schwester werden herausgerissen, die Mutter mit drei Töchtern zur Kirche verurteilt. »Mama!« schreit Tolja. Sie drängt sich mit der Schwester an der Hand zur Kirche, will sich nicht trennen. Sie hat ein Brot und kann es noch der Mutter geben. Die Mutter hat von Kochmann, der zurückgekommen ist, ohne die zwanzig erwarteten Männer, die zur selben Zeit in Zdunska Vola dasselbe erleiden wie die Lasker, etwas Zucker bekommen, den sie den beiden Mädchen reichen will. Tolja lehnt ab: »Du hast es nötiger, Mutter« – während die Gendarmen sie mit den Gummiknüppeln auseinanderreißen. Sie sieht, wie der Mutter dabei der Knopf von der schwarzen Schürze reißt. Sie lassen die Augen nicht voneinander, und in der Gruppe der Männer, die gesondert aufgestellt sind, sieht der Vater diesem Bilde zu.

Nur achthundert sind auf dem Platz geblieben. Kochmann hat mit großer Energie durchgesetzt, daß sein Kind, welches schon zur Kirche verurteilt war, zu ihm zurückkommt. Auch seine Frau ist bei ihm – alle anderen Familien sind zerrissen.

Sie werden etwa vierzig Meter von der Kirche zurückgedrängt. Sie sehen zu, wie Geschütze angefahren kommen und in die Erde gerammt werden. Dann führt man sie bis zu einer Lehmgrube. Dort müssen sie sich alle hinlegen. An einer Telegraphenstange brennt eine Lampe, und Tolja und ihre Schwester entdecken ihre Kusine.

Wie sie so liegen, hören sie das Dröhnen der Geschütze. Die Kirche mit allen Insassen vernichtet.[4] Die drei Mädchen weinen bitterlich.

Am nächsten Morgen beginnt die Wanderung der Achthundert nach Litzmannstadt.[5] Sie gehen langsam, langsam, Tag und Nacht, ohne daß man sie ausruhen läßt. Wie sie am Nachmittag in »Balut«, einem Vorort ankommen, wird ihnen von dem kleinen, dicken Ghettokommandeur Biebow eine Rede gehalten.

»Euch wird es hier gut gehen. Ihr werdet Kleidung und Essen bekommen, Äpfel und Apfelsinen, soviel ihr wollt. Wenn ihr jetzt alles Gold, Edelsteine und alle Uhren abgebt, dann werden auch eure Verwandten nachkommen. Wir wissen, wo ihr eure Wertsachen versteckt habt, deshalb zieht euch jetzt aus. Nehmt das Versteckte aus den Schuhabsätzen und den Sohlen, den Büstenhaltern, den Gummistrumpfhaltern. Es ist euch doch wohl lieber, das Gold abzugeben, als die Eltern und Kinder zu verlieren. Darum behaltet nichts bei euch. Später wird man Kleidung und Schuhe mit Röntgenstrahlen durchleuchten. Wehe, wenn

4 Diese Aktion fand Ende August 1942 statt. Die Zahl von achthundert Juden, die in das Ghetto von Lodz kamen, nennt auch Martin Gilbert, »The Holocaust«, S. 433. Die übrigen, deren Zahl er mit 2500 angibt, wurden nicht in der Kirche von Lask, sondern im Vernichtungslager Chelmno mit Gas ermordet.

5 In der Zeit von 1939 bis 1945 der deutsche Name für Lodz.

sich da noch etwas findet. Wir wollen gar nicht sehen, wer gibt. Wir vertrauen euch und eurer Ehrlichkeit.«

Sie hatten, wie sie in der Lehmgrube lagen, die Flammen gesehen, die ihren Angehörigen den Tod gaben, und doch betörte sie Biebows Rede im Augenblick so, daß sie wieder hofften. Vielleicht kam das Licht der Flammen von woanders. Vielleicht hat man die Insassen vorher befreit? »Er hat so süß gesprochen, man mußte ihm glauben«, erklärte Tolja.

Ein großer offener Koffer wurde aufgestellt, und ein Jude ging mit einem Sack herum und sammelte ein. Alle gaben ab, was sie hatten, und der Koffer füllte sich mit Gold und Uhren. Eine Kontrolle wurde nicht durchgeführt. Biebow war sich der hypnotischen Wirkung seiner Rede sicher.

Nach dieser Prozedur wurden die Achthundert ins Ghetto hereingelassen. Ein Kessel mit heißem Kaffee und Brot standen zu ihrem Empfang bereit. Dann kamen sie in die Badestube und konnten sich säubern. Vorläufige Brotkarten auf zwei Tage. Der erste Gang war ins Arbeitsamt, wo man gar kein Verständnis für die Ruhebedürftigkeit der Neuankömmlinge hatte: »Es seinen noch Obgefressene von ruhign Lebn, mir weln eich gebn Arbet.« Tolja war es egal, welche Arbeit. Man teilte sie den Stroharbeitern zu.

Das Stroh zerstach die Hände, und es entstanden Geschwüre an den Fingern. Eine Zeitlang war sie Instruktorin, aber da fror sie zu sehr. Besser war es, sich beim Schoberstellen warm zu arbeiten. Sie kam zum Strohflechten und bekam bald eine große Fertigkeit. Einmal bekam sie vom Revisor ganz unerwartet einen extra Talon: 50 Gramm Öl, 200 Gramm Zucker, 100 Gramm Haferflocken als Belohnung »weil du arbetst asei schein«.

Das Litzmannstädter Ghetto war groß, und die Arbeitsstätte eine Stunde Weg von dem winzigen Stübchen, das sie mit Schwester und Kusine zusammen bewohnte. Sie ging schon früh um fünf zusammen mit der Kusine und kam nach zwölf Stunden nach Hause. Die Schwester arbeitete in den Schwachstromwerkstätten.

Nach der Arbeit mußten sie noch lange vor dem Laden Reihe stellen, um ihre Rationen abzuholen. Einmal stand Tolja bis nach elf Uhr nachts, um die zwei Rationen von je fünfzehn Kilogramm Briketts abzuholen. Auf dem weiten Nachhauseweg glaubte sie vor Erschöpfung zusammenzubrechen.

Als sie den steilen Viadukt, der zwei Ghettoteile verband, überstieg, fühlte sie schon brennende Leibschmerzen an der rechten Seite. Sie war noch nie in ihrem Leben ernstlich krank gewesen und wollte nichts vom Arzt wissen. Die Schwester versuchte, sie mit Umschlägen und heißen Flaschen zu kurieren. Die Nachbarin kam mit einem Fieberthermometer, es zeigte 40 Grad. Man holt den Arzt. Der ließ sie sofort ins Krankenhaus bringen.

Das Fieber steigt auf 41 Grad, die Schmerzen werden immer grausamer. Gallenstein? Der große Lodzer Chirurg, Dr. Eliasberg, diagnostiziert auf Blinddarm, hält der Schwester vor, daß eine sofortige Operation nötig ist. Aber das kindische Mädchen will es nicht zulassen, und auch die Patientin sperrt sich. Nur nicht schneiden! Der Arzt überredet sie: »Wen es wed gelingen, kennst du amol bleibn lebn – ohne Operation sicher du kannst nicht leben. Ich will dich mit meine Händ operieren.« Nach drei Stunden Narkose wacht sie auf wie betrunken. Die Krankenschwester hält ihr die Füße. Auf dem Leib fühlt sie den Druck eines Sandsäckchens. Sie ist sehr schwach und wird lange sehr ruhig liegen müssen.

Zwei Tage später im Krankenhaus ein furchtbarer Aufruhr. Alle Kranken sollen der Gestapo ausgeliefert werden.

Von Zimmer zu Zimmer geht die grausame Kontrolle und werden die Kranken herausgetragen. Tolja springt aus dem Bett, wickelt sich ins Bettuch und klemmt sich zwischen die Doppelfenster, die innen und außen mit Verdunkelungspapier verklebt sind. »Nem ich a Leilach un wikl sich ein un behalt sach zwischn die Fenster.«

Ein eiskalter Luftzug erstarrt ihre Glieder, aber sie muckst nicht, bis die schreckliche Aktion vorüber ist. Die Kranken sind auf Lastwagen abtransportiert. Das Personal der Klinik steht erschüttert in den leeren Räumen. Da entdecken sie Tolja. Sie weint und kann nicht vom Fenster heruntersteigen. Die Ärzte kommen gelaufen und sind erschüttert über die wunderbare Rettung.

Aber die Freude ist kurz. Kaum ist sie im Bett, beginnt der Schüttelfrost, und das Fieber steht wieder auf 40 Grad. Man fürchtet eine Nachrevision und will sie nicht in der Klinik behalten. Sie wird mit einer Droschke nach Hause gefahren. Wie Dr. Eliasberg am nächsten Tag zu ihr kommt, windet sie sich vor Schmerzen. Der Leib ist hochgedunsen, die Bauchentzündung schon so ausgebreitet, daß der Arzt sie verloren gibt. Schwester und Kusine ringen die Hände, erflehen vergebens Rettung vom Arzt.

So liegt sie einige Tage, ganz von Sinnen durch die wahnsinnigen Schmerzen, bis sich eines Nachts die Wunde öffnet und literweise Eiter und Blut sich ergießen. Die Schwester holt wieder den Arzt. Die Wunde klafft, daß man in die Gedärme sieht. Keine Hoffnung. Aber doch läßt er sie wieder ins Krankenhaus bringen. Dort fällt die Temperatur, und nach kurzer Zeit (sieben Tagen) ist die Wunde verheilt. Tolja zeigte ihre großen Narben. Schwester und Kusine können sich nicht fassen vor Glück über das neue Rettungswunder, und die Genesende will so schnell wie möglich nach Hause zu den beiden Mädchen. Sie ist noch sehr schwach, wie sie eines Tages angeschwankt kommt, um die Lieben zu überraschen.

Sie findet die Wohnung leer. Einen Tag vorher hat man alle Kinder bis zum siebzehnten Lebensjahr aufgegriffen und abgeführt. Tolja legt sich in das öde Bett und schreit voll Verzweiflung und Schmerzen. Warum ist sie nur am Leben geblieben? Was soll sie allein, ohne die liebsten Menschen? Schließlich kommt die Nachbarin. Sie hat ihr zwölfjähriges, wassersüchtiges Mädchen gerettet, und diese Kleine bleibt als Pflegerin bei der Kranken.

Dr. Eliasberg verschreibt ihr einen Schein, damit sie mit einer Droschke zur diathermischen Behandlung[6] in die Klinik fahren kann. Nach jeder Behandlung hat sie schreckliche Schmerzen. Sie kann nichts essen. Trotzdem befiehlt der Arzt nach sechs Diathermien noch zweimal je weitere sechs, im ganzen achtzehn, bis er sie endlich für geheilt hält.

Sie fängt wieder an zu essen, hundert Gramm Rhabarber, Semmel, Möhren, und bald verträgt sie schon Brot und geht zur Arbeit. Nach einigen Wochen kommt noch einmal ein Rückfall mit Ohnmacht und Blutsturz, und gerade in dieser Zeit werden etwa fünftausend Arbeitskräfte ausgehoben, und Tolja bleibt als Rekonvaleszentin im Ghetto. Sie geht zur Arbeit, wie früher in die Strohwerkstätte, und abends kommt sie in ihre verödete Stube. Die Arbeit ist schwer, die Ernährung schlecht. Tolja wird noch einmal krank und liegt wieder in der Klinik und wird wieder gesund und geht wieder auf Arbeit. Und durch ihre Trauer bricht wieder ihre Lebensfreude, und oft ist sie ausgelassen mit ihren Leidensgenossen, denen allen die wehmütige Fröhlichkeit der Menschen [gegeben] ist, die nichts mehr zu verlieren haben.

6 Elektrotherapie mit hochfrequenten Wechselströmen, die im Körper Wärme entstehen lassen.

Im Frühling 1943 wird das Ghetto allmählich liquidiert. Alle paar Tage sind Aktionen. Man nimmt jedesmal einige tausend ohne Ansehen der Brauchbarkeit, verschleppt sie in Arbeitslager oder bringt sie gleich um, je nachdem. Und alle wissen, daß sie, wenn nicht heute, dann das nächste Mal drankommen.[7]

Auch in Litzmannstadt gab es, wie in allen Ghettos, raffinierte unterirdische Verliese, und wenn wieder einmal so ein deutsches Polizeiauto hereinfuhr, versteckte sich wer nur konnte. Meistens wurden einige Straßen abgesperrt. Wer zu fliehen oder sich zu wehren versuchte, wurde erschossen.

Tolja saß drei Tage mit zweiunddreißig anderen auf einem Boden. Gerade war eine Aktion beendet, und sie dankten Gott, daß man sie nicht entdeckt hatte. Da kam einer der deutschen Häscher noch mal in das Haus, um auszutreten. Es verriet sie ein unvorsichtiges Geräusch. Die Verratenen wurden roh geschlagen, heruntergeworfen, auf Fuhren verladen, zur Bahn gebracht.

Dort wurde jedem ein Brot ausgeteilt. Je fünfzig kamen in einen Waggon. Es roch so stark nach Chlor, daß ihnen übel wurde und die Augen sich röteten. Sie mußten abwechselnd für einige Minuten ans Fenster treten, um frische Luft zu schnappen. Nach einem Tag und einer Nacht, in der fünf starben, wurden die Waggons geöffnet. Sie befanden sich vor dem Konzentrationslager Auschwitz.

Hinter einem Drahtzaun sahen sie Menschen ohne Haare, die ihnen zuwinkten, ihre künftigen Leidensgefährten. Kinder und Alte wurden gleich abgetrennt.

7 Zusatz am Rand der Seite: *Man läßt ihnen etwas Zeit, ein Bündel zu packen, Kleidung, Lebensmittel bis 25 Kilogramm.*

Man führte sie in einen Baderaum mit kalter Dusche. Die Verschmachteten setzten den Gummischlauch an den Mund und tranken.

Mitten beim Duschen Luftalarm. Alle nackt im Dunklen gestanden, jämmerlich gefroren, eines sich am andern gewärmt. An ein hoch fieberndes Mädchen drängte man sich besonders, um sich an ihrem heißen Körper zu erwärmen.

Dann kamen sie nackt, naß in einen Nebenraum. Dort wurden ihnen die Haare abgeschoren. Diese Arbeit erledigten vier deutsche Frauen. In einem weiteren Zimmer wurde Kleidung ausgeteilt. Jede Frau bekam ein Kleid, einige bessere, andere schlechte, ohne Rücksicht, ob sie passen. Wäsche bekamen sie nicht. Ihre eigenen Kleider und Habseligkeiten sahen sie nicht wieder. In einem weiteren Raum wurden Schuhe und Klumpen[8] verteilt, wieder ohne Rücksicht auf den Träger. Dann wurde bei jeder das Kleid auf dem Rücken mit einem großen roten Fleck gezeichnet. Tolja weinte bitterlich, als ihre schönen dunklen Locken auf der Erde lagen. Sie riß sich von dem blauen Wollkleid, das sie bekommen hatte und das ihr zu lang war, einen breiten Streifen ab und band ihn um den Kopf. Von einem Rest machte sie sich eine kleine Tasche. Ihre Peiniger hätten sehr richtig kalkuliert, denn nie sei ein Mensch so wehrlos, als wenn er nackt und kahl sei.

Es wurde zwei Uhr nachts, ehe alle Prozeduren erledigt waren. Wer fertig war, mußte auf dem Hof warten.[9] Schließlich kam ein SS-Mann, schrie: »Alle hinlegen!« und so mußten sie die ganze Nacht vor Kälte und Entsetzen zitternd auf dem zugigen, schmutzigen Hof liegen.

Am nächsten Morgen kamen sie in die »Blocks«. Es wa-

8 Holzschuhe.

9 Am Seitenrand: *Zaun elektrisch geladen.*

ren lange Holzbaracken, in einzelne Boxen abgeteilt. In der Mitte streckte sich ein langer roter Backsteinofen. Oben im Dachgebälk befanden sich kleine Fenster, die man nicht öffnen konnte. Luft kam nur durch die beiden Türen an den Schmalseiten. Tolja kam in Block 31. Sie bekamen nun endlich etwas zu essen, eine warme Mehlsuppe.

Dann war Appell. Sie mußten sich zu fünft aufstellen und wurden gezählt. In ihrem Block waren 1300 Frauen. Dann hielt ihnen die Blockälteste eine Rede. Liuscha Simanowicz war schon früher wegen Veruntreuung aus Litzmannstadt verschickt worden. Sie war dick, schön, elegant gekleidet und im vollen Schmuck ihrer blonden Haare. Sie hatte es verstanden, sich bei den deutschen Vorgesetzten beliebt zu machen, und nahm eine Sonderstellung ein.

Sie hatte eine Gehilfin, Adele, ein Mädchen aus Deutschland, ebenfalls ungeschoren, das streng orthodox am Freitagabend auf den Ziegelofen Schabbeslichter stellte und segnete, im übrigen der Schrecken aller andern war, da sie sie für die kleinsten Vergehen schlug und mit kaltem Wasser begoß.[10]

Morgens wurde um vier Uhr aufgestanden. Bis etwa sechs war Appell auf dem Hof. Wenn alles stimmte, konnten sie in die Boxen zurück und schlafen. Aber wehe, wenn eine fehlte. Da dauerte der Appell bis sieben oder acht, bis die Zahl richtig war. Zum Frühstück gab es Mehlsuppe oder Kaffee. Um zwölf war wieder Appell bis zwei. Dann Mittag. Der Kessel mit dem Essen mußte abwechselnd von weit aus der Küche gebracht werden. Als Tolja, von ihrer Krankheit noch geschwächt, den schweren Kessel nicht schleppen wollte, zeigte Liuscha nach einem fernliegen-

10 Einfügung: *Wie wildes Tier gebeten [getreten?] und geschlagen. Beim Zählen mit Stock geschubst.*

den Steinhaus mit hoher Esse. »Siehst du den Ofen? Das ist das Krematorium für die Kranken.« – »Ich bin schon gesund.« Sie nahm sich zusammen und schleppte den Kessel, ohne zu klagen.

Es gab immer für je zwei einen Eßnapf, keinen Löffel. Sie mußten den Napf an den Mund setzen oder mit den Fingern essen. Sie mußten es in aller Eile schlucken, da nicht genug Schüsseln da waren und die nächste Box schon ungeduldig wartete und drängte. Das Mittagessen war nicht schlecht: Kohlrüben mit Graupen, Erbsen, rote Beten, Grießsuppe. Nach dem Essen mußten sie das Geschirr waschen. Von vier bis sechs wieder Appell.

Dieses Abzählen wurde von den Blockältesten in Gegenwart einer deutschen Kontrolle vorgenommen. Oft verzählte man sich, und sie mußten zur Strafe drei Stunden im Sand knien, bis alles in Ordnung war. Abends gab es ein Stück Brot und zwei Gramm Margarine. Von diesen 250 Gramm Brot hoben sich die meisten für den nächsten Morgen auf, denn das war für den ganzen Tag. Da sie nichts hatten, wo sie es aufheben konnten, mußten sie es die ganze Nacht in der Hand halten und es auch mitnehmen, wenn sie austraten.

Alle zusammen wurden gemeinsam zum Austreten geführt. Eine große Baracke mit circa hundert Löchern im Brett. Wenn sich eine setzte, warteten schon andere daneben. Nachts Eimer.

Um acht Uhr war Lagerruhe. Wurde noch gesprochen, kam die Lagerowka[11] Adele mit dem Wassereimer. Sie schliefen auf den rohen Dielen, ohne Decke, die Schuhe oder Klumpen als Kopfkissen untergelegt und so eng, daß sie sich nicht rühren konnten. Arbeit, bis auf Aufräumen

11 Lageraufseherin.

und Küchenhilfe, gab es nicht. Auschwitz war kein Arbeitslager, sondern ein Sammelpunkt.[12]

Nach etwa drei Wochen kam der Befehl, den ganzen Block zum Entlausen zu führen. Sie wurden nach dem Steinhaus mit der langen Esse geführt. Dort liefen Rohre um die Wände, aber kein Wasserhahn war zu sehen. Solche Kammern gab es anscheinend viele. Etwa je dreißig wurden zusammen hereingeführt. Man hieß sie sich entkleiden und auf die Bänke setzen. Sie sahen, das war kein Bad, sondern etwas Unbekanntes, Unheimliches. Eine furchtbare Erkenntnis: das ist eine Vergasungskammer. Alle erwarteten in starrem Entsetzen den Tod.

Plötzlich kam ein deutscher Uniformierter, schrie: »Alle raus auf den Hof!« und ließ sie sich aufstellen. Nackt und bloß, mit kahlen Köpfen standen sie in einer Reihe. Der Mann trat an jede einzeln heran und gab ihr mit dem Knie einen heftigen Puff in den Leib. Wer davon zusammenbrach oder sonst irgendein Gebrechen hatte, wurde wieder in das »Badehaus« gebracht. Die andern, etwa fünfhundert, bekamen jeder ein Kleid von den eben abgelegten und kamen zurück in die Baracken.

Am nächsten Tag ging es zur Bahn. Je fünf Personen bekamen ein Brot als Reiseproviant. Sie mußten bis zum nächsten Morgen warten, weil keine Waggons da waren. Es fehlte an Trinkwasser, und sie waren schon halb verschmachtet, als sie endlich verladen wurden. Wieder fünfzig in einen Waggon. Es war stickend heiß. In den Waggons war vorher anscheinend Kalk oder Kreide verladen gewesen. Der Boden war weiß und die Luft voll trockenen weißen Staubes, der die dürstenden Kehlen noch mehr reizte. Am Morgen des

12 Auschwitz war, wie heute allgemein bekannt, sowohl Arbeits- als auch Vernichtungslager.

dritten Tages hielt der Zug. Sie waren in dem berüchtigten Konzentrationslager Stutthof an der Danziger Bucht.

Gleich nach der Ankunft war Appell. Sie standen von sieben bis zehn Uhr auf dem blendenden Sand und ließen wieder einmal die schreckliche Prozedur des Abgezähltwerdens über sich ergehen. Dann sollten sie sich waschen. Jede bekam ein halbes Stück Lehmseife. Der Waschraum war so klein, daß immer nur wenige zugleich hereinkonnten. Die andern drängten schon. Es war keine Zeit, sich zu säubern. Dann wieder raus auf den sonnigen Hof. Dort stand eine mit Blech ausgeschlagene Kiste mit Kaffee. Immer zwei Leute einen Napf.

Die Blocks waren hier in einzelne Stuben eingeteilt. Eine Ukrainerin, Maruschka, russisch und deutsch sprechend, war Blockwart für Block 2, in dem Tolja war, und führte ein wahres Schreckensregiment. Jede Stube hatte ihre Stubenälteste, die für die Ordnung verantwortlich war. In einer Stube waren 120 bis 130 Personen. Sie lagen so eng, daß sie wie Heringe eingeschachtelt wurden. Wenn man einmal lag, konnte man sich nicht mehr umdrehen. Alle bekamen einen Schlafsack aus Papierstoff, auf den sie ihren Namen schreiben mußten. Sie wurden gleich verwarnt, daß sie bestraft würden, wenn sie ihren Sack zerreißen.

Mittags bekamen sie eine Suppe, Grütze, mit ungeschälten roten Rüben oder Kartoffeln, Kohlrüben. Da es viel zu wenig Löffel gab, schnitzten sie sich selber welche aus einem Brett mit einer Glasscherbe, die aus einem zerbrochenen Fenster gefallen war. Blieb etwas Suppe in der Kiste übrig, kamen die Frauen aus den Baracken gelaufen und fischten sich mit den Fingern eine rote Rübe oder Kartoffel. Doch wehe, wenn der Blockwart aus Block 1 sie dabei ertappte.

Im Vergleich zu Barbara war Maruschka noch milde. Barbara, Polin, erst achtzehn Jahre alt, war von allen so gefürchtet, daß viele versuchten, in den zweiten Block überzulaufen. Aber weil sie dort nicht registriert waren, bekamen sie kein Essen und mußten wieder zurück. Barbara hat viele auf dem Gewissen, ging den ganzen Tag mit [einem] Stock in der Hand, Maruschka mit [einem] Riemen in der Hand. Bei den kleinsten Vergehen schlug Barbara ihre Opfer mit dem Stock auf den kahlen Kopf, drückte ihnen den Kopf tief in die Suppenkiste und übergoß ihn mit Wasser. Als man die Schlafsäcke brachte, lehnte sie für ihren Block ab. Sie ließ ihre Leute in Sägespänen schlafen, die sich in die Kleider setzten und die Haut reizten. Denn hier wie in Auschwitz trugen sie nur ein Kleid, keine Wäsche.

Wie in Auschwitz nahmen die dreimal täglichen Appelle den größten Teil des Tages in Anspruch. Eine Arbeit gab es nicht. Nachts mußte eine Nachtwache aufpassen, daß der Platz vor dem Hause nicht verunreinigt wurde. Von dieser Nachtwächterin, die am Tage schlief, borgte sich Tolja gelegentlich das Kleid, um das eigene auswaschen zu können.

Wer erkrankte, kam ins Krankenrevier. Die Schwerkranken wurden von jüdischen Männern, die wie Pferde vor den Wagen gespannt waren, weggefahren. Wohin? Man glaubte, in das Krematorium unweit des Lagers, und jeder glaubte, daß er selbst einmal so enden werde.

So lebten sie etwa drei Monate. Dann kam eine deutsche Revision. Alle wurden splitternackt besichtet [sic] und die Gesündesten ausgewählt. Zur Arbeit oder zum Tode? Tolja fürchtete sich und versteckte sich in den Haufen der Papierschlafsäcke. Aber man erwischte sie und stellte sie mit in die Reihe.

Die Ausgewählten mußten circa zehn Kilometer zur Sammelstelle gehen. Dort bekam jede eine Nummer mit Kopierausche auf den Arm geschrieben. Tolja war Nummer 75525. Sie wurden verwarnt, die Nummer nicht abzuwaschen. Sie bekamen Beinkleider, ein Hemd, ein Kleid, eine Jacke, einen Mantel. Alles wurde mit einem roten Firnisfleck gemalt. Tolja hatte den roten Fleck noch auf der Jacke, als sie zu uns kam. Der Mantel bekam einen roten Stern. Ferner Strümpfe und Schuhe oder Klumpen, weiße Kopftücher. Die Kleider waren zum Teil sehr gut, aber zur Arbeit untauglich. Es war seidene Wäsche und Kleider aus Chiffon darunter. Das alles waren Zeichen, daß man sie vorläufig nicht vernichten wollte, sondern noch brauchte. Sie wurden wieder in Waggons verpackt und fuhren eine Nacht lang. Am Morgen waren sie in Schippenbeil[13].

Dieses Lager wurde erst neu eingerichtet. An den Baracken wurde noch gebaut. Sie bekamen Säcke, in die sie Holzwolle füllen mußten. Die erste Nacht schliefen sie auf ihren Säcken unter freiem Himmel, in der folgenden waren die Baracken fertig. Je drei breite Pritschen waren übereinander gebaut, auf denen je sechs Personen Platz hatten. Die Verpflegung war dieselbe wie in den andern Lagern, nur daß hier jede einen Löffel – für zwei –, eine Steingutschüssel und eine Tasse bekam. In Block 1 und 2 waren 1250 Frauen, in Block 3 hundert Männer aus Litauen, Block 4 kranke Leute.

In Schippenbeil war nun für die Leute von dem Transport aus Stutthof vom ersten Tag das Leben auf Arbeit eingestellt. Um fünf Uhr früh: Arbeitskommando antreten, Verteilung an die verschiedenen Arbeitsplätze. Meistens wurden Brigaden von hundert bis zweihundert Personen gebildet, die vier bis fünf Kilometer weit zur Arbeit gehen

13 Etwas oberhalb der Linie Bartenstein-Rastenburg im polnischen Teil des früheren Ostpreußen.

mußten. Sie mußten im Wald die Baumstümpfe ausgraben, Baumstämme zur Bahn tragen, Erde mit Spaten und Schaufeln auf Loren laden. Männer mußten Zement in Säcke füllen, Bahnschienen tragen, Terrains ebnen. Immer war es körperlich sehr anstrengende Arbeit, Frauenkräften nicht angepaßt.

Die Aufsicht hatten meist Litauer oder Polen. Immer waren besonders grausame Menschen gewählt, die ihrem düsteren Antisemitismus nach Herzenslust frönten. Sie standen mit dem Gummiknüppel daneben und paßten auf, daß keine erlahmte. »Schneller, schneller!« begleiteten sie ihren Frondienst in verschiedenen Sprachen.

Sie[14] trugen auf einer weißen Binde am Arm ihre mit schwarzer Tusche geschriebene Nummer, und es war ihnen verboten, sich gegenseitig mit Namen zu nennen. Sie waren keine Menschen mehr, und nichts sollte sie an ein früheres Menschentum erinnern.

Sie bekamen den ganzen Tag über nichts zu essen. Wenn sie sechs Uhr abends nach Hause kamen, war Appell. Fehlte eine, mußten alle stehen, bis sie sich gefunden hatte. Einmal fand man nach langem Suchen ein Mädchen tot auf der Strecke. Niemand hatte bemerkt, wie sie zurückgeblieben war. Wer krank war, mußte sich früh mit den andern zum Appell einstellen und mit zur Arbeit gehen. Brach er unterwegs zusammen, wurde er ins Krankenrevier gebracht, wo ein jüdischer Arzt und zwei Schwestern arbeiteten.

Es gab viele Fälle von Dysenterie und Typhus. Für die Kranken gab es weder Diät noch Medikamente. Ein Mädchen, das vom Posten angeschossen wurde, weil sie auf dem Heimweg sich ein paar Kartoffeln von einer Kartoffel-

14 Nicht die Aufseher, sondern die Arbeitenden.

miete mitnehmen wollte, starb im Revier, weil kein Desinfektionsmittel da war.

Einmal hieß es, alle Kranken würden nach Stutthof zurückgeschickt. Wer wollte, konnte sich freiwillig melden, um mitzufahren. Als Tolja, die sich von ihren schweren Krankheiten noch nicht erholt hatte, sich ebenfalls meldete, warnte sie die Aufseherin: Sie rate, lieber die schwerste Arbeit auf sich zu nehmen. So blieb sie.

Zu den fünfzig Revierkranken kamen noch fünfzig Freiwillige. Man sperrte sie in einen Waschraum und gab ihnen zwei Tage kein Essen. Sie mußten sich völlig nackt ausziehen. Tolja sollte ihnen die Kleider ausziehen. Als sie sich weigerte, wurde sie geschlagen. Auch die andern weigerten sich. Da befahl die Aufseherin, daß sich alle selbst ausziehen, ganz nackt, mit Decken umgenommen. Die Kleidung und das Schuhwerk wurde den andern zur Verfügung gestellt. Nur in Decken gehüllt, wurden sie von zwei Posten zur Bahn abgeführt. Ein gespenstischer Zug. Er hat wahrscheinlich Stutthof nie erreicht. Er wurde unterwegs irgendwo erledigt.

Der Herbst kam, das Essen wurde schlechter, die Arbeit schwerer. Die irdenen Schüsseln und Blechlöffel waren allmählich zerbrochen. Eine Partie mußte lange warten, bis die andere gegessen hatte. Weil sich ein Mädchen, um einen Tag nicht zur Arbeit gehen zu müssen, in der Teertonne versteckt hatte, mußte der ganze Block im strömenden Regen bis zwölf Uhr nachts ohne Essen auf dem Hof stehen. Nein, sie konnten nicht mehr. Sie wurden so von Trostlosigkeit überwältigt, daß sie beim nächsten Appell die Lagerführer baten, sie allesamt zu erschießen. Die Antwort: »Für euch sind unsere Kugeln zu schade. Die brauchen wir für die Iwans. Ihr werdet auch so erledigt.«

Eines Sonnabends kam eine Kommission von vier wohlbeleibten Uniformierten. Sie gingen durch die Baracken, prüften die Schlaflager, kosteten in der Küche die Suppe. Sie fanden sie zu dünn, und am selben Abend gab es eine herrliche Suppe aus geschälten Kartoffeln und zehn Kilogramm Fleisch. Dann wurde jede Nummer aufgerufen und bekam eine neue Barchent-Schlafdecke.[15]

Der Sonntag war von allen der traurigste Tag. Sie gingen nicht zur Arbeit. Aber wenn sie um sechs Uhr früh noch nicht auf waren, kam die Aufseherin »Trudchen« mit dem Gummiknüppel in der Hand und schrie: »Schweine, schlaft ihr noch?«

Sonntags wuschen sie sich selbst gründlich, [und es] mußten die Baracken gesäubert, die Aborte ausgeschöpft werden. Man mußte Gruben für die Abfälle graben, dem deutschen Aufsichtspersonal verschiedene Sonderdienste wie Stiefelputzen etc. leisten. Und wenn die traurigen Dienste entrichtet waren, saßen sie frierend und weinend auf ihren Pritschen und wurden noch mehr als am Alltag vom hoffnungslosen Jammer ihres Daseins ergriffen.

Von den politischen Ereignissen drang wenig zu ihnen, und doch schwirrten die Gerüchte von der sich nahenden Roten Armee, und so klein die Hoffnung auf Befreiung war, sie hielt sie doch aufrecht.

Mitten in der Nacht kamen einmal vier Wagen mit Kohlrüben. Dreißig Frauen wurden aus dem Schlaf gejagt und sollten abladen. Am nächsten Tag würden sie dafür frei haben und schlafen können. Sie mußten die Rüben mit den Händen von den Wagen in Körbe füllen und dann in Bunker einschippen. Die Aufseherin, Trudchen, stand in einem warmen, roten Schlafrock – blonde Locken – daneben und

15 Zusatz unleserlich, etwa: *Decken umgefädelt, Saum aufgetrennt, zu Hosen zerschnitten. Nach zwei Tagen keine Decken mehr da.*

trieb zur Eile[16]. Aber die Kohlrüben waren wie aus Glas und aneinander gefroren. Die Arbeit ging nur langsam vorwärts. Da holte man noch eine größere Anzahl Männer dazu. Darunter war der tüchtige Perelmann aus Wilna, der unter den Frauen unverhofft seine Freundin Renja traf und inmitten allen Elends ein beglücktes Wiedersehen feierte.

Obschon die Kohlrüben erfroren und halb verfault waren, aßen sie sie doch roh und holten sich zwei Eimer aus der Küche, um sich, im Schnee versteckt, einen kleinen Vorrat zu machen. Davon wollten sie essen, wenn sie am nächsten Tag zu Hause bleiben durften. Bevor es Tag wurde, war alles in den Bunkern, und als das Arbeitskommando für die andern erscholl, wollten sie sich schlafen legen. Aber die Aufseherin hatte mit dem Lagerführer Kontrolle gehalten und alles entdeckt. Die versprochene Tagesruhe wurde gestrichen, und sie mußten, vor Erschöpfung schwankend, mit den andern zur Arbeit gehen.

Der Dezember war kalt und grau. Heizmaterial bekamen sie nicht, aber es war erlaubt, sich etwas Reisig aus dem Wald mitzubringen. Das Holz war so naß, daß es nicht brennen wollte, und auf dem Hof standen viele schöne hölzerne Regale. Sie hatten eigentlich in die Baracken gebaut werden sollen, aber der Lagerführer hatte diesen »Luxus« für unnötig befunden, und so standen sie im Regen und verfielen. Tolja schlich sich täglich hinaus, nahm eines der Regale und kam damit zurück. Eine hielt an der Tür Wache. Sie verabredeten als Stichwort »sechs«, wenn eine Kontrolle[17] käme,

16 Zusatz: *J.* [jüdisches/junges?] *Mädchen mußte sie täglich frisieren. Ließ sich Aussteuer nähen. Nähmaschine bei Magazin, eiskalt. Schönste Kleider wechselte mehrmals am Tag. Rotes Schleifchen im Haar, Dauerwellen.*

17 Zusatz: *Wenn der Tritt von Lederschuhen zu hören war, wußte man schon: Kontrolle. Kam Sendung mit Kleidung, nahm sich das beste, ließ nur Unbrauchbares für Juden.*

und machten sich daran, das Regal zu zerkleinern. Es brannte herrlich, aber schon erscholl der Warnruf: »sechs«, und sie warfen schnell alle Scheite auf einmal in den Ofen. Aber der Lagerführer entdeckte ein liegengebliebenes Stückchen und rekognoszierte[18] es sofort. Wer hat das Regal gestohlen? Als sich niemand meldete, wurden drei Hungertage über den ganzen Block verhängt.

Alle rieten Tolja ab, sich zu melden. Lieber wollten sie gemeinsam hungern. Aber als es abends wirklich nichts zu essen gab, entschloß sich Tolja, frühmorgens zu gestehen. Wie sie zum Lagerführer herantritt, schreit der: »Drei Schritte mir vom Leibe!« Auf das Geständnis einen derben Tritt. »Das Schwein hat sich gemeldet. Und nun kommt die Strafe.« Sie muß sich im Totenbunker zwischen zwei Leichen legen. Sie jammert: Jede andere Strafe, aber die ist ihr zu schrecklich. Es hilft nichts. Von Zeit zu Zeit Kontrolle, ob sie sich nicht von ihrem Platz rührt. »Du Teufel lebst noch?« Sie muß vierundzwanzig Stunden in dem Geruch der verwesenden Leichen verbringen, dann wird sie herausgeholt, muß sich auf den Zementdeckel des Brunnens knien. »Hände hoch!« Aber sie ist so erschöpft, daß die Arme herabsinken. Kein Gummiknüppel bringt sie zum Erheben. Den ganzen Tag zur Arbeit mit den andern, abends in die Schreibstube. Dort wird sie übergelegt und bekommt fünfundzwanzig Schnitze. Entlassen.

So sehr sich die Wächter bemühten, sie von allen Nachrichten abzusperren, sie können nicht verhindern, daß Ende 1944 der dumpfe Kanonendonner die Ohren der Gequälten trifft und sie mit neuer Spannung erfüllt. Wie wird es sein? Ob man sie alle vorher vernichten wird?

Ein Befehl: Das Lager wird aufgelöst. Von den ehemals

18 Hier im Sinne von »erkannte«.

1250 Frauen waren hundert vernichtet, zweihundert waren gestorben. Die hundertfünfzig Frauen aus dem Krankenrevier wurden von den übrigen abgesondert. Sie sollten zurückbleiben. Die übrigen, jetzt nur mehr achthundert, sollten sich reisefertig machen. Vierunddreißig, die Arbeitskräftigsten, sollten ebenfalls zurückbleiben, um das Lager aufzuräumen. Tolja war mit darunter. Es gelang ihr nicht, sich zu den Abmarschierenden zu mischen. Sie wurde entdeckt und mit Schlägen zurückgetrieben. Von den hundert Männern waren nur einige gestorben, die übrigen marschierten mit ab. Die Reise sollte zu Fuß nach Königsberg gehen. Sie sollten achtzig Kilometer in drei Tagen machen. Drei besonders tüchtige Männer sollten ebenfalls zum Aufräumen zurückbleiben. Darunter war Perelmann. Die andern waren litauische Juden, Schimke und Judel.

Es wurde großer Wert darauf gelegt, daß die Baracken so hergestellt wurden, daß man nicht mehr erkennen könne, daß das ein Lager gewesen war. Die Holzwolle mußte aus den Schlafsäcken genommen und verbrannt werden. Die Säcke waren so verfilzt, daß man sie aufreißen mußte. Dann mußten sie in Bündel gepackt werden. Die leeren Konservenbüchsen, die sie sich auf den Arbeitsgängen auf der Strecke aufgelesen hatten, wurden auf einen Haufen geworfen. Die Dielen wurden gründlich gescheuert, in der Küche alle Töpfe gescheuert, alles Brauchbare abmontiert und verpackt. Perelmann verstand alles und sorgte auch für besseres Essen. Abends gab es Schälkartoffeln und Margarine.

Nach drei Tagen kam der Lagerführer per Auto zurück: »Die Leute sind in Königsberg eingetroffen und warten auf ihre Strohsäcke.« Die entsetzliche Aufseherin war noch geblieben und kontrollierte die Arbeit mit der gleichen Unbarmherzigkeit wie immer. Nachts hieß man sie, im Revier die Kranken von ihren Strohsäcken heben und auf die Dielen legen. Die Strohsäcke waren verlaust, besonders die, wo Tote gelegen hatten. Sie mußten alle noch in der Nacht ausgeschüttet werden. Am Morgen wurden die Bretter von den Pritschen zusammengelegt und der Abmarsch befohlen.[19]

Ein bisher unbekannter Deutscher, der »Frontführer« genannt wurde, sollte den kleinen Zug begleiten. Außerdem gingen fünf Posten mit. Man gab ihnen dreißig Brote, zwanzig Kilogramm Margarine, zehn Kilogramm Marmelade als Gepäck mit. Das sollten sie alles nach Königsberg bringen. Als Proviant bekam jeder noch ein Brot. Perelmann konfiszierte einen Schlitten, auf den man das Gepäck legte.

Als sie einige Kilometer gegangen waren, wurden sie von einem weiteren Posten eingeholt, der zurückgeblieben war. Er berichtete dem Frontführer, daß man die hundertfünfzig Kranken verbrannt habe. Man habe sie zwischen die Bretter von den Pritschen geschichtet, Benzin darüber gegossen und den Scheiterhaufen angezündet.

Sie gingen den ganzen Tag, ruhten ein wenig und gingen dann die ganze Nacht. Der Frontführer immer etwa zwanzig Schritte voraus, ohne je ein Wort mit den Juden zu sprechen. Früh wurde es eiskalt. Das Brot war so gefroren, daß man es nicht beißen konnte. Sie tauten es in ihren Taschen auf, aber die Taschen waren verlaust und schmutzig. Allmählich versagten zwei Frauen die Kräfte. Jedesmal wenn eine zurückblieb, wartete einer der Posten bei ihr, bis der Zug sich etwas entfernt hatte, schoß sie dann nieder und holte die andern wieder ein.

In der zweiten Nacht gingen alle in einen Stall. Er war voll

19 Zusatz am Rand der Seite: *Kranke Finger. Füße geeitert, gefault, kein Essen, gestorben, verlaust. Mit Schere Kleidung der Toten aufgeschnitten, Tote in Kiste, abgefahren mit Auto.*

von Kühen, Pferden und Flüchtlingen. Der Frontführer ging in die Bauernstube und verlangte dort Essen, ein Bett. Die Posten blieben bei den vierunddreißig.

Am nächsten Tage wurde es noch kälter. Sie brachen schon um fünf Uhr auf und gingen, gingen.[20] Die dritte Nacht verbrachten sie wieder in einem Stall. Die Bäuerin hatte Mitleid mit dem jämmerlichen Zuge und brachte Kaffee und Brot. Der Frontführer kam dazu, nahm den Kaffeetopf und goß ihn aus. Seine Leute bräuchten keinen Kaffee.

Als sie am nächsten Morgen wieder auf der Walze waren, holte sie ein Lastwagen ein. Hochbeladen mit ihren Schlafsäcken, dem Küchenrat und den Vorräten von Schippenbeil. Hoch oben saßen der Lagerführer und in einem eleganten Pelz die Aufseherin Trudchen.

Die Posten wurden müde, der Schlitten zog sich schwer auf den schneeverwehten Straßen. Überall traf man auf Flüchtlinge, und das Dröhnen der Geschütze kam immer näher. Der kleine Zug war trotz seiner Erschöpfung in großartiger Stimmung. Plötzlich fing einer an, ganz dreist ein Lied zu singen, und schließlich sangen alle mit. Mit den Posten, harmlosen Soldaten, hatten sie sich in den drei Marschtagen schon angefreundet, die ließen alles durch, und es schneite so, daß der vorausstapfende Frontführer nichts hörte.

Plötzlich gab der ein Zeichen, stehenzubleiben. Sie standen an der Straße, und er ging in den Wald. Als er wieder zurück war, nahm er die Posten zu einer Besprechung beiseite. Dann gab er den Befehl: Alle in den Wald. Perelmann hatte unterdessen allen befohlen, sich keiner Anordnung mehr zu beugen.

20 Zusatz am Rand der Seite: *Jedesmal, wenn der unheilvolle Befehl »Abmarsch!« erscholl, Verzweiflung – Russen schon nah.*

Sie weigerten sich, einen Schritt abseits der Straße zu gehen. Alle Frauen begannen zugleich, den Frontführer zu bitten, sie leben zu lassen. Sie erhoben die Hände und flehten, und die Schneeflocken setzten sich auf ihre Wimpern und schmolzen von ihren Tränen. »Ich werde euch nicht in die Hände der Iwane geben. Erst erschieße ich euch und dann mich selbst.«

Die Soldaten standen daneben und sagten kein Wort. Der Frontführer fühlte, daß er sich nicht mehr auf sie verlassen konnte. Vorwärts konnten sie nicht mehr. Sie gingen der Front gerade entgegen. Ein russisches Flugzeug kam mit seinem tiefen Brummen ganz niedrig. Der rote Stern war ihnen wie eine Verheißung.

Der Frontführer befahl, das Gepäck vom Schlitten wegzuwerfen und kehrt zu machen. Sie gingen vierzehn Kilometer zurück und kehrten wieder in einem Bauernhof ein. Die Front rückte von allen Seiten immer näher an sie heran. Der Frontführer wollte mit seinem Zug nachts aufbrechen.[21] Aber die Frauen weigerten sich. Nein, sie blieben hier. Nur die drei Männer, Tolja und Renja waren bereit, mitzugehen. Perelmann hatte einen bestimmten Plan. Er wollte den Frontführer nicht lebendig entrinnen lassen und suchte nur nach einer Gelegenheit, ihn umzubringen. Drei Posten waren bei den neunundzwanzig Frauen zurückgeblieben. Wie man viel später erfuhr, sind sie davongelaufen, und die Frauen haben unversehrt ihre Befreiung erwarten können.

Die fünf gingen also mit dem Frontführer und zwei Posten weiter. Nach einigen Kilometern, es war noch mitten in der Nacht, gingen sie wieder in ein Gehöft. Der Knecht war

21 Zusatz am Rand der Seite: *Frontführer hat sich in Städtchen Befehle auf Kommandantur geholt, wollte nichts auf eigene Verantwortung machen.*

dort ein Pole, ein Kriegsgefangener, mit dem sich Perelmann schnell verständigte. Wassil verbarg die drei Männer auf dem Boden, versteckte die Frauen im Stroh, und als der Frontführer mit den Posten kam und fragte, ob er die fünf gesehen habe, sagte er, die fünf seien entlaufen.

Der Pole Wassil gab den Männern statt ihrer gestreiften Sträflingskleidung andere Hosen und Jacken, beim Bauern gestohlen. Sie nahmen ihre Binden mit den Nummern vom Arm. Die beiden Mädchen bekamen rote Kopftücher über die kurzen Haare, die unterdessen wieder ein bißchen gewachsen waren.

Mittags mußte Wassil anspannen und seinen Bauern zu einem abseits gelegenen Nachbarn fahren. Als er wieder zurückgekommen war, bewirtete er die fünf Befreiten im Stroh. Alle Deutschen waren geflohen. Aber auch sie fürchteten, allein an der Heerstraße zu bleiben. Der Pole spannte wieder an und fuhr sie zu demselben Nachbarn, dessen Gehöft abseits der Straße am Walde lag. Während sie fuhren, flogen die Schüsse an ihnen vorbei. Sie hatten sich auf der Fuhre mit Federbetten verschanzt und kamen glücklich an. Den Bauern gab Wassil Perelmann und die zwei Mädchen als Polen aus. Die beiden andern, Judel und Schimke, wurden wegen ihres jüdischen Aussehens gleich in den Stall bugsiert. Sie sollten sich lieber nicht zeigen. Sie bekamen Milch, Eier, Kartoffeln und legten sich im Stall schlafen. Dort waren noch andere Flüchtlinge, darunter eine Weißrussin, die mitten in der Nacht die andern weckte. Sie habe »Urrah, urrah!« schreien hören. Alle liefen auf den Hof und sahen wie vom Städtchen Landsberg die hellen Flammen leuchteten und überall die Kugeln einschossen. Sie waren mitten im Kampfgebiet.

Am Morgen wurde es ruhiger. Die Schüsse fielen seltener und ferner. Wassil machte sich auf, um nach Landsberg zu gehen. Nach einer Stunde kam er zurück, brachte viele Bonbons mit und berichtete, die Russen seien da. – Alle umarmten und küßten sich und gingen in die Bauernstube. Sie bekannten sich nun als Juden, was die Bauern nicht weiter aufregte. Sie frühstückten alle zusammen und nahmen dann von den Bauern Abschied. Ein zweiter Pole, Mischka, hatte ein Pferd, und sie wollten nun alle zusammen den Russen entgegenfahren.

In Landsberg sprachen sie mit einem jüdischen Major, der ihnen riet, die Stadt so schnell wie möglich zu verlassen, weil die Kämpfe ringsum noch nicht entschieden seien. Sie fuhren eilends in Richtung Bartenstein weiter – zu ihrem Glück, denn Landsberg wurde am selben Tag noch einmal von den Deutschen zurückerobert. Auf der Straße zwischen Bartenstein und Landsberg war der Weg im Walde überall mit Drahtverhauen versperrt. Sie wußten nicht aus noch ein.

Schließlich entdeckten sie ein Gehöft und gingen in die Stube hinein. An der Wand hing ein großes Hitlerbild. Tolja ging stracks darauf zu, riß es herab, zertrat es mit den Füßen und rief: »Dieser da hat meine Eltern getötet, unser ganzes Volk ausgerottet. Ich selbst bin schon zum Tode gerichtet gewesen.« Die Bauern sagten: »So ist's recht. Gut so, daß es kaputt ist.« Den Bauerntöchtern rissen sie die roten Armbinden mit dem Hakenkreuz ab und warfen sie ins Feuer.

Bei Bartenstein wurde ihr Gefährt aufgehalten. Die beiden Polen, Judel und Schimke und die Weißrussin wurden für den Arbeitsdienst mitgenommen. Die beiden Mädchen baten den Major so innig, sie und Perelmann freizugeben, daß er sich erweichen ließ. Sie wollten einen Umweg über Schippenbeil machen. Vielleicht, daß doch noch welche von den hundertfünfzig Kranken leben und ihrer Hilfe bedürfen. Aber die Straßen waren von der einflutenden Roten Armee gesperrt.

So fuhren die drei allein weiter. Aber sie kamen nicht weit. Bald wurde auch Perelmann zur Arbeit registriert. Renja blieb bei ihm. Tolja kam als Hilfskraft in eine Landwirtschaft in Freudenberg. Es gab viel Arbeit, aber sie war ein freier Mensch, und die Arbeit wurde ihr leicht. Ihre Freunde, Perelmann und Renja, besuchten sie oft. Nach einigen Wochen wurden die arbeitskräftigen Deutschen abtransportiert. Nur ein alter Schuhmacher mit seiner Frau blieb zurück.

Tolja wurde krank, bekam Diphtherie. Ein russischer Arzt machte ihr eine Injektion, gab Prontosil. Sie wurde wieder gesund und bald darauf wieder schwer krank, diesmal Magenkatarrh. Sie lag wochenlang und konnte nichts essen, aber schließlich wurde sie auch diesmal wieder gesund.

Sie war gesund und hübsch und blühend und hatte Kleider, Wäsche, soviel sie nur wollte, Schuhe, eine goldene Uhr. Ihre lockigen dunklen Haare umrahmten ihr bräunliches Gesicht mit den leuchtenden, hellbraunen Augen. Ihre weißen Zähne waren so gleichmäßig, daß es nicht einmal sehr störte, daß die Reihe von einigen Lücken unterbrochen wurde. So beschrieb sie später Perelmann, und so sah sie aus, als sie zu uns kam. Sie hatte noch viele Abenteuer zu bestehen, ehe sie hier landete.

In Bartenstein, wo Renja in der Kommandantur arbeitete, verlor Tolja bei einem Brand alle ihre Sachen. Die Uhr wurde ihr gestohlen. Sie war nun so arm wie zuvor. Perelmann wurde zum Militär geholt.

Als sich die Zivilbevölkerung in Korschen registrieren lassen mußte, wollte man ihr nicht glauben, daß sie »ein jüdisches Kind« sei. Man verdächtigte sie der Spionage und sperrte sie ein. Als man sie mit deutschen Frauen in einem

Raum halten wollte, machte sie einen solchen Skandal, daß man ihr schließlich eine Sonderzelle gab. Ihre Personalien waren nicht geklärt, und man brachte sie ins Kepaze[22] nach Insterburg. Sie saß in Zelle 14 mit achtzehn andern Frauen, Polinnen, Russinnen, und in einer anderen Zelle saß Renja. So blieben sie drei Monate. Man wollte ihnen nicht glauben, daß sie sich als Jüdinnen gerettet hatten.

Schließlich kam sie zu Fuß nach Gumbinnen und Kybartai, wurde auch dort eine Woche gehalten. Dort endlich wurde sie noch einmal kreuz und quer ausgefragt und bekam schließlich eine Bescheinigung, daß sie politisch unverdächtig sei. Wann Renja aus dem Insterburger Gefängnis gekommen war und ob sie, wie sie beabsichtigte, nach Lodz gekommen war, wußte sie nicht.

Tolja wollte nicht nach Polen zurück, wo man ihre Nächsten vor ihren Augen umgebracht hatte. Sie wollte lieber in der Sowjetrepublik leben, denn ihr einziger Wunsch ist, etwas zu lernen. Von ihrem dreizehnten Lebensjahr war sie im Ghetto. Sie sprach und schrieb ein schönes, lebendiges Polnisch, sie rechnete gut und schnell – das war alles, was sie konnte. Von Geschichte, Geographie, Sprachen, Grammatik keine Ahnung. Wie kann sie ihren eifrigen Wissensdrang stillen, wie die Disharmonie ausgleichen, die die an Erlebnissen und Erfahrung so Beladene, an Schulweisheit so Mangelnde beunruhigt?

Irgend jemand hatte ihr in Kybartai meine Adresse gegeben, und da war sie nun, tragisch und kindlich, weise und einfältig. Da sie kein Litauisch kann, rieten wir ihr, nach Wilna zu gehen: dort wird sie vielleicht auch Perelmann

22 »Kepaze«, eigentlich »Kapeze« bzw. »KPZ«, ist die russische Abkürzung für »Kamery Predvaritel'nogo Zakliutchenia« – »Provisorische Haftzellen«, dabei handelte es sich um kleine Ortsgefängnisse an Bahnhöfen, Häfen oder in Dörfern.

treffen. Gretchen fuhr nach Wilna. Mit Hilfe von Freunden wurde Tolja eine auskömmliche Stelle zugesichert, bei der sie die Möglichkeit haben wird, eine Abendschule zu besuchen. Gretchen fand in Wilna auch Perelmann – als Invaliden. Er hatte sich noch in den letzten Monaten als Soldat gegen den Nationalsozialismus gestellt. Eine Blutvergiftung nach einem Beinschuß machte die Amputation des Beines notwendig.

Einige Tage später war er auf der Durchreise nach Moskau, wo er eine Prothese bekommen soll, im Kriegslazarett in Kaunas. Tolja und ich gingen zusammen hin. Ein von Leiden zerfurchtes Gesicht, helle, unendlich milde, weise, freundliche Augen. Die beiden Freunde waren tief bewegt, sich wiederzusehen. Sie breiteten ihre Sorgen voreinander aus. Das bitterste Leid für den nicht mehr jungen Mann, der zum Krüppel geworden war: Renja war nicht zu ihm zurückgekommen. Er kann es nicht verschmerzen, daß sie ihn verlassen hat, aber er drängt seinen eignen Kummer zurück und sorgt mit väterlicher Zartheit um Tolja, gibt ihr zwanzig Tscherwonzen[23], alles was er hat. Er selber brauche nichts, er wolle nur so schnell wie möglich die Beinprothese bekommen, damit die Menschen nicht zuviel Mitleid mit dem Einbeinigen haben. »Wird schon alles gut werden«, tröstet er immer wieder Tolja und sich selbst.

Am nächsten Tag ging sie allein zu ihm und am übernächsten ging ich allein. Tolja hatte Fieber und Kopfschmerzen. Wir dachten, Grippe und daß es schnell vorübergehen wird. Aber die Kopfschmerzen wurden immer schlimmer, und am dritten Tage hatte sie 40 Grad. Der Arzt riet ins Desinfektionshospital, womöglich ist das Typhus. Und so war es auch. Unsere Wohnung wurde desinfiziert,

23 Russische Währungseinheit. Ein Tscherwonez entsprach zehn Rubel.

und ich ging jeden Tag, um ihr etwas zu bringen und mich zu erkundigen. Das Fieber stieg noch, und die Schwester sagte, sie sei ohne Bewußtsein und in hoher Lebensgefahr ...[24]

***

24 Hier bricht die Aufzeichnung von Toljas Bericht ab. Tolja überstand auch diese Krankheit. Sie heiratete in Litauen und ging in den sechziger Jahren nach Israel.

# Anhang

*von*

*Reinhard Kaiser*

# Drei Kladden

Am 25. September 1944, einem Montag, beginnt eine Frau von dreiundfünfzig Jahren, Helene Holzman, Malerin, Kunst- und Deutschlehrerin, Buchhändlerin, in der damals sowjetischen, heute wieder litauischen Stadt Kaunas aufzuschreiben, was sie in den vergangenen drei Jahren erlebt, erlitten, gesehen, gehört, gedacht und getan hat. Sie schreibt mit einem Bleistift in eine dickleibige Kladde.

Acht Wochen vorher, Ende Juli, haben sich die Wehrmacht und die deutsche Zivilverwaltung aus Litauen zurückgezogen. Bis zur endgültigen Kapitulation des Deutschen Reiches vergehen noch fast acht Monate. Aber in Litauen und für Helene Holzman ist der Krieg seit dem 1. August 1944 vorüber. In ihren Aufzeichnungen erreicht sie diesen Tag im August 1945, nachdem sie während elf Monaten geschrieben und zwei weitere Kladden gefüllt hat.

Die Seiten der ersten Kladde sind liniert, die der beiden anderen kariert. Die Umschläge oder Einbände sind abhanden gekommen. Die mit Metallklammern gehefteten Papierlagen waren einmal im Rücken verleimt und mit Leinen verstärkt. Der brüchige Leim ist größtenteils abgeplatzt. Die meisten Lagen haben sich voneinander gelöst.

Die Seiten sind mit lateinischer Schreibschrift in deutscher Sprache beschrieben. Der Text weist in wechselnder Dichte zahlreiche Korrekturen auf. Sie deuten darauf hin, daß es sich um eine erste Niederschrift handelt. Die Korrekturen wurden zum Teil während des Schreibens, zum Teil erst später, beim Zurückblättern und Überlesen des schon Geschriebenen, vorgenommen. Man erkennt dies gelegentlich daran, daß Text und Korrektur mit unterschiedlich spitzem Stift ausgeführt sind. Radierspuren finden sich nur in der letzten Kladde und auch hier nur selten. Abgewandelte Formulierungen von Sätzen oder Halbsätzen stehen oft zwischen den Zeilen. Einzelne Wörter hingegen sind häufig – und manchmal schwer lesbar – durch einfaches Überschreiben ausgetauscht worden. Die Aufhebung von bereits ausgeführten Streichungen wird durch punktierte oder gestrichelte Linien unterhalb der gestrichenen Passage angezeigt – eine Konvention, die aus der Korrektur von Fahnenabzügen im Buch- und Zeitungsdruck bekannt ist.

Die Seiten der drei Kladden sind handschriftlich paginiert, die erste von 1 bis 224, die zweite von 1 bis 200, die dritte umfangreichere von 1 bis 216 und, nach etlichen leeren Seiten, noch einmal von 1 bis 65 – für das, was Tolja zu berichten hat. Alles in allem siebenhundertfünf Seiten.

An den Anfang ihrer Aufzeichnungen setzt Helene Holzman das Datum des Tages, mit dessen Schilderung ihr Bericht beginnt, das Datum des 19. Juni 1941. Sie beschreibt eine Zugfahrt, die sie und ihren Mann von Wilna, wo eine neue Wohnung für die Familie gefunden scheint, zurück nach Kaunas zu den beiden halbwüchsigen Töchtern führt. Sie beschreibt das Wiedersehen mit den Kindern, die ein paar Tage für sich selbst gesorgt haben, und schließt die muntere Szene mit dem Satz: »Keinem von uns kam eine Ahnung, daß dies die letzte fröhliche Stunde war, die wir zusammen verlebten.«

Drei Tage nach diesem 19. Juni erfaßt der Krieg, den Deutschland seit dem Spätsommer 1939 über Europa gebracht hat, auch die »Litauische Sozialistische Sowjetrepublik«, auch die Stadt Kaunas, auch die Holzmans. Sechs Tage nach jenem 19. Juni, am ersten Tag nach der Besetzung der Stadt durch die deutsche Wehrmacht, werden Max Holzman und seine ältere Tochter Marie wie Hunderte anderer auf offener Straße von litauischen »Partisanen« festgenommen. Max Holzman bleibt verschwunden. Für immer. Marie kommt nach drei Tagen frei. Anfang August wird sie erneut verhaftet – in einem Lazarett, wo sie, den Warnungen der Mutter zum Trotz, schon mehrmals verwundete deutsche Soldaten besucht hat, um mit ihnen zu diskutieren, und zwar über den Frieden. Diesmal kommt sie nicht mehr frei, sondern wird zwölf Wochen lang im Kaunaer Stadtgefängnis festgehalten und Ende Oktober 1941 erschossen – zusammen mit einigen hundert anderen Insassen des Gefängnisses und zehntausend am Tag zuvor bei der sogenannten »Großen Aktion« ausgewählten jüdischen Bewohnern des inzwischen eingerichteten Ghettos.

Helene Holzman lebt weiter. Mit hohem Risiko. »Mann Jude, Tochter Kommunistin«, notiert sich ein Beamter bei einer nächtlichen Durchsuchung ihrer Wohnung. Doch nach einer verzweifelten Zeit der inneren Erstarrung fällt jegliche Angst von ihr ab. An die Stelle von Verzagtheit tritt die Entschlossenheit, nicht nur ihre jüngere Tochter Margarete zu retten, sondern mit ihr so viele andere Gefährdete und Bedrohte wie nur möglich.

Sie ist bei dem, was sie nun beginnt, nicht allein. Sie steht in heimlicher Verbindung mit anderen »Verschworenen«, meist Frauen – Litauerinnen, Russinnen, Deutsche und unter ihnen nicht wenige, deren Männer ebenfalls in den ersten Wochen nach dem Einmarsch der Wehrmacht verschwunden sind. Sie alle bemühen sich nach Kräften, die noch vorhandenen Verbindungen ins Ghetto nicht abreißen zu lassen und neue zu knüpfen. Sie ermutigen Bewohner des Ghettos zur Flucht und versuchen denen, die den Schritt in die todesbedrohte Freiheit wagen, ein erstes

Versteck, dann eine neue Identität und schließlich eine Stelle zu verschaffen, an der sie unauffällig und halbwegs gesichert weiterleben können.

»Eine kleine Verschwörergruppe arbeitete fleißig am unterirdischen Werk«, notiert Helene Holzman. Zu dieser Gruppe gehört auch die litauische Augenärztin Elena Kutorga, mit deren Sohn Helene Holzmans ältere Tochter Marie befreundet gewesen war. Elena Kutorga hat während der deutschen Okkupation ein Tagebuch geführt. Darin findet sich, ohne daß ihr Name erwähnt wird, auch ein Porträt von Helene Holzman aus den Tagen unmittelbar nach der Ermordung Maries.

*»31. X [1941] ... Heute war eine wundervolle, an Charakterstärke und Mut einzigartige Frau bei mir. Ihr Mann – Teilnehmer am Ersten Weltkrieg (er hatte einen Orden) – ist in den ersten Kriegstagen umgekommen, als die Juden von der Straße weg verhaftet und in den Tod geschickt wurden. Ihre Tochter, ein 17jähriges Mädchen, ist dieser Tage im Gefängnis erschossen worden, die zweite Tochter mußte als Halbjüdin ins Ghetto ... Die Mutter lebt in ständiger Gefahr, doch sie hilft anderen auf jede Weise. Sie hat sich Gift bei mir besorgt, um den Freitod wählen zu können, wenn sie verhaftet wird. Mit welcher Festigkeit und mit welchem Stolz sie ihren großen Mutterschmerz trägt ... Ich bewundere sie und verneige mich vor der Größe ihres Herzens.«*[1]

1 Elena Kutorgiene-Buivydaite (Elena Kutorga), »Tagebuch. Juni bis Dezember 1941«. In: Wassili Grossman, Ilja Ehrenburg, »Das Schwarzbuch. Der Genozid an den sowjetischen Juden«. Reinbek: Rowohlt 1994, S. 666. Richtigzustellen ist hier, daß Marie bei ihrer Ermordung neunzehn Jahre alt war und daß ihre Schwester Margarete, wie man dem Bericht Helene Holzmans entnehmen kann, nach den Vorschriften der deutschen Zivilverwaltung als »Halbjüdin« zwar ins Ghetto gemußt hätte, aber nicht ins Ghetto ging.

Helene Holzman hat, anders als Elena Kutorga, kein Tagebuch geschrieben. Als sie ihre Aufzeichnungen über die drei Jahre der deutschen Besetzung in Litauen beginnt, weiß sie, was ihr als Schreiberin bevorsteht. Sie weiß, von welchen Schrecken zu berichten sie sich vorgenommen hat, und sie weiß auch, daß sie zuletzt von einem Tag wird berichten können, an dem diese Schrecken ein Ende haben. Es ist jener Tag Anfang August 1944, an dem sie früh morgens über dem Tal der Memel steht, auf deren jenseitigem Ufer sich die deutsche Wehrmacht nach Westen absetzt, während von Südosten die sowjetische Armee heranrückt. Helene Holzman ahnt – man sieht es einer Korrektur des letzten Satzes ihrer Aufzeichnungen an[2] –, daß mit diesem Tag nicht alles Elend und aller Schrecken endet. Aber das Menschenmorden, das in Kaunas und anderswo während der vergangenen drei Jahre zum grauenhaften Alltag geworden ist, hat aufgehört. Mit dem kleinen Kolja auf dem Arm, auch er ein aus dem Ghetto geschmuggeltes Kind, das leben wird, fühlt sie sich wie die Dienerin der Tochter Pharaos mit dem Knaben Moses.

Zu wissen, daß diese Szene am Ende eines Berichtes stehen würde, der mit der letzten fröhlichen Stunde ihrer eigenen Familie beginnt, mag ihr die Kraft gegeben haben, die qualvolle Arbeit des Erinnerns und Wiederbelebens überhaupt auf sich zu nehmen und durchzustehen – die Kraft auch zu jener nüchternen, präzisen Unerschütterlichkeit der Darstellung, die um so ergreifender wirkt, als in vielen Passagen spürbar wird, wie sehr Helene Holzman um diese *impassibilité* kämpfen muß.

Ihrer jüngeren, damals neunzehnjährigen Tochter entgeht nicht, daß die Mutter fast ein Jahr lang regelmäßig

2 Vgl. S. 307, Anm. 66.

schreibt. Sie weiß auch, worüber die Mutter schreibt, aber sie liest nicht mit und dringt nicht in sie. Beide leben nach wie vor zusammen, aber jede läßt der anderen ihre Sphäre. Erst nach dem Tod der Mutter liest Margarete Holzman zum erstenmal in deren Aufzeichnungen. Manchmal, so erinnert sie sich, habe die Mutter von ihrer Kladde aufgeblickt und sie nach einem Detail gefragt, einem Datum, einem Namen, und wenn sie, Grete, dann die Antwort wußte, habe die Mutter gesagt: »Du hast doch das bessere Gedächtnis von uns beiden.«

Regelmäßig notiert Helene Holzman an den Seitenrändern die Daten der Tage, an denen sie schreibt. So ist nicht nur erkennbar, wann sie ihre Aufzeichnungen begonnen und wann beendet hat. Es zeigt sich auch der Rhythmus ihrer Arbeit: daß sie nicht Tag für Tag geschrieben hat, daß sie an einem Schreibtag meist vier oder fünf Kladdenseiten gefüllt hat, manchmal auch bis zu zehn und bisweilen nur zwei. Es zeigt sich, daß sie im Oktober und Dezember 1944 und dann noch einmal im Juli und August 1945 besonders intensiv an ihren Aufzeichnungen gearbeitet hat. Und es zeigt sich schließlich, daß sie nur während eines einzigen Monats so gut wie gar nicht geschrieben hat: von Ende April bis Ende Mai 1945.

In dieser Zeit geht nicht nur der Krieg für Europa zu Ende. In dieser Zeit beginnt auch die Sowjetmacht in Litauen, Bürger deutscher Herkunft, unter ihnen wiederum jüdische Überlebende, nach Mittelasien zu deportieren. Helene Holzman und ihre Tochter Margarete haben, wie Hunderte anderer, am 26. April den Zug schon bestiegen. Daß sie der »Verschickung« entgehen, verdanken sie der damals zwölfjährigen Fruma Vitkin, die nach ihrer Rettung aus dem Ghetto zeitweise bei den Holzmans versteckt war, nun als Ziehtochter bei ihnen wohnt und im letzten Augenblick den einen freundlichen sowjetischen Funktionär alarmiert, der es wagt, mit den Holzmans eine Ausnahme zu machen. Es sind wohl diese dramatischen Vorgänge gewesen, die zur Unterbrechung der Schreibarbeit im Mai 1945 geführt haben.

Die Position, aus der Helene Holzman in ihren Aufzeichnungen das Geschehen in der Zeit von 1941 bis 1944 beobachtet, ist, wenn man dies so strategisch nüchtern feststellen darf, ideal: Sie lebt außerhalb des Ghettos und kann sich frei bewegen, unterhält jedoch intensive Verbindungen ins Ghetto; sie wird, obgleich nach Nazi-Kategorien selbst »halbjüdisch«, von denen, die mit ihr in Kontakt treten, nicht als »jüdisch«, sondern als »deutsch« wahrgenommen und ist doch zugleich vollkommen solidarisch mit den Juden; sie ist ihrer Herkunft nach Deutsche, besitzt jedoch die litauische Staatsangehörigkeit; sie ist durch den Verlust des Ehemanns und der ältesten Tochter Opfer, zugleich aber beherzte Aktivistin, die nicht Opfer bleiben will und ihren Widerstand organisiert. Die Perspektiven, Einblicke und Einsichten, die sich ihr aus dieser Beobachterposition bieten, sind vielfältig, vielfach gebrochen, von Gegensätzen und Widersprüchen geprägt – kurzum, der Wirklichkeit sehr nah.

Das Schicksal der Angehörigen, der Freunde und Bekannten und der litauischen Judenheit steht im Mittelpunkt von Helene Holzmans Aufzeichnungen. Aber auch die anderen beteiligten oder betroffenen Gruppen verliert sie nie aus den Augen, verfolgt mit wachem Blick die Wandlungen und Verwerfungen in der Haltung ihrer litauischen Mitbürger gegenüber den vermeintlichen Befreiern, beobachtet die zurückkehrenden deutschen Zivilisten, die Wehrmachtsoldaten, die Funktionäre des Unterdrückungsapparates in ihrer selbstgewählten Rolle als Herrenmenschen und übersieht vor allem auch nicht die russischen Kriegsgefangenen, die selbst nach Meinung der in die Misere abgedrängten jüdischen Ghettobewohner die unterste Stufe des alltäglichen Elends einnehmen.

Die Geduld mit dem Detail, das Interesse an den Einzelheiten machen Helene Holzman unanfällig für die Versuchungen, die von den Klischees ausgehen. Die Litauer, die Juden, die Russen gibt es bei ihr nicht – auch nicht die Nationalsozialisten oder die Deutschen. Einmal schreibt sie »Unsere Feinde, das sind die Deutschen« und nimmt diesem Satz sogleich wieder das Schematische, indem sie ihn abwandelt: »Unsere Feinde, das sind Deutsche – wie wir selbst.«[3] Erstaunlich ist, wie sie bei dem geringen Abstand, der sie bei der Niederschrift ihrer Erinnerungen vom Geschehenen trennt, immer von neuem die Kraft findet, am Stereotyp vorbei die Vielfalt der Haltungen und Stimmungslagen festzuhalten und Nuancen im Auftreten und Reden selbst der finstersten Übeltäter nicht zu übersehen.

Erstaunlich ist auch, mit welchem Überblick, mit welchem Sinn sogar für Spannungsbögen und Spannungsverzögerung Helene Holzman ihre Aufzeichnungen schon bei der ersten Niederschrift, und nur diese haben wir ja vor uns[4], anlegt, wie planvoll sie die verschiedenen Geschich-

3 Vgl. S. 179, Anm. 28.

4 Nur zu einigen der längeren Abschnitte, in denen Helene Holzman andere Augenzeugen – Emma Frenkel, Stasia und vor allem Tolja – zu Wort kommen läßt, gibt es Entwürfe: stichwortartige Notizen, vermutlich beim Anhören der Berichte oder kurz danach aufgezeichnet. Wie eine historische Flaschenpost mutet unter diesen Notizen ein Zettel an, der eine Geschichte skizziert, die keinen Eingang in die Aufzeichnungen fand, und deshalb hier im Wotlaut wiedergegeben werden soll: »Der Bruder war 1940 mit anderen Männern geschnappt und verschickt worden. Die Familie glaubte ihn verloren, aber nach 3 Monaten kam eine Postkarte. *Befinde*

ten, die sie erzählt, ineinander verschränkt und die unterschiedlichen Stränge immer wieder aufnimmt, weiterspinnt und miteinander verwebt: die Geschichte ihrer eigenen Familie, die Geschichten von Edwin und Lyda Geist, von Dora Kaplan, den beiden Nataschas und viele andere. Dazwischen plaziert sie Betrachtungen über die politische Lage, über die Stimmungen in der Stadt, in der litauischen Bevölkerung, bei den verschiedenen Gruppen von Deutschen, bei den Juden im Ghetto, bei den Freunden und »Mitverschwörern«.

Zusätzliche Anschaulichkeit und Eindringlichkeit verschafft Helene Holzman ihren Aufzeichnungen durch die Aufnahme einiger Dokumente, darunter zwei aus dem Gefängnis geschmuggelte Briefe Maries, und vor allem durch einige längere Passagen, in denen sie protokolliert hat, was andere ihr von eigenen Erlebnissen und Erfahrungen berichtet haben: Sonja und Beba, die mit dreitausend anderen Frauen bei den Pogromen zu Beginn der deutschen Besetzung verhaftet und auf die Forts in der Umgebung von Kaunas verschleppt wurden, aus denen die Männer nicht zurückkehrten; Anolik, der über den Terror in den estnischen Arbeitslagern und die Greuel bei ihrer Auflösung berichtet; Emma Frenkel, die in den letzten Tagen der deutschen Besetzung mit den übriggebliebenen Insassen des Kaunaer Ghettos nach Westen deportiert wurde; Stasia, die tagelang von litauischen Polizisten gefoltert wurde und ihre

*mich in Posen, Arbeitslager, Stadion; bin gesund.* Auf die Bitte der Angehörigen, ausführlicher zu schreiben, erfolgte eine 2. Postkarte: *Ich antworte ›pod znaczek‹!* [unter der Marke] *ich arbeite noch, es geht mir gut.* Die in den Lagern Internierten durften nur 1 x monatlich 10 oder 15 Worte auf deutsch schreiben und ebenso erhalten. Was bedeutete das poln. Wort in dem sonst deutsch geschriebenen Satz? Man löste die Briefmarke ab und fand darunter in winziger Schrift: *Oft sind Appelle, jeden 10 bringt man um, an jeden wird die Reihe kommen.*«

jüdische Herkunft doch nicht preisgab – und schließlich der Bericht von Tolja Szabszewicz über ihren Leidensweg durch die Ghettos von Lask und Lodz, durch die Lager Auschwitz und Stutthof nach Ostpreußen, in eine prekäre Freiheit jenseits der heranrückenden Front.[5]

Anders als viele ihrer Mitbürger hat Helene Holzman nicht weg-, sondern sehr genau hingesehen – mit dem Blick der geistesgegenwärtigen Chronistin, aber auch mit dem Blick der Malerin. Sie erstattet nicht nur Bericht, sondern erzählt Geschichte und Geschichten, weckt Bilder auf und bringt nicht selten, so scheint mir, einen Film zum Laufen. Daß der Text, der über solche literarischen Qualitäten verfügt, im stilistischen Detail an manchen Stellen unfertig geblieben ist, tut seiner Eindringlichkeit wenig Abbruch. Fünfundfünfzig Jahre lang hat zunächst Helene Holzman bis zu ihrem Tod 1968 und danach ihre Tochter Margarete die drei Kladden, die er füllt, im stillen aufbewahrt. Nun tritt er zutage und wird wirken.

5 Neben den eigenen Erinnerungen und solchen mündlichen Zeugnissen hat Helene Holzman anscheinend auch schriftliches Material genutzt, das so kurz nach den Ereignissen allerdings wohl nur in geringem Umfang verfügbar war. Mit den Kladden haben sich drei solcher Textdokumente erhalten: 1. Ein Protokoll vom 18. August 1944, das die Aussagen eines Überlebenden aus dem Kaunaer Ghetto, Ch. S. Gordon, über die verschiedenen Mordaktionen festhält. 2. Die deutsche Rohübersetzung eines in der sowjetischen »Prawda« abgedruckten Kommuniqués einer polnisch-sowjetischen Kommission zur Untersuchung der deutschen Greueltaten im Vernichtungslager Maidanek vom September 1944. 3. Ein Artikel aus einer Kaunaer Zeitung (»Taryba Lietuva«) vom 13. Oktober 1944 über die Liquidierung des Ghettos.

# Helene Holzman
# Stationen ihres Lebens

Sie kommt am 30. August 1891 in Jena zur Welt, als »Leni« Czapski. Ihr Vater, Siegfried Czapski, einer deutsch-jüdischen Familie entstammend, und die Mutter Marguerite erziehen ihre acht Kinder christlich. Unter diesen ist Helene das drittälteste. Sie hat drei Brüder und vier Schwestern. Siegfried Czapski ist Physiker, engster Mitarbeiter Ernst Abbes, des Leiters der Zeiss-Werke in Jena, und nach dessen Tod im Jahre 1905 für kurze Zeit sein Nachfolger – bis er selbst im Alter von nur sechsundvierzig Jahren 1907 stirbt.

Nach dem Erwerb der Mittleren Reife an der Carolinenschule in Jena beginnt Helene Czapski, Kunst zu studieren – zunächst an der von Henry van de Velde 1906 in Weimar gegründeten Kunstgewerbeschule, dann als Meisterschülerin Erich Kuithans in Jena, von 1909 bis 1911 schließlich an der von Hans Poelzig geleiteten Staatlichen Akademie für Kunst und Kunstgewerbe in Breslau, wo sie das Examen für Zeichenlehrer ablegt. Danach arbeitet sie als Schülerin von Max Beckmann in Hermsdorf und Berlin. Hier lernt sie ihren späteren Mann kennen – Max Holzman studiert ebenfalls bei Beckmann Malerei. Im Jahre 1913 geht Helene Czapski für kurze Zeit nach Paris, wo sie selbständig arbeitet, und wird dann Anfang 1914 Zeichenlehrerin an der Odenwaldschule in Oberhambach.

Nach dem Ausbruch des Ersten Weltkriegs kehrt sie nach Jena zurück und erteilt nun privaten Kunstunterricht – vor allem für Kinder. In seinem Buch »Von Berlin nach Jerusalem« erinnert sich Gershom Scholem, der im Winter 1917/18 in Jena studiert, an eine Begegnung mit der jungen Künstlerin:

*»Durch Käthe Holländer machte ich (...) die Bekanntschaft ihrer Jugendfreundin Leni Czapski, einer jungen Malerin und Tochter eines der Hauptmitarbeiter von Ernst Abbe beim Aufbau der Zeiss-Werke, neben der Universität das zweite Zentrum, um das sich Jena drehte. Sie war ein reizendes und lebhaftes Geschöpf, als Kind einer Mischehe christlich erzogen, und geriet durch mich zum erstenmal ans Jüdische. Wir blieben noch Jahre hinaus befreundet. Sie ging mit ihrem Mann, dem expressionistischen Maler Max Holzman, um 1925 nach Kowno. Holzman wurde dort im Weltkrieg als Jude ermordet, sie kam mit ihrer Tochter durch und besuchte mich kurz vor ihrem Tode in Jerusalem. Ende März 1918 bin ich mit ihr in einer wundervollen Sternennacht von einem Besuch in Weimar nach Jena zurückgelaufen. Sie war der erste Mensch, der mich gemalt hat.«*[6]

Im Herbst 1917 stellt Helene Czapski im Jenaer Kunstverein zum erstenmal eigene Arbeiten aus – zusammen mit dem Grafiker und Zeichner Hans Leistikow (1892–1962), der später ein wichtiger Mitarbeiter im Stab des Architekten Ernst May wird. Aus der Freundschaft mit Leistikow gewinnt sie für ihre Arbeit wichtige Anregungen. Sie malt in den Jahren 1919 und 1920 viel auf dem Gut Obra, das der Großvater in der bis 1920 zum Deutschen Reich, danach zu Polen gehörenden Provinz Posen besitzt. Häufig ist sie in dieser Zeit auch bei Hans Leistikow im schlesischen Tampadel zu Gast.

6 Gershom Scholem, »Von Berlin nach Jerusalem. Jugenderinnerungen«. Frankfurt a. M.: Suhrkamp 1977, S. 129f. – Über den Verbleib des Porträts ist nichts bekannt.

Der Kunstkritiker und Kunsthistoriker Franz Roh widmet ihr 1923 einen Artikel im »Jahrbuch der jungen Kunst«:

*Es sei erlaubt, hier erstmalig hinzuweisen auf eine junge deutsche Malerin, die noch nie an die Öffentlichkeit getreten ist. Sie gehört einer Jenenser Familie an ... Die Malerin scheint berufen, in die vorderste Reihe junger, deutscher Künstler zu treten. Sicher befindet sie sich schon unter den besten weiblichen Vertretern.*[7]

Ihrem in nonkonformistischem Überschwang einmal gefaßten Vorsatz »Kinder, ja – Heiraten, nie« bleibt Helene Czapski nicht treu. 1922 heiratet sie Max Holzman und geht im Jahr darauf mit ihm nach Kaunas. Die beiden Töchter, Marie und Margarete, kommen im April 1922 und im Dezember 1924 zur Welt. Zunächst fünf Jahre lang arbeitet Helene Holzman in Kaunas als Zeichenlehrerin am Deutschen Realgymnasium.

***

Max Holzman, geboren am 7. Oktober 1889 in Obornik, Provinz Posen, als Sohn des königlichen Amtsrichters Julius Holzman und seiner Frau Agnes, einer geborenen Priebatsch, hatte Kaunas als Soldat im Ersten Weltkrieg kennengelernt. In ihrer Familienchronik schreibt seine Mutter:

*»Max kam am 16.11. [1916] nach Kowno, seiner Schicksalsstadt. ... Hier formte er sich um. Er fand Anschluß an bedeutende junge Männer, wie den Orientalisten Scheder, Schropsdorf, den Litauer Oselies. Der literarische Klub Oberost, der in einer Offiziersunter-*

7 Franz Roh, Eine neue Malerin: Helene Czapski, in: »Jahrbuch der jungen Kunst 1923«, S. 273 ff.

*kunft tagte, gewährte ihm Anschluß. In Kowno sah er eine andere Welt. Zum erstenmal begegnete er dem Judentum, das in einer geschlossenen geistigen und seelischen Welt untereinander lebte und nicht hinaus in eine freiere wollte. Er sah es idealisiert, zu sehr im Gegensatz zu der Soldateska, die ihn umgab. [...] Einmal mußte er auf Befehl des Hauptmanns einen Aufsatz für die Kownoer Zeitung über die Schönheit ihrer Batteriestellung auf dem Grünen Berg schreiben. Er zog sich ganz gut aus der Affäre. Er schilderte wie ein Maler. Der Hauptmann hatte ihm an den Rand seines Manuskripts hineingeschrieben: ›Mehr Sonnenschein! Harmonischer! Hindenburg muß hineingebracht werden!‹ Max schickte uns die Zeitung. Es las sich gut.«*

Sein Onkel Felix Priebatsch, Inhaber einer bekannten Breslauer Buch- und Lehrmittelhandlung, zugleich aber auch Historiker und Verfasser wichtiger historischer Darstellungen zur Geschichte Preußens, führt Max Holzman nach dem Krieg in den Buchhandel ein und ermöglicht ihm die Gründung einer Filiale des Breslauer Stammhauses in Kaunas: »Pribačis«. Das Klima im damaligen Litauen ist für ein solches Projekt durchaus günstig. Litauen war wie die anderen baltischen Länder nach dem Ersten Weltkrieg aus dem Verband des Russischen Reiches ausgeschieden und hatte sich als selbständige Republik konstituiert, für die der westliche Nachbar Deutschland zum wichtigsten äußeren Orientierungspunkt wurde. Es entwickelt sich ein reges Interesse an der deutschen Sprache, an deutscher Literatur und Kultur, und Kaunas ist, seit Polen sich im Jahre 1920 Wilna und das Wilna-Gebiet angeeignet hat, provisorische Hauptstadt Litauens.

In Kaunas, das etwa 120 000 Einwohner zählt, gibt es damals drei Buchhandlungen für fremdsprachige Literatur. Alle liegen dicht beieinander: die Buchhandlung Mokslas, die ein Monopol auf Bücher aus der Sowjetunion hat; die »Deutsche Buchhandlung«, die nur deutsche Literatur führt und nach 1933 ihre Sympathien für das neue Regime in Deutschland nicht verhehlt; und schließlich Max Holzmans Buchhandlung »Pribačis« für deutsche, englische und französische Literatur. Den Handel mit Lehrmitteln gibt Max Holzman nach einigen Jahren auf und beginnt sich statt dessen selbst als Verleger zu betätigen. Die maßgeblichen Lehrbücher für den Deutsch- und den Französischunterricht an litauischen Schulen erscheinen in den dreißiger Jahren im »Ostverlag der Buchhandlung Pribačis, Kaunas und Leipzig«. Aus der Zusammenarbeit mit den Autoren entstehen oft freundschaftliche Beziehungen – und nicht wenige der Bekannten und Freunde, die Helene Holzman in ihren Aufzeichnungen erwähnt, finden sich auch in der Liste der bei »Pribačis« verlegten Autoren: Edwin Geist, Kazys Binkis, Horst Engert, Vladimiras Stankevičius und Viktor Zinghaus.[8] Die Kundschaft der Buchhandlung ist intellektuell und weltläufig.

Helena Baltrušaitis, die französische Frau des aus Litauen stammenden, später vor allem in Frankreich wirkenden Kunsthistorikers Jurgis Baltrušaitis, der 1939 an der Univer-

8 Edwin Geist, »Alte litauische Volksmusik«, 1938; »Antikes und Modernes im litauischen Volkslied«, 1940. Von Kazys Binkis erscheint schon 1928 seine Übersetzung des Struwwelpeter ins Litauische. Horst Engert, »Aus litauischer Dichtung. Deutsche Nachdichtungen«, 1936. Viktor Zinghaus, »Baltische Köpfe«, 1938. Vladimiras Stankevičius, »Der Stern vom Morgenlande«, 1937 und »Dynamik der Weltwirtschaft«, 1937. Zu den wichtigen Publikationen gehören auch: Nikolai Worobjow, »M. K. Ciurlionis, der litauische Maler und Musiker«, 1936; und »Graf Alfred Keyserling erzählt«, 1937.

sität Kaunas Kunstgeschichte lehrte, schreibt in ihren Erinnerungen:

*»Das Leben in Kaunas brodelte. Fündig wurde man stets bei einem Besuch in der Buchhandlung ›Pribačis‹. Sie hatte immer das Neueste an Druckerzeugnissen parat. Das war tatsächlich eine gute Buchhandlung. Wir kehrten da gerne ein, saßen ein Stündchen dort, blätterten in den Büchern.«*[9]

***

Der Aufenthalt in Kaunas scheint allerdings für Helene Holzman im Laufe der zwanziger Jahre zunächst immer mehr zur Belastung geworden zu sein. Ihre malerische Arbeit gerät unter den beengten, ärmlichen Wohnverhältnissen gegenüber der Lehrtätigkeit und der Arbeit für Haushalt und Familie und nicht zuletzt für die Buchhandlung ihres Mannes ins Hintertreffen. Margarete Holzman erinnert sich, auch später noch sei ihre Mutter in der Stadt bekannt gewesen als »die Frau, die immer rennt und niemals geht«.

1928 geht Helene Holzman mit ihren beiden Töchtern nach Oberschlesien, lebt als Gutssekretärin zweieinhalb Jahre lang auf dem Gut Unwürde bei Löbau. Hier beginnt sie wieder zu malen. Aber ihre Hoffnung, in Deutschland eine Anstellung zu finden und auf diese Weise vielleicht auch ihren Mann zur Rückkehr bewegen zu können, erfüllt sich nicht. Lange vor der Zeit, da die Nazis an die Macht kommen, bedeutet man ihr, daß sie sich als Ehefrau eines

9 Helena Baltrušaitis, Lietus lyja Lietuvoje (Regen regnet in Litauen), in: »Santara«, Nr. 33, S. 97, Kaunas: Winter 1999. (Übers. M. Holzman)

jüdischen Mannes keine Hoffnung auf eine Stelle zu machen brauche. Daraufhin kehrt sie 1930 nach Kaunas zurück.

Dort arbeitet sie als Zeichenlehrerin am Deutschen Realgymnasium, einer Privatschule. Nach 1933 gewinnt hier die nationalsozialistische Gesinnung mehr und mehr an Boden. Die ältere Tochter Marie besucht die Schule weiter, Margarete wechselt auf eigenen Wunsch 1937 in ein litauisches Gymnasium. Im Jahre 1936 nehmen die Holzmans die litauische Staatsbürgerschaft an – nicht zuletzt damit sie weiterhin unbehelligt nach Deutschland reisen können, zu den Verwandten in Jena, Magdeburg und Berlin und zur Buchmesse nach Leipzig.

Zur »Exilliteratur«, die Max Holzman in seiner Buchhandlung weiterhin vorrätig hält, wie er es in Deutschland schon längst nicht mehr tun könnte, gesellen sich Ende der dreißiger Jahre und zumal nach dem Beginn des Krieges die Exilanten selbst – von denen einige auch bei den Holzmans eine Zeitlang Unterschlupf finden: Herr Löw, der aus der Sowjetunion kommt, Klaus Feuchtwanger, ein Neffe von Lion Feuchtwanger, und auch der Geologe Rudolf Kaufmann, der nach Verbüßung einer dreijährigen Haftstrafe wegen »Rassenschande«, von Königsberg kommend, über die litauische Grenze geflohen ist und noch immer auf ein gemeinsames Leben mit der geliebten Frau auf der anderen Seite der Ostsee, in Stockholm, hofft.[10]

Nachdem die Rote Armee Litauen im Sommer 1940 besetzt und zur Sozialistischen Sowjetrepublik gemacht hat, wird

10 Vgl. Reinhard Kaiser, »Königskinder. Eine wahre Liebe«.

die Buchhandlung »Pribačis« enteignet und geschlossen. Max Holzman findet nach längerer verzweifelter Suche eine Anstellung bei einem staatlichen Antiquariat in Wilna. Seine Tochter Marie engagiert sich in dieser Zeit beim Komsomol, der kommunistischen Jugendorganisation. Dies ändert allerdings nichts daran, daß die Holzmans, wie viele andere, als »Bourgeois« auf die sowjetischen Deportationslisten geraten. Bevor es zur »Verschickung« nach Sibirien kommt, überrollt die Wehrmacht im Juni 1941 das Baltikum und ebnet statt dessen den deutschen Mordkommandos den Weg, die, unterstützt von litauischen »Partisanen«, die Verfolgung und Vernichtung der Juden nun zum erstenmal systematisch und länderweit organisieren.

***

Nach dem Abzug der Deutschen aus Litauen unterrichtet Helene Holzman vom November 1944 bis zum September 1950 in Kaunas an der Polytechnischen Hochschule Deutsch. Einer ihrer damaligen Studenten, Vladas Žukas, schreibt über diese Zeit:

*»Vom dritten Semester an unterrichtete uns eine Deutsche, Helene Holzman, eine große, dunkle, intelligente Frau. Sie widmete sich dem Unterricht mit ganzem Herzen. Mit denen, die die Sprache besser beherrschten, arbeitete sie einzeln und lud sie auch zu sich nach Hause ein. (. . .) Während des Unterrichts haben wir uns eingehend mit Adalbert Chamissos romantischer Erzählung ›Peter Schlemihls wundersame Geschichte‹ beschäftigt, die wir lasen, übersetzten, analysierten. Einmal hat mich die Lektorin im Hörsaal heftig ausgeschimpft, wohl weil ich die nötige Aufmerksamkeit während ihrer Vorlesung vermissen ließ oder zu wenig vorbereitet gewesen war. Ich stand auf und hörte mir ruhig ihre Vorwürfe an. Deshalb war ich*

*überrascht, angenehm, versteht sich, als sie sich einige Wochen später im Hörsaal bei mir entschuldigte, da sie zu der Überzeugung gelangt war, ich sei gar nicht so, wie es ihr anfangs schien. ... Später wurde sie wegen ihres Einsatzes für politisch unzuverlässige Studenten aus ihrem Amt entfernt.*«[11]

Nach ihrer Entlassung aus der Universität arbeitet Helene Holzman bis 1957 als Deutschlehrerin an der Musik-Mittelschule in Kaunas und gibt, nachdem sie in den Ruhestand getreten ist, noch Privatstunden.

In den fünfziger Jahren beginnt sie wieder zu malen. Nach langen Bemühungen bekommt sie im Juni 1965 von den sowjetischen Behörden die Genehmigung, zusammen mit ihrer Tochter Margarete in die Bundesrepublik Deutschland auszureisen. Nach einem kurzen Aufenthalt in Tegernsee ziehen sie und ihre Tochter nach Gießen. Im Frühjahr 1967 unternehmen beide eine Reise nach Israel, besuchen dort Verwandte, Bekannte, ehemalige Schüler von Helene Holzman. Am 25. August 1968, wenige Tage vor ihrem siebenundsiebzigsten Geburtstag, stirbt Helene Holzman in Gießen an den Folgen eines Autounfalls.

11 Vladas Žukas, »Prisiminimu puslapiai« (Erinnerungsseiten), Vilnius: Baltos Lankos 1999, S. 58f. (Übers. M. Holzman).

# Editorisches

Die Orthographie wurde behutsam modernisiert. Offensichtliche Schreibfehler wurden stillschweigend korrigiert. Kürzel für einzelne Wörter (z.B. dtsch. – deutsch, j. – jüdisch) und für Eigennamen (z.B. K. – Kaunas, St. – Stankevičius) wurden so weit wie möglich aufgelöst. Zahlen wurden gelegentlich in Worte gefaßt (z.B. »Drittes Reich« statt »3. Reich«, »vier Uhr« statt »4 Uhr«).

Zusätze am Seitenrand, längere Ergänzungen, die Helene Holzman, mit einem Querverweis versehen, nachträglich in den fortlaufenden Text eingefügt hat, wurden dort eingefügt, wo die Verfasserin sie sehen wollte. Zusätze, die sich nicht in den Ablauf der Darstellung fügen, wurden als Fußnoten in kursiver Schrift beigegeben.

Die Datumsangaben im Text, die darauf hinweisen, wann Helene Holzman an ihren Aufzeichnungen gearbeitet hat, wurden in die Druckfassung des Textes nicht übernommen.

Zahlreiche Absätze wurden neu eingefügt, um den oft bruchlos durchgeschriebenen Text zu gliedern. Lange Reihungen von nur durch Kommas getrennten Sätzen wurden gelegentlich durch Punkte aufgelöst. Dabei blieben Wortlaut und Wortstellung stets unangetastet.

Ergänzungen der Herausgeber im Text sind durch eckige Klammern kenntlich gemacht.

# Zeittafel

## Litauen nach dem Ersten Weltkrieg

*1915 September:* Litauen, das seit 1814 zu Rußland gehört, wird von deutschen Truppen besetzt. Das Deutsche Reich versucht vergeblich, aus dem Land einen Satellitenstaat zu machen.

*1918 2. November:* Der litauische Landrat (Taryba) proklamiert in Wilna die Republik Litauen. Nach dem Rückzug der deutschen Truppen bedroht die sowjetische Rote Armee die junge Demokratie.

*1919 5. Januar:* Nach der Einnahme von Wilna durch die Sowjetunion zieht sich die litauische Regierung nach Kaunas zurück. In den folgenden Monaten wird die Rote Armee zurückgedrängt.

*1920 12. Juni:* In Moskau wird ein Friedensvertrag unterzeichnet, in dem die Sowjetunion das unabhängige Litauen anerkennt.

*Oktober:* Wilna und das Gebiet um die Stadt werden von den Truppen des polnischen Marschalls Josef Pilsudski besetzt und im April 1922 an Polen angegliedert. Litauische Hauptstadt wird für die nächsten beiden Jahrzehnte Kaunas.

*1923 16. Februar:* Litauen übernimmt das bis 1920 zur Provinz Ostpreußen gehörende, danach unter französischer Mandatsverwaltung stehende Memelgebiet und gewinnt mit der Stadt Memel (Klaipeda) einen Zugang zur Ostsee.

*1926 17. Dezember:* Nachdem aus den Wahlen im Mai 1926 die bisherige linke Opposition als stärkste Kraft hervorge-

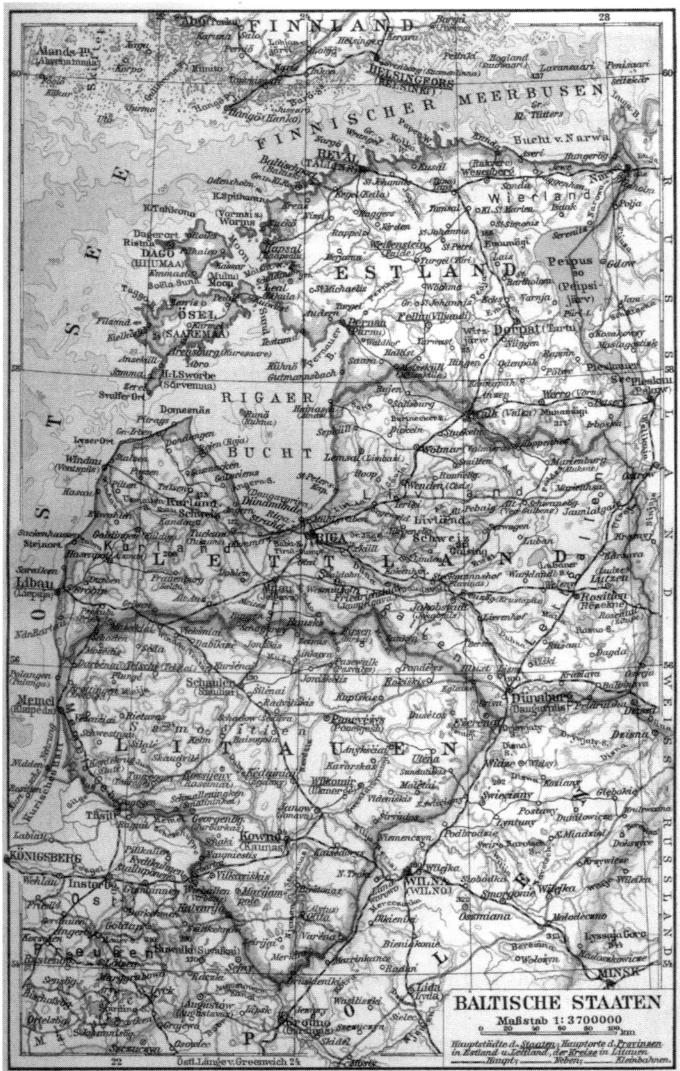


Bibliographisches Institut, Leipzig.

gangen ist, kommt es zu einem Militärputsch, in dessen Verlauf der Staatspräsident Kazys Grinius zurücktritt. An seine Stelle wird von den rechten Abgeordneten am 19. Dezember Antanas Smetona gewählt. Die Führung der Regierung übernimmt Augustinas Woldemaras, der das Land von nun an diktatorisch regiert.

*1939* 22. *März:* In dem geheimen Zusatzabkommen zum Hitler-Stalin-Pakt wird Litauen der sowjetischen Interessensphäre zugeschlagen.

23. *März:* Nach massivem Druck von seiten der deutschen Reichsregierung tritt Litauen das Memelgebiet wieder an Deutschland ab.

1. *September:* Deutschland beginnt den Zweiten Weltkrieg mit dem Angriff auf Polen. Die sowjetische Rote Armee ihrerseits besetzt im Laufe des September Ostpolen.

10. *Oktober:* Die Sowjetunion gibt Wilna und das Wilna-Gebiet an Litauen zurück und erhält dafür das Recht, auf litauischem Territorium Garnisonen und Luftstützpunkte zu unterhalten.

*1940* 15. *Juni:* Ganz Litauen wird von der Roten Armee besetzt.

3. *August:* Litauen wird formell als Litauische Sozialistische Sowjetrepublik in den Verband der UdSSR aufgenommen.

*1941* 13./14. *Juni:* Etwa 35000 litauische Bürger werden als »Bourgeois« nach Sibirien deportiert.

22. *Juni:* Beginn des deutschen Überfalls auf Rußland.

## Kaunas während der deutschen Besetzung

*1941*

24. *Juni:* Kaunas und Wilna werden von deutschen Truppen besetzt. Ermuntert durch die unmittelbar hinter den Wehrmachtverbänden einrückenden SS-Einheiten organisieren nationalistische litauische Partisanen im ganzen

Land Pogrome, denen allein in Kaunas während weniger Tage Hunderte von Juden zum Opfer fallen.

*6./7. Juli:* Auf dem VII. Fort werden von litauischen »Partisanen« unter Leitung des Führers des deutschen Einsatzkommandos 3, Karl Jäger, etwa 3000 Juden erschossen.

*15. August:* Bis zu diesem Tag sollen alle Juden der Stadt in das in der Kaunaer Vorstadt Vilijampole (Slobodka) eingerichtete Ghetto umgezogen sein. Auf engem Raum leben hier zunächst etwa 30 000 Menschen, die in den folgenden Monaten durch mehrere Massenerschießungen auf den Kern der besonders Kräftigen und Arbeitsfähigen dezimiert werden.

*18. August:* Bei der »Intellektuellen-Aktion« werden 534 Juden ermordet.

*26. September:* Etwa 1000 Ghettobewohner werden auf dem IV. Fort erschossen.

*4. Oktober:* Das sogenannte Kleine Ghetto wird aufgelöst. Das dortige Krankenhaus wird mit Patienten und Ärzten niedergebrannt. Etwa 1800 Bewohner werden auf dem IX. Fort erschossen.

*28. Oktober:* Sämtliche Ghettobewohner müssen zu einer Selektion antreten, bei der etwa 9200 Juden, 30 Prozent der gesamten Ghettobevölkerung, auf die rechte Seite gewunken und am nächsten Tag zusammen mit den jüdischen Insassen des Kaunaer Stadtgefängnisses auf dem IX. Fort erschossen werden. Es folgt eine knapp zweijährige Phase der »Beruhigung«.

*1943*

*1. November:* Das Kaunaer Ghetto wird dem Einfluß der deutschen Zivilverwaltung entzogen und in ein Konzentrationslager unter dem Kommando der SS umgewandelt.

*1944*

*27./28. März:* Bei der »Kinderaktion« werden 1300 Ghettobewohner unter zwölf und über fünfundfünfzig Jahren zusammengetrieben und zur Ermordung abtransportiert.

*8. Juli:* Während die Rote Armee immer näher rückt, wird das Kaunaer Ghetto liquidiert. Die übriggebliebenen Juden werden nach Westen transportiert – die Männer nach Dachau, die Frauen in das KZ Stutthof bei Danzig. Das Ghetto wird niedergebrannt. Der größte Teil derer, die sich in »Malinas« versteckt haben, kommt ums Leben.

*1. August:* Die Rote Armee besetzt Kaunas.

*1945*

*26. April:* In Litauen werden Bürger deutscher Herkunft ins Innere der Sowjetunion deportiert.

7./8. Mai: Mit der Kapitulation der deutschen Wehrmacht endet der Krieg in Europa.

# Literaturhinweise

**Zu Helene Holzman**

Holzman, Margarete, »Die Verlagsbuchhandlung ›Pribačis‹ in Kaunas 1923–1940«, in: *Annaberger Annalen*, Nr. 6, 1998, S. 89-101.

Schmid, Maria, »Helene Czapski-Holzman (1891-1968)«, in: *Feministische Studien*, 14. Jg., 1996, Heft 1, S. 89-98.

Städtische Museen Jena (Hrsg.): *Helene Czapski-Holzman. Gemälde, Aquarelle und Collagen.* Ausstellung vom 6. Oktober bis 28. Dezember 1991, Städtisches Museum Jena.

**Edwin Geist – Schriften**

»Rundfunk – Film – Schallplatte. Bedeutung und Aufgabe der elektrischen Musikinstrumente«, in: *Melos* 12. Jg., 1932, S. 49-52.

»Die künstlerischen Aufgaben elektrischer Musikinstrumente«, in: *Funk. Die Wochenschrift des Funkwesens.* Heft 20, 13. Mai 1932, S. 77-78.

»Verzögerungssituation in Wagners Werken. Ein Beitrag zur dramatischen und epischen Oper«, in: *Signale für die musikalische Welt*, 92. Jg., 1934, Nr. 13/14, S. 196-199.

»Die Bedeutung des Volksliedes«, in: *Signale für die musikalische Welt*, 92. Jg., 1934, Nr. 34/35, S. 473-474.

»Form und Stil. Alban Bergs ›Wozzeck‹«, in: *Signale für die musikalische Welt*, 93. Jg., 1935, Nr. 1/2, S. 2-3.

»Vom litauischen Volkslied«, in: *Schweizer Musikzeitung und Sängerblatt*, Zürich, 79, 1939, S. 4-6.

*Antikes und Modernes im Litauischen Volkslied.* Mit einem Vorwort von Vl. Jakubenas. Kaunas: Pribačis 1940.

**Der Holocaust in Litauen: Zeugnisse, Quellen**

Binkiene, Sofija (Hrsg.), *Ir be ginklo kariai* [Helden ohne Waffen]. Vilnius: Leidykla »Mintis« 1967.

Birger, Trudi, *Im Angesicht des Feuers. Wie ich der Hölle des Konzentrationslagers entkam.* München: Piper 1990.

Birger, Zev, *Keine Zeit für Geduld. Mein Weg von Kaunas nach Jerusalem.* München: Luchterhand Literaturverlag 1997.

Erenburg, Michail u. Viktorija Sakaite (Hrsg.), *Gyvybe ir duona nešančios rankos / Hands Bringing Life and Bread.* Vilnius: The Vilna Gaon Jewish State Museum 1997, Bd. 1 [Zweisprachig: Litauisch/englisch über »Retter« und Gerettete]. Bd. 2, hrsg. v. Dalija Epštainaite und Viktorija Sakaite, ebd. 1999.

Frome, Frieda, *Some Dare to Dream. Frieda Frome's Escape from Lithuania.* Ames: Iowa State University Press 1988.

Gordon, Harry, *The Shadow of Death. The Holocaust in Lithuania.* Lexington: University of Kentucky Press 1992.

Grossman, Wassili, Ilja Ehrenburg, *Das Schwarzbuch. Der Genozid an den sowjetischen Juden.* Reinbek: Rowohlt 1994.

Kaiser, Reinhard, *Königskinder. Eine wahre Liebe.* Frankfurt a. M.: Schöffling 1996; Frankfurt a. M.: Fischer 1998.

Kruk, Raya, *Lautlose Schreie. Berichte aus dunklen Zeiten.* Frankfurt a. M.: Fischer 1999.

Kutorgiene-Buivydaite [Kutorga], Elena, »Tagebuch Juni bis Dezember 1941«, in: Grossman, Ehrenburg, *Das Schwarzbuch. Der Genozid an den sowjetischen Juden* (s.o.), S. 621-673.

Mishell, William W., *Kaddish for Kovno. Life and Death in a Lithuanian Ghetto, 1941-45.* Chicago: Chicago Review 1988.

Tory, Avraham, *Surviving the Holocaust. The Kovno Ghetto Diary.* Hrsg. von Martin Gilbert. Cambridge, Mass.: Harvard University Press 1990.

**Historische Untersuchungen und Nachschlagewerke**

Benz, Wolfgang, Marion Neiss (Hrsg.), *Judenmord in Litauen. Studien und Dokumente.* Berlin: Metropol 1999.

Benz, Wolfgang, Hermann Graml, Hermann Weiß (Hrsg.), *Enzyklopädie des Nationalsozialismus.* CD. Berlin: Directmedia 1999.

Browning, Christopher R., *Ganz normale Männer. Das Reserve-Polizeibataillon 101 und die »Endlösung« in Polen.* Mit einem Nachwort (1998). Reinbek: Rowohlt 1999.

Dieckmann, Christoph, »Der Krieg und die Ermordung der litauischen Juden«, in: Ulrich Herbert (Hrsg.), *Nationalsozialistische Vernichtungspolitik 1939–1945. Neue Forschungen und Kontroversen.* Frankfurt a. M.: Fischer 1998.

Dieckmann, Christoph, »Das Ghetto und das Konzentrationslager in Kaunas 1941–1944«, in: Ulrich Herbert, Karin Orth, Christoph Dieckmann (Hrsg.), *Die nationalsozialistischen Konzentrationslager – Entwicklung und Struktur.* Göttingen: Wallstein 1998, S. 437-471.

Gilbert, Martin, *Endlösung. Die Vertreibung und Vernichtung der Juden. Ein Atlas.* Reinbek: Rowohlt 1982.

Gilbert, Martin, *The Holocaust. A History of the Jews of Europe during the Second World War (1985).* New York: H. Holt 1987.

Gutman, Israel, *Enzyklopädie des Holocaust,* Berlin: Argon 1993.

*Hidden History of the Kovno Ghetto.* United States Holocaust Memorial Museum. Boston, New York, Toronto, London: Bulfinch Press/Little Brown and Company 1997.

Kibelka, Ruth, »Litauen: Verfolgung und Rettung unter deutscher Besatzung«, in: Wolgang Benz, Juliane Wetzel (Hrsg.), *Solidarität und Hilfe für Juden während der NS-Zeit. Regionalstudien II.* Berlin: Metropol 1996, S. 273-293.

Krausnick, Helmut, Hans-Heinrich Wilhelm, *Die Truppe des Weltanschauungskrieges. Die Einsatzgruppen der Sicherheitspolizei und des SD, 1938–1942.* Stuttgart: DVA 1981.

*Lietuvis Telefono Abonentu Sarasas 1940.* (Telefonbuch für ganz Litauen 1940) Litauische Postverwaltung.

Littman, Sol, *War Criminal on Trial. The Rauca Case.* Toronto: Lester & Orpen Dennys 1983.

Meissner, Boris (Hrsg.), *Die baltischen Nationen. Estland – Lettland – Litauen.* Köln: Markus 1990. (Darin: V. Stanley Vardys, »Die Entwicklung der Republik Litauen« und ders., »Litauen. Sowjetrepublik mit Widerwillen«).

Stang, Knut, *Kollaboration und Massenmord. Die litauische Hilfspolizei, das Rollkommando Hamann und die Ermordung der litauischen Juden.* Frankfurt a. M.: Peter Lang 1996.

Stengel, Theo, in Verbindung mit Herbert Gerigk, *Lexikon der Juden in der Musik.* Berlin: Hahnfeld 1943.

Stossun, Harry, *Die Umsiedlungen der Deutschen aus Litauen während des Zweiten Weltkriegs. Untersuchungen zum Schicksal einer deutschen Volksgruppe im Osten.* Marburg: Herder Institut 1993.

Streim, Alfred, »Konzentrationslager auf dem Gebiet der Sowjetunion«, in: *Die vergessenen Lager.* Dachauer Hefte 5, hrsg. von Wolfgang Benz und Barbara Distel. München: DTV 1994, S. 174–187.

*Vilnius getas: kaliniu sarašai:* 1/2 tomas – *Vilnius Ghetto: Lists of Prisoners: vol. 1/2.* Vilnius: Lietuvis valsty binis žydu muziejus 1996, 1998.

Weinmann, Martin (Hrsg.), *Das nationalsozialistische Lagersystem (CCP).* Frankfurt: Zweitausendeins 1990.

Weissweiler, Eva, *Ausgemerzt! Das Lexikon der Juden in der Musik und seine mörderischen Folgen.* Köln: Dittrich 1999.

# Danksagung

Unser besonderer Dank gilt Fruma Vitkin-Kučinskiene und ihrem Mann, Dominikas Kučinskas, in Kaunas, die uns vor allem beim Auffinden und Abklären von Fakten und Personennamen mit großem Engagement und viel Geduld geholfen haben. Großer Dank gebührt auch Maria Schmid in Jena, die seit der Ausstellung künstlerischer Arbeiten von Helene Holzman im Jahre 1991 nicht müde wurde, die Veröffentlichung dieser Aufzeichnungen immer wieder anzumahnen. Unser Dank gilt ebenso Jocheved Inčiuviene in Kaunas für die Überlassung eines Stadtplans, Knut Stang in Göttingen für hilfreiche Auskünfte und Ruth Kaiser in Viersen für die Aufnahme des Handtuchs mit der gestickten Botschaft von Marie Holzman.

Reinhard Kaiser,
Margarete Holzman
Frankfurt und Gießen, 9. April 2000

Bildnachweis: Soweit nichts anderes vermerkt ist, stammen die Bilder aus dem Besitz von Margarete Holzman. 19: Ruth Kaiser, Viersen. 20, 25, 27, 28, 29: George Kadish, Beth Hatefutsoth, Tel Aviv. 21: Jüdisches Museum, Vilnius. 23, 26: YIVO Institute for Jewish Research, New York. 24: Litauisches Foto- und Videoarchiv, Vilnius. 34, 35, 36, 37, 41: Sofia Binkiene, »Ir be ginklo karai« [Helden ohne Waffen], Vilnius: Mintis 1967. 45-60: Reinhard Kaiser, März, April 2000.

# Namenregister

Das Register verzeichnet die Personen in jedem Fall unter dem Namen, mit dem sie im Text erwähnt werden. Wo über einen Vor- oder Kosenamen hinaus nichts weiter zu ermitteln war, bildet dieser den Haupteintrag. Die zahlreichen im Text vorkommenden Decknamen, Spitznamen, Kosenamen und Vatersnamen wurden, soweit sie sich aufschlüsseln ließen, mit einem Verweis auf den regulären Namen der gemeinten Person versehen. In solchen Fällen bildet dieser reguläre Name den Haupteintrag. Im Litauischen werden die Familiennamen von unverheirateten und verheirateten Frauen durch Endsilben von der männlichen Namensform unterschieden: »Binkis« wird zu »Binkaite« (unverheiratet) bzw. »Binkiene« (verheiratet), »Kutorga« wird zu »Kutorgaite« bzw. »Kutorgiene«, »Fugalevičius« zu »Fugalevičiute« oder »Fugalevičiene«. Diese Namensformen, die Helene Holzman nicht konsequent verwendet, wurden im Register ergänzend hinzugefügt.

STADTPLAN VON KAUNAS
1935